周文 钟锦宸 著

走向现代化

The Journey of Modernization:

Historical Perspective and
Future Prospects

天津出版传媒集团

天津人民出版社

图书在版编目（CIP）数据

征途：走向现代化 / 周文，钟锦宸著. -- 天津：天津人民出版社，2025. 5. -- ISBN 978-7-201-21126-8

Ⅰ. D616

中国国家版本馆 CIP 数据核字第 2025SB5570 号

征途：走向现代化
ZHENGTU: ZOUXIANG XIANDAIHUA

出　　版	天津人民出版社
出 版 人	刘锦泉
地　　址	天津市和平区西康路 35 号康岳大厦
邮政编码	300051
邮购电话	（022）23332469
电子信箱	reader@tjrmcbs.com

责任编辑	武建臣
装帧设计	李　一

印　　刷	天津海顺印业包装有限公司
经　　销	新华书店
开　　本	880 毫米×1230 毫米　1/32
印　　张	19.625
插　　页	5
字　　数	380 千字
版次印次	2025 年 5 月第 1 版　2025 年 5 月第 1 次印刷
定　　价	99.00 元

走向现代化：在变革浪潮中重构人类文明坐标

当蒸汽机的轰鸣声划破农耕文明的寂静，人类便踏上了永不停歇的现代化征途。这场持续两个多世纪的文明嬗变，正以前所未有的速度重塑着世界的面貌。数字技术以跃迁般的速度迭代，新能源革命改写能源版图，生物科技叩击生命奥秘之门，这些变革浪潮的交织激荡，将21世纪的现代化进程推向更复杂的维度。

当今世界的现代化图景呈现多维裂变特征：智能算法在重塑经济形态的同时挑战传统伦理框架，"碳中和"目标倒逼工业文明转型，元宇宙空间正在解构物理世界的交往规则。这种跨越式发展带来的不仅是生产力的几何级增长，更孕育着文明范式的深层变革。当5G基站与千年古刹同框，区块链账本与传统家规对话，我们不得不思考：现代化究竟是文明的单行道，还是多元价值的交响曲？

在这场全球性的转型进程中，发展中国家正面临独特的机遇与挑战。后发优势与路径依赖交织，技术赋能与数字鸿沟并存，文化传承与创新压力共生。东方的天人合一智慧与西方的理性主义传统，在智慧城市蓝图中碰撞出新的可能；古老的丝绸之路精神在数字丝路建设中焕发新生。这种文明的对话与重构，正在书写现代化叙事的新篇章。

当西方现代化范式遭遇环境危机与精神困顿，人类文明正站在新的十字路口。中国用40多年的时空压缩式发展，在完成工业革命到数字革命的四重跨越中，书写了现代化道路的另一种可能。这不仅是发展路径的突破，更是对现代化本质的重新诠释——在传统与现代的赓续融汇中，在效率与公平的辩证统一里，中国实践正为全球现代化重构提供东方坐标系。

在人类文明的星空中，中国式现代化如同脉冲星的特殊频段，既保持着文明传统的独特振动，又参与着全球现代化的能量交换。它昭示着现代化不应是文明的格式化，而是传统的升级迭代；不是单一模式的全球复制，而是多元文明的协同进化。当西方现代化遭遇"诸神黄昏"，东方的启示或许在于——真正的进步从不是对传统的背离，而是文明基因在新时代的创造性表达。这种深植于5000多年文明根系的现代化实践，正在为人类突破现代化困境打开新的可能性维度。

本书试图穿越技术崇拜和"西方中心论"的迷雾，在国家建构、制度创新、文化调适的"多棱镜"中，解构现代化进程的本质逻辑。我们将看到，真正的现代化不仅是钢铁洪流般的物质积累，更是文明韧性的锻造；不仅是技术工具的升级迭代，更是人类对美好生活的不懈求索。在这条永无止境的进化之路上，每个文明都既是传统的继承者，也是未来的缔造者。

MODERNIZE
目 录

第一章
现代化的由来

一、现代化的概念 / 3

（一）先驱者的呼唤：早期现代化概念的探寻 / 3

（二）历史的"棱镜"：多角度解读现代化概念 / 13

（三）"七巧板"拼图：现代化概念的总体判断 / 18

二、现代化的追求 / 23

（一）竞逐的马拉松：世界现代化进程的
三次浪潮 / 23

（二）后发国家现代化进程中的争议与问题 / 32

三、现代化的内涵 / 40

（一）揭开"西方中心论"的迷雾：重新审视
现代化 / 40

（二）走自己的路：开拓现代化新途径 / 48

小结 / 58

第二章
现代化的兴起

一、现代化的肇始：蒸汽机与工业革命 / 64

    （一）蒸汽、煤炭与钢铁：工业革命如何发生 / 64

    （二）全球化的引擎：大工业与世界市场的扩张 / 69

二、从封建庄园、手工工场到工厂制诞生 / 74

    （一）为市场犁取空间：封建庄园制度的解体 / 74

    （二）"工业骑士"打败"佩剑骑士"：工厂制取
       代手工工场 / 81

三、从乡村到城市 / 87

    （一）乡村土地的剥夺：人口的非农化 / 87

    （二）"火与剑"的钟声：城市化进程及其后果 / 92

四、电气化 / 97

    （一）照亮西方世界：电气化在第二次工业革命
       中的扩散 / 97

    （二）能量与文明：电力及技术创新系统
       的变革 / 102

五、现代化经济与马尔萨斯"魔咒" / 107

    （一）工业化的魔力：现代化经济增长何以
       出现 / 107

    （二）超越马尔萨斯"魔咒"：现代化经济的
       长期影响 / 111

六、现代经济学的诞生 / 115

（一）国富国穷："西方兴起"与亚当·斯密
学说 / 115

（二）危险的幻觉：西方现代经济学的谬误 / 120

小结 / 124

第三章
现代化的测度、杠杆与特征

一、现代化的测度 / 130

（一）衡量进步的标尺：现代化水平如何反映 / 130

（二）跨越时空的竞赛：现代化指标及其判定 / 139

二、现代化的杠杆：生产力 / 154

（一）繁荣与停滞：生产力撬动现代化的
轨迹考察 / 154

（二）解答"李约瑟之谜"：生产力变迁与
文明兴衰 / 163

三、现代化的特征 / 173

（一）解构与建构：西方现代化的不同侧面 / 173

（二）聚光灯之外：西方现代化不是
"理想国" / 185

小结 / 193

第四章
现代化的历史透视

一、现代化的前提：统一的民族国家 / 200

    （一）王权与专制主义：建构民族国家是
          西方现代化的起点 / 200

    （二）强国缘何而强：民族国家与现代世界
          体系的形成 / 209

二、现代化的体制：市场经济体制 / 216

    （一）揭穿胜利者的谎言："自由市场神话"
          背后的国家角色 / 216

    （二）让风朝着正确的方向吹：现代化体制需要
          动态调整 / 224

三、现代化的动力：科技创新 / 233

    （一）科技生产力：理解西方国家崛起的
          "阿莉阿德尼之线" / 233

    （二）抢占制高点：作为现代化竞争"胜负手"
          的科技创新 / 241

四、现代化的文化：基督教与儒教 / 248

    （一）韦伯命题与"西方文明一元论"：从基督教
          文明到新教伦理 / 248

    （二）传统文化与现代世界：现代化并非只有一种
          文化土壤 / 257

小结 / 264

第五章
现代化与西方黑铁时代

一、西方现代化的崩塌之殇 / 270

 （一）洪水席卷而来：过度金融化与产业

  空心化 / 270

 （二）迷失的"浮士德"：西方经济增长与生态

  边界的冲突 / 278

二、西方现代化的双重困境 / 286

 （一）"摩奴法典"从未远离：贫富悬殊与福利

  国家陷阱 / 286

 （二）分裂的共识：政治极化与西方民主困局 / 294

三、西方现代化的自我反噬 / 301

 （一）难以为继：西方国家主导下的不平衡世界

  市场体系 / 301

 （二）制造"悲惨世界"：西方霸权与全球

  祸乱之源 / 309

四、西方现代化的理论误区 / 316

 （一）踢掉梯子：新自由主义经济学的"药方"

  疑云重重 / 316

 （二）误人终误己：新自由主义经济学加剧西方的

  系统性危机 / 324

小结 / 332

第六章
现代化的探索：反思与审视

一、现代化的中国之旅：西方现代化的冲击与洋务
　　运动 / 338
　　（一）碰撞与转型：天朝梦碎时分的
　　　　　"自强新政" / 338
　　（二）三百年来伤国步：洋务运动与早期
　　　　　现代化的顿挫 / 344
二、现代化的中国之源：新文化运动再审视 / 352
　　（一）西潮与新潮：回首"古今中西之争"
　　　　　的现代化思索 / 352
　　（二）曙光乍现：马克思主义的真理力量激活
　　　　　中华文明 / 359
三、换了人间：中国式现代化的新起步 / 366
　　（一）开局与奠基：中国式现代化拉开序幕 / 366
　　（二）歌未竟，东方白：中国式现代化的艰辛
　　　　　探索 / 372
四、打开中国式现代化新路：改革开放 / 379
　　（一）突破与跨越：没有改革开放就没有
　　　　　中国式现代化 / 379

（二）破解世界性难题：建立社会主义市场经济
　　　的现代化体制 / 386

五、拉美模式：发展中国家的现代化之问 / 392

（一）拉丁美洲的"百年"与"孤独"：依附型
　　　现代化的教训 / 392

（二）现代化的迷途："中等收入陷阱"为何
　　　阴云不散 / 399

小结 / 406

第七章

中国式现代化：强国建设与民族复兴

一、超越工业化 / 412

（一）超越西方现代化工业文明范式："五位一体"
　　　总体布局 / 412

（二）建设现代化经济体系 / 419

（三）新型工业化 / 426

二、打破西方化"迷思" / 433

（一）文明贡献：中国式现代化创造人类文明
　　　新形态 / 433

（二）优势比较：中国式现代化对西方现代化
　　　的三重超越 / 441

（三）理论的自主知识体系：中国式现代化的
　　　标识性概念形成 / 448

三、现代化与强国之路 / 458

　　（一）强国的治理之路：中国式现代化与国家治理

　　　　现代化 / 458

　　（二）强国的产业之路：中国式现代化与现代化

　　　　产业体系 / 472

　　（三）强国的科技之路：中国式现代化与高水平

　　　　科技自立自强 / 484

　　小结 / 498

第八章
现代化的宏大图景与未来展望

一、现代化的人工智能时代 / 504

　　（一）文明转换关口的世界：现代化仍在路上 / 504

　　（二）人工智能时代：现代化的毁灭还是

　　　　重生？ / 514

　　（三）合作与携手并进：现代化的未来展望 / 523

二、现代化的新图景：发展与开放一体 / 532

　　（一）相违的事实：打破西方"自由贸易"

　　　　守护者的神话 / 532

　　（二）环球何时同此凉热："逆全球化"与现代化

　　　　背道而驰 / 542

　　（三）点亮一盏明灯：开放何以成为中国式现代化的

　　　　鲜明标识 / 550

三、现代化的世界蓝图 / 558

　　（一）让世界更美好：现代化的中国故事 / 558

　　（二）飘摇之舟，知向谁边：现代化的

　　　　　太平洋时代 / 567

　　（三）构建人类命运共同体 / 577

　　小结 / 585

结　语 / 588

主要参考文献 / 590

后　记 / 610

第一章

现代化的由来

现代化是人类社会自工业革命以来从传统社会向现代社会发生急剧变革、引发社会全方位各领域深刻变化的世界历史现象。这一人类社会生产力发展的巨大成果，深刻地改变了人类生产方式和生活方式，促进了生产关系的形式性解放与历史性变革，使得"一切固定的僵化的关系以及与之相适应的素被尊崇的观念和见解都被消除了"[1]。从 18 世纪第一次工业革命的机械化，到 19 世纪第二次工业革命将世界从蒸汽时代带入电气时代，再到 20 世纪第三次工业革命的信息技术革命，分别推动了世界现代化进程的三次大浪潮，现代化表现为人类文明发展进步的跃迁阶梯和人类文明形态变革的直接推力。正因如此，现代化呈现出的美好蓝图，让全世界经济落后、工业不发达的后发国家，以先发现代化国家作为自己的未来景象，展开一场以现代化为发展目标的文明竞逐。

一、现代化的概念

（一）先驱者的呼唤：早期现代化概念的探寻

现代化是不可阻挡的世界现象和历史潮流，是全球性的世

---

[1]《马克思恩格斯文集》（第二卷），北京：人民出版社，2009 年，第 34 页。

界历史转变过程，现代化标识着人类社会发展的必然趋势。近代以来的世界现代化进程，不仅从广度上席卷一切国家和民族，蔓延至世界各地，而且在深度上实现了人类经济、政治、文化、社会、生态各领域全方位的彻底变革。1789年法国大革命以来国际上的一个时髦词语就是"旧世界"，人们喜欢在新旧之间划出鸿沟，"旧世界"的种种譬如昨日死，"新世界"的种种譬如今日生。[①]工业革命开启了人类社会轰轰烈烈的现代化浪潮，拉开了"新世界"的序幕。英国作家简·莫里斯描绘了这样一幅场景："英国正在变迁中。但英国人基本上都还未意识到，这种灵活性，以及这种清除障碍的行动，为他们提供了欧洲现代史上独一无二的机会……不列颠人现在就站在巨大的繁荣的门槛上，因为他们垄断着蒸汽技术，而不久后，它便会被证明为乃是这一时代最基本的动力来源。"[②]而"工业较发达的国家向工业较不发达的国家所显示的，只是后者未来的景象"[③]，这一时期正值马克思撰写《资本论》的19世纪中叶，近代科学技术已经诞生，以工业化为基础的现代化正在西方国家兴起和发展，英国率先实现了人类历史上第一次产业革命，开始了大机器生产和大工业的发展，整个工业生产和社会面貌得到根本改观，从而"改变了整个世界"，并为资本主义发展奠定了充足的物质和技术基础。

现代化是人类文明的巨大发展与人类历史的巨大进步。英

[①] ［美］谭中：《中国文明观》，北京：朝华出版社，2024年，第250页。

[②] ［英］简·莫里斯：《大英帝国三部曲I：昭昭天命》，杨茳薇译，北京：九州出版社，2023年，第6~7页。

[③] 《马克思恩格斯文集》（第五卷），北京：人民出版社，2009年，第8页。

国马克思主义历史学家埃里克·霍布斯鲍姆评论道："工业革命标志着有文字记录以来世界历史上最根本的一次人类生活转型。在某个短暂时期内，工业革命仅与一个国家即英国的历史相重合，因此，整个世界经济都以英国为基础或者围着英国转……世界史上曾有过这样的时刻，如果不拘字眼的话，不妨将当年英国描述为：世界上唯一的工厂、唯一的大规模进出口国、唯一的货运国、唯一的帝国主义者、几乎唯一的外国投资方，而且因此也是世界唯一的海军强权、唯一拥有真正世界政策的国家。"①这种不同于中世纪的"现代生产方式"所引起的一系列革命变革开辟的"新世界"，就是马克思著作中的"现代"的科学含义。②现代生产方式将各国的历史活动整合进"世界历史性的共同活动"③框架之内，"新的工业的建立已经成为一切文明民族的生命攸关的问题"④，全球体系逐渐成为满足各文明国家及其个体需求的重要依托，打破了历史上因自然条件而形成的孤立状态。马克思具有前瞻性地洞察到，经济滞后、工业基础薄弱的国家，将会把工业先进的国家视为自身未来发展的目标。这一进程正是"历史向世界历史的转变"⑤的必然结果。

———————————

① ［英］埃里克·霍布斯鲍姆：《工业与帝国——英国的现代化历程》，梅俊杰译，北京：中央编译出版社，2016 年，第 48 页。

② 罗荣渠：《现代化新论：中国的现代化之路》，上海：华东师范大学出版社，2013 年，第 15 页。

③《马克思恩格斯文集》（第一卷），北京：人民出版社，2009 年，第542 页。

④《马克思恩格斯文集》（第二卷），北京：人民出版社，2009 年，第 35 页。

⑤《马克思恩格斯文集》（第一卷），北京：人民出版社，2009 年，第541 页。

现代化是人类孜孜以求的发展目标，在对现代化的几百年追寻中，出现了许多伟大的名字，传颂着很多不朽的篇章，留下了先贤们不懈奋斗的足迹。势不可挡的现代化浪潮不仅使得人类社会生产力获得前所未有的飞速发展与质的提升，人类社会对自然界的控制支配能力得到空前提高；还使得生产关系发生巨大变革，人的生存与发展境况得到飞跃性改善。"思想、观念、意识的生产最初是直接与人们的物质活动，与人们的物质交往，与现实生活的语言交织在一起的。"①以英国为代表的西方国家为后发国家勾勒出了一幅现代化的蓝图，这也是对于现代化的讨论首先在西方兴起的原因。尽管现代化作为世界历史现象起源于第一次工业革命，人类关于摆脱落后生产力束缚、创造理想社会的构想却由来已久。

在雅斯贝尔斯所说的人类"轴心时代"②，我国的诸子百家学说反映了对于理想社会的不同设想。老子提出了以"小国寡民"为特征的理想社会，孔子构想了"天下有道"的社会理想，而墨子则描绘了一个"尚贤""尚同"的社会结构。此外，农家、法家等也各有其独特的理想社会蓝图。在古希腊，柏拉图提出了"理想国"的构想，亚里士多德则对理想社会进行进一步设计。柏拉图以"公平正义"为准则，构建了"理想城邦"的蓝图。在这一理想国中，治理者是由德高望重的哲学家或"哲人王"担任，他们以理性为指导，公正治理国家，确保城邦

---

① 《马克思恩格斯文集》（第一卷），北京：人民出版社，2009 年，第 524 页。

② ［德］卡尔·雅斯贝尔斯：《论历史的起源与目标》，李雪涛译，上海：华东师范大学出版社，2018 年。

的稳定和谐，使每个公民都能享有最大的幸福。治理者不得拥有私产和家庭，因为私产和家庭被认为是私心和腐败的根源。①亚里士多德则在柏拉图"理想国"的基础上构思了"理想城邦"，设想通过政治变革塑造一个由自由民和非自由民组成的社会，公民资格仅限于有产者，他们享有政治权利，以实现城邦"善德"的目标。②古典时期这些对于理想社会的构想，带有强烈的时代和阶级烙印，基于当时生产力水平较低的经济社会条件，因此充满了神秘性和幻想色彩。③

历经 500 年至 1500 年的"黑暗中世纪"，世界力量格局发生了深刻变化。最初，西方仅是亚欧大陆边缘动荡的地区，经历了帝国的解体与持续的外部入侵。然而，西方逐步提高整合资源的能力并释放出强大的扩张活力，通过全球性的海外扩张来展现其影响力。④在 15 至 16 世纪，欧洲人通过航海大发现沿着洲际贸易路线建立了一个涵盖文化、生物和经济联系的全球网络。虽然欧洲、北非和亚洲的人民早已通过贸易相互联系，但 16 世纪形成的这个全球体系覆盖了地球的更大范围，包括撒哈拉以南的非洲和美洲地区。与早期以欧洲和亚洲为核心的国

---

① ［古希腊］柏拉图：《理想国》，董智慧译，北京：民主与建设出版社，2018 年，第 167~168 页。

② ［古希腊］亚里士多德：《政治学》，聂敏里译，北京：商务印书馆，2017 年，第 208 页。

③ 《社会主义发展简史》编写组：《社会主义发展简史》，北京：学习出版社、人民出版社，2021 年，第 12 页。

④ ［美］斯塔夫里阿诺斯：《全球通史：从史前到 21 世纪》（上册），王皖强译，刘北成审校，北京：北京大学出版社，2024 年，第 363 页。

际贸易体系不同，这一新的全球体系由欧洲主导。[①]在此数百年间，美洲逐渐被殖民，并向欧洲输送白银、糖和烟草；与此同时，非洲人被贩运至美洲充当奴隶，负责生产这些商品；而亚洲则通过香料、纺织品和瓷器的输出与欧洲建立了贸易联系。欧洲主要国家通过不断获取新的殖民地，并运用关税和战争手段阻止其他国家与殖民地进行贸易，以此增加本国的贸易收入。[②]简言之，地理大发现与世界市场的形成，为资本主义的萌芽与成长期提供了强有力的推动，加速了现代社会的到来。

在这一不成熟的资本主义发展阶段，空想社会主义应运而生。正如恩格斯指出："不成熟的理论，是同不成熟的资本主义生产状况、不成熟的阶级状况相适应的。解决社会问题的办法还隐藏在不发达的经济关系中，所以只有从头脑中产生出来。"[③]托马斯·莫尔于1516年撰写的《乌托邦》和托马佐·康帕内拉于1602年撰写的《太阳城》被视为空想社会主义诞生的"双子星"。这两部作品系统而全面地构思了社会主义制度的理想蓝图。莫尔在其设想的乌托邦中，通过征服尚处于史前野蛮状态的地区（岛屿），使"岛上未开化的居民转变为具有高度文

---

① ［美］布赖恩·莱瓦克、［美］爱德华·缪尔、［美］梅雷迪斯·维德曼：《碰撞与转型：一部西方通史》（第1册），陈恒等译，北京：中信出版社，2024年，第700页。

② ［英］罗伯特·C.艾伦：《全球经济史》，陆赟译，南京：译林出版社，2015年，第1~2页。

③ 《马克思恩格斯文集》（第九卷），北京：人民出版社，2009年，第274页。

化和教养的人"①，从而建立了一个社会主义社会。莫尔借用这些史前蛮荒地域，象征着极度落后和愚昧的地方，而乌托邦式的社会主义则代表着一个先进、发达、高度文明且文化繁盛的社会。由此，问题在于：如何从一个落后、愚昧的社会转变为高度发达的文明社会？《乌托邦》揭示了其中的关键因素，科技的发达在这一过程中起到了决定性作用。在莫尔提出社会主义社会必须依赖先进科学技术之后，康帕内拉在《太阳城》中进一步描绘了一个名副其实的科技之城。太阳城的居民高度重视科学技术的普及与学习教育，其"内外城墙的各个层面都悬挂着精美的图表，展示了各种科学的严密逻辑关系"②，通过"墙壁上的图画，以直观的方式向专注于观察的人们传授科学知识"③。在太阳城，科学技术不仅与人的教育、生产和工作密切相关，而且已经全方位融入社会劳动和日常生活，展现了科技对现代社会发展的深远影响。可见，尽管《乌托邦》与《太阳城》对未来社会主义社会的具体设想存在差异，但二者共享一个核心主张，即理想社会必然是科学昌明、技术发达的现代化社会。④

　　进入 18 世纪，西方资产阶级的经济实力为政治变革奠定了

---

① ［英］托马斯·莫尔：《乌托邦》，戴镏龄译，北京：商务印书馆，1982年，第50页。

② ［意］康帕内拉：《太阳城》，陈大维等译，北京：商务印书馆，1980年，第6页。

③ ［意］康帕内拉：《太阳城》，陈大维等译，北京：商务印书馆，1980年，第66页。

④ 许耀桐：《先驱者的呼唤：早期社会主义的现代化理念探寻》，《科学社会主义》，2024年第1期。

基础。随着多个国家相继爆发资产阶级革命，世界逐步进入资本主义的历史阶段，标志着现代化（尤其是制度现代化）的萌发。[①]摆脱专制统治和天主教会压迫的愿望日益强烈，最早体现在思想领域，人们开始反对专制统治和宗教思想的束缚，进而引发了一场广泛的思想解放运动，即启蒙运动。正如法国历史学家费尔南·布罗代尔所言："欧洲的精神生活和智识生活总是受到社会剧烈变化的影响。它热爱并创造分裂、中断和急风暴雨，没完没了地寻求建设一个更美好的世界。"[②]启蒙运动思想家对社会进步和最终变革的承诺，奠定了启蒙运动对文明进步的信念基础。在此之前，改革方案往往与恢复某个理想化的黄金时代相联系，而非实现新的社会蓝图。即使变革被承认，其模式也是循环式的，而非渐进式的。然而，启蒙运动的兴起使社会进步的可能性逐渐成为哲学和政治讨论的主导议题。[③]此后的很长一段时间内，社会进化论成为社会科学中的主导思潮。

随着工业革命的兴起，19世纪的西欧和北美相继进入工业化阶段，蒸汽机的发明推动了工业社会的初步形成。正是在这一时期，生活在工业革命与工业化进程中的社会思想家们逐渐意识到人类历史正经历一场重大社会变革。圣西门被公认为从18世纪启蒙进步思想过渡到19世纪工业主义观念的首位先驱，

---

① 尹俊：《经济学理论与中国式现代化：重读厉以宁》，北京：社会科学文献出版社，2022年，第174页。

② ［法］费尔南·布罗代尔：《文明史——人类五千年文明的传承与交流》，常绍民等译，北京：中信出版社，2014年，第355页。

③ ［美］布赖恩·莱瓦克、［美］爱德华·缪尔、［美］梅雷迪斯·维德曼：《碰撞与转型：一部西方通史》（第2册），陈恒等译，北京：中信出版社，2024年，第996~999页。

他关于未来工业社会的理论构成了 19 世纪欧洲大陆主要社会思潮中最具影响力的学派之一。①圣西门明确阐述了实业社会应作为继资本主义之后的工业发达现代化社会的进步思想。在《实业家问答》一书中，他指出，未来的实业体系中，发达的工业应形成一种全新的形态，即"修建大型工厂"，并建立"实证科学活动与工业活动的联盟"。②随着工业社会的基本轮廓在西欧逐渐显现，现代化的前景引发了广泛的讨论和评论。以涂尔干、滕尼斯和马克斯·韦伯为代表的学者，开始对现代社会的结构特征及其起源问题展开探讨。他们提出的理论体系和研究方法，从机械团结到有机团结，从共同体到社会，从价值理性和实质理性到目的理性和形式理性，对于传统社会与现代社会的二分法，使得现代化研究具有了一个基本的参照系，虽然或多或少存在科学性和阶级性上的局限，但其中有相当一部分被后来的现代化理论所继承并发展。③

在"历史的迷雾"中，马克思主义奠基人不仅洞察到蓬勃发展的资本主义生产力的强大威力，同时也对其资产阶级剥削和统治方式进行了深刻批判。正如恩格斯所说："欧文、圣西门、傅立叶的著作现在和将来都是有价值的，可是只有一个德国人才能攀登最高点，把现代社会关系的全部领域看得明白而

---

① 罗荣渠：《现代化新论：中国的现代化之路》，上海：华东师范大学出版社，2013 年，第 22 页。

② [法] 克劳德·昂利·圣西门：《圣西门选集》（第 2 卷），董果良译，北京：商务印书馆，1982 年，第 62 页。

③ 钱乘旦：《世界现代化历程·总论卷》，南京：江苏人民出版社，2010 年，第 61~74 页。

清楚，就像一个观察者站在高山之巅俯视下面的山景一样。"①
早在《黑格尔法哲学批判》中，马克思就明确提出，"我们的时
代即文明时代"②。他认为，资本主义制度是现世彰显的文明的
野蛮，对身处其中的个体来说，伴随着"创造的对象越文明"
的是"自己越野蛮"③。从理论批判的视野深入政治经济学的本
质之维，到"工人阶级的圣经"《资本论》的付梓，马克思深刻
分析了资本主义生产方式，通过把社会关系归结为生产关系，
把生产关系归结于生产力的辩证逻辑，揭示了社会经济形态的
发展是"一种自然史的过程"④，是一种不以人们的意志为转移
的客观过程。同时，马克思也力求从资本逻辑内部释放文明时
代之可能，这将使作为普遍永恒资本的"文明咒语"得到首次
破解。"一个国家应该而且可以向其他国家学习。一个社会即使
探索到了本身运动的自然规律——本书的最终目的就是揭示现
代社会的经济运动规律——，它还是既不能跳过也不能用法令
取消自然的发展阶段。但是它能缩短和减轻分娩的痛苦。"⑤因
此，资本主义工业化仅应被视为人类文明形态的之一而不是唯
一，工业化最终将摆脱资本主义的形式，为人类迈向更高阶段
的社会主义现代化奠定物质基础。

---

① 《马克思恩格斯文集》（第三卷），北京：人民出版社，2009 年，第 79 页。
② 《马克思恩格斯全集》（第三卷），北京：人民出版社，2002 年，第
102 页。
③ 《马克思恩格斯文集》（第一卷），北京：人民出版社，2009 年，第
158 页。
④ 《马克思恩格斯文集》（第五卷），北京：人民出版社，2009 年，第 10 页。
⑤ 《马克思恩格斯文集》（第五卷），北京：人民出版社，2009 年，第 9~
10 页。

（二）历史的"棱镜"：多角度解读现代化概念

"现代化"一词本身具有时代性，现代化不是一个静态的概念和范畴，而是一个历史性范畴。因此有必要结合时代背景和历史发展对现代化概念进行总体性梳理。正如马克思说明的道理："现代工业从来不把某一生产过程的现存形式看成和当做最后的形式。因此，现代工业的技术基础是革命的，而所有以往的生产方式的技术基础本质上是保守的。"①不同于以总结和探讨西欧国家自身的资本主义现代化经验和面临的问题为主的现代化理论（或称"社会进化论"），真正作为一门学科的现代化研究，兴起于20世纪50年代末，发展于20世纪60—70年代及以后。②在不同的历史时代，从不同的领域、学科属性和专业知识出发，学者们对现代化进行了多角度的研究与论述。

从经济学角度出发，学者们认为现代化一定程度上可以用工业和服务业在社会中所占比重、人均国民收入以及人对环境的控制能力来衡量。例如经济学家刘易斯提出了"二元经济模型"，认为发展中国家的经济是由传统农业部门和现代资本主义部门两个不同的经济部门组成的。而现代化的过程，就是不断减少传统农业部门的重要性，建成一个发达资本主义社会的过程。③罗斯托认为，现代社会就是具备经济上自我持续增长能力的社会，创造性地提出了"罗斯托增长阶段理论"。他将经济增

① 《马克思恩格斯文集》（第五卷），北京：人民出版社，2009年，第560页。
② 虞和平：《中国现代化历程》（第1卷），南京：江苏人民出版社，2007年，第2~4页。
③ ［美］刘易斯：《二元经济论》，施炜等译，北京：北京经济学院出版社，1989年。

长分为五个基本阶段，即传统社会阶段、为起飞创造前提条件阶段、起飞阶段、趋向成熟阶段和高频消费阶段[1]，并在《政治与增长阶段》一书中追加了"追求生活质量阶段"。在罗斯托看来，现代化进程中最重要的是"起飞阶段"，起飞完成后，社会才开始逐步向现代化过渡。列维则主张以非生命能源的运用占所有能源的比例来衡量现代化，表示"认定一个社会是较高现代化还是较低现代化，根据的是该社会成员使用无生命能源和（或）使用工具来增加他们努力效果的程度"[2]。还有一些经济学家从人对环境的控制能力出发，把现代化定义为"人类不断驾驭自然环境从而提高人均产出的一个过程"[3]。

从社会学，尤其是从结构—功能主义角度出发，学者们更多地强调结构功能的"分化"，认为现代社会和传统社会的根本区别在于社会分层化和整合的程度。例如帕森斯把社会的发展过程看作是结构的进步性分化和功能的专门化。他认为："现代工业主义所需要的社会整体结构主要部分的经济生产力基本取向，在分化过程达到十分先进的阶段以前是不会出现的。"[4]德赛提出"现代化是对个人行动与制度结构的高度分化与专门

---

① ［美］罗斯托：《经济增长的阶段——非共产党宣言》，郭熙保、王松茂译，北京：中国社会科学出版社，2001 年，第 10 页。

② 朱国宏：《经济社会学》，上海：复旦大学出版社，1999 年，第 104 页。

③ ［美］斯塔夫里阿诺斯：《全球通史：从史前到 21 世纪》（上册），王皖强译，刘北成审校，北京：北京大学出版社，2024 年，第 403 页。

④ ［美］T. 帕森斯：《现代社会的结构与过程》，梁向阳译，北京：光明日报出版社，1988 年，第 84 页。

化"①。奥康内尔认为在现代化过程中，传统的社会或前技术的社会逐渐消失，转变为另一种社会，其特征是具有机械技术及理性的或世俗的态度，并具有高度差异的社会结构。②艾森斯塔德将解体和脱节视为现代化的基本部分，并把现代化看作是高度的结构分化与社会流动的过程。他表示"现代化需要社会所有主要领域产生持续变迁这一事实，意味着它必然因接踵而至的社会问题、各种群体间的分裂和冲突，以及抗拒、抵制变迁的运动，而包含诸种解体和脱节的过程"③。"维系社会系统存在的资源必须从不同的社会群体中动员出来，因此，各个社会群体的成员不仅在现有的制度中活动，而且在其他制度中活动。"④

从政治学角度出发，学者们主要从政治机构的改革、组织结构的分化和政治参与的扩大来解释现代化。例如亨廷顿通过对第三世界国家的总体评估得出了一个结论，即"第三世界新兴国家，除了若干共产党国家外，从传统到现代的过渡时期就是一个克服社会动荡和防止政治衰朽的历史阶段"⑤。他把强大

---

① [美]塞缪尔·P.亨廷顿：《现代化：理论与历史经验的再探讨》，张景明译，上海：上海译文出版社，1993年，第30页。

② [尼日利亚]詹姆斯·奥康内尔：《现代化的概念》，载[美]西里尔·E.布莱克编：《比较现代化》，杨豫、陈祖洲译，上海：上海译文出版社，1996年，第19页。

③ [以色列]S.N.艾森斯塔德：《现代化：抗拒与变迁》，张旅平等译，北京：中国人民大学出版社，1988年，第23页。

④ [美]西里尔·E.布莱克：《比较现代化》，杨豫、陈祖洲译，上海：上海译文出版社，1996年，第11页。

⑤ [美]塞缪尔·P.亨廷顿：《变化社会中的政治秩序》，王冠华、刘为译，沈宗美校，上海：上海人民出版社，2021年，序言第3~4页。

的政府看作是现代化的有力保障，指出世界各国之间的最大差别不是他们的政治形式，而是他们政府实行有效统治的程度。一个政府是否强大和稳定，取决于它能否寻求政治制度化与群众参与度的平衡。这就意味着强大且稳定的政府，既要有推动经济发展与社会进步的能力，又要具备将现代化所产生的社会力量吸进政治系统的能力，从而实现政治参与和政治制度化的平衡。

从心理学角度出发，学者们普遍认为人们的性格、心理和行为的变化是现代化过程中的关键因素。例如麦克勒兰德提出的成就动机理论，他认为企业家的能力与国民经济的发展有着密切联系，而成就动力值能够提高人们的工作效率，为社会造就更多优秀的企业家；反过来，这批企业家会推动经济社会更快地发展。在麦克勒兰德看来，人们头脑中的变化能够推动经济增长，因此他提出，"一个国家的经济发展不能仅仅从资本形成率等经济因素来理解，还要从成就动力值水平的角度来理解"①。智利知识界的领袖萨拉扎·班迪曾说过："落后和不发达不仅仅是一堆能勾勒出社会经济图画的统计指数，也是一种心理状态。"②英格尔斯在班迪的基础上提出了"现代人的理论"，他认为一个国家的经济增长与社会发展和国民的心理状态息息相关，在任何时代、任何社会，人都是现代化进程中不可或缺的组成部分。他表示，"如果一个国家的人民缺乏能够赋予

---

① 丁文峰：《经济现代化模式研究》，北京：经济科学出版社，2000年，第122页。

② 殷陆君编译：《人的现代化心理·思想·态度·行为》，成都：四川人民出版社，1985年，第3页。

先进制度以生命力的广泛的现代的心理基础，如果执行和运用这些现代制度的人，自身还没有从心理、思想、态度和行为方式上都经历一个现代化的转变，失败和畸形发展的悲剧结局是不可避免的"①。

除经济学、社会学、政治学、心理学等研究方向外，还有学者从历史学、人类学、传播学等角度出发研究现代化。例如历史学家布莱克认为，"现代化是近世以来知识爆炸性增长所带来的结果"，在现代化过程中，"历史上形成的制度发生着急速的功能变迁——它伴随着科技革命的到来，反映了人类知识的空前增长，从而使人类控制环境成为可能"。②人类学家曼宁·纳什认为："现代化是使社会、文化和个人各自获得经过检验的知识，并把它运用于日常生活的一种过程。"③传播学家勒纳则认为现代化是由国际或社会间的交流触发的，"欠发达国家通过这样的社会变化获得比较发达的现代工业社会的共同特征"④。可以说，这一阶段的现代化理论家普遍认为，现代化是一个逐步消解"传统"并获得"现代"特征的过程。作为一个过程，现代化被视为一场彻底的转型，是系统化的、长期的、阶段性的，也是内在驱动的全球化进程。从这个意义上说，无论是

① ［美］英格尔斯：《人的现代化》，殷陆君译，成都：四川人民出版社，1985年，第4页。

② ［美］C.E.布莱克：《现代化的动力》，景跃进、张静译，杭州：浙江人民出版社，1989年，第6页。

③ 转引自［美］瓦尔马：《现代化问题探索》，周忠德、严炬新译，北京：知识出版社，1983年，第12页。

④ 丁文峰：《经济现代化模式研究》，北京：经济科学出版社，2000年，第120页。

"现代化"理论，还是之后出现的"后现代"理论、"第二次现代化"理论，要解决的都是如何真正实现"发展的现代化"问题。但它们之间的分歧与争论，还是源于最初的问题：什么是现代化？究竟如何把握现代化概念的本质？[1]

（三）"七巧板"拼图：现代化概念的总体判断

英国学者艾伦·麦克法兰在其著作《现代世界的诞生》中指出："认知现代性的努力犹如拼出一副七巧板的过程。英格兰之能率先实现非凡的转型，从一个农耕世界变成一个工业世界，是一组互相关联的特点导致的结果，每一个特点都必不可少，但是任何一个特点都不是现代性的十足起因。"[2]现代化的复杂性可由此管窥，任何单一方面的分析都不足以在本质上把握这一概念。经由前述讨论可知，目前关于现代化的概念比较繁杂，从现有研究文献来看，更倾向于将现代化定义为：在全社会范围一系列现代要素及组合方式连续发生的由低级到高级的突破性变化或变革的过程。[3]从普遍的角度，现代化既是一种世界现象，也是一种文明进步，更是一种发展目标。这是对现代化的总体判断。由此现代化概念至少包括五个方面：

一是现代化一定是历史的概念、发展的概念。这就是说，现代化不是一个固定的概念，也不是一个一成不变的概念，它是随着人们对现代化的实践和认识不断丰富、不断完善的概念。

---

[1] 鲍宗豪：《中国式现代化：源起、创新与发展》，上海：东方出版中心，2024 年，第 53~54 页。

[2] ［英］艾伦·麦克法兰：《现代世界的诞生》，上海：上海人民出版社，2013 年，第 7 页。

[3] 周文：《中国道路：现代化与世界意义》，杭州：浙江大学出版社，2021年，第 122 页。

这也意味着现代化并没有固定的模式或唯一的道路，现代化更不等同于西方化。不同的国家会有不同的现代化道路，如中国式现代化道路，不是对西方现代化的模仿和复制，而是对其的学习和借鉴，更有创新和超越。

二是现代化是全社会范围内的现代化，是一个系统性概念，不是某一环节或者某一方面的现代化。这包括两方面的含义：一方面，包括经济现代化、社会现代化、政治现代化、文化现代化、人的现代化，以及生态文明建设，此外还有国防和军队现代化等，因此现代化不是单一的经济现代化。另一方面，包括城市现代化与农村现代化、沿海地区现代化与中西部地区现代化、少数民族地区和人口现代化、全体人口现代化。从这个意义上看，中国式现代化不同于西方现代化，中国式现代化一定是社会主义的现代化，而不是资本主义的现代化，体现在更加包容、更加公平、更加共享，其现代化成果为全社会所分享。

三是现代化是现代要素及组合方式的现代化，不是完全市场化。这就涉及土地、资源、能源、资本、劳动、教育、科学、技术、文化、信息、知识和制度、法律等现代要素，也涉及各种现代要素组合方式。不同的要素有不同的组合方式，有的要素组合方式需要利用市场机制配置，有的要素组合方式需要由政府有效提供，有的要素组合方式由两种机制共同来提供。

四是现代化是一个连续的积累的发展和建设过程，从低级到中级，再到高级，从量变到部分质变，再量变到再部分质变，最后引起全面性、根本性质变。这就显示了现代化发展的阶段性与质变性。例如新中国成立70多年来，我国先后经历了从绝对贫困到解决温饱，再到小康水平，进而全面建成小康社会，向着全面建成社会主义现代化强国的第二个百年奋斗目标迈进，这就是一个现代化建设的新的质的飞跃。与此同时，现代化是不断积累的过程，尤其防止任何破坏和中断，即所谓"不怕慢，就怕站，更怕断"。从这个意义上看，现代化程度就是关于时间的函数，有其时间的连续性，不可能"毕其功于一役"。

五是现代化是全方位的变革过程，现代文明是包含物质文明、政治文明、精神文明、社会文明、生态文明的总体文明演进历程，因而现代化是经济变革、政治变革、文化变革、社会变革、生态变革等各个领域全方位的系统变革，不仅要求实现传统农业经济向现代工业经济、传统专制政治向现代民主政治、传统社会向现代社会的转变，也要求以国家治理体系和治理能力的现代化推进现代国家制度建设与体制改革。现代化不仅是生产力方面的巨大提升，也是生产关系方面的巨大变革，是生产力与生产关系统一的现代化。因此，现代化是系统有机的整体运动，将会推动全社会各领域全方位的变革。

罗荣渠在《现代化新论：中国的现代化之路》一书中归纳了世界各国学者关于现代化的四种解释：①现代化指经济上落后国家在经济技术上赶上世界先进水平的历史过程；②现代化实质上就是工业化，是落后国家实现工业化的进程；③现代化是自科技革命以来人类急剧变化的总称；④现代化主要是一种心理态度、价值观和生活方式的改变过程，即把高度发达工业社会的现实作为现代化完成的一个主要标志。[①]一般而言，广义

---

① 罗荣渠：《现代化新论：中国的现代化之路》，上海：华东师范大学出版社，2013年，第7~13页。

现代化指工业革命以来，人类从传统文明向现代文明转变的历史过程及其深刻变化，它包括从传统经济向现代经济、传统社会向现代社会、传统政治向现代政治等的转变；狭义现代化指发展中国家追赶发达工业国家先进水平的过程及其变化。20世纪60年代，美欧发达国家先后进入发达工业社会。正是有西方现代化的"镜鉴"，所以当时的现代化就是工业化，现代社会就是工业社会，现代文明就是工业文明。

基于现有研究文献，经典现代化理论一方面阐述了现代化的特点和规律；另一方面阐述了现代化的结果，即已完成现代化过程的国家的状态和特点。现代化给人类社会呈现出美好蓝图，从而让更多发展中国家向往。但事实上，在西方现代化过程中，现代化既推动了人类文明的巨大进步，也产生了一些新问题，如环境问题、自然资源破坏、贫富差距问题、工作技能老化等。此外，几乎后来所有模仿西方现代化模式的发展中国家基本上都没有成功案例，因此经典现代化理论只能解释过去发达工业国家18世纪70年代至20世纪60年代的现代化历程，无法借鉴，更难推广。从现代化的实践来看，经典现代化理论遇到两大挑战：①20世纪70年代以来发达工业国家工业化出现逆转，进入后工业社会，强调服务业为主体，工业比重越来越低，服务业比重越来越高，甚至在理论上认为后工业社会应该是服务业占主体的社会，这就动摇了以工业化为本质特征的经典现代化的根本；②现代化不可能停滞不前，工业社会不是文明进程的终结，只能是现代化的其中一个过程和阶段，而且单纯强调工业现代化显然越来越脱离现代化潮流，背离了人类对美好生活向往的宗旨。而且工业社会在创造巨大的物质财富的同时，也制造了巨大的环境灾难。20世纪90年代以来，越来越多的人认识到，相对于工业社会，今天面对的是一个日新月异的新世界。各国学者都在探索现代化世界的新发展。同时，反观二战后一大批未能成功向现代化国家转型的亚非拉国家，其转型失败的一个重要原因，就在于简单化移植和照搬西方工业社会的模式。

总之，从渊源上，西方是现代化的诞生地。现代化无论从起源还是从发展来看，都是与"西方"息息相关的。过去200多年来，现代化成为西方经验的总结。从历史上看，西方发达国家率先建立了现代化经济体系，给我们提供了可资借鉴的经验。事实上，西方只是现代化的先行者，并不是现代化的范本，更不是衡量其他国家现代化的标准。过去的现代化发展路径受历史局限，没有更多样本可以选择，从而造成西方现代化的光环过于耀眼，西方模式成为唯一可以模仿的样本。结果，现代化成为单向输入，现代化成为西方化，甚至一些学者宣称其是"历史的终结"。在实践中，我们可以看到一些发展中国家照抄照搬西方模式甚至依附于西方国家，失去发展自主性，进而落入发展失败国家的行列。正如习近平指出："现代化不是单选题。历史条件的多样性，决定了各国选择发展道路的多样性。"①我国在实践发展中成功开辟的中国式现代化道路，既避免了社会主义传统模式的僵化，又在很大程度上摒弃了西方现代化模式的弊病和缺陷，彰显了现代化的中国实践和中国理论。

---

① 《习近平外交演讲集》（第一卷），北京：中央文献出版社，2022年，第372页。

二、现代化的追求

（一）竞逐的马拉松：世界现代化进程的三次浪潮

现代化没有终点，当今世界所有国家都在争先恐后地进行现代化建设，通过科学技术的引领开展生产力现代化的激烈竞争。因此，现代化是人类社会发展中漫长的马拉松比赛，是当今人类社会必须上场的世界历史舞台和竞技场。已有的现代化理论，在相当长时期一直是用来描述发达国家现代化增长的历史进程。后来的各种关于现代化的定义都是发展中国家以发达国家的现代化进程作为蓝本而形成的现代化概念，本质上是经济文化相对落后的发展中国家追赶先行现代化国家的过程，于是就有众多发展中国家把中等发达国家和高度发达国家作为基本实现现代化和全面实现现代化目标进行追赶之说。①

德国学者范彼德认为："现代性的历史，或许在根本上也是编写现代历史的历史。"②然而，现代化的历史进程常给人以繁复无序、变化无常的印象，这种难以把握好似英国作家狄更斯在《双城记》中所描绘的18世纪末的欧洲局势。该书开篇写道："那是最好的年月，那是最坏的年月，那是智慧的时代，那是愚蠢的时代，那是信仰的新纪元，那是怀疑的新纪元，那是

---

① 周文：《中国道路：现代化与世界意义》，杭州：浙江大学出版社，2021年，第121页。

② Van der, Veer, Peter, The Global History of "Modernity", *Journal of The Economic and Social History of The Orient*, 1998, 41(3), pp.285-293.

光明的季节，那是黑暗的季节，那是希望的春天，那是绝望的冬天，我们将拥有一切，我们将一无所有，我们直接上天堂，我们直接下地狱。"①这生动地表达了走向现代化过程中人类社会的对立与张力，现代化既带来繁荣与进步，也伴随矛盾与危机。英国经济史学家阿什利曾提出，经济史研究应当试图发现社会发展的规律，即对社会经济生活的运行轨迹进行总体归纳，这一观点得到了英国经济学家希克斯的呼应，后者在晚年创作了其最具代表性的著作《经济史理论》。希克斯认为，历史研究不应如历史主义那样仅仅追求特殊性和偶然性。历史应当体现共性与个性的统一，而在希克斯看来，经济史的研究对象应是发展中的必然性，只有通过这一视角，才能揭示社会发展的必然规律。②那么，世界现代化的历史进程是否有一条清晰的脉络？又是什么力量在推动世界各国对现代化的追求？

从现象上看，世界各国的现代化呈现多样化的表现形式，但就其本质而言，现代化的客观规律不以人的意志为转移，并在其长期历史过程中遵循着发展生产力的自我逻辑。正如《共产党宣言》指出的："资产阶级在它的不到一百年的阶级统治中所创造的生产力，比过去一切世代创造的全部生产力还要多，还要大。自然力的征服，机器的采用，化学在工业和农业中的应用，轮船的行驶，铁路的通行，电报的使用，整个整个大陆的开垦，河川的通航，仿佛用法术从地下呼唤出来的大量人

---

①［英］狄更斯：《双城记》，石永礼、赵文娟译，北京：人民文学出版社，2004年，第1页。

② 隋福民：《新经济史革命：计量学派与新制度学派》，桂林：广西师范大学出版社，2024年，第29~30页。

口——过去哪一个世纪料想到在社会劳动里蕴藏有这样的生产力呢？"①这一生产力是资本主义现代化社会的最先表现形式和重要特点，是现代化历史发展所具有的重要共性，其根源在于现代资本主义生产方式开创出了现代化生产力，拉开了世界走向现代化的历史序幕。可以说，《共产党宣言》也是现代化的宣言。由此可见，现代化不仅仅是一个历史进程，它还为人类勾画出了一幅美好的未来蓝图。尤其是以英国为代表的西方国家，通过工业革命等历史事件，展示了现代化带来的经济和社会发展，推动了全球范围内追求现代化的三次大浪潮。

现代化的第一次浪潮发生在 18 世纪下半叶到 19 世纪中期，是发端于英国而后向西欧扩散的工业化进程。工业革命引发了人类生活中一些最具深远影响的剧变，在许多方面成为旧生活方式与新生活方式之间的分水岭，它赋予了人类对自然前所未有的技术控制，并将产业和工业纳入前所未有的社会制度框架中。这场革命不仅改变了生产和生活方式，还赋予城市全新的面貌，并释放出新的、强大的政治力量。然而，与工业革命所带来的剧烈变革不同，工业化的扩展是一个渐进过程。工业化始于 18 世纪 60 年代的英国，在最初的 40 多年里，它仅限于该国。作为相对的后发工业化国家，比利时和法国直到 1815 年才开始大规模的工业化，而普鲁士、瑞士和奥地利的工业增长则要等到 1840 年左右才开始显现。尽管各国工业化的起步时间不同，但在欧洲主要国家的工业化进程中存在一个显著的共同点：政府在推动和支持工业化过程中扮演了不可或缺的角色。例如，

---

① 《马克思恩格斯文集》（第二卷），北京：人民出版社，2009 年，第 36 页。

在普鲁士，许多制造业和采矿业企业由政府掌控。为保护本国新兴工业，欧洲大陆许多国家还实行了保护性关税，防止廉价英国商品的冲击。此外，这些国家的政府甚至直接为投资者提供财政支持，助力本国工业的快速追赶与崛起。①

当然，这次浪潮不仅仅是经济、技术与生产方式的变革，还包括了广泛的政治与社会变革，是史无前例的经济革命与政治革命结合的"双元革命"。在英国工业革命发生的同时，还包括 1776 年的美国独立战争，1789 年的法国大革命，1810 年的拉丁美洲独立战争与 1820 年的葡萄牙资产阶级革命。这些革命联合在一起，共同构成了"大西洋革命"时代。在此期间，首批完成工业革命的国家（如英、法、美）快速实现了现代化。如何评估 1789 年至 1848 年间这场革命的深远意义？如何理解它作为第一次现代化浪潮中最为重大的历史变革？这一时期的变革不仅仅是经济和政治制度的转型，更是全球现代化进程的起点。没有这些变革，现代世界的结构与秩序将会截然不同。这场"双元革命"——政治革命和工业革命——不仅重新塑造了欧洲，甚至改变了全球经济和社会的发展模式，并且至今仍在影响世界。正如霍布斯鲍姆指出的，在审视这场"双元革命"时，我们需要区分其长期影响与早期的关键性发展。长期影响是指全球范围内现代化进程的推进，不受特定社会结构或国际形势的制约；而早期发展则紧密依赖于当时的社会和国际格局。1789 年至 1848 年间的变革，不仅仅是工业化的胜利，更是资本

---

① ［美］布赖恩·莱瓦克、［美］爱德华·缪尔、［美］梅雷迪斯·维德曼：《碰撞与转型：一部西方通史》（第 2 册），陈恒等译，北京：中信出版社，2024 年，第 1092~1120 页。

主义工业体系的建立，不仅象征着自由和平等思想的胜利，更代表了中产阶级或资产阶级在现代社会中的崛起；不仅推动了现代经济与国家的形成，还使得这些成果集中体现在欧洲部分地区和北美少数国家，尤其是英国和法国这两个在第一次现代化浪潮中发挥主导作用的国家。[①]这一时期的变革标志着现代化进程的启动，并从此向全球扩展。

　　第二次现代化浪潮发生在 19 世纪下半叶到 20 世纪初，主要由第二次工业革命推动。相较于第一次工业革命，以电气化为主要标志的第二次工业革命极大提高了社会生产力，世界由"蒸汽时代"进入"电气时代"，并推动现代化的范围迅速从西欧扩大到东欧和北美地区。19 世纪 70 年代，德国科学家西门子发明了发电机，促进了电能与机械能的转换。随后，电灯、电车等电气产品广泛应用于生产和生活。内燃机的发明解决了交通工具的发动机问题，卡尔·本茨于 1885 年制造了第一辆内燃机汽车。到第一次世界大战前夕，汽车年产量增至 50 万辆以上。内燃机的使用推动了石油开采和石油化工工业的发展，美国在 1859 年钻出第一口油井，石油产量从 1870 年的 80 万吨增至 1900 年的 2000 万吨。同时，化学产品如塑料、绝缘物质等相继投入实际应用。冶金、造船等工业部门技术革新加速，钢产量显著增加。通信技术也得到发展，电话和无线电报为信息传递提供了便利。从此，世界各地的经济、政治和文化联系进

---

　　① ［英］艾瑞克·霍布斯鲍姆：《革命的年代：1789—1848》，王章辉译，北京：中信出版社，2014 年，第 2 页。

一步加强。[1]对于西方国家来说，在此期间，经济领域的变革为政治领域的发展奠定了基础，带来了政治上的法制化、民主化，同时也促进了思想上的科学化和社会生活的文明化。

从上述历史进程中可以发现，英国在全球现代化竞赛中逐渐被后来者所超越，德国和美国的"赶超"过程是19世纪最后几十年世界经济发展的重要特征。[2]事实上，导致英国在第二次工业革命中工业实力衰退的"阿喀琉斯之踵"，正是其自由贸易政策及对自由竞争的迷信。英国由盛转衰的转折点并非经济危机的1873年，也非1913年，而是始于1860年全面推行自由贸易的那一时刻。所谓的"维多利亚繁荣"不过是英国第一次工业革命市场力量的短暂爆发，而非真正的经济繁荣，这一繁荣实际上是英国衰退的前兆。换言之，自由贸易是英国强盛的结果，而非其强盛的原因；正是因为选择了自由贸易战略，英国逐渐走向衰落。英国对自由贸易利益的误判，为德国和美国在第二次工业革命中的赶超提供了一个难得的机会。这些后发国家的赶超路径有一个显著的共同特征，即对自由贸易的不信任，它们并未在英国原有的主导产业上与之直接竞争，而是另辟蹊径，寻求并发展新的主导产业，进而培育出动态的竞争优势。[3]

以德国为例，在《政治经济学的国民体系》一书中，李斯特对以斯密为代表的古典学派进行了系统的批判，并提出了以

---

① 钱乘旦：《世界现代化历程·总论卷》，南京：江苏人民出版社，2010年，第222~223页。

② ［英］克里斯·弗里曼、［英］弗朗西斯科·卢桑：《光阴似箭：从工业革命到信息革命》，沈宏亮译，北京：中国人民大学出版社，2007年，第256页。

③ 邓久根、贾根良：《英国因何丧失了第二次工业革命的领先地位？》，《经济社会体制比较》，2015年第4期。

生产力为核心的幼稚产业保护理论。李斯特认为，落后国家都应该通过设置进口关税甚至颁布进口禁令来扶植本国的民族工业，唯有如此，德国、俄国和美国等当时落后于英国的国家才会有赶超的希望。①李斯特认为后进国家的"幼稚工业"在面临激烈的竞争后易处于衰退阶段，而实施产业政策的目标在于利用政府有形之手将资源集中到技术、资本匮乏的后进产业，通过扭曲市场价格来培育幼稚工业的竞争力。上述思想提出后，动摇了其所处时代"对自由主义坚如磐石的信念"。事实上，在李斯特离世后的1879年，"铁血宰相"冯·俾斯麦将李斯特的思想在德意志第二帝国付诸实践，并在较短的时间内将德国由一个欠发达的农业经济体塑造成一个强大的工业化国家，②使德国一举获得世界现代化进程中的领先地位。

第三次现代化浪潮发生在20世纪中叶至今，是从二战后恢复中建立起来的、与新技术革命相伴而生的、真正意义上席卷全球的现代化。正如罗兹曼强调，现代化是"各社会在科学技术革命的冲击下，已经历或正在进行的转变过程"，是"人类历史上最剧烈、最深远并且显然是无可避免的一场社会变革"。③科技在推动生产力发展中扮演着日益重要的角色，科技成果转化为生产力的速度显著加快，科技进步成为提升劳动生产率和推动经济增长的主要源泉。西方国家工业生产的年均增长率在两

---

① ［德］弗里德里希·李斯特：《政治经济学的国民体系》，陈万煦译，北京：商务印书馆，2017年，第299~308页。

② 林毅夫：《经济发展与转型思潮、战略与自生能力》，北京：北京大学出版社，2008年，第28页。

③ ［美］罗兹曼：《中国的现代化》，国家社会科学基金"比较现代化"课题组译，南京：江苏人民出版社，1995年，第4~5页。

次世界大战期间为 1.7%，而在 1950 至 1972 年间则大幅度上升至 6.1%。1953 至 1973 年间的全球工业总产量已相当于此前一个半世纪的工业总量之和。由科技进步带来的产值在欧美国家国民生产总值中的占比，从 20 世纪初的 5%~10% 增长至 20 世纪 70 年代的 60%。[①]美国政府高度重视科技，采取积极措施推动科技发展，这直接促成了第三次工业革命首先在美国的兴起。第三次工业革命不仅将现代科学技术的发展推向了一个全新阶段，同时也使欧美等西方发达国家在 20 世纪 50 至 60 年代相继完成了高度工业化，进入了工业化的最后发展阶段。在这一过程中，微电子工程、生物工程、宇航工程和海洋工程逐渐成为新兴工业的主干；人们的生活方式多样化、价值观念多元化，更加注重保护生态环境等。由此，第三次现代化浪潮既包括经济的增长与效率的提升，也包括政治的稳定、文化的繁荣、科技的创新和生态的改善。

习近平深刻指出："纵观世界文明史，人类先后经历了农业革命、工业革命、信息革命。每一次产业技术革命，都给人类生产生活带来巨大而深刻的影响。"[②]历史地看，第三次工业技术革命改变了人类创造价值的方式，也改变了整个世界的面貌。一方面，西方发达国家凭借工业革命累积的强大实力顺利完成了战后的政治经济秩序的恢复，出现经济持续增长的繁荣局面；另一方面，第三世界国家在殖民体系瓦解后以西方现代化模式

---

① 钱乘旦：《世界现代化历程·总论卷》，南京：江苏人民出版社，2010 年，第 223~224 页。

② 中共中央文献研究室编：《习近平关于科技创新论述摘编》，北京：中央文献出版社，2016 年，第 86 页。

为学习的蓝本，逐渐加入世界现代化的历史进程。[1]

在 20 世纪后期，中国及东欧部分国家面临"社会主义转轨问题"[2]，尝试根据本国国情，探索出各自的发展道路。中国作为一个人口众多、幅员辽阔的社会主义国家，成功开创并不断拓展中国特色社会主义道路，探索符合国情的"四个现代化""三步走"发展战略，取得了举世瞩目的成就。中国的改革虽然深刻，但是循序渐进，东欧国家则不同，正如一位评论员对波兰的评述，"没有起效的休克疗法"，导致生产下滑持续了很长一段时间，而且物价上涨演变成了通货膨胀，[3]仍然没有彻底摆脱"夹缝中的国家"[4]的定位。东亚的一些边缘农业国家和地区，开辟了以发展民用工业和出口导向为特征的新工业化道路。以日本为先导，东亚大陆边缘地区形成一个新兴的工业带。随着石油作为新能源的广泛运用，西亚、北非的伊斯兰文明区中的石油输出国从半农半牧社会迅速走上经济突飞性增长的道路。通过大量引入外国资本和技术，这些国家形成了一种独特的发展模式，以石油工业为特征的畸形工业化成为这一地区的典型。拉丁美洲在第一次和第二次现代化浪潮中处于落后地位。在第三次现代化浪潮中，墨西哥、巴西、阿根廷、智利、委内瑞拉

---

① 周文、何雨晴：《新质生产力：中国式现代化的新动能与新路径》，《财经问题研究》，2024 年第 4 期。

② ［匈牙利］雅诺什·科尔奈：《社会主义体制：共产主义政治经济学》，张安译，北京：中央编译出版社，2007 年，第 6~8 页。

③ ［美］乔伊斯·阿普尔比：《无情的革命：资本主义的历史》，宋非译，北京：社会科学文献出版社，2014 年，第 411~412 页。

④ ［英］艾伦·帕默：《夹缝中的六国——维也纳会议以来的中东欧历史》，北京：商务印书馆，1997 年，第 4~6 页。

等国探索了自主工业化的道路，正逐步向现代工业社会过渡。然而，由于都市化进程快于工业化，以及过度依赖外国投资与跨国公司，这些国家普遍出现了"依附性发展"的畸形现象。①

总的来说，现代化的发展是一道"窄门"，除中国等少数国家外，过去几十年来参与经济全球化的穷国不仅未能通过比较优势实现与富国的趋同，反而落入了各式各样的"发展陷阱"，在国际经济格局上形成"中心－外围"结构，使后发国家不得不依附先发国家，从而丧失后发现代化赶超的机会。②

（二）后发国家现代化进程中的争议与问题

始于18世纪的工业革命，启动了现代化的引擎，使得亿万人摆脱了物质匮乏。但同样的工业革命，也使得英国及稍后的西北欧和北美与世界的其他地区分化开来，并制造出西方与其他地区之间巨大的至今仍未消弭的鸿沟。在追求现代化的历程中，后发国家使出"浑身解数"，创造了形式各异的现代化模式，也因各自现代化的盛衰成败引发旷日持久的争议与问题。

其一，苏联式现代化：高度集权的计划经济体制。为了赶超发达的资本主义国家并体现社会主义优势，苏联的工业化和经济发展依赖于中央对经济资源的集中支配。苏联将全部资金集中于若干重点目标，避免资金分散于不利于快速工业化的领域。因此，苏联早期发展的计划特点在于，按照中央确定的轻重缓急顺序，通过行政手段管理和分配资金，全面以政府计划

---

① 罗荣渠：《现代化新论：中国的现代化之路》，上海：华东师范大学出版社，2013年，第114~115页。

② 周文：《赶超：产业政策与强国之路》，天津：天津人民出版社，2023年，第226页。

取代市场机制。①

应当承认，从十月革命胜利后到 20 世纪 50 年代初，这种经济管理体制在战时和准战时情况下显示出了它的适应能力和优越性。这种高度集权的计划经济体制的优势是，便于集中全国现有的人力、物力、财力，服务于特定的目的。苏联高度集权的计划经济体制的基本特点是国有化和计划的指令性。首先，国家机关是经济管理的主体。它既是国有企业生产资料的所有者，又是直接经营管理者。企业只是计划执行单位，必须无条件地完成国家计划任务，没有经营自主权。其次，社会主义国家的计划是"指令性的"，各级领导机关"必须执行"的计划。这种计划能决定全国经济"将来发展的方向"。随着指令性计划经济体制开始确立，市场和市场调节作用被彻底否定。这种高度集中的计划经济体制也一度被人们看作为社会主义经济的唯一模式。在战前、战争期间和战后初期，苏联高度集中的计划经济体制能抵挡资本主义的挑战，其固有的弊病不易显现。但是当特殊的历史条件消失，战后经济恢复期结束，经济建设全面展开，工业部门交叉林立，社会分工日益细化，经济联系日趋复杂时，原有的计划经济管理体制的弊端则在经济生活的各个方面日益凸显。突出的弊病就是：片面强调指令性计划经济、排斥市场经济和商品货币关系，片面发展重工业等。

在工业化时期，列宁和斯大林都曾指出苏联和资本主义国家经济的相互依赖性，阐明了苏维埃国家与资本主义国家发展

---

① 陈健、郭冠清：《政府与市场：落后国家工业化道路的比较》，《齐鲁学刊》，2018 年第 1 期。

对外经济关系的必要性。但二战后，当资本主义国家对社会主义国家进行经济制裁以后，斯大林提出的"两个平行的也是互相对立的世界市场"理论则从主观上把社会主义国家从全世界市场上、从世界经济中分割出去，使社会主义国家的经济建设和科技进步脱离世界经济而孤立进行。这就导致社会主义国家经济体制僵化，经济和科技发展滞后于世界前沿。[1]马克思极具预见性地认识到，在世界历史的背景下各个国家所取得的成果不是地域性的而是世界性的，他指出："凡是民族作为民族所做的事情，都是他们为人类社会而做的事情。"[2]落后的国家可以利用具有先进制度的国家的文明成果来发展自身，而制度超前的国家也能运用现有的文明成果弥补不足。

其二，东欧剧变与拉美困境："休克疗法"与政府缺位的教训。1990年1月1日，波兰率先开始实行激进的"休克疗法"，以此来全面启动经济转轨的进程。之后，其他东欧国家及俄罗斯等国也争相效仿。激进的转轨使俄罗斯和东欧国家仅用三五年的时间就初步建立起市场经济的框架，但隐藏在其背后的高昂代价，如经济体制的真空、经济发展的严重倒退及人民生活水平的急剧下降等至今仍是这些国家经济发展所面临的现实难题。"休克疗法"在传入俄罗斯以前，在遏制通货膨胀、稳定宏观经济方面是颇有疗效的，它在传入俄罗斯之后却适得其反，全然不顾具体国情，主观武断地一笔抹杀其历史遗产，出笼了

---

① 马凯等：《计划经济体制向社会主义市场经济体制的转轨》，北京：人民出版社，2002年，第23页。

②《马克思恩格斯全集》（第四十二卷），北京：人民出版社，1979年，第257页。

一套快速而激烈的干预措施，最终导致恶性通货膨胀的爆发。同样，在开始施行"休克疗法"的1990年，波兰的国内生产总值（GDP）下降了11.6%，工业产值下降了24%，1990、1991年两年的工业产值则下降了近40%，当时被认为是战后"世界上任何地方都没有出现过的巨大的生产衰退"[①]。

伴随着"休克疗法"而来的是全方位的私有化。各国都把私有化视为由计划经济体制向市场经济体制转轨的前提条件和核心内容，其最终目标是要把以公有制为主体的所有制结构改造成以私有制为主体的所有制结构。为了过分追求速度，加之缺乏社会监督和暗箱操作，私有化实质上成为利益集团和掌握着各种资源的有组织角色的博弈场。[②]巴富瓦尔就此指出："东欧各国的私有化进程造成了国有资产的严重流失。在市场机制较为完善的英国，花了八年时间才使占国内生产总值4.5%的国有企业实现了私有化，而在这些东欧国家，仅用了不足十年的时间，就使国有资产在社会总资产中的比重由过去的95%左右下降到30%～50%，并使私营经济产值所占的比重从转轨前的平均不足10%发展到60%～70%。"[③]匈牙利在私有化过程中将国有企业大部分卖给了西方财团，只有18%的国有资产被国人买走。西方投资者不仅购买了匈牙利的工商业，而且还买走很

---

① 王正泉：《剧变后的原苏联东欧国家（1989—1999）》，北京：东方出版社，2001年，第262页。

② ［英］约瑟夫·斯蒂格利茨、［英］热拉尔·罗兰：《私有化：成功与失败》，卢昌崇译，北京：中国人民大学出版社，2013年，第2页。

③ ［法］弗朗索瓦·巴富瓦尔：《从"休克"到重建：东欧的社会转型与全球化——欧洲化》，陆象淦、王淑英译，北京：社会科学文献出版社，2010年，第375页。

大一部分关系到国家经济命脉的能源工业、石油工业、银行和通信企业等，为西方财团干预这些国家的政治经济政策提供了条件。

类似地，作为昔日欧洲国家的殖民地，拉丁美洲国家经济发展带有典型的"悲剧色彩"。对于这些身处殖民半殖民统治的国家而言，探索适合自身发展的政治与经济制度面临着很多的不确定性，工业化的启动就更为艰难。作为南美重要的国家，阿根廷和巴西近些年来一直陷入经济发展泥淖之中不能自拔。但在历史上阿根廷和巴西均是新自由主义经济学宣传的模范生，一直照搬西方治理体系。之所以出现这种现象，是因为20世纪80年代以来，拉美国家相信新自由主义经济学，照搬了欧美体制，全面推行完全市场，丧失了自身经济主权。阿根廷有着得天独厚的自然条件，其国土面积近300万平方千米，东濒大西洋，南与南极洲隔海相望，气候温和，土地肥沃，人均可耕地面积是美国的近2倍，海产品、森林、淡水等自然资源也无比丰富。而巴西同样幅员辽阔，人口众多，有着丰富的矿产、石油及水资源。这两个南美重要国家就是由于政局不稳，政府作为有限，政策制定和制度变迁就如"钟摆"一样摇摆不定，自由市场主义和民粹主义频繁交替。随着执政党把"华盛顿共识"奉为圭臬，实行门户开放政策，西方资本大举进入，把南美国家的国有企业和重要矿产资源据为己有，经济发展也随之失去了自主权。这再一次证明了没有强大的国家建构，社会秩序和经济发展自然也就无从谈起。

东欧国家和拉丁美洲的市场化改革的失败已经表明西方现代化发展模式并不是"绝对真理"。在实践的基础上，西方一些学者开始反思完全市场化改革的适用性。丹尼尔·耶金认为："市场无法与一个失灵的国家协同工作，这将迫使拉美各国重新发现国家的作用。"①爱泼斯坦也指出，市场本身就是一个公共产品，是政治制度与法律体系的产物。对这个公共产品的供给来说，一个以集权的财政体制为基础的国家主权是十分必要的。②拉美的一些左翼学者也开始探讨西方现代化在拉丁美洲的实践局限性。劳尔·普雷维什在深入分析拉美国家遭受发达国家经济剥削和危机转嫁的过程中，通过"中心-外围"理论尖锐批判了发达国家与发展中国家之间的不平等关系。拉美经济的繁荣与萧条都表现出与发达国家同步共振的特征，西方发达国家凭借其经济和政治权力，从半边缘和外围国家获取以农业为基础的产品和原材料，将发展中国家锁定在全球价值链的底端，以此维持自身的优势地位。这充分证明拉美经济对发达工业国家的依附性。

其三，东亚后发国家现代化："强政府"对西方现代化理论的冲击。如果说近代欧洲的经济发展主要为私人企业家的冒险行为及包括市场、合约、私产和资本交易等制度所推动，那么东亚地区的经济发展现象均离不开国家在发展政策中扮演的重要角色。东亚后发国家，如日本、韩国和新加坡在20世纪后半叶迅速崛起，实现了从农业社会到高度工业化和技术先进的现代社会的跨越。与西方现代化所标榜的路径不同，东亚国家普

---

① ［美］丹尼尔·耶金：《制高点：重建现代世界的政府与市场之争》，段宏等译，北京：外文出版社，2000年，第367页。

② ［美］爱泼斯坦：《自由与增长：1300—1750年欧洲国家与市场的兴起》，宋丙涛等译，北京：商务印书馆，2011年，第2页。

遍采取了强调政府主导的策略。"东亚经济奇迹"一个很重要的特点，就是政府帮助本土企业进入复杂度很高的行业，充分利用其中的学习效应、规模效应和技术外溢效应，迅速提升本土制造业的技术能力和国际竞争力。①它表明，现代化的途径并非固定不变，不同的国家可以根据自身情况选择不同的发展策略。政府在现代化过程中发挥着至关重要的作用，不仅仅是"政府缺位"或者"政府不干预"，而是需要有针对性地参与和引导。世界银行在《东亚奇迹》报告中认为，产业政策是发展中国家实现经济高速增长的重要干预手段。由于技术创新通常具有较高的不确定性与外部性，只有政府提供了足够的知识产权保护，企业创新成果才不容易被竞争对手模仿或侵犯，创新活动才能够顺利转化为竞争优势和商业价值。东亚后发国家的成功现代化经验对传统的西方现代化理论提出了挑战，任何企业的运营都离不开国家提供基本服务。政府不仅在决定创新的速度，而且在决定创新的方向上发挥着重要作用。②

20世纪60年代，日本经济发展需要大规模的钢铁、煤炭等资源。电力、船舶、煤炭、钢铁便成为通产省指定的四大战略性产业。通产省采取保护幼稚产业的干预法，通过限制准入、限制竞争来扶持企业做大、迅速扩张产能。《机械工业振兴法》《电子工业振兴法》等法案相继公布。1959—1970年，日本年

---

① 兰小欢：《置身事内：中国政府与经济发展》，上海：上海人民出版社，2021年，第131页。

② ［美］迈克尔·雅各布斯、［美］玛丽安娜·马祖卡托：《重思资本主义：实现持续性、包容性增长的经济与政策》，李磊等译，北京：中信出版社，2017年，第136页。

平均实际经济增长率高达 11.3%。到 1968 年，日本国民生产总值超过西德跃居西方国家的第二位。[①]进入 21 世纪以来，日本通产省对本国产业的扶持从过去的钢铁、化工、机械制造转向电子、集成电路、核能、飞机等尖端技术。2014 年 6 月，日本颁布了《制造业白皮书》，明确提出对制造业结构进行调整，将机器人、3D 打印技术、清洁能源汽车等高技术产业作为制造业发展的重点领域。韩国作为一个国土面积有限、资源匮乏的国家，也正是在政府关税保护、进口限制和财政支持等强有力的产业政策引导下，从 20 世纪 60 年代初到 20 世纪 70 年代末，快速推动了国家工业化的进程，不断从轻工业向重化工业再向电子工业和高技术工业转型。当然，韩国过度重视重工业的发展，实施了长期信贷优惠利率，短期内虽然帮助战略性工业部门解决了资金问题，但造成了日后大型企业的超高负债率问题及严重的财阀垄断现象。[②]

在通往现代化的漫长道路上，追求现代化的后发国家在以西方国家主导的全球化体系中处于受支配、依附和脆弱的地位，其理论与实践经验被边缘化。东欧剧变和苏联解体作为笼罩在世界社会主义现代化模式的阴影，给世界范围内社会主义现代化发展打上了大大的问号。然而，当下西方国家在波浪式的经济与政治危机中苦苦挣扎，对自身的固有矛盾和制度缺陷也无

---

① ［美］查默斯·约翰逊：《通产省与日本奇迹——产业政策的成长（1925—1975）》，金毅等译，长春：吉林出版集团，2010 年。

② 付建军：《从发展型国家治理到平衡型国家治理：韩国国家治理转型的道路选择》，《社会主义研究》，2015 年第 5 期。

力解决。①随着以中国为代表的新兴市场国家和发展中国家的群体性崛起，国际力量对比向更加均衡的方向发展，呈现出"东升西降"的态势，传统简单的"西方—非西方""主流—非主流"的二分法已不再适用，世界开始把目光转向中国。

三、现代化的内涵

（一）揭开"西方中心论"的迷雾：重新审视现代化

最早的现代化由西方国家开创并塑造，作为现代化先行者的西方现代化开启了人类历史上的工业革命，创造了巨大的物质财富，促进了西方世界的繁荣发展与文明进步。欧洲的崛起触发了一场激烈的权力竞争，同时也是一场历史解释权的竞争。正如弗兰科潘所讲的，"伴随着资源和海上通道主宰权的争夺，人们也在重新强调某些可用于意识形态斗争的历史事件、思想和观念。重要政治人物和身着托加长袍的将军塑像被频频竖起，他们看上去都像是历史上的古罗马英雄；具有古典风格的辉煌建筑被不断兴建，象征着自己与古代世界的荣耀一脉相承。历史被扭曲、被利用，人们制造出一种假象，似乎西方的崛起不仅是自然天成、无法避免，而且是由来已久顺势延绵"②。

也就是说，西方式现代化是通过圈地运动和海外殖民达到

---

① 周文、杨正源：《中国式现代化与西方现代化：基于比较视角的政治经济学考察》，《学习与探索》，2023 年第 11 期。
② ［英］彼得·弗兰科潘：《丝绸之路：一部全新的世界史》，邵旭东等译，杭州：浙江大学出版社，2016 年，第 6 页。

市场扩张目的，在这个过程中输出本国的商品、文化、制度和价值观，也由此形成了现代化等于西方化的"西方中心主义"话语体系。①因此，现代化的早期内涵在很大程度上是西方文化和思想的产物。包括"线性道路""单数文明""种族优越""为我人性""社会进化""万能理性""普世价值""开化使命""上帝神话""唯一哲学"等基本要素在内，②"西方中心主义"和"西方中心论"在现代化的内涵构建中占据了主导地位。使得经典现代化理论试图"从西方社会的一般形象中获得'现代性'的属性，然后又把这些属性的获得设想为现代化的标准"③，本质上是将现代化等同于西方价值观、制度模式和现代化道路普遍化的过程。

　　在"西方中心论"的预设视角下，西方人习惯于用自己的思维方式和话语方式来解读中国的现代化进程，得出了许多似是而非的结论。可以说，历史上西方关于中国形象的描述大多基于"西方中心论"的思维模式，即认为西方是世界的中心，中国只是世界的边缘一隅，由此有"远东"之说。长期以来，现代化模式的话语权一直被资本主义国家所垄断。在中国式现代化出现之前，世界各国似乎只能通过资本主义的道路实现现代化。资本主义现代化基于资本主义实践，构建了相应的现代

---

① 周文、施炫伶：《中国式现代化与人类文明新形态》，《广东社会科学》，2023 年第 1 期。

② 韩庆祥：《从三维逻辑理解和把握中华民族现代文明》，《教学与研究》，2023 年第 10 期。

③ ［美］迪恩·C.蒂普斯：《现代化理论与社会比较研究的批判》，载［美］西里尔·E.布莱克：《比较现代化》，上海：上海译文出版社，1996 年，第 103~104 页。

化知识体系，形成了西方对现代化的主导话语权。通过所谓的"东方学"，西方国家对发展中国家的现代化进行了评估和定位，将"西方"描绘为"先进"，而将"其他"贬低为"落后"[①]，不仅在政治、经济和文化领域产生了深远影响，还通过学术殖民主义不断输出西方式的现代化意识形态。这就是西方经典现代化理论对于现代化的理解，社会发展研究中甚为流行的"传统与现代"的二分法，把不符合西方化的东西一概称为"传统的"，而"传统的"又与"现代的"势不两立。这种简单对比长时间限制了人们对现代化内涵的思考。[②]

回顾历史，随着20世纪第二次世界大战的"硝烟"熄灭，在建立战后国际新秩序的现实需求下，西方"迫切需要创建一个新的学科，提供新的研究方式和新的视角，'现代化研究'于是应运而生……但西方的目标，是影响新形成国家的发展方向，用自己的形象去塑造世界"[③]。西方对现代化话语权的垄断，使全世界的现代化研究者在很大程度上自觉或不自觉地受到"西方中心论"的影响，也就是许多学者试图在各自国家历史发展的长河中寻找不同于西方的因素，仿佛这些差异便是导致本国在现代化进程中一度落后的根源所在。以我国为例，"现代化"这一概念进入中国社会科学领域是在20世纪80年代，伴随着改革开放的浪潮成为学术热点。而在此前的20年间，即便在西

---

① ［美］爱德华·W.萨义德：《东方学》，王宇根译，北京：生活·读书·新知三联书店，2007年，第1~5页。

② 张雷声、韩昌跃：《中国式现代化的历史性创新》，《思想理论教育导刊》，2024年第2期。

③ 钱乘旦：《世界现代化历程·总论卷》，南京：江苏人民出版社，2010年，第2页。

方，现代化一词也主要局限于学术圈内的讨论。当时我国史学界通过日本与美国学者在箱根召开的日本近代研究会议，了解到有关现代化问题的讨论，并对赖肖尔等人提出的"日本现代化"理论进行了批判。①这或许是我国哲学社会科学界首次正式接触西方经典现代化理论，但远远不是我国追求现代化思想的开端。

早在 20 世纪 30 至 40 年代，现代化思想在中国逐渐兴起，并呈现出两个鲜明的趋向：其一，学者们从史学领域出发，探讨近代中国的历史问题，多数坚持"近代化"解释模式，试图通过历史演变或文明变迁来解答近代中国"为何落后"的问题。代表性著作包括李鼎声的《中国近代史》（1933）、蒋廷黻的《中国近代史大纲》（1938）以及周谷城的《中国通史》（1939）等。其二，基于新民主主义革命的实际，学者们开始将中国革命与现代化相结合进行考察，从而在客观上拓展了中国现代化理论的深度和广度。代表性著作有李达的《中国现代经济史之序幕》（1935）、何干之的《近代中国启蒙运动史》（1937）、胡绳的《论历史研究和现实问题的关联》（1944）及张闻天的《中国现代革命运动史》（1947）等。②1949 年新中国成立后，毛泽东、周恩来、刘少奇、朱德、邓小平、陈云等老一辈革命家，从"现代化""四个现代化"和"中国式的现代化"等角度，提出国家发展战略层面的政治话语。作为学术研究的现代

---

① 罗荣渠：《现代化新论：中国的现代化之路》，上海：华东师范大学出版社，2013 年，第 314 页。

② 李武装：《马克思世界历史理论视域中的中国式现代化》，《西南大学学报》（社会科学版），2023 年第 5 期。

化理论于 1978 年改革开放以来再次焕发活力。这一进程可以被概括为中国现代化研究的三次高潮：早期的现代化讨论、经典现代化研究以及多学科视角下的现代化研究。[①]

对现代化的渴望几乎是所有当代中国学者的共同信念，一代代中国知识分子几乎都在这一范式下进行思考。无论是五四运动对新文化的追求，还是余英时、黄仁宇及新儒家等海外学者的研究，均体现出对现代化的强烈向往。在改革开放之后，这一思潮更是达到了新的高潮。诸如罗荣渠、章开沅、朱维铮、金耀基、金观涛、钱乘旦等学者，结合个人经历与史学研究，积极探索中国走向现代化的路径。其对现代化的执着甚至让已进入"后现代"阶段的西方学者感到困惑。正因为如此，当时许多西方中国问题专家已经不再认同用现代化理论来指导中国近现代史研究，部分原因在于这一理论（经典现代化理论）带有强烈的社会达尔文主义色彩，暗示变化是历史必然、社会进化会带来更加复杂的社会和政治结构，以及"今胜于昔"等历史定论。然而对于那些亲历新中国成立初期经济重建、20 世纪 50 至 60 年代的曲折探索、70 年代末期"四个现代化"的努力，以及 20 世纪末改革开放的中国人或哲学社会科学工作者而言，现代化理论依然是解释中国乃至整个非西方世界近现代发展的重要理论框架。[②]

如果从上述学者对现代化内涵的界定来看，他们大多避免

[①] 何传启：《中国现代化研究的近百年回顾》，《理论与现代化》，2018 年第 1 期。

[②] 孙仲：《古今之争中的史学家自我救赎——从黄仁宇命运谈起》，《浙江社会科学》，2012 年第 6 期。

了西方经典现代化理论的一些代表人物对现代化的片面性概括，即过于强调现代化在经济、政治或社会某一层面的发展，而忽视了其他层面的综合变迁。尽管中国学者的表述各有不同，但他们普遍将现代化视为一个社会整体变迁的过程。中国学术界能够达成这一共识，主要有两方面原因：在理论上，20世纪七八十年代以后，经典现代化理论因其片面性遭到了广泛的批评和质疑，强调从整体和宏观角度认识现代化已成为共识，中国学术界也自然接受了这一理论转向；在实践上，过于注重现代化的某一层面在政策操作中带来了诸多问题，一些发展中国家的现代化实践也证明了这一点。[①]这些问题是西方现代化内涵缺陷的突出反映。归根到底，西方现代化深深根植于西方土壤，具有很强的"民族性"与"地域性"特征。

瑞典经济学家缪尔达尔指出："西方经济学术语是从西方世界的生活方式、生活水平、态度、制度和文化中抽象出来的，它们用于分析西方世界可能有意义，并可以得出正确的结论；但是用于分析欠发达国家显然不会得出正确的结论。"[②]马克思就强烈反对把"西欧资本主义起源的历史"概述为人类现代化进程的"一般发展道路"，反对一切民族、国家"不管它们所处的历史环境如何，都注定要走这条道路"。毕竟，"极为相似的事变发生在不同的历史环境中"也会引起"完全不同的结

---

① 钱乘旦：《世界现代化历程·总论卷》，南京：江苏人民出版社，2010年，第35页。

② ［瑞典］冈纳·缪尔达尔：《亚洲的戏剧：南亚国家贫困问题研究》，塞思·金缩写，方福前译，北京：商务印书馆，2017年，第14页。

果"。①在实践中，任何一个生搬硬套"西方模式"或高度依附于西方国家的民族，都丧失了自身发展的独立性和自主性，出现了"淮南为橘淮北为枳"的困境，进而落入"中等收入陷阱"无法自拔。因此，既不能将西方的特殊条件作为其最早进入现代化的原因，也不能直接"照搬照抄"西方现代化模式，而要将西方现代化体现出的一般规律和特点与本国国情及现实条件相结合。

与其他发展中国家不同，中国始终坚持本土立场、独立自主，坚持从具体国情与现实境遇出发，在实践发展中成功开辟了中国式现代化道路，很大程度上避免了西方现代化模式的弊端，为人类实现现代化提供了新的选择。中国式现代化既没有复刻西方现代化模式，更没有重演西方崛起的血腥历史，而是以和平方式开创了人类文明新形态。既有各国现代化的共同特征，更有基于自己国情的中国特色。②对西方现代化的抵制，"并非拒绝现代性，而是拒绝西方，以及与西方相关的世俗的、相对主义的、颓废的文化"，这"是对西方文化独立的宣言，是一种骄傲的声明"，即"我们将是现代的，但我们不会是你们"。③所有别人的东西都可以参考，但也只是参考。世界上的问题不可能都用一个模式解决，中国有中国自己的模式。④巴拿

---

① 《马克思恩格斯文集》（第三卷），北京：人民出版社，2009年，第466页。

② 习近平：《高举中国特色社会主义伟大旗帜 为全面建设社会主义现代化国家而团结奋斗——在中国共产党第二十次全国代表大会上的报告》，北京：人民出版社，2022年，第22页。

③ ［美］塞缪尔·亨廷顿：《文明的冲突与世界秩序的重建》，周琪等译，北京：新华出版社，2010年，第82页。

④ 《邓小平文选》（第三卷），北京：人民出版社，1993年，第261页。

马运河管理局国际和经济问题专家艾迪·塔皮耶罗在出席"新时代的中国与世界"国际研讨会时表示，"国家快速发展、经济成功转型，这都说明中国找对了发展道路"。①

新中国成立 70 多年来，中国从"世界低收入国家"转变为"世界中高收入国家"，从"一穷二白"成长为世界第二大经济体，经济体量突破百万亿，成为全球经济增长的主要贡献者。2012—2021 年十年间，中国 GDP 总量从 53.9 万亿元增长到 114.4 万亿元，年均增长率远高于世界平均增速。据世界银行统计，早在 2017 年，中国 GDP 占全球的比重就超过了 15%，中国经济增长对世界经济增长的贡献率达到了 34% 左右。经济学家帕金斯在 20 世纪 90 年代就曾指出："如果中国转变成工业化社会的努力取得成功，那么生活在新工业化国家的人口就比 50 年代增加了 11 亿。这样，只经过 40 年或者 50 年的努力，这个世界就有了转变：即从大多数人（占总人口 3/4）生活在贫穷的农业社会转变到 1/2 左右的世界人口生活在相对繁荣的工业都市化的社会中。"②中国共产党成立百年之际，中国脱贫攻坚战取得了全面胜利，历史性地解决了绝对贫困问题，这不仅对中华民族的发展具有重要意义，也为人类消除贫困提供了成功案例。中国 7 亿多人口摆脱贫困，对世界减贫贡献率超过 70%，有力推动了全球减贫事业和人类发展进步。2024 年，我国 GDP 突破 134.9 万亿元，全球占比 17% 左右，与我国人口占全球总

---

① 颜欢、曲颂：《倾听中国声音共建美好世界——记"新时代的中国与世界"国际研讨会》，《人民日报》，2019 年 12 月 17 日。

② ［美］帕金斯：《走向 21 世纪：中国经济的现状、问题和前景》，陈志标译，南京：江苏人民出版社，1992 年，第 205 页。

人口的比重基本相当，意味着我国人口增长与国家对世界经济的贡献相匹配，中国是世界经济发展当之无愧的"火车头"。

事实上，现代化道路并没有固定模式，适合自己的才是最好的，不能削足适履。①不论是西方现代化进程中伴随的对外掠夺与剥削，还是时至今日仍未解决的社会两极分化问题，都说明"历史远未终结"，后发国家也能立足实践，开创更好的、符合国家发展规律的、多样化的现代化模式。西方以"西方中心论"看待中国的现代化进程，总是希望世界的中国变成西方的中国，并且融入西方国家建构的所谓主流价值观，或是被现存的国际社会规范和制度所同化。由此，西方人讲述中国故事必然任意裁剪中国形象，中国故事成了西方人的"他者"和"被描述的中国"。如今，中国的迅速发展超出了西方理论和话语的诠释能力，导致西方对中国的判断差距越来越大。构建中国式现代化话语体系，需要我们对西方话语体系进行科学辨析、理性批判，切实改变"西强我弱"的国际舆论格局，进而消除基于"西方中心论"的话语对中国形象的歪曲和误判。

（二）走自己的路：开拓现代化新途径

现代化的内涵应是系统性、时代性的，不是单一环节或要素"单向度"的现代化，也不是永恒不变"放之四海而皆准"的现代化。世界上不存在一个普遍的、绝对的、抽象的、适用于所有国家的现代化内涵，现代化后发国家中没有一个会再造出与现代化先发国家相同的现代模式。亨廷顿也揭示了"普世

---

① 习近平：《加强政党合作 共谋人民幸福——在中国共产党与世界政党领导人峰会上的主旨讲话》，《人民日报》，2021 年 7 月 7 日。

文明的概念是西方文明的独特产物。20 世纪末，普世文明的概念有助于为西方对其他社会的文化统治和那些社会模仿西方的实践和体制的需要作辩护"①。然而，西方现代化内涵却存在着显著的弊端、尖锐的矛盾与内在的缺陷，蕴含着内部与外部的双重对抗矛盾，呈现出明显的内部失衡性与强烈的外部扩张性特征。"中国式现代化，是中国共产党领导的社会主义现代化，既有各国现代化的共同特征，更有基于自己国情的中国特色。"②其内涵既切合中国实际，体现社会主义建设规律，也体现人类社会发展规律，实现了对西方现代化内涵的全面超越。

其一，中国式现代化以人本逻辑超越了西方现代化的资本逻辑。中国式现代化的伟大成功，打破了西方现代化以"资本逻辑"为中心、片面追求利润最大化的倾向。从发展动力来看，西方现代化是以资本为驱动的现代化，而中国式现代化是以人为价值追求的现代化。资本与生俱来的逐利性、剥削性和扩张性，决定了不断攫取剩余价值是资本主义生产的唯一目的。当这一要求无法在国内得到满足时，资本必然走向对外掠夺与殖民扩张的道路。正如马克思在《资本论》中指出："资本是死劳动，它像吸血鬼一样，只有吮吸活劳动才有生命，吮吸的活劳动越多，它的生命就越旺盛。"③资本一旦停止运动，就丧失了

---

① [美] 塞缪尔·亨廷顿：《文明的冲突与世界秩序的重建》，北京：新华出版社，2010 年，第 45 页。

② 习近平：《高举中国特色社会主义伟大旗帜　为全面建设社会主义现代化国家而团结奋斗——在中国共产党第二十次全国代表大会上的报告》，北京：人民出版社，2022 年，第 22 页。

③《马克思恩格斯文集》（第五卷），北京：人民出版社，2009 年，第 269 页。

它的生命力，因此它只有在不断的运动中才能够不断地榨取剩余价值。在经济全球化的背景下，资本主义虽一再进行生产关系的调整，但依旧无法从根本上改变其逐利的本质。"资本害怕没有利润或利润太少，就象自然界害怕真空一样"①，在利润率最大化面前，一切道德、法律、良知都不能约束它的贪婪。

与之相反，中国式现代化坚持以人民为中心的根本立场。中国共产党一经诞生，就把为人民谋幸福、为民族谋复兴确立为自己的初心和使命，始终坚持"为政之要，以顺民心为本"，真正做到了"江山就是人民，人民就是江山"。一方面，中国式现代化建设离不开人民的主体力量。人民是历史的创造者，同时也是中国式现代化的主要践行者和推动者。只有坚持和发展全过程人民民主，激发人民的主人翁精神，发挥人民群众在现代化建设中的积极性、主动性、创造性，才能更好地促进现代化建设取得更多成果。另一方面，中国式现代化以"以人民为中心"为价值旨归。始终坚持人民当家作主的地位，反映人民意愿、维护人民权益、增进人民福祉，保障人民群众对美好生活的向往和追求。归根结底，中国式现代化的本质是人的现代化。

从奋斗目标来看，西方现代化是为实现少数资产阶级利益最大化的现代化，中国式现代化是为实现全体人民共同富裕的现代化。前者体现了物质利益至上的发展逻辑，加剧了资本和劳动的对立与冲突；后者体现了以人民为中心的发展逻辑，消

---

① 《马克思恩格斯全集》（第二十三卷），北京：人民出版社，1972年，第829页。

除了物的现代化与人的现代化之间的对抗性矛盾。资本主义的"进步的戏剧"体现在资本主义世界里的千百万穷人。[1]这意味着资本主义社会的资本积累，一极是财富的积累，而另一极是贫困的积累。资本与劳动的对立决定了国家物质财富增长越快，资本就越集中在少数资产阶级手里，无产阶级的贫困就进一步加剧。15世纪开始，英国的圈地运动、法国的土地改革、德国的农业改革、俄国的农奴制改革等，皆迫使农民与土地分离，进一步剥夺了农民的生产资料，加剧了农民生活的困苦和社会的两极分化。正如马克思指出："从15世纪最后30多年到18世纪末，伴随着对人民的暴力剥夺的是一连串的掠夺、残暴行为和人民的苦难。"[2]因此，西方现代化是建立在对劳动者剥削和掠夺基础上的现代化，是加剧贫富差距、激化社会矛盾、造成两极分化的现代化，是实现少数资产阶级利益最大化的现代化。

不同于西方现代化，中国式现代化强调如何利用和限制资本，把资本看作重要的生产要素和经济发展的重要方式，而非支配一切的经济权利。作为后发现代化国家，中国汲取了西方国家现代化进程中的经验教训，始终坚持把实现人民对美好生活的向往作为现代化建设的出发点和落脚点，避免了"富者累巨万，贫者食糟糠"的现象。中国式现代化是全体人民共同富裕的现代化，是以普遍富裕为基础，消除两极分化但允许差异

---

① ［英］艾瑞克·霍布斯鲍姆：《资本的年代：1848—1875》，张晓华等译，北京：中信出版社，1999年，第5页。

② 《马克思恩格斯文集》（第五卷），北京：人民出版社，2009年，第836页。

存在的现代化，是坚持发展成果由人民共享的现代化，而不是贫穷的、两极分化的现代化。共同富裕是社会主义的本质要求，是中国式现代化的重要特征。它是一个总体概念，是相对全社会而言的，全局性、整体性的统筹推进，是发展生产力和完善生产关系的统一。"我国 14 亿人口要整体迈入现代化社会，其规模超过现有发达国家的总和，将彻底改写现代化的世界版图，在人类历史上是一件有深远影响的大事。"①

其二，中国式现代化以整体性、全面性超越了西方现代化的片面性和局限性。"物质贫困不是社会主义，精神贫乏也不是社会主义"，"中国式现代化是物质文明和精神文明相协调的现代化"②，是物的全面丰富和人的全面发展。坚持物质富足与精神富有的辩证统一是中国式现代化的应有之义。"我们要建设的社会主义国家，不但要有高度的物质文明，而且要有高度的精神文明。"③要坚持两手抓、两手都要硬。一方面，良好的物质条件是追求精神生活的基础和保障。正如马克思、恩格斯所说："当人们还不能使自己的吃喝住穿在质和量方面得到充分保证的时候，人们就根本不能获得解放"④，"人们首先必须吃、喝、

① 习近平：《新发展阶段贯彻新发展理念必然要求构建新发展格局》，《求是》，2022 年第 17 期。

② 习近平：《高举中国特色社会主义伟大旗帜 为全面建设社会主义现代化国家而团结奋斗——在中国共产党第二十次全国代表大会上的报告》，北京：人民出版社，2022 年，第 22~23 页。

③《邓小平文选》（第二卷），北京：人民出版社，1994 年，第 367 页。

④《马克思恩格斯文集》（第一卷），北京：人民出版社，2009 年，第 527 页。

住、穿，然后才能从事政治、科学、艺术、宗教等等"[1]。只有在生存的物质条件得到保障并且达到一定水平时，人们才有更多的时间和精力去追求更加充实、更为丰富和更高质量的精神生活。另一方面，良好的精神生活对物质生活起着重要的推动作用。"科学技术是生产力，现在还要扩大一点，人类的全部精神财富都是生产力。"[2]丰富的文化生活，能够不断提升人民的科学文化素养与思想道德修养，有效提高国民素质与社会文明程度，从而为社会发展提供有力的思想保证、强大的精神力量和良好的文化条件。

进入新时代，我国社会主要矛盾已经转化为人民日益增长的美好生活需要和不平衡不充分的发展之间的矛盾。人民对美好生活的需要不断提升，不仅对物质生活提出了更高的要求，在精神生活方面的要求也日益增长。中国式现代化道路不仅充分地解放和发展了生产力，创造了举世瞩目的经济奇迹，创造了巨大的物质文明，而且推动精神文明不断发展进步，社会主义精神文明建设取得历史性成就、发生历史性变革。[3]中国共产党带领人民实现了全面建成小康社会的第一个百年奋斗目标，极大提高了人民的生活质量，改善了人民生活水平，既为解决我国发展不平衡不充分问题、实现全体人民共同富裕奠定了坚实的物质基础，也为人民追求更高层次、更为多样的精神生活

---

[1] 《马克思恩格斯文集》（第三卷），北京：人民出版社，2009 年，第601 页。

[2] 钱学森：《关于新技术革命的若干基本认识问题》，《计划经济研究》，1984 年第 24 期。

[3] 周文、肖玉飞：《中国式现代化道路的独特内涵、鲜明特征与世界意义》，《马克思主义与现实》，2022 年第 5 期。

提供了强有力的精神文化支撑。国家硬实力要强，国家软实力更要强。只有保证物质文明与精神文明的辩证统一，才能够更好地服务于建设社会主义现代化强国、实现中华民族伟大复兴梦想的"第二个百年奋斗目标"。

人的现代化是中国式现代化的目的和归宿。一方面，人类的现代化建设，归根结底是为了实现人的全面发展和人的现代化。人既是社会的主体，也是现代化的主体，更是现代化的实际承担者。无论是经济现代化、政治现代化、科技现代化，还是社会结构现代化等，归根到底都需要人去实现，并且由人去享受。离开人的现代化，离开人的需要和人的全面发展的现代化，就失去了其本身的意义。另一方面，"人的现代化是国家现代化必不可少的因素。它并不是现代化过程结束后的副产品，而是现代化制度和经济赖以长期发展并取得成功的先决条件"[1]。只有人实现了现代化，才可能实现全社会的现代化。

人作为一个自由的、富有创造性的社会实践的主体，具有个性、否定性和自主性的特点。而以资本逻辑为导向的西方现代化，促使人在资本主义经济关系中逐渐丧失了否定性、创造性和批判精神。"工业文明以使生活于其中的一切机械化的力量，威胁着独具人类素质特征的创造性"[2]，使人逐渐沦为了资本主义统治社会的工具，变成了只有物质生活、没有精神生活的"单向度的人"。相反，中国式现代化始终坚持以人为逻辑起

---

① ［美］英格尔斯：《人的现代化》，殷陆君译，成都：四川人民出版社，1985年，第8页。

② Leavis F.R., *Thought, Words and Creativity: Art and Thought in Lawrence*, London: Chatto & Windus, 1976, p.26.

点和价值旨归，将实现人的现代化作为社会主义现代化的核心目标和任务，强调以人为本，强调人的物质文明与精神文明的全面提升和人的全面发展。习近平强调，要"坚持把实现人民对美好生活的向往作为现代化建设的出发点和落脚点"[①]，"增进民生福祉，提高人民生活品质"[②]，最终"促进物的全面丰富和人的全面发展"[③]。

其三，中国式现代化以和谐性超越了西方现代化的掠夺性。从人与自然关系层面来看，西方现代化以征服自然为价值理念，中国式现代化以人与自然和谐共生为价值理念。资本主义国家在完成工业文明的过程中，片面强调对象控制和效率优先的"工具理性"，逐渐丧失了对自然的敬畏感和恐惧感。主体性欲望的膨胀必然导致"人类中心主义"思想的肆虐，最终在人与自然之间形成了主奴关系、改造与被改造的关系、控制与被控制的关系。在西方国家过度开发利用自然的同时，环境污染也进一步加剧，例如英国的"烟雾中毒"事件、德国的"红河"事件、日本的"铜矿开采"事件、美国的"光化学烟雾"事件等。事实证明，"不要过分陶醉于我们人类对自然界的胜利。对

[①] 习近平：《高举中国特色社会主义伟大旗帜　为全面建设社会主义现代化国家而团结奋斗——在中国共产党第二十次全国代表大会上的报告》，北京：人民出版社，2022年，第22页。

[②] 习近平：《高举中国特色社会主义伟大旗帜　为全面建设社会主义现代化国家而团结奋斗——在中国共产党第二十次全国代表大会上的报告》，北京：人民出版社，2022年，第46页。

[③] 习近平：《高举中国特色社会主义伟大旗帜　为全面建设社会主义现代化国家而团结奋斗——在中国共产党第二十次全国代表大会上的报告》，北京：人民出版社，2022年，第23页。

于每一次这样的胜利，自然界都对我们进行报复"①。

不同于西方"先污染、后治理"，"控制自然、掠夺自然"的现代化发展模式，中国式现代化是人与自然和谐共生的现代化，是超越"资本逻辑"生产方式、摒弃外延式发展和粗放式发展的绿色现代化，是强调物质文明和生态文明并重的现代化，是实现工具理性与价值理性有机统一的现代化。我们始终坚持"生态优先、绿色发展"的发展理念，突出生态文明建设在新时代党和国家事业发展中的地位，尊重自然和社会经济的发展规律，注重经济发展质量，既要金山银山，也要绿水青山。一方面，中国式现代化拒绝经济发展与环境保护的"零和游戏"，坚持两个方面同时发力、相向而行，积极寻找二者共赢的平衡点。另一方面，中国式现代化始终保持"双碳"目标的战略定力，加强绿色自主技术创新，着力推进能源绿色低碳转型。人与自然的生命共同体理念告诉我们，"发展经济不能对资源和生态环境竭泽而渔，生态环境保护也不是舍弃经济发展而缘木求鱼，要坚持在发展中保护、在保护中发展"②。"尊重自然、顺应自然、保护自然，是全面建设社会主义现代化国家的内在要求。必须牢固树立和践行绿水青山就是金山银山的理念，站在人与自然和谐共生的高度谋划发展。"③

---

① 《马克思恩格斯文集》（第九卷），北京：人民出版社，2009 年，第 559~560 页。

② 习近平：《在深入推动长江经济带发展座谈会上的讲话》，《人民日报》，2018 年 6 月 14 日。

③ 习近平：《高举中国特色社会主义伟大旗帜 为全面建设社会主义现代化国家而团结奋斗——在中国共产党第二十次全国代表大会上的报告》，北京：人民出版社，2022 年，第 49~50 页。

从实现方式来看，西方现代化以殖民掠夺和诱导渗透为主旋律，中国式现代化以和平发展和交流互鉴为主旋律。经济全球化带来了资本主义生产方式在全球的扩张，"正像它使农村从属于城市一样，它使未开化和半开化的国家从属于文明的国家，使农民的民族从属于资产阶级的民族，使东方从属于西方"①。17 世纪中叶到 19 世纪初，欧洲列强为了争夺新大陆的资源、领土和贸易，展开了旷日持久的斗争。这一时期流行的重商主义的信条就是：攫取新大陆财富是一场零和游戏，诸列强都把自己的殖民地视为原材料的供应地和本国产品的倾销地，必要时，他们会动用武力驱逐外来入侵者。②近代以来的殖民化、市场化与和平演变，再次印证了资本主义国家奉行"国强必霸"的原则。高调宣扬"普世价值"和"西方中心论"，强调西方文化对其他一切民族文化的优越感，强调西方资本主义国家的价值立场和话语体系，其实质不过是为了维护西方主导的国际秩序、国家利益和战略需要，掩盖资本的逐利性、剥削性和扩张性。

不同于西方现代化国家走的暴力掠夺殖民地的道路，中国式现代化以"人类文明的多样性及其和平相处"为价值愿景，谋求"和而不同"的共同价值，克服了资本主义现代化所固有的先天性弊端，超越了"丛林法则""西方中心论"的零和博弈模式，开创了和平发展的现代化道路。中国始终坚持和平共处、互利共赢，坚持加强国际交流与合作，反对霸权主义、单边主

---

① 《马克思恩格斯文集》（第二卷），北京：人民出版社，2009 年，第 36 页。
② ［美］罗纳德·芬德利、［美］凯文·奥罗克：《强权与富足：第二个千年的贸易、战争和世界经济》，华建光译，北京：中信出版社，2012 年，第 254~255 页。

义，积极推动构建人类命运共同体，以文明交流超越文明隔阂、文明互鉴超越文明冲突、文明共存超越文明优越，充分展现出了中国人民对自身发展理念和发展战略的自信与自觉。总之，中国式现代化打破了只有遵循资本主义现代化模式才能实现现代化的论调，为后发国家提供了现代化的全新选择，开辟了现代化的崭新道路。历史和实践充分证明，中国式现代化道路不但以举世瞩目的伟大成就发展自身，而且积极通过开放合作、互利共赢造福世界。[①]

小结

科学研究总是从问题开始的，科学地提出问题是科学地解决问题的根本前提。马克思说："世界史本身，除了通过提出新问题来解答和处理老问题之外，没有别的方法……问题就是时代的口号，是它表现自己精神状态的最实际的呼声。"[②]对现代化由来的追问，使我们以历史与世界视野审视现代化的"前世今生"。从落后生产力与生产关系束缚中获得解放的道路是数千年人类追求现代化，在"人的依赖性"与"物的依赖性"的黑暗中，始终孜孜以求的火种。正如斯塔夫里阿诺斯在《全球通史：从史前到21

---

① 周文：《理解中国式现代化的三个维度》，《中国社会科学报》，2023 年 2 月 13 日。

② 《马克思恩格斯全集》（第四十卷），北京：人民出版社，1982 年，第 289~290 页。

世纪》中指出：每个时代都要编写它自己的历史。[①]西方工业革命之后的统治阶级意识形态不断谋求宰制现代化的价值取向与诠释权力，马克思则作为"被历史召唤的普罗米修斯"，从政治经济学批判着手探寻文明超越的现实基础，并提出更具有科学性、真理性和人民性的现代化思想。

长久以来，因占据早期现代化先发优势，西方资本主义国家牢牢把握并持续输出现代化话语霸权，经过上百年打造形成了一套极具欺骗性的讲述"西方故事"的流行历史观。[②]中国共产党团结带领人民踏上中国式现代化道路，以中国式现代化的实践克服了西方资本主义现代化的弊端，开创了人类文明新形态，使人类进步真正走出了"只有用被杀害者的头颅做酒杯才能喝下甜美的酒浆"的文明困境，是世界现代化进程从必然王国迈向自由王国道路上一轮最为壮丽的日出。这一历程波澜壮阔、成就举世瞩目，蕴藏着理论创造的巨大动力、活力、潜力。我们不但要讲好中国现代化的故事，打破西方关于现代化的话语垄断权力，更要系统研究阐释中国式现代化理论，以适应当下世界之变、时代之变、历史之变。

---

① ［美］斯塔夫里阿诺斯：《全球通史：从史前到21世纪》（上册），王皖强译，刘北成审校，北京：北京大学出版社，2024年，第25页。

② 文一：《科学革命的密码——枪炮、战争与西方崛起之谜》，上海：东方出版中心，2021年，第3页。

第二章
现代化的兴起

　　现代化与西方的兴起密切相关，没有现代化，就没有西方的兴起。而现代化的基础是由工业革命奠定的，没有工业革命，现代化便无从谈起。工业化带来了现代化，塑造了一个由科技上的发明创新及对变革的渴望所创造的世界。蒸汽机、火车、电动机、通信电缆、电灯、内燃机、汽车、飞机等划时代的发明，以及随后的增量式创新，标志着工业化的全面展开。工业化引发了有史以来人类生活中一些最戏剧性的变化，它释放的强大能量，打破了延续千年的传统封建经济结构，前所未有的工厂制度的形成和城市化进程的加速，不仅推动了西方经济的高速增长，也彻底改变了西方社会的生产和生活方式，由此催生的工业资本主义体系逐渐定义了西方。[1]同样的，因为欧美国家主导了工业化的第一波浪潮，它们也进而主宰了世界的经济、政治制度还有许多（尽管不是全部）文化价值观念。[2]正因为如此，工业革命成为西方世界和非西方世界现代化进程的"分水岭"。

---

　　① ［美］布赖恩·莱瓦克、［美］爱德华·缪尔、［美］梅雷迪斯·维德曼：《碰撞与转型：一部西方通史》（第2册），陈恒等译，北京：中信出版社，2024年，第1120页。

　　② ［新西兰］马特耶·阿本霍斯、［加拿大］戈登·莫雷尔：《万国争先：第一次工业全球化》，孙翱鹏译，北京：中国科学技术出版社，2023年，第12页。

一、现代化的肇始：蒸汽机与工业革命

（一）蒸汽、煤炭与钢铁：工业革命如何发生

工业革命注定是人类现代化历史上无法抹去的标志性事件。历史学者普遍认为，1750 年至 1830 年间开始的持续经济增长从根本上改变了西方所有人的生活方式和生活水平。假设一位古希腊人能够奇迹般地穿越到 1750 年的英国，他可能会发现许多熟悉的事物。然而，若再晚两个世纪来到英国，这位希腊人将感到自己仿佛置身于一个"幻想的"世界，几乎一切事物都变得陌生，甚至难以理解，在这一短暂的历史时段内，人类的生活状况发生了如此巨大的变化。[①]在诸多学者的笔下，"第一个工业全球化时代"可以替换成"欧洲的崛起"（马丁·安德森）、"西方的崛起"（威廉·H. 麦克尼尔）、"现代世界的诞生"（克里斯托弗·贝利）、"大分流"（彭慕兰）、"非欧洲世界的消失"（保罗·肯尼迪）、"西方力量的崛起"（乔纳森·戴利）、"世界的转变"（于尔根·奥斯特哈默）、"欧洲奇迹"（艾瑞克·琼斯）等术语。虽然上述每个作者都分别强调不同的元素，但是他们都承认，这一历史时期的关键在于巩固工业化的进程。[②]因此，现代化的最早开启可以追溯到英国，工业化带来了现代化，也

---

① ［美］道格拉斯·诺斯：《经济史上的结构和变革》，厉以平译，北京：商务印书馆，2017 年，第 179 页。

② ［新西兰］马特耶·阿本霍斯、［加拿大］戈登·莫雷尔：《万国争先：第一次工业全球化》，孙翱鹏译，北京：中国科学技术出版社，2023 年，第 7 页。

塑造了我们熟知的现代世界，这一历史性转变在今天来看无疑十分明确。

正如埃里克·霍布斯鲍姆所说："假如我们自己置身于1750 年的英国，不靠事后聪明，我们还能预见行将到来的工业革命吗？几乎肯定预见不了。我们跟外来访客一样，一定会特别注意到这个国家浓重的'资产阶级'商业气息，我们也会由衷赞叹其经济的活力与进步，也许还有其咄咄逼人的扩张态势；对于其形形色色、简直横行无忌的民间企业家所带来的显著成就，我们也可能留下深刻印象；我们还会预言，这个国家拥有生机勃勃、日益强大的未来。但是，我们不会料到它的脱胎换骨吧，更不会料到世界随之被改变吧？……可是，我们还必须弄清楚，为何工业革命实际上在 18 世纪的最后数十年迸发而出，其所造成的结果，无论好坏，都已变得不可逆转。"[1]换句话说，英国工业革命及其所带来自我持续的"革命性"经济增长是怎么开始的？工业革命首先在不列颠群岛获得契机，这可以说是由于多种因素促成的：英国拥有工业实验所必需的资本，坚挺的金本位货币，有效的银行系统，稳定的政治和社会环境，丰富的铁矿和煤矿，适合纺织制造的潮湿气候，以及全社会对科学知识的兴趣。[2]但归根到底，经济上的需求由水平日益提高的科学和技术进步来满足，技术变革推动了机械化在当时英国

① ［英］埃里克·霍布斯鲍姆：《工业与帝国——英国的现代化历程》，梅俊杰译，北京：中央编译出版社，2016 年，第 21 页。

② ［英］查尔斯·辛格、E.J.霍姆亚德、A.R.霍尔、特雷弗·I.威廉斯：《技术史：工业革命》（第Ⅳ卷），辛元欧、刘兵译，北京：中国工人出版社，2021年，第 149 页。

纺织行业的应用，随着市场需求的扩大和行业竞争的加剧，如何进一步提升动力效率成为纺织业技术突破的核心问题。

就像罗斯托在其著作《这一切是怎么开始的：现代经济的起源》中指出："从某种意义上来说，答案是简单明了的：这个世界从工业革命以来区别于以往世界的不同点就是，它把科学和技术系统地、经常地、逐步地应用于商品生产和服务业方面。这就是我要在关于古代世界是'原始的'还是'现代的'这一著名辩论中划分界线的所在。古代世界既非原始的，也不是现代的。它缺乏的仅仅是稳定的和经常不断的技术革新。"[1]在经历了数百年的全球纺织品市场的扩展后，18世纪的英国创建了欧洲最大的纺织品市场并拥有数量庞大的纺织品手工业工厂。为满足英国国内外市场带来对棉布产能的强烈需求，飞梭被发明出来，极大地提高了织布的速度。但是织布速度的提高又使纱线供给变得不足，因而催生了人们熟知的三项发明纠正了这一失衡：18世纪60年代的"珍妮纺纱机"使得家庭纺纱工能够同时纺织多根纱线；18世纪60年代"水力纺纱机"将多把摇车和多根锭子组合在一起。随后，这两项技术结合，促成了18世纪80年代"走锭纺纱机"的出现，蒸汽动力不久也被应用于此，[2]英国纺织业从此正式步入机械化大生产。而纺织机械化带来的巨大产能，使"以具有家庭副业的小农业和城市手工业为'枢纽'的社会所拥有的交通运输手段，完全不再能满足拥有扩

---

① ［美］W.W.罗斯托：《这一切是怎么开始的：现代经济的起源》，黄其祥、纪坚博译，北京：商务印书馆，2014年，第5~6页。
② ［英］埃里克·霍布斯鲍姆：《工业与帝国——英国的现代化历程》，梅俊杰译，北京：中央编译出版社，2016年，第49页。

大的社会分工、集中的劳动资料和工人以及殖民地市场的工场手工业时期的生产需要"①。如此大规模增长的贸易量与运输需求自然推动了其他领域（采矿冶金、机器制造、交通运输）的革命，一举在英国国内引爆了第一次工业革命。

在上述过程中，蒸汽机比新型纺织机器更重要，因为它被用于生产过程的几乎每一个环节，包括纺织机器本身的运作。②苏格兰工程师詹姆斯·瓦特于 1765 年改进了托马斯·纽科门发明的蒸汽机，后者最初主要用于排干矿井中的积水。纽科门的蒸汽机存在的主要问题在于，汽缸中的蒸汽必须冷却后才能使活塞复位，每次活塞冲程都需要重复加热和冷却过程，这大大降低了效率。瓦特设计了一种单独的冷凝器，使蒸汽在不影响汽缸加热的情况下得以冷凝。此项改进使得蒸汽机效率大幅度提高，成本效益显著提升，能够提供更多能量。蒸汽机迅速成为工业革命的动力源，不仅用于排水，还被用于矿物开采，如铁矿石的开采。它产生的巨大热能使得生铁能够被重新熔炼为铸铁，而铸铁则广泛应用于工业机械、建筑、桥梁、机车和轮船的制造。一旦蒸汽机配备了旋转装置，它开始驱动纺织厂的机器，并最终成为铁路机车运输工业产品的动力。蒸汽机的历史意义是巨大的，它完成了产业集中，使工业发展归于统一。③

---

① 《马克思恩格斯文集》（第五卷），北京：人民出版社，2009 年，第441 页。

② ［美］布赖恩·莱瓦克、［美］爱德华·缪尔、［美］梅雷迪斯·维德曼：《碰撞与转型：一部西方通史》（第 2 册），陈恒等译，北京：中信出版社，2024年，第 1080 页。

③ ［法］保尔·芒图：《十八世纪产业革命：英国近代大工业初期的概况》，杨人楩等译，北京：商务印书馆，2011 年，第 269 页。

正如恩格斯所言："17 世纪和 18 世纪从事制造蒸汽机的人们也没有料到，他们所制作的工具，比其他任何东西都更能使全世界的社会状态发生革命。"[1]

可以说，正是蒸汽机的发明拉开了工业革命的序幕，推动了现代化的进程。蒸汽机被誉为"超越一切的发明"，它为资本主义工业发展提供了前所未有的动力，标志着人类从依赖木柴等有机能源向化石能源的转变。具体来说，煤炭的广泛利用极大提高了英国的财富水平和生产力，但煤炭的真正价值在于其作为机械动力的应用，特别是在蒸汽机中的使用。如果没有蒸汽机的发明，英国的工业化进程可能会大为不同。蒸汽机的引入彻底改变了工业生产方式，使英国摆脱了依赖本地自然资源的"自然经济"模式。[2]在蒸汽机之前，生产力的增长受到木材、粮食、饲草的种植及牲畜和水车数量的限制。而蒸汽机的应用，使得经济发展不再受这些自然条件的束缚。18 世纪英国人生产生活所需的热能绝大部分是通过燃煤获得的，尽管道路和运河的建设在蒸汽机广泛应用前已使得煤炭更加普及，但这些渐进的改进与蒸汽机带来的革命性变革相比显得微不足道。蒸汽机的广泛应用，特别是在深层采矿中的使用，极大地提升了煤矿产量。1750 年到 1830 年间，随着蒸汽机数量的增加和效能的提升，煤炭产量翻了近四倍。[3]

---

① 《马克思恩格斯文集》（第九卷），北京：人民出版社，2009 年，第 561 页。

② ［英］罗杰·奥斯本：《钢铁、蒸汽与资本 工业革命的起源》，曹磊译，北京：电子工业出版社，2016 年，第 4~6 页。

③ ［美］彭慕兰：《大分流：中国、欧洲与现代世界经济的形成》，黄中宪译，北京：北京日报出版社，2021 年，第 78 页。

在此基础上，以煤作为冶炼燃料导致钢铁产量增加，进而使铁丰富和便宜到足以普及一般性建设工程中。1779年在科尔布鲁克戴尔第一座铁桥落成，1787年威尔金森在赛文河下水了第一艘铁船，1788年法国在英国定制了40英里长的铁管用作供水管道，19世纪，铁缓解了欧洲建筑业和造船业的木材短缺。原本在钢铁生产方面处于劣势的英国，短短数年内便转变为全欧洲公认的领先者。①1830年，英国仅有几十英里的铁轨，但到1840年，铁轨长度已超过4500英里，至1850年更是超过了2.3万英里。铁路的发展不仅展示了钢铁需求的爆炸性增长，也反过来进一步推动了对煤炭、蒸汽机、铁和钢的需求。例如，每建设一英里铁路，就需要消耗约300吨的铁。在1830年至1850年间，英国的铁产量从68万吨增至225万吨，煤炭产量也从1500万吨翻倍增至4900万吨。②英国工业革命最显著的三大标志——蒸汽、煤炭与钢铁形成了相互促进的三角关系，重塑了工业生产和经济结构，一切都朝着现代大工业的方向前进。

（二）全球化的引擎：大工业与世界市场的扩张

1851年5月1日，在伦敦举办的首届世博会表面上广邀世界各国参与，实则是英国对外展示其工业实力的一次盛会。正如英国讽刺漫画杂志《笨拙》周刊刊登的题为"1851年的德比赛马"的卡通所揭示，这场世博会如同一场竞赛，而英国才是真正的赢家。事实上，以维多利亚女王的丈夫阿尔伯特亲王为

---

① 刘晓君、张迪：《全球化视野下英国工业革命再审视》，《自然辩证法研究》，2022年第2期。

② ［美］马立博：《现代世界的起源：全球的、环境的述说，15—21世纪》（第三版），夏继果译，北京：商务印书馆，2017年，第115页。

首的世博会组织者非常清楚，以工业为主题，选择了一个英国在过去百年中一直独领风骚的领域。为彰显英国的工业实力，他们在海德公园建造了全新的钢结构玻璃建筑——水晶宫，并将超过一半的展览空间专门用于展示英国的工业成就。而邀请其他 33 个国家展示其工业成果，实际上是暗示自 19 世纪中期以来，工业革命的影响已超出英国国界。更为重要的是，几乎所有参展者都意识到，这次展会向世人呈现了一个全新的世界。①

如前文所述，蒸汽机本身只是一个单一的产品，但以蒸汽机为核心的大工业和产业体系逐渐形成，是煤炭、钢铁、纺织品、陶瓷、化工、动力以及运输等各经济部门之间的相互协调，创造出 1851 年夏天伦敦水晶宫所展示的那个世界，成为推动人类社会生产力与生产关系发生本质性变革的基础。在 1750 年至 1900 年间，英国棉纺织业的生产增长超过 700 倍，煤炭产量增加了 50 倍以上，生铁产量增长了 300 多倍，蒸汽机的使用量扩大近 2000 倍。整个 18 世纪，英国棉纺织品出口激增了 16 倍以上，从 1780 年的 35.55 万英镑增加到 1800 年的 585.4 万英镑。1815 年以后，凭借这些物资出口，英国几乎在全球棉纱和棉布贸易中消除了所有来自非欧洲地区的竞争对手。②到 19 世纪下半叶，商品和生产要素的市场在全球范围内被逐步整合。新式大工业造就了这样一幅场景："从伦敦的地平线上升起了一大批

---

① ［荷］托马斯·克伦普：《制造为王：发明、制造业、工业革命如何改变世界》，陈音稳译，北京：中国科学技术出版社，2023 年，第 2 页。
② ［美］斯文·贝克特：《棉花帝国：一部资本主义全球史》，徐轶杰等译，北京：民主与建设出版社，2019 年，第 16 页。

由钢铁、玻璃和砖石建造的房屋和桥梁，灯光闪烁的火车站运送着数万名乘客和数以百万吨计的货物，海港里泊满了大量的蒸汽船和大型帆船，瓦斯灯照亮了伦敦的街道，所有家庭、工厂和商店里的人们正在享受着 1800 年以前世界各国从未达到过的高标准的生活。"[①]

现代世界与前现代世界的一个根本区别是交互性，即随着人类认识水平的提高、技术的进步，各国各大洲之间的界限被打破，全世界越来越紧密地联系在一起。[②]当时的工业化与全球化"一体两面"，高效的大工业生产依赖于原材料和燃料的稳定供应，而工厂所在地的资源往往难以完全满足生产需求。因此，企业需要在全球范围内寻找原材料。这推动了世界各地大规模农业种植园的建立、矿产资源的开采以及动物资源的开发。大量原材料随后被运回数千里之外的工业中心进行加工，为这些工业产品寻找市场也成为一项全球性的任务。这些工业化的全球要素同样依赖于便捷的海上交通、航运路线的拓展、港口的开放以及铁路网的建设。[③]"资产阶级，由于一切生产工具的迅速改进，由于交通的极其便利，把一切民族甚至最野蛮的民族都卷到文明中来了。"[④]这段《共产党宣言》中的精彩论述，深刻阐释了生产力和各国之间的交往关系是正向促进的，生产力

① ［美］杰克·戈德斯通：《为什么是欧洲？世界史视角下的西方崛起（1500—1850）》，关永强、纪坚博译，北京：商务印书馆，2014 年，第 5~6 页。
② ［美］斯文·贝克特：《棉花帝国：一部资本主义全球史》，徐轶杰等译，北京：民主与建设出版社，2019 年，第 16 页。
③ ［新西兰］马特耶·阿本霍斯、［加拿大］戈登·莫雷尔：《万国争先：第一次工业全球化》，孙翱鹏译，北京：中国科学技术出版社，2023 年，第 8~9 页。
④《马克思恩格斯文集》（第二卷），北京：人民出版社，2009 年，第 35 页。

越是发展，各国之间的分工关系越是复杂、深入，各国交往更为紧密。

科学与工业对帝国的发展同样产生了深远影响——直接作用于帝国的概念本身。至 19 世纪中期，技术进步似乎为英国的海外统治提供了一种新的逻辑。世界突然变得更为紧密和易于控制，将分散于各大陆和海域的领土整合为一个新的政治实体，似乎也获得了新的意义。具有远见的工程师伊桑巴德·金德姆·布鲁内尔预示了这一构想。在维多利亚女王继位之年，他的蒸汽轮船"伟大西方"号下水，作为伦敦至布里斯托尔铁路的延伸线，这艘船注定要将不列颠的能量带出岛外，穿越大西洋，抵达新世界。①到 19 世纪 50 年代，蒸汽和钢铁已成为推动帝国扩张的强大力量。蒸汽机与铁路的应用使得国际竞争愈加激烈，运输成本的下降进一步推动了世界经济的紧密结合。在这一过程中，使用机械动力的西方企业迅速壮大，而手工生产的制造者在全球各地，尤其是从卡萨布兰卡到广州，根本无法与之抗衡，即便东西方的工资水平存在巨大差异。随着制造业在亚洲和中东的逐渐衰落，工人们重新回归农业，这些地区的出口逐渐转向小麦、棉花、稻米等初级产品。换言之，它们开始逐步沦为现代意义上的欠发达国家。②

那些工业化开始得早或者发展得快的国家，借助机器大工业使本国资本主义获得了极大的推动力，成为 19 世纪最大的赢

---

① ［英］简·莫里斯：《大英帝国三部曲 I：昭昭天命》，杨燕薇译，北京：九州出版社，2023 年，第 170 页。

② ［英］罗伯特·C.艾伦：《全球经济史》，陆赟译，南京：译林出版社，2015 年，第 56 页。

家，同时在客观上也为世界市场的形成和发展扫清了一切障碍。"大工业建立了由美洲的发现所准备好的世界市场。世界市场使商业、航海业和陆路交通得到了巨大的发展。这种发展又反过来促进了工业的扩展，同时，随着工业、商业、航海业和铁路的扩展，资产阶级也在同一程度上发展起来，增加自己的资本，把中世纪遗留下来的一切阶级排挤到后面去。"[1]由于有了机器，现在纺纱工人可以住在英国，而织布工人却住在东印度。以前，一个国家的工业主要是用本地原料来加工。例如，英国加工的是羊毛，德国加工的是麻，法国加工的是丝和麻，东印度和黎凡特加工的则是棉花，等等。而"大工业创造了交通工具和现代的世界市场，控制了商业，把所有的资本都变为工业资本，从而使流通加速（货币制度得到发展）、资本集中"[2]。这就使得各个国家和地区再也不能维持那种保守的、闭关自守的状态，或主动或被动地随着大工业和殖民扩张而不断进入与世界的联系之中。分工也失去了其自然形成的性质的最后一点因素。并且在劳动的范围内，大工业用货币关系代替了自然关系，用现代大工业取代了自然形成的城市。如此种种，驱使着资产阶级"到处落户，到处开发，到处建立联系"[3]，最终资本"超越一切空间界限"的历史行动造就世界市场的形成及民族国家的现

---

①《马克思恩格斯文集》（第二卷），北京：人民出版社，2009 年，第 32~33 页。

②《马克思恩格斯文集》（第一卷），北京：人民出版社，2009 年，第 566 页。

③《马克思恩格斯文集》（第二卷），北京：人民出版社，2009 年，第 35 页。

代转向，世界开启了"全球文明"[①]。

二、从封建庄园、手工工场到工厂制诞生

（一）为市场犁取空间：封建庄园制度的解体

追溯西方现代化的兴起，若不提及名为工业革命的这场剧变，便无法真正理解西方现代世界的形成及其所带来的种种问题。但是正如意大利经济史学家卡洛·M.奇波拉所言："工业革命仅是最后阶段，是公元第二个千年的那前700多年欧洲历史发展的必然结果。"[②]"欧洲"作为一个地理概念起源于中世纪，封建时代伊始，欧洲作为一个地理与文化实体已经逐步成形。[③]要探究现代化的生产方式如何促使欧洲逐步脱胎换骨，从一个原始、乏味、不发达的边缘地区，转变为一个充满活力、高度发达、富有创造力的社会，并一度在全球范围内确立其政治、文化和经济的主导地位，我们必须回溯至中世纪[④]的欧洲，聚焦于封建庄园和城堡。通过澄清工业化之前欧洲社会与经济

①［美］帕尔默等：《工业革命：变革世界的引擎》，苏中友等译，北京：世界图书出版社，2010年，第359页。

②［意］卡洛·M.奇波拉：《工业革命前的欧洲社会与经济》，苏世军译，北京：社会科学文献出版社，2020年，第13页。

③［法］马克·布洛赫：《封建社会》（上卷），张绪山译，北京：商务印书馆，2004年，第32页。

④ 中世纪通常指公元5至15世纪，按西方学界的经典历史分期，可分为三个阶段：5至10世纪为早期中世纪，11至13世纪为中期中世纪，14至15世纪为晚期中世纪。

的运行方式，并对比其中的某些特征，方能深入理解从封建庄园城堡、手工工场到工厂制转型带来的根本改变。

在历史研究中，人们"对这些形式的科学分析，总是采取同实际发展相反的道路。这种思索是从事后开始的，就是说，是从发展过程的完成的结果开始的"[①]。在探讨西欧和中欧的农村庄园问题时，首先必须清楚庄园制度在其充分发展时的特征。《剑桥欧洲经济史》提供了简要描述：庄园制度中的自由农和农奴"靠着自己耕种的土地上的收成而过活，而其土地通常由父及子代代相传。有时他们也有机会卖掉或交换产品以换取其他生活必需品，他们通常组成一个个具有强大的集体精神的农业小社区……但是他们不仅仅为自己劳动，也不仅仅为教堂或统治者劳动，他们的大部分劳动都是用于养活骑在他们头上作威作福的人"[②]。如马克思、恩格斯所说："一方面是土地所有制和束缚于土地所有制的农奴劳动，另一方面是拥有少量资本并支配着帮工劳动的自身劳动。"[③]中世纪封建关系中的农民依赖庄园中的土地和资源生存，对其领主宣誓效忠，向领主缴纳赋税或提供劳役。[④]领主以城堡作为军事堡垒，依赖庄园提供的资源来维持军事力量。反过来，庄园经济的稳定又依赖城堡的保护。长达1000多年里，封建庄园城堡在西方文明中占据了重要地

---

① 《马克思恩格斯文集》（第五卷），北京：人民出版社，2009年，第93页。

② ［英］M.M.波斯坦编：《剑桥欧洲经济史（第一卷）：中世纪的农业生活》，王春法译，北京：经济科学出版社，2004年，第207页。

③ 《马克思恩格斯文集》（第一卷），北京：人民出版社，2009年，第523页。

④ ［美］道格拉斯·诺斯、［美］罗伯特·托马斯：《西方世界的兴起》，厉以平、蔡磊译，北京：华夏出版社，2015年，第13页。

位。早在中世纪初期，这一制度便已在许多土地上牢固确立。

从普遍形式来看，12 至 13 世纪的封建庄园和城堡制度主要由世俗和教会的大封建土地贵族所主导，其中教会是最大的土地所有者。此时主要的经济形态是"自然经济"[①]。在这一时代，土地可以说是人类生产和生活资料的主要甚至唯一来源。"在欧洲一切国家中，封建生产的特点是土地分给尽可能多的臣属。同一切君主的权力一样，封建主的权力不是由他的地租的多少，而是由他的臣民的人数决定的，后者又取决于自耕农的人数。"[②]庄园经济的自给自足模式使得生产规模相对较小，庄园内的生产以满足基本生活需求为主，缺乏分工专业化和市场扩大的"斯密型动力"，技术进步和产业革新因此非常缓慢。[③]同时，封建领主通过设立关卡、收取关税、限制自由贸易等方式，阻碍了跨区域市场的发展。每个领地都像一个独立、封闭的经济体，甚至像佛兰德和尼德兰这样较为连片的地区，与外界的联系都极为有限。[④]在这种封建城堡的制度下，整个欧洲的经济和产业陷入了停滞不前的状态。毋庸讳言，在中世纪的大部分时间里，与东亚相比，欧洲应被视为落后地区。正如皮尔·弗里斯指出：欧洲中心论者所提出的欧洲社会长期占据优

[①] ［美］詹姆斯·W.汤普逊：《中世纪晚期欧洲经济社会史》，徐家玲译，北京：商务印书馆，2017 年，第 11 页。

[②] 《马克思恩格斯文集》（第五卷），北京：人民出版社，2009 年，第824 页。

[③] 兰洋：《重思马克思思想中的"斯密阶段"——从"自然秩序"到"资本逻辑"》，《教学与研究》，2021 年第 10 期。

[④] ［美］道格拉斯·诺斯、［美］罗伯特·托马斯：《西方世界的兴起》，厉以平、蔡磊译，北京：华夏出版社，2015 年，第 71 页。

势的观点，只是"学者头脑中的乌托邦"[1]。

封建领主通过市场权、税收权和铸币权充实了他们的财源。然而，只有当这些固定且封闭的资本转化为能够在市场交换中流动的、增殖的资本时，真正的资本主义才有可能出现。这种转机将很快到来。早在13世纪中期，部分地区的繁华光景中已显露出衰退的征兆。到了14世纪初，大量问题接踵而至——人口减少、市场萎缩、货币贬值、可耕地不足，悲观情绪四处蔓延，这些因素直接导致了经济的全面衰退。[2]1314年夏天，欧洲大范围的农田被积水淹没，庄稼腐烂，随之而来的是粮食歉收，导致农产品价格急剧上涨。英格兰国王爱德华二世被迫实行价格管制，然而价格限制并不能增加粮食的供应。到1315年，情况愈发恶化，英格兰的小麦价格上涨了800%。神职人员将连绵不断的降雨比作《圣经》中的大洪水，洪水果然降临，淹没了荷兰和英格兰的堤坝，摧毁了德意志的整个城镇，法兰西的田地变成了湖泊。各地的粮食歉收进一步加剧了危机。到14世纪40年代，整个欧洲陷入了无休止的疾病与饥荒的恶性循环之中。随后，欧洲历史上最致命的瘟疫——黑死病暴发，导致至少三分之一的人口死亡。[3]

道格拉斯·诺斯等学者指出：这一时期"人口大幅度和长

---

① ［英］皮尔·弗里斯：《国家、经济与大分流——17世纪80年代到19世纪50年代的英国和中国》，郭金兴译，北京：中信出版社，2018年，第1页。

② ［美］朱迪斯·M.本内特、［美］C.沃伦·霍利斯特：《欧洲中世纪史》，杨宁、李韵译，上海：上海社会科学院出版社，2007年，第356页。

③ ［美］布赖恩·莱瓦克、［美］爱德华·缪尔、［美］梅雷迪斯·维德曼：《碰撞与转型：一部西方通史》（第1册），陈恒等译，北京：中信出版社，2024年，第562~563页。

时间的下降引起了三个参数的变化，可以用它们来解释当时制度协定和所有权的令人瞩目的变化。这些变化为：（1）由于地租相对于劳动价值的下降，要素的相对价格发生变化，严重依赖地租的封建岁入也相应下降；（2）政府支出的最低必需水平相对提高；（3）利用市场组织经济活动的费用（交易费用）上升"[①]。这些变化直接影响了中世纪后期的制度和所有权结构。随着经济条件的变化，庄园契约协定也需要相应调整。人口的下降导致许多农民和地主的土地部分闲置。为了防止佃农逃离并吸引移民，领主们许诺赋予更多的"自由"，并对土地租赁的时间、价格及具体条款进行了调整。通过这种方式，乡村居民得以改善他们的生活条件，许多较为富有的农民抓住了机会，扩大了他们的土地占有。庄园制的主仆关系的逐渐消失，从根本上破坏了庄园制度赖以维持的经济基础。[②]到 15 世纪下半叶，当经济和人口重新开始增长时，封建社会的基本结构已面临

---

① ［美］道格拉斯·诺斯、［美］罗伯特·托马斯：《西方世界的兴起》，厉以平、蔡磊译，北京：华夏出版社，2015 年，第 101 页。
② ［英］M.M. 波斯坦编：《剑桥欧洲经济史》（第 1 卷），王春法译，北京：经济科学出版社，2004 年，第 634 页。

瓦解。①

　　当然，西欧封建庄园城堡制度的解体是一个复杂的历史过程，其中涉及多方利益的博弈。早在 12、13 世纪时，西欧"大垦殖运动"催生的商业贸易就已经对以自足为主的领地经济产生冲击，其结果导致领地经济运行受到市场的影响，特别是受农产品价格的影响，这个阶段的西欧经济可以称为"前市场经济"②。市场经济③在西欧的发展进程起起伏伏，随着晚期中世纪人口的逐渐恢复，商业贸易复兴，封建领地的纯粹自给自足经济更加难以长久维持，④集市贸易等商品交换活动迎来报复性

---

① 关于中世纪晚期危机对"过渡"进程的影响，存在不同的观点。例如，英国历史学家莫里斯·多布认为，危机虽未彻底摧毁乡村封建生产关系，但催生了货币地租、雇佣劳动和独立小生产者等资本主义要素，推动富裕农民阶层兴起，为资本主义的雇佣农场奠定了基础。而美国经济史学家罗伯特·布伦纳则认为农奴对领主的反抗导致西欧农奴制度瓦解，农奴转为租佃农，这是封建农业向资本主义农业转型的开端，圈地运动剥夺了农民生产资料，催生大规模雇佣劳动，才确立农业资本主义。尽管存在分歧，但普遍观点均认同：中世纪晚期危机促使农奴制度和庄园经济解体，为资本主义萌芽创造了条件。参见吕昭：《衰落论、转型论与危机应对论："中世纪晚期危机"解释模式的嬗变》，《世界历史》，2023 年第 4 期。

② 谢丰斋：《欧洲文明进程·市场经济卷》，北京：商务印书馆，2024 年，第 23 页。

③ 商品经济强调的是交换经济的形态，市场经济强调的是交换经济的体制。"商品经济"侧重于劳动产品的"商品化"，强调"随着时间的推移，至少有一部分劳动产品必定是有意了为了交换而生产的"，把凡是劳动产品成为商品、具有使用价值与价值二重性、需要交换的经济形式称为商品经济。与之相对应，"市场经济"侧重于劳动产品在"市场上交易"，强调市场在经济活动中的作用。参见周文、刘少阳：《全面理解和不断深化认识市场经济》，《上海经济研究》，2020 年第 3 期。

④ 厉以宁：《资本主义的起源：比较经济史研究》，北京：商务印书馆，2003 年，第 59 页。

的增长，也催生了城镇资产阶级对扩大市场的追求。马克斯·韦伯认为："城镇中的新兴资产阶级的商业利益，他们促进了庄园的削弱或解体，因为庄园限制了他们的市场机会……仅仅通过佃农被强制服役并缴纳捐税这一个事实，庄园制就为农村人口的购买力设下了限制，因为它阻止了农民将全部的劳动力投入面向市场的生产，也阻止了他们提升他们的购买力。因此城市资产阶级的利益与大量土地保有者的利益相对。另外，发展中的资本主义的利益还在于创造一个自由劳动力市场，而对这一利益的阻碍在于庄园制下农民对土地的依附。最早的资本主义工业为了规避行会只得被迫回头去剥削农村劳动力。"①

这些事实也说明，欧洲现代化的发展，很大程度上是市场经济的发展。诸多研究往往只看到市场的资源配置作用，但忽视了市场为什么能够配置资源、市场配置资源的途径是什么。市场之所以具有配置资源的功能，是因为它是交换的中介，经济活动需要经过市场这一中介。市场的交换性质是其资源配置性质的基础，资源配置不能独立于交换而存在。二者是表与里的关系，将二者相割裂，甚至相对立是片面的、错误的。市场的"交换属性"比"资源配置属性"更具有本质意义，市场经济本质上应是交换场所及交换关系的总和。②在这个意义上，市场经济不断扩大自己的领域，把越来越多的人、越来越多的远近贸易纳入理性秩序，而所有这些贸易加在一起就趋向于创造

---

① ［德］马克斯·韦伯：《世界经济通史》，杨一译，北京：民主与建设出版社，2024年，第87页。
② 周文、司婧雯：《全面认识和正确理解社会主义市场经济》，《上海经济研究》，2022年第1期。

一个整体性世界。①随着庄园的"田园牧歌"和城堡"骑士传说"一同消散的是封建生产方式，欧洲的现代化进程已经到了一个新的临界点。"我们已走到中世纪的尽头而立足近代社会的门槛上……那些新兴的伟大力量却在发生作用，已经或正在改变着陈旧的基本社会条件。传统势力阻止着变革。总之，1500年的欧洲正处于转变之中，一场迅速的转变。旧事物日趋衰亡，万物皆在更新。"②

（二）"工业骑士"打败"佩剑骑士"：工厂制取代手工工场

在蒸汽机发明之前，整个欧洲的生产模式是封闭的、以手工业为主的。直至蒸汽机的出现，工厂制度才逐步形成。正因如此，马克思从资本主义生产的实际过程中发现，特定的工业生产、自然科学、直接的生产方式对整个社会形态具有决定性意义。在政治经济学批判的视野里，历史发源地的真面目被从天上的云雾中拨开，在尘世的粗糙的物质生产中愈发清晰。因此，生产方式上由机器化大生产替代了工场手工劳作，构成了西方现代化中的关键环节。马克思用骑士对决作比喻，即"工业骑士"动用超经济暴力的手段，迫使劳动者同其生产资料分离从而打败了"佩剑骑士"，"工业资本家这些新权贵，不仅要排挤行会的手工业师傅，而且要排挤占有财富源泉的封建主。从这方面来说，他们的兴起是战胜了封建势力及其令人愤恨的特权的结果，也是战胜了行会及其对生产的自由发展和人对人

---

① ［法］费尔南·布罗代尔：《十五至十八世纪的物质文明、经济和资本主义》（第2卷），顾良、施康强译，北京：商务印书馆，2017年，第715页。

② ［美］詹姆斯·W.汤普逊：《中世纪晚期欧洲经济社会史》，徐家玲译，北京：商务印书馆，2017年，第698页。

的自由剥削所加的束缚的结果"①。这在本质上代表着封建庄园城堡解体后，资本权力压制封建王权上升为西方现代文明的主宰。

历史地看，资本主义的经济制度极其复杂。布罗代尔和沃勒斯坦等历史学家都高度关注经济的制度形式，沃勒斯坦甚至撰写过《历史上的制度是复杂的制度》一文加以探讨。工业革命所建立的工厂制度及其体现的雇佣关系，毫无疑问是资本主义关系的典型形式。工厂制度并非在乡村社会中革命性地突然出现，而是社会经济制度和关系一系列渐进变化的结果。历史上的工商业组织形式多种多样，非典型化的混合制度形态与典型化的制度形态并存，正是经济制度史中常见的现象。②其中的关键，如马克思所说："以分工为基础的协作，在工场手工业上取得了自己的典型形态。"③因为"这种协作，作为资本主义生产过程的具有特征的形式，在真正的工场手工业时期占统治地位"④。也就是说，以分工为基础的协作在资本主义发展过程中形成了一个独立阶段。这个阶段是在简单协作的基础上发展而来，位于向机器大工业过渡之前。从欧洲的历史进程来看，这一阶段大致始于 15 世纪中叶，延续至 18 世纪中后叶工业革命

---

① 《马克思恩格斯文集》（第五卷），北京：人民出版社，2009 年，第822 页。

② 沈汉：《洞察资本主义经济形态成长的一扇窗口——论工商业经济组织的历史》，《世界历史》，2013 年第 4 期。

③ 《马克思恩格斯文集》（第五卷），北京：人民出版社，2009 年，第390 页。

④ 《马克思恩格斯文集》（第五卷），北京：人民出版社，2009 年，第390 页。

兴起后才逐步没落。[①]

18 世纪中叶之前，英国处于"原工业化"时期，以手工生产为主，而生产组织形式大体上分为三类[②]：第一类是传统的作坊制生产，起源于近代早期，由手工业者独立经营，集生产与销售于一体，生产规模较小，通常以三到五人为主，主要集中于木工、炼铁、制靴、制帽、皮革等行业。作坊多位于城镇，其生产和销售活动一般不会突破城市的界限。[③]第二类是家庭制生产，又称外作制生产，这是原工业化时期占据主导地位的生产组织形式。早在 16 世纪前后，这种形式已在东昂格里亚和西英格兰的毛纺织业中存在，随后逐渐扩展到纺织、编织等其他行业，成为原工业化时期纺织行业的主要生产形式。[④]第三类是手工工场生产，始于 16 世纪，至 18 世纪中叶达到顶峰，主要出现在采矿、冶金、造船和建筑等行业。弗里德里希·吕特格认为："手工工场虽然经常被人提到，它在生产中所起的作用其实比人们设想的要小。"[⑤]尽管如此，手工工场却是技术进步的重要阶段。这种生产方式既把分散的手工业者结合起来，又使劳动者从生产过程中分割开来，产生了"一个以人为器官的生

---

① 张卫良：《现代工业的起源：英国原工业化与工业化》，北京：光明日报出版社，2009 年，第 34 页。

② 刘金源：《论近代英国工厂制的兴起》，《探索与争鸣》，2014 年第 1 期。

③ ［英］M.M. 波斯坦编：《剑桥欧洲经济史》（第 5 卷），王春法译，北京：经济科学出版社，2004 年，第 418 页。

④ Brown D., Kenneth, *The English Labour Movement 1700–1951*. Dublin: Gill and Macmillan, 1982, p.6.

⑤ 转引自［法］费尔南·布罗代尔：《十五至十八世纪的物质文明、经济和资本主义》（第 2 卷），顾良、施康强译，北京：商务印书馆，2017 年，第 389 页。

产机构"①，手工业劳动者不用再是以往那种"全能型"的独立劳动者，而可以转变为行业的特定环节工作者，其结果是大大提高了劳动生产率。"它的许多优越性都是由协作的一般性质产生的"②，即使在非资本主义性质的生产中，这种协作的优越性还是同样起作用的。

手工工场在提升劳动生产率方面，其作用终究是有限的，这主要是由于其分工仍根植于手工技艺的土壤之中，在利润和市场竞争的驱使下，它必须不断向前迈进，寻求新的突破。"工场手工业最完善的产物之一，是生产劳动工具本身特别是生产当时已经采用的复杂的机械装置的工场。"③正是这些工场大量制造了多种劳动工具，并在此基础上持续进化，通过联结不同的工具，逐步催生了机器体系，从而实现了从工场手工业向工厂制的跨越式转变。关于工厂制，普遍认可起源于英国第一家棉纺厂的创办者——理查德·阿克莱特，其革新之举颠覆了西方原有的手工业生产模式，开创了工厂雇佣制下大机器集体分工合作的新纪元。法国历史学家保尔·芒图指出：阿克莱特"虽然不是这些发明物（蒸汽机等）的发明人，但却是首先懂得利用它们并把它们组成为一个系统的人……他的名字同大工业的起源是永远分不开的。十八世纪末和十九世纪初的兰开夏郡

---

① 《马克思恩格斯文集》（第五卷），北京：人民出版社，2009 年，第392 页。

② 《马克思恩格斯文集》（第五卷），北京：人民出版社，2009 年，第393 页。

③ 《马克思恩格斯文集》（第五卷），北京：人民出版社，2009 年，第426 页。

和德比郡的所有工厂都是按照他的工厂样式建造的"①。这种"样式"不仅仅是工业生产的机械化，还有遵循时间规定、工厂规章、规律化的工作时间安排、既定的节假日安排以及大规模以工作为核心的组织结构，伴随着所有权、管理权与劳动力的明确分离，这些现代化生产的特点，均作为其结果而衍生出来。②

　　在此情况下，埃里克·霍布斯鲍姆以英国工业革命的发源地——兰开夏郡为例，说明了工厂制带来的深刻改变："就在兰开夏烟雨蒙蒙的田头和村庄，以新技术为基础的一个新产业体系相当快速地顺利兴起。但如已所见，它的兴起靠的是新旧结合，然后是新陈代谢。产业内部积累的资本取代了土地的抵押和开店的积蓄，工程师取代了心灵手巧的织工兼木匠，力织机取代了手织工，雇佣无产者的工厂取代了大批家庭工人与少数机械装置所组成的外发加工制。拿破仑战争之后的几十年里，新工业世界中的陈旧因素逐渐被淘汰，而现代工业由少数开拓者的不凡成就，演变为兰开夏的生活规范。"③这也就是马克思描述的："机器生产发展到一定程度，就必定推翻这个最初是现成地遇到的、后来又在其旧形式中进一步发展了的基础本身，

---

　　① ［法］保尔·芒图：《十八世纪产业革命：英国近代大工业初期的概况》，杨人楩等译，北京：商务印书馆，2011年，第184~185页。
　　② ［英］罗杰·奥斯本：《钢铁、蒸汽与资本　工业革命的起源》，曹磊译，北京：电子工业出版社，2016年，第288页。
　　③ ［英］埃里克·霍布斯鲍姆：《工业与帝国——英国的现代化历程》，梅俊杰译，北京：中央编译出版社，2016年，第54页。

建立起与它自身的生产方式相适应的新基础。"①工厂制与此前的生产方式有着显著的不同，不仅在规模上大幅提升了相对剩余价值的生产，更在质的层面上改变了相对剩余价值生产的技术基础。简单协作和工场手工业都依赖于手工劳动的技术基础，然而正是工厂制对机器的引入和大工业的兴起，才使西方现代化生产方式获得了与其相适应的经济组织基础。

现代化进程总是充满复杂性和双重效应。从庄园工场中封建集体劳役制下的农奴，转变为城乡家庭作坊中交纳产品或货币租税的个体劳动者，最终演变为在生产与销售方面依附于工厂主的雇佣劳动者。1780—1840 年间，工人的人均产量提高了46%，但实际周薪仅上涨 12%，考虑到平均工作时间增加了20%，相当一部分工人的状况反而恶化了。②爱尔兰诗人叶芝的诗作《断章》表达了当时的普遍迷茫："洛克晕倒；乐园荒去；上帝从他的肋骨，取出珍妮纺纱机。我从何处获得真理？从一位灵媒的口中，它来自虚无，来自林中沃土，来自那安置着尼尼微历代王冠的，漆黑的夜晚。"恩格斯指出："工业革命只是使这种情况发展到极点，把工人完全变成了简单的机器，剥夺了他们独立活动的最后一点残余。但是，正因为如此，工业革命也就促使他们去思考，促使他们去争取人应有的地位。"③

----

① 《马克思恩格斯文集》（第五卷），北京：人民出版社，2009 年，第439 页。

② ［瑞典］卡尔·贝内迪克特·弗雷：《技术陷阱：从工业革命到 AI 时代，技术创新下的资本、劳动与权力》，贺笑译，北京：民主与建设出版社，2021 年，第 139 页。

③ 《马克思恩格斯文集》（第一卷），北京：人民出版社，2009 年，第390 页。

"卢德运动"等反对技术进步的抗议最终失败，但是工人们能够组织起来使工作条件得到改善。到 19 世纪这个风起云涌的时代，工业化使工人团结在一起，开始成立自己的政党，为共同的利益而奋斗。[①]

三、从乡村到城市

（一）乡村土地的剥夺：人口的非农化

现代化的一个重要转变就是从乡村到城市的迁移。这首先体现为包含所有权在内的土地制度的变革。在封建经济占主导地位的时期，土地制度与土地占有关系将农民束缚在乡村的土地上。威廉·配第说："劳动是财富之父，土地是财富之母。"[②]土地的革命性变化，虽然未必是经济快速发展的唯一前提和结果，但无疑是资本主义生产方式的必要基础和后果。世界各地传统的土地制度和农村社会关系，宛如一顶巨大的冰盖，覆盖在经济增长的沃土之上，必须不惜一切代价将其融化：首先，土地必须转变为一种商品，归私人所有，并能够自由买卖。其次，土地必须转入愿意为市场开发其生产潜力，并受理性自我利益和利润驱动的阶级之手。最后，大量农村人口必须以某种方式转移，或至少部分转移至日益扩大的非农业经济部门，成

①［英］罗杰·奥斯本：《钢铁、蒸汽与资本：工业革命的起源》，曹磊译，北京：电子工业出版社，2016 年，第 307 页。

②《马克思恩格斯文集》（第五卷），北京：人民出版社，2009 年，第 56~57 页。

为自由流动的雇佣工人。[①]15世纪70年代到16世纪最初的几十年，揭开了资本主义生产方式变革的序幕，开始了用暴力掠夺进行土地变革的过程。马克思在《资本论》中谈到了"羊吃人"现象，即通过圈地运动，导致大量农民被迫离开乡村。"在英国，特别是佛兰德毛纺织工场手工业的繁荣，以及由此引起的羊毛价格的上涨，对这件事起了直接的推动作用。"[②]

16世纪前后，市场对社会经济的影响和作用愈发重要。"英国的市场在以往的基础上和有利的自然地理、社会环境下迅速发展，凭借民族国家形成的东风，及时地完成了自身的变革，登上了民族市场这一高地，从而使市场经济以民族市场的形式充分地确立起对整个国家资源和广泛经济活动的支配作用，将自身更多、更大的潜能优势发挥出来；从而推动英国社会经济的进一步发展，引导着更为深刻的变革。"[③]此时，随着英国毛纺织业的迅速发展，市场上对羊毛的需求大幅增加，羊毛价格随之上涨，养羊成为获取高额利润的手段。新贵族和资产阶级为了追求这种巨额利润，采取暴力手段，将农民从土地上驱逐出去，将耕地改为牧场。一些学者认为，英国至此已经是农业资本主义的典型国家，这与历史事实有偏差。英国的圈地运动前后经过了300多年。16世纪的圈地是整个圈地运动重要的起

---

① ［英］艾瑞克·霍布斯鲍姆：《革命的年代：1789—1848》，王章辉译，北京：中信出版社，2014年，第172页。

② 《马克思恩格斯文集》（第五卷），北京：人民出版社，2009年，第825页。

③ 王晋新、姜德福：《现代早期英国社会变迁》，上海：上海三联书店，2008年，第29页。

始阶段，但尚不是决定性的阶段。[①]美国历史学家盖伊基于 1517 年和 1607 年圈地调查报告，发表了《16 世纪英格兰圈地》一文。根据盖伊的统计数据，在 1455 至 1607 年间，所调查的英格兰 24 个郡中，圈地面积仅占这些郡总面积的 2.76%。由此可见，16 世纪英格兰的整体圈地规模并不大。

马克思认为圈地运动关键的转折点是"在 18 世纪最后几十年，农民公有地的最后痕迹也消灭了"[②]。自大约 1760 年起，地主们再次借助对政府的控制，通过一系列议会法案，最初在局部推行，1801 年后则全面展开，加速将土地转变为由私有地块组成的拼盘。这场运动主要限于英格兰的某些地区，呈现一个倒三角形，底边沿着约克郡、林肯郡和诺福克郡的海岸线，三角形的顶点位于多塞特郡。这些地区在中世纪时常见敞地，后来逐渐用于大田作物的种植，尤其是粮食作物。公地和荒地的圈占在各地分布相对均匀，只有最东南和西南地区例外。在 1760 年至 1820 年间，亨廷登、莱斯特、北安普顿各郡约有一半的土地被圈占，贝德福德和拉特兰郡则超过 40%，而林肯郡、牛津郡、约克郡东部的圈占率超过三分之一。此外，伯克、白金汉、米德尔塞克斯、诺福克、诺丁汉、沃里克、威尔特等郡的圈占率也达四分之一或以上。[③]这一时期，英国国会先后通过了大量圈围土地的法令，促使土地逐渐集中于少数大地主手中，

---

① 沈汉：《英国土地制度史》，上海：学林出版社，2005 年，第 118 页。

②《马克思恩格斯文集》（第五卷），北京：人民出版社，2009 年，第 830 页。

③ ［英］埃里克·霍布斯鲍姆：《工业与帝国——英国的现代化历程》：梅俊杰译，北京：中央编译出版社，2016 年，第 94 页。

"法律本身现在成了掠夺人民土地的工具"①。由此，伴随着英国纺织工业的发展，大量农民涌入城市，加速了农民向雇佣工人的转化，也推动了城市化进程。

19世纪兴起的所谓"清扫领地"运动，被称为"英国的一切剥夺方法的顶点"②。通过变本加厉的剥夺，农民的小屋被彻底清除，他们在曾经耕种的土地上再也找不到栖身之地，不得不加入出卖劳动力的雇佣工人队伍中。马克思在分析了英国这一剥夺农民土地的现象后，总结道："掠夺教会地产，欺骗性地出让国有土地，盗窃公有地，用剥夺方法、用残暴的恐怖手段把封建财产和克兰财产转化为现代私有财产——这就是原始积累的各种田园诗式的方法。"③农村被牺牲，但也正是这种方式，推动了西方城市化的迅速发展。1811年至1851年间，农业对英国国民总收入的贡献从占三分之一缩减到五分之一，而到1891年，只剩十三分之一。④从人口角度来看，1801年农业人口在全国人口中的比例降至36%，而非农业就业人数则增至64%。根据人口普查数据，1851年英格兰和威尔士的农业劳工、农场雇工和牧羊工人数为1,460,986人，至1871年减少至980,178人，1891年进一步降至780,707人，1911年则为656,337人，

① 《马克思恩格斯文集》（第五卷），北京：人民出版社，2009年，第832页。
② 《马克思恩格斯文集》（第五卷），北京：人民出版社，2009年，第837页。
③ 《马克思恩格斯文集》（第五卷），北京：人民出版社，2009年，第842页。
④ ［英］埃里克·霍布斯鲍姆：《工业与帝国——英国的现代化历程》，梅俊杰译，北京：中央编译出版社，2016年，第193页。

60 年间减少了 55%。[1]在 19 世纪最后的二十多年，英国经历了严重的农业危机，部分耕地被改为牧场，农业劳动力进一步减少，农村人口大量流失。

如布罗代尔所说："农村和城市'互为前景'：我创造你，你创造我；我统治你，你统治我；我剥削你，你剥削我；以此类推，彼此都服从共处的永久规则。"[2]19 世纪的英国已经迈入了这个循环的第一阶段。随着英国的经济结构被从根本上改变，第二、第三产业迅速膨胀，而第一产业则相对萎缩，进而也带来了劳动力就业结构的深刻变革。从事农业劳动的人数从 1851 年的 200 多万下降到 1901 年的 150 万，而同期从事制造业的人数增加了 200 多万，达到 550 万。[3]这种人口非农化对于英国现代化具有深远意义。随着农民持续从农村向城市和城镇的迁移，这种趋势从 19 世纪上半叶开始并持续到下半叶。随着越来越多的人口迁入城市，英国的城市人口以前所未有的速度增加。到 19 世纪中叶，英格兰和威尔士的城市人口在总人口中的比重从 1750 年的约 25% 迅速上升，到 1801 年达到 33.8%，1851 年更是超过了 50.2%。此时，英国约有 1/3 的人口居住在 70 个人口超过 2 万的大城市中，这些大城市的人口增长速度远超全国平

---

① 王章辉：《英国经济史》，北京：中国社会科学出版社，2013 年，第 223 页。

② ［法］费尔南·布罗代尔：《十五至十八世纪的物质文明、经济和资本主义》（第 1 卷），顾良、施康强译，北京：商务印书馆，2017 年，第 599 页。

③ ［英］邓肯·韦尔登：《英国经济史：200 年的繁荣与衰退》：曾敏之译，北京：中国科学技术出版社，2023 年，第 67 页。

均水平。^①这些变化标志着英国基本实现了城市化，在世界现代化历史上确立了无可争议的里程碑：城市生活不再是遥远地平线上的幻景，"城市的时代"真正来临了。

（二）"火与剑"的钟声：城市化进程及其后果

城市化是一个漫长的历史进程，其在地理意义上可以说是比工业化更为普及的现象。即使在那些工业并未成为社会发展重要动力的地区，城市的规模同样在扩大，人口密度同样也在提高。^②城市化运动之所以能够席卷欧洲，成为西方现代化兴起的重要表征，不仅归因于圈地运动、农业革命和工业革命的推动，还是历史上城市繁荣的遗留、城市精神的延续，以及强大的市民社会传统的继承。正如《德意志意识形态》写道："城乡之间的对立是随着野蛮向文明的过渡、部落制度向国家的过渡、地域局限性向民族的过渡而开始的，它贯穿着文明的全部历史直至现在。"^③城市的兴衰起伏折射出西方世界的命运：当城市伴随书写文字的出现首次进入欧洲历史舞台时，所谓的"西方文明历史"大门随之开启。城市在希腊罗马世界曾经兴旺发达，但是帝国的衰落使其遭到毁灭。在注有 381 年的一封信中，米兰主教把意大利中心城市形容为"毁存参半的城市的遗址"^④。

---

① 王章辉：《英国经济史》，北京：中国社会科学出版社，2013 年，第232 页。

② ［德］于尔根·奥斯特哈默：《世界的演变：19 世纪史》（第 1 册），强朝晖、刘风译，北京：社会科学文献出版社，2016 年，第 481 页。

③《马克思恩格斯文集》（第一卷），北京：人民出版社，2009 年，第556 页。

④ ［意］卡洛·M. 奇波拉：《工业革命前的欧洲社会与经济》，苏世军译，北京：社会科学文献出版社，2020 年，第 167 页。

如果有些城市中心幸存下来，那么它们只是作为宗教或军事管理总部而幸存下来。在黑暗时代的原始世界里，城市是一种不合时宜的东西。

11 世纪，城市在欧洲再次崛起，标志着这片大陆踏上了蓬勃发展的阶梯。意大利城市的遍地开花，正是文艺复兴的序曲。从古希腊的城邦，到穆斯林征服时代的都邑，历史上的重大变革无一不与城市的扩展紧密相连。"城市既是经济发展的动力，又是发展的产物。至少可以肯定：即便城市不能人为地制造经济发展，它却总能利用经济发展为自己谋利。此外，城市也是观察这种相辅相成关系的最好的瞭望台。"①克鲁泡特金在《互助论》中认为："中世纪的城市并不是遵照一个外部的立法者的意志，按照某种预先订好的计划组织起来的。每一个城市都是真正自然地成长起来的——永远是各种势力之间的斗争不断变化的结果，这些势力按照它们相对的力量、斗争的胜算和它们在周围环境中所取得的援助而一再地自行调整。"②从时间上看，西欧封建社会中的城市从集市贸易起步，发展至具备规模并建立自治组织，通常历时两三百年，甚至长达四五百年。③随着中世纪城市的兴起，一个全新的欧洲应运而生，价值体系、个人身份与社会关系、行政管理模式，以及生产与交换方式等，都发生了翻天覆地的变化，其中一些变化甚至直接为西方现代化

---

① ［法］费尔南·布罗代尔：《十五至十八世纪的物质文明、经济和资本主义》（第 1 卷），顾良、施康强译，北京：商务印书馆，2017 年，第 591~592 页。

② ［俄］克鲁泡特金：《互助论》，李平沤译，北京：商务印书馆，2017 年，第 178 页。

③ 厉以宁：《资本主义的起源：比较经济史研究》，北京：商务印书馆，2003 年，第 76 页。

开辟道路，并流传至今。①

　　虽然"没有两个城市在内部组织和命运方面是完全相同的。单独来看，每一个城市从一个世纪到另一个世纪也是在变化着的"②。然而当我们把视角拉远到更长时段，城市的共性还是清晰可见的。正如马克斯·韦伯指出："一个地方是否应当被视为城市，不应以其空间大小作为依据。从经济角度来看，无论是西方国家还是其他任何地方，城市首先应当是商业和工业的中心……城市的另一个普遍性特征是，它过去通常是一座要塞堡垒；在很长一段时间里，一个城市只有当且只当它是一个设防据点时，才被认定为是一个城市。"③从 14 世纪起，中世纪以城墙求取安全的城市面临着新的问题：在一个风俗习惯和世袭特权固化的世界中，如何继续生存、发展、前进？城墙是否必须被推倒？盔甲和武器是否必须被弃置？这个文明是否有能力从其自身中心突破，迈向一个更高、更广阔的阶段而不至于崩溃？这一问题对其核心机构——教会和中世纪城市而言，都是巨大的挑战。事实证明，教会与城市都未能成功应对这一挑战，中世纪的城市逐渐退化为一个空壳，而外壳保存得越完好，其内部的生命力便越稀薄。④在城市化最早的发源地英国，采取"火

①［意］卡洛·M.奇波拉：《工业革命前的欧洲社会与经济》，苏世军译，北京：社会科学文献出版社，2020 年，第 174 页。
②［俄］克鲁泡特金：《互助论》，李平沤译，北京：商务印书馆，2017 年，第 178 页。
③［德］马克斯·韦伯：《世界经济通史》，杨一译，北京：民主与建设出版社，2024 年，第 279~280 页。
④［美］芒福德：《城市发展史：起源、演变和前景》，宋俊岭、倪文彦译，北京：中国建筑工业出版社，2005 年，第 354 页。

与剑"的方式对乡村社会进行暴力瓦解，与之相应，传统中世纪城市的空壳被粉碎，现代城市的灵魂注入其中。

18 世纪末工业革命的推进，极大地加速了城市化进程。到 19 世纪中叶，西欧的城市化已达到相当高的水平。19 世纪，欧洲城市化率（即 2 万以上城市人口占总人口的比例）显著上升，1850 年为 15.0%，1880 年增至 22.0%，1900 年则达到了 31.0%。[1]在 19 世纪以前，城市中的各类活动大致保持着平衡。尽管工作和商业活动一直占据重要地位，但城镇居民同样投入大量精力于宗教、艺术、戏剧等领域。然而，随着时间的推移，人们逐渐倾向于将注意力全部集中在经济活动上。有组织的手工业向大规模工厂生产的转变，使工业城镇变成了如同黑暗的蜂房，机器轰鸣，喧闹不止，烟雾弥漫。一天 12 小时甚至 14 小时的忙碌成为常态，有时整日整夜皆如此。[2]恩格斯于 1844 年写作《英国工人阶级状况》时，也发出感慨："像伦敦这样的城市……是一个非常特别的东西。这种大规模的集中，250 万人这样聚集在一个地方，使这 250 万人的力量增加了 100 倍；他们把伦敦变成了全世界的商业首都，建造了巨大的船坞，并聚集了经常布满太晤士河的成千的船只……这一切是这样雄伟，这样壮丽，简直令人陶醉，使人还在踏上英国的土地以前就不能不对英国的伟大感到惊奇。但是，为这一切付出了多大的代

---

① ［日］宫崎犀一、［日］奥村茂次、［日］森田桐郎：《近代国际经济要览》，北京：中国财政经济出版社，2001 年，第 5 页。

② ［美］芒福德：《城市发展史：起源、演变和前景》，宋俊岭、倪文彦译，北京：中国建筑工业出版社，2005 年，第 461 页。

价，这只有在以后才看得清楚。"①

　　无须讳言，大城市既有其弊端，也有其贡献，正如现代国家孕育了大城市，大城市同样催生了现代国家的形成。②城市化以前所未有的速度推进，在往昔，城市不过是统治阶级与宗教祭坛的庇护所。然而，自工业革命以来，现代城市的崛起彻底改写了这一传统格局。机械的轰鸣与工厂的林立，让城市的经济地位一跃升高，工业的烟雾不仅填满了城市的天际线，也渗透到了乡村的田畴之中。这种城乡之间的深刻差异，被刘易斯经典的"二元经济"结构模型所概括，在他看来，现代化的过程就是现代工业部门相对于传统农业部门扩张的过程。③实际上，在西方文化中，城市建设有着深刻的宗教含义。例如，《旧约全书》中的巴别塔故事：诺亚的后代往东迁移至示拿平原，"要建造一座城和一座塔，塔顶通天，为要传扬我们的名，免得我们分散在全地上"。这被视为对神权的挑战，上帝因此介入，混乱了人类的语言，使他们无法继续合作。④从这种意义上讲，城市化象征着人类依靠发展的生产力掌握自己的命运——从全然依赖神的指引，到追求自主的进步。历史的车轮滚滚向前，城市不仅催生了资本主义生产方式的兴起与市民阶层的强势崛

---

　　①《马克思恩格斯全集》（第二卷），北京：人民出版社，1957 年，第303 页。

　　②［法］费尔南·布罗代尔：《十五至十八世纪的物质文明、经济和资本主义》（第 1 卷），顾良、施康强译，北京：商务印书馆，2017 年，第 690 页。

　　③［英］威廉·阿瑟·刘易斯：《二元经济论》，施炜、谢兵、苏玉宏译，北京：北京经济学院出版社，1989 年。

　　④［美］斯皮罗·科斯托夫：《城市的形成：历史进程中的城市模式和城市意义》，单皓译，北京：中国建筑工业出版社，2005 年，第 36 页。

起。城市人口的膨胀和工商业的繁荣相得益彰，使得市民阶层在经济、文化、政治领域的影响力急剧膨胀，西方社会变革和经济发展的动力源准备就绪，现代化"起飞"的钟声即将响彻世界。

四、电气化

（一）照亮西方世界：电气化在第二次工业革命中的扩散

在英国开始工业革命后的几十年里，美、法、德、俄等国也开始了工业化进程，开启本国的工业革命。于是，在各国第一次工业革命达到高潮之时，在世界市场上，对用于规模化生产的生产工具本身的需求就开始变得旺盛起来。[1]19 世纪 80 至90 年代，人们试图通过使用多台蒸汽机克服旧体系在规模化生产上的缺陷，但是随着电力的普遍应用，人们发现它远比蒸汽机优越[2]，这催生了由机械化转向电气化的第二次工业革命。正如古代人类掌握取火技术，点燃文明的"第一把火"，作为电气最令人印象深刻的应用——电气照明可以追溯到 19 世纪。英国科学家汉弗里·戴维在 1802 年制作了简单的电弧灯。但真正意义上的电灯发展于 1879 年，托马斯·爱迪生和约瑟夫·斯旺几乎同时发明了能够商业化生产的电灯泡（前者申请专利较

① 周文：《国家何以兴衰：历史与世界视野中的中国道路》，北京：中国人民大学出版社，2021 年，第 342 页。

② ［英］克里斯·弗里曼、［英］弗朗西斯科·卢桑：《光阴似箭：从工业革命到信息革命》，沈宏亮译，北京：中国人民大学出版社，2007 年，第 235 页。

早）。①爱迪生采用碳化丝作为灯丝，灯泡能持续亮数小时，适合家庭和街道照明，从此电气照明开始进入人们的日常生活。这一过程往往为人们所熟知，然而从西方现代化进程的宏观视角来看，电气化的重要意义不只是物理上的"照明"，其反映出工业革命从一国到多国的扩散趋势，以及后发现代化国家的赶超可能，才是真正"照亮"了西方世界。

尽管早在 19 世纪 80 年代初，人们就已认识到电力的巨大潜能，但直到 1900 年以后，工厂企业家才普遍意识到，使用电力驱动装置所带来的间接收益远远超越了单纯节约能源的直接效益。技术上，电动机和发电机的发明均源于法拉第 19 世纪 20 年代的突破性发现。尽管法拉第早在 1822 年就制造出电动机的原型，并于 1831 年通过感应环实验构建了发电机的原型，但直到 19 世纪 60 年代，惠斯通和维尔纳·冯·西门子发明自激发电机，才真正实现了工业领域的关键突破。这项发明的核心在于，发电所需的磁场本身由发电机输出的电流产生。自激发电机不仅成为任何电站（无论其机械动力来源为何）的标准模型，更为重要的是，它使得电流输入发电机能够有效地将其转化为提供旋转动力的电动机。换言之，利用机械动力转动发电机轴产生电流的过程，可以逆转为通过电流提供机械动力的过程。随着这一技术在 19 世纪 60 年代末逐渐应用，其工业潜力几乎无限。一方面，电力的应用范围远远超越了蒸汽动力，以至于到 20 世纪下半叶，蒸汽动力的主要用途已转变为发电；另一方

---

① ［英］查尔斯·辛格、E. J. 霍姆亚德、A. R. 霍尔、特雷弗·I. 威廉斯：《技术史 19 世纪下半叶》（第 V 卷），远德玉、丁云龙译，北京：中国工人出版社，2021 年，第 215 页。

面，电力具有长途传输的能力，尤其是在 19 世纪 70 年代交流电技术的开发之后，这一优势更加显著。①

19 世纪的最后几十年，正是这样一个转折阶段。此时前后差异显得尤为巨大，作为领头羊的英国固守以往的陈旧模式，而新兴的工业经济体则大步向前。在第二次工业革命刚刚开始时，毫无疑问，英国已成为世界第一经济大国。在英国流行着这样一种观念：国家的繁荣依赖于企业家的个人热忱，而非依赖于国家的发展政策。1859 年，塞缪尔·斯密尔自信地宣称："民族的强大以及工业和文明全部依赖于个人……依据平衡原理，个人、民族和种族将会得到正好属于自己的那一份。"②然而，第二次工业革命的展开对斯密尔这一信念提出了严峻挑战。以电气化为例，其无论在理论上还是实践中，均是由英国开创的。法拉第和克拉克·麦克斯韦奠定了该学科的科学基础，惠斯通的电报首次实现了信息的隔空传递，而斯旺早在 1845 年就开始研究碳丝白炽灯——那时爱迪生尚未出生。到了 1913 年，英国电力行业的产出仅为德国的三分之一，相关出口几乎不及德国的一半。此外，英国市场被外国企业侵入，该行业主要由外国资本负责启动和运营，尤其是美国公司如威斯汀豪斯主导。当 1905 年伦敦建造首条电气化地铁时，项目的运营与融资大部分由美国资本掌控。③

---

① ［荷］托马斯·克伦普：《制造为王：发明、制造业、工业革命如何改变世界》，陈音稳译，北京：中国科学技术出版社，2023 年，第 291~292 页。

② 转引自［美］托马斯·A. 麦格劳：《现代资本主义——三次工业革命中的成功者》，南京：江苏人民出版社，2000 年，第 73 页。

③ ［英］埃里克·霍布斯鲍姆：《工业与帝国——英国的现代化历程》，梅俊杰译，北京：中央编译出版社，2016 年，第 178 页。

从时间上看，英国在 19 世纪 60 年代开始了第二次工业革命。美国则于 19 世纪 80 年代开始了第二次工业革命。而英国的工业家们确有理由为其他国家竞争对手的发展速度感到忧虑。在 1870 年至 1913 年间，美国的工业产值年均增长率达 4.7%，德国为 4.1%，而英国仅为 2.1%。①20 世纪初，美国基本完成工业化，从以农业为主的国家转变成以工业为主的国家，并一举成为世界第一工业大国，世界科技中心也逐渐从欧洲转移到了美国。制造业对于美国经济的发展一直举足轻重。②在电气化浪潮中，电动马达取代了由中央轴和皮带驱动的工具，连接到固定工具位置上的静态装配线可以被连续的生产操作替代，这推动了美国制造业过渡到真正意义上的大规模生产。福特描述了这个过程："大规模生产不仅仅是量产……也不仅仅是机械化生产。"大规模生产系统的本质，是使产品以事先设定好的工序在工厂内连续生产，部件被输送到工作站并安装到产品上，并将操作系统地分解为构件要素。福特的移动生产装配线得益于电动马达等技术的进步，以及新流程的进步，包括他在连续工作站上的分步操作。③

事实上，只有在确保充足的电力供应并将电价降至可承受水平时，工业电机的普及才真正成为可能。美国政府一直都是精心设计规划产业发展路径，并通过各种法案支持和引导产业

---

① [美]托马斯·A.麦格劳：《现代资本主义——三次工业革命中的成功者》，南京：江苏人民出版社，2000 年，第 73 页。

② 贾根良、楚珊珊：《制造业对创新的重要性：美国再工业化的新解读》，《江西社会科学》，2019 年第 6 期。

③ [美]威廉姆·邦维利安、[美]彼得·辛格：《先进制造 美国的新创新政策》，沈开艳等译，上海：上海社会科学院出版社，2023 年，第 31~32 页。

创新沿着政府规划的道路发展。美国的水力资源十分丰富，当时的美国政府很好地利用这一优势，为廉价电力的提供铺平了道路。美国历史学家布鲁斯·卡明思写道："1902 年，他（西奥多·罗斯福）让国会通过了《拓殖法案》，法案资助 600 名工程师……考虑建立一个可以'维持数世纪繁荣富强'的水坝一渡槽系统……通过联邦政府对庞大公共事业的管理和资助……用欧文斯谷的水打造一个新兴繁荣的洛杉矶。"[1]在 20 世纪早期，美国政府又通过 1920 年的联邦水电法和 1933 年成立的田纳西河谷管理局（TVA），大力发展水电资源。此外，1936 年的《农村电气化法案》提供联邦贷款和补助，支持电力设施扩展到农村地区。这些措施增加了全国的电力供应，也降低了电力成本，在 1900 年至 1920 年的 20 年间，发电量几乎增长了 10 倍，1930 年以后工业动力接近 90% 来自电力，[2]工业电机和其他电力依赖设备在工厂中的应用变得经济可行。

　　受益于美国的产业政策，美国工业实现了史无前例的大发展。1899 年，电动机在工业原动机总功率中的占比尚不足 5%。到 1917 年，电动机的总功率首次超越工业用蒸汽机。至 1929 年，电动机提供的动能比例上升至 82%，标志着电动机对蒸汽机的替代过程已基本完成。10 年后，这一比例达到峰值，接近 90%。到 1914 年第一次世界大战之前，美国的工业生产已经超过了英国、法国和德国的总和。在"大萧条"之后的 20 年里，

①［美］布鲁斯·卡明思：《海洋上的美国霸权：全球化背景下太平洋支配地位的形成》，胡敏杰、霍忆湄译，北京：新世界出版社，2023 年，第 378 页。

②［加］瓦茨拉夫·斯米尔：《增长：从细菌到帝国》，李竹译，北京：民主与建设出版社，2024 年，第 239 页。

尽管美国制造业机械动力形成的总产能翻了将近 4 倍，从 7300 兆瓦增加到 32200 兆瓦，但电动机形成产能的增加倍数则超过了 70 倍，从只有 350 兆瓦提高到了 25200 兆瓦。[①]从 1910 年（当时电力在商业公司普遍使用）到 1940 年，美国的生产率提高了 300%。罗斯福的产业政策起到了关键作用，1930 年加州水力发电量占全国 10%，其清洁能源消费比例是全国的 2.5 倍，83% 的电都是水电。[②]以后进工业国的立场来看，电气化浪潮中美国的工业崛起，要发展并应用推广先进的技术，正确的产业政策仍然是最基本的重要因素。换句话说，在工业化的不同阶段，随着产业成长，产业生态系统会不断演化，必然要求产业政策进行不断调整，使之与经济发展形成匹配效应，方能实现从数量型增长到质量型增长的关键转型。[③]

（二）能量与文明：电力及技术创新系统的变革

人类文明史可以被视为对体外能量的依赖程度不断提高的过程。[④]杰里米·里夫金在《第三次工业革命：新经济模式如何改变世界》一书中把当前世界范围内以新能源和可再生能源取代传统化石能源的新型能源体系变革提升为"第三次工业革

---

①［加］瓦科拉夫·斯米尔：《美国制造：国家繁荣为什么离不开制造业》，北京：机械工业出版社，2014 年，第 51 页。

②［美］布鲁斯·卡明思：《海洋上的美国霸权：全球化背景下太平洋支配地位的形成》，胡敏杰、霍忆湄译，北京：新世界出版社，2023 年，第 400~401 页。

③ 周文：《赶超：产业政策与强国之路》，天津：天津人民出版社，2023 年，第 28~29 页。

④［加］瓦茨拉夫·斯米尔：《增长：从细菌到帝国》，李竹译，北京：民主与建设出版社，2024 年，第 184 页。

命"①。历史上数次重大的经济革命都是在新的通信技术和新的能源系统结合之际发生的。新的能源系统会加深各种经济活动之间的依赖性，促进经济交流，有利于发展更加丰富、更加包容的社会关系，伴随而生的技术革命也成为组织和管理新能源系统的途径，两者相互融合作为每次工业革命的驱动力和特征。基于此，发电、输电以及将电力转化为热能、光能、动能和化学能，构成了能源创新史上无与伦比的一系列成就。要推广电力的广泛应用，必须设计、开发并安装一整套全新的系统，确保发电过程既经济又可靠，高效地转化为用户所需的最终能量形式。②评价电气化影响的关键在于认识到其所带来的巨大倍增效应。以一系列电动机分别驱动不同设备，取代大型燃煤蒸汽机驱动复杂轴系与皮带组合的方式，不仅大幅度减少了企业的能源开支，还显著提高了劳动力和资本的使用效率。③因此，若没有电力能源，现代制造业的格局几乎是难以想象的。

现代经济增长理论中把对经济增长和经济结构变迁产生广泛影响的技术定义为通用技术。通用技术的典型特征包括几乎可以运用到人类经济的所有领域，能有效提高生产效率，并且在该技术进步的同时能够催生其他领域的新的技术形成良性循

---

① ［美］杰里米·里夫金：《第三次工业革命：新经济模式如何改变世界》，张体伟等译，北京：中信出版社，2012年，第7页。

② ［加］瓦茨拉夫·斯米尔：《能量与文明：一部科学技术进步史》，吴玲玲、李竹译，北京：九州出版社，2021年，第187页。

③ ［加］瓦科拉夫·斯米尔：《美国制造：国家繁荣为什么离不开制造业》，北京：机械工业出版社，2014年，第51~52页。

环等。[①]第二次工业革命的通用技术是电动机，其应用允许动力源和使用者分离，极大改善人类物质加工能力，由此带来的电气化浪潮推动了大规模工业制成品的生产。同时，电报、电话、收音机和电视等通信技术为这一快速扩展的时代提供了匹配的信息传递方式。与里夫金的观点相似，弗里曼、卢桑和佩雷丝等演化经济学家在研究康德拉季耶夫长波或技术革命浪潮时，也将能源因素置于重要位置。在他们的分析中，每一种新能源机制的出现，都对应着特定的生产组织和经济形态的变革[②]：蒸汽动力的出现标志着"随处可得的能源"取代了对特定地点和时间选择有要求的水力，从而使工厂选址不再受限于地理条件；电力则提供了一种"可分配"的能源体系，通过集中供电、分散使用的机制，企业的规模和地点得以进一步扩展。

在 19 世纪末，汽油发动机曾在短期内占据工业生产中优势地位。然而，进入 20 世纪后，除了巨型机器外，电力逐渐取代了汽油和蒸汽动力。尽管大多数新型电动机并未直接取代蒸汽机和汽油机，但对于安装新设备的小型企业而言，电力成为一种廉价、全新、耐用且灵活的能源，使他们能够负担得起并借此推动机械化进程。[③]这一例子表明，电气化实际上是一场电气

---

① 周文：《赶超：产业政策与强国之路》，天津：天津人民出版社，2023 年，第 287~288 页。

② 杨虎涛、徐慧敏：《第三次工业革命有何不同？》，《学习与探索》，2013 年第 11 期。

③ ［英］克里斯·弗里曼、［英］弗朗西斯科·卢桑：《光阴似箭：从工业革命到信息革命》，沈宏亮译，北京：中国人民大学出版社，2007 年，第 235 页。

机械化的革命。熊彼特的"创造性毁灭"[1]并不意味着机械技术的消亡,它依然扮演着极其重要的角色,只是以全新的方式得以呈现。机械工程行业并未被摧毁,而是经历了变革和转型。熊彼特在《经济周期:资本主义进程的理论、历史和统计分析》中把经济增长看作创新"蜂聚"效应扩散使生产边界线移动后的结果。[2]打破瓦尔拉斯均衡后,经济不稳定波动,创新推动作用减弱,导致经济从繁荣转向衰退。随后,进入回调期,新的创新效应形成,经济恢复至新的均衡状态。熊彼特认为周期性投资的第三次加速(1890—1920 年)是由商业发电的推广和电动机在制造业的替代效应导致的。总结起来,第二次工业革命时期在电力能源驱动下,各类技术创新"蜂聚"效应的产物促成了工业和社会的重大变革,康德拉契夫长波也进入上升期,以美国为首的西方国家迎来现代化进程的新一轮繁荣期。[3]

在个体层面,以电气化和大规模生产为特征的技术创新,不仅降低了工作的危险程度和体力要求,也促进了西方国家工人收入水平的增长,使普通人切身感受到了现代化带来的巨大红利。经济史学家将这一时期称为"历史上最大的调平"[4]。对

---

① [美]约瑟夫·熊彼特:《经济发展理论 对于利润、资本、信贷、利息和经济周期的考察》,何畏、易家详等译,北京:商务印书馆,2009 年。

② SCHUMPETER J. A., *Business Cycles: a Theoretical, Historical and Statistical Analysis of the Capitalist Process*, New York: McGraw-Hill Book Company, 1939.

③ 徐则荣、屈凯:《历史上的五次经济长波——基于熊彼特经济周期理论》,《华南师范大学学报》(社会科学版),2021 年第 1 期。

④ 许怡:《从工业革命史看技术变迁如何影响工人命运——〈技术陷阱:从工业革命到 AI 时代,技术创新下的资本、劳动与权力〉评介》,《科学与社会》,2022 年第 2 期。

于"大调平"的数据证据是，该时期美国工人的收入增长与GDP的增长基本同步，除了"大萧条"期间，工人的收入呈现稳步增长的趋势，并在 20 世纪 30 年代后有了显著的跃升。收入增长不仅改善了人们的生活水平，还引发了生活方式的深刻变化。其中一个重要变化是，随着家用电器的普及，大量的全职主妇从家务劳动中解放出来，开始进入职场，成为受薪的办公室职员，从而形成了当时独具特色的"粉领族"。可以说，电力及技术创新系统的变革充分展示了发明家们的智慧、企业的创业精神及美国劳动力的高度流动性。正如汽车业在 1940 年取代铁路成为美国最大的行业一样，电气行业也迅速成长为一个巨大的产业。电气化及其相关配套行业为数百万美国人提供了就业机会。[1]由于批量生产的普及，许多以前难以想象的新工作和新行业在美国应运而生。

需要指出的是，电力及技术创新还影响到了非西方体系国家，使此时在现代化进程上遥遥领先的欧美国家，首次面临强劲的竞争对手。马克思主义创始人历来认为，社会主义的物质技术基础就是大机器生产。在苏维埃俄国经济建设的初期，列宁结合苏维埃俄国的具体实际，论证了社会主义物质技术基础的基本原理，大机器工业是社会主义唯一可能的物质技术基础，而现代化的大工业则意味着全俄电气化。[2]列宁将全俄电气化计

---

① ［瑞典］卡尔·贝内迪克特·弗雷：《技术陷阱：从工业革命到 AI 时代，技术创新下的资本、劳动与权力》，贺笑译，北京：民主与建设出版社，2021 年，第 143~145 页。

② 顾海良、张雷声：《20 世纪国外马克思主义经济思想史》，北京：经济科学出版社，2006 年，第 236 页。

划称作"第二个党纲"，提出了"共产主义就是苏维埃政权加全国电气化"的著名论断。[1]为了在电气化方面实现对西方国家的赶超，列宁明确指出："我们必须使工业更加现代化，也就是说要向电气化过渡。"[2]1920年，第七届全俄中央执行委员会第一次会议上通过了关于电气化的决议，并批准成立俄罗斯国家电气化委员会，按照计划有序推进全国电气化工作。[3]列宁特别强调，必须广泛开展电气化知识的宣传教育，加强电力技术的推广与应用。"只懂得什么是电还不够，还应该懂得怎样在技术上把电应用到工农业上去，应用到工农业的各个部门中去。"[4]在列宁的领导下，电气化事业取得了显著成就，成功建立了大量现代化的发电站，为之后的苏联现代化进程奠定了坚实的基础。

五、现代化经济与马尔萨斯"魔咒"

（一）工业化的魔力：现代化经济增长何以出现

关于长期视角下现代化经济增长的讨论由来已久，其中一个核心问题是：为何现代化经济增长首先发生在西欧？扬·卢滕·范赞登在其著作《通往工业革命的漫长道路：全球视野下的欧洲经济，1000—1800年》中指出："现代经济增长在西欧

---

[1]《列宁全集》（第四十卷），北京：人民出版社，2017年，第30页。

[2]《列宁全集》（第四十二卷），北京：人民出版社，2017年，第58页。

[3] 王淼、李玉才：《列宁对苏俄社会主义现代化的探索及其现实启示》，《西南大学学报》（社会科学版），2024年第5期。

[4]《列宁全集》（第三十九卷），北京：人民出版社，2017年，第336页。

出现的准确时间是一个尚未解决的问题。"[1]尽管学术界对于确切时间点尚无定论，但贡德·弗兰克[2]和彭慕兰[3]的研究帮助人们意识到，直到 18 世纪末，中国的经济表现仍然比西欧更为富裕，或者至少与西欧相当。工业化成为解释这种长期经济表现差异的关键因素，19 世纪初，欧洲凭借持续的工业化进程，逐渐取代了中国在全球经济中的主导地位。虽然对历史国内生产总值的重建充满了困难和争议，且不同的数据重建模型有时会得出相互矛盾的结论，但学术界普遍认可的结论是：前工业化时代的国内生产总值增长非常缓慢。斯蒂芬·布劳德伯里等学者通过长达六个世纪的经济增长模型重建，展现了英国经济增长的长远趋势。克拉夫茨和米尔斯进一步将这一模型扩展至 2013 年，揭示了 17 世纪 60 年代之前英国人均国内生产总值年平均增长率仅为 0.03%，而工业革命后，年平均增长率在 1822 年后升至 1% 左右。[4]这一过程标志着英国经济的根本性突破，成为世界上首个实现现代化经济增长的国家。

在回答了工业化是实现现代化经济增长的前提条件之后，第二个问题随之出现：为什么现代化经济增长由英国率先领导，

---

① ［荷］扬·卢滕·范赞登：《通往工业革命的漫长道路：全球视野下的欧洲经济，1000—1800 年》，隋福民译，杭州：浙江大学出版社，2016 年，第 276 页。

② ［德］贡德·弗兰克：《白银资本：重视经济全球化中的东方》，刘北成译，成都：四川人民出版社，2017 年。

③ ［美］彭慕兰：《大分流：中国、欧洲与现代世界经济的形成》，黄中宪译，北京：北京日报出版社，2021 年。

④ ［加］瓦茨拉夫·斯米尔：《增长：从细菌到帝国》，李竹译，北京：民主与建设出版社，2024 年，第 445 页。

而不是荷兰？要深入探讨这个问题，对比英国与荷兰的发展轨迹或许能提供一些启示。荷兰经济史学家德弗里斯和范·德·伍德在其著作《世界上第一个近代经济：荷兰经济的成功、失败与持续，1550—1815 年》中指出，世界上第一个近代经济体并非英国，而是荷兰。16 世纪到 19 世纪初，荷兰已经发展出一种近代的、城市化的商业经济。德弗里斯指出，荷兰的经济仍然具有早期近代经济的特征，这意味着：早期近代经济不一定要表现出 20 世纪工业经济的外观，但它包含了促使这一外观最终形成的基本特征。[①]这些特征包括：①市场：商品市场和生产要素（土地、劳动、资本）市场相对自由；②农业生产率：足以支撑一个复杂的社会结构，并使得劳动分工更深入；③国家：国家关注产权保护、市场自由流动和契约执行；④技术与组织：一定水平的技术和组织架构，使得经济能够维持市场导向的消费行为。德弗里斯的观点揭示了荷兰未能率先实现现代化经济增长的原因：尽管拥有复杂的市场和较高的农业生产率，它未能在技术创新和工业组织上取得突破。[②]

工业革命改变了世界贫富格局，使一些原本在世界市场中处于半边缘、边缘地区的国家，一跃成为"富国"。与此相对，一些原本处于中心区的国家，如荷兰，由于未能及时开启工业化进程，逐渐被边缘化，以至从世界市场的大舞台中消失。

---

① De Vries, Jan, and ad van der Woude, *The First Modem Economy:Success, Failure, and Perseverance of the Dutch Economy, 1500—1815*, Cambridge, eng:Cambridge University Press,1997.

② 李伯重：《量化与比较：量化比较方法在中国经济史研究中的运用》，《思想战线》，2018 年第 1 期。

1800 年之前，英国和荷兰受益于远高于欧洲其他国家的农业生产率，同时它们的农业和非农业部门之间的生产率差距也相对较小。随后，英国经济结构经历了从农业向工业的彻底转型，农业、商业与工业的紧密结合，促成了所谓 19 世纪的"神秘增长"。[①]事实上，荷兰早在 17 世纪初就完成了人类历史上第一次成功的资产阶级革命——尼德兰革命，并建立了荷兰共和国。随后，在荷兰最为繁荣的时期里，它既有来自欧洲各地、因为宗教迫害逃避而来的科学家和优秀工匠，又有殖民掠夺而来的各类资源，还有罗伯特·C.艾伦非常看重的高工资与城市化人口，以及先进的金融市场与私有产权保护，[②]却未能成为现代工业世界的最早缔造者。与荷兰不同，英国不仅具备类似的早期近代经济特征，其主导的第一次工业革命还标志着一种从传统技术向现代化技术的转变，这使得英国彻底超越了荷兰等其他早期经济体，率先进入现代化经济增长阶段。

即使存在诸多符合新古典与新制度经济学发展观点的有利条件，工业革命仍未在荷兰发生，而是晚了一个多世纪在英国出现。如罗斯托描述的："大范围的商业活动、高度精致的手工艺制造业、技艺精湛的土木工程、生气勃勃的城市生活、众多尽职尽责的官僚，都没能促使经济起飞。"[③]这是因为，相较于荷兰，当时的英国具有很强大的"国家建构意志"，在国内长期

[①] De Vries, J., Dutch Economic Growth in Comparative-Historical Perspective, 1500—2000. *De Economist 2000*,148(4), pp.443-467.

[②] ［英］罗伯特·C.艾伦：《全球经济史》，陆赞译，南京：译林出版社，2015 年，第 4 页。

[③] ［美］W.W.罗斯托：《这一切是怎么开始的：现代经济的起源》，黄其祥、纪坚博译，北京：商务印书馆，2014 年，第 16 页。

实行重商主义的产业政策，对国内与国际市场进行持续不断的精心培育。^①例如，1721 年通过的《印花布法案》规定禁止穿着进口染色棉纺布料。而后，在国内棉纺产业组织完善，竞争力得到提高以后，1736 年通过的《曼彻斯特法案》提出允许在国内进行棉纺的制造、印染和着色。在这期间的一系列法案几乎可以被视作一种鼓励本地纺织业进行产业升级，并进入棉纺市场的国家级产业政策与制度的调整。因此，英国率先引领现代化经济增长，不仅因为具备了德弗里斯所定义的早期近代经济特征，还在于其成功的国家建构与无可匹敌的国家能力。依托工业革命，英国踏上了一条全新的经济发展道路。自此，工业化国家全面超越非工业化国家，农业单位产量大幅度提高，彻底解决了粮食安全问题，成功摆脱了"马尔萨斯陷阱"^②。反观非工业化国家，其角色仍然停留在提供原材料、初级产品、廉价劳动力以及作为市场的层面，财富积累与工业化国家的差距日益扩大。

（二）超越马尔萨斯"魔咒"：现代化经济的长期影响

工业革命之前的世界具有"马尔萨斯陷阱"特征。早在 1798 年，英国人口学家托马斯·马尔萨斯就说过："探寻国富国穷的原因是政治经济学一切研究的重中之重。"但是，他又对此显示出悲观情绪："我对人类生活的看法具有忧郁的色调，我会绘出这种暗淡的色彩，完全是因为现实中就有这种色彩，而

---

① 周文：《国家何以兴衰：历史与世界视野中的中国道路》，北京：中国人民大学出版社，2021 年，第 153~154 页。

② 人口是按照几何级数增长的，而生存资源仅仅是按照算术级数增长的，多增加的人口总是要以某种方式被消灭掉，人口不能超出相应的农业发展水平。

不是因为我的眼光有偏见，或我生来就性情忧郁。"[1]在马尔萨斯看来，如果人口以几何级数增长，而粮食等生活资料仅以算术级数增长，那么这两者将经常性地失衡，人口数将超过经济的承载能力。马尔萨斯为使"两个级数"理论更为合理，后来在《人口原理》第二版中又引入土地肥力递减规律来论证自己的观点。由于土地生产潜力的限制，增加投入并不一定能增加粮食产量，反而是在超出土地肥力承载限度之后收益还会出现递减趋势。[2]对马尔萨斯而言，这种严酷的计算展示了人类发展的铁律，人口规模会通过两个机制对资源存量作出适应：正面抑制机制，当社会的人口增长超出食物生产时，饥荒、疾病和战争的频率将增加，导致死亡率上升；预防抑制机制，生育率在匮乏时期会下降，例如通过延迟结婚和采取避孕措施等，即他所说的人口有"增加到超出生存手段的永恒的趋势"。

18世纪早期之前，世界上大部分的经济历史都是"马尔萨斯陷阱"的缩影。从马尔萨斯理论衍生出来的早期发展经济学，则把不发达状态视为一种"贫困恶性循环"，其特征是人口增长产生对资源和产出的稀释作用。以唯物史观的角度来看，"每一种特殊的、历史的生产方式都有其特殊的、历史地起作用的人口规律。抽象的人口规律只存在于历史上还没有受过人干涉的动植物界"[3]。客观地说，尽管被后来的经济事实所证伪，但马

---

[1]［英］马尔萨斯：《人口原理》，朱泱等译，北京：商务印书馆，1992年，第2页。

[2]［英］马尔萨斯：《人口原理》，朱泱等译，北京：商务印书馆，1992年，第6页。

[3]《马克思恩格斯文集》（第五卷），北京：人民出版社，2009年，第728页。

尔萨斯模型确实也反映出前工业时代英国人口与经济增长的大体趋势：1200 至 1650 年间，随着人口受到疾病冲击，收入—人口曲线呈下滑趋势。这显示 450 年来生产技术陷于完全停顿。1650 年后，技术曲线反转向上，但速度并未快到足以大幅提升人均收入，在 1800 年以前，技术发展主要只导致人口增长。[①]当然，其理论缺陷也很明显，马尔萨斯人口论的最大问题在于没有把人口、土地等生产要素放在综合层面的生产力层面上加以看待和考察。也就是说，马尔萨斯眼里的人口问题只是一个单纯计算的问题，而不是一个社会历史观的问题。马克思主义政治经济学的基本原理表明，生产力由劳动者、劳动资料和劳动对象构成。其中，人是生产力的首要因素和最为根本的力量，没有人就谈不上生产力的存在、发展和提升。

长期以来，"人多力量大"被用来形容人口数量在生产力中的重要地位。在古代社会，由于生产工具和技术发展相对缓慢，科技水平较低，人口数量和人口规模直接影响生产力的大小。因此劳动力的增加成为提升生产力的主要手段，即"人多力量大"。这种简单的数量逻辑符合当时社会的实际情况——更多的人口意味着更多的劳动者，因而能够推动更多的生产。当然，"人多力量大"是有条件的。近现代以来，随着科技的进步和生产力的发展，人口数量的增长并不必然代表着生产力的增长。恩格斯在 1844 年的《国民经济学批判大纲》中凸显了科学技术对于解决生活资料的作用。他说："科学，它的进步和人口的增

---

① ［英］格里高利·克拉克：《告别施舍：世界经济简史》，洪世民译，桂林：广西师范大学出版社，2020 年，第 34 页。

长一样，是永无止境的，至少也是和人口的增长一样快。"①工业革命和现代化的进程使马尔萨斯的桎梏被甩掉了，或者至少是严重松动了，由于机器在生产中大规模的应用，使得技术进步开始成为驱动生产效率提升的一种肉眼可见的动力源泉。而在此之前的漫长时光中——哪怕是在工业革命萌芽的 18 世纪，技术对经济效率的作用是缓慢且微弱的，正如斯蒂格利茨所说："技术与学习带来的进步在 18 世纪的经济中并没有发挥什么作用。"②

然而，当工业革命的成就蔓延开来以后，在实现工业化的国家中每年人均 GDP 新增数量的构成，除了由贸易与国际分工导致的制造业占比提升外，还增加了技术进步带来的劳动生产率或全要素生产率的提高。有数据表明，1830—1860 年英国的全要素生产率的增长率为 0.33%③，而 1820—1870 年的人均 GDP 年增长率为 1.26%④，此时技术进步的作用已经显现。罗斯托指出："这个因素是可以无限扩大的。由此看来，人类智慧的有组织的创造力已经成为一种生产力，足以补偿土地和自然资源的种种局限。因此，社会把自己组织起来开发技术的宝藏与资源，摆脱了李嘉图的'土地报酬递减论'和'马尔萨斯人口

① 《马克思恩格斯文集》（第一卷），北京：人民出版社，2009 年，第 82 页。

② ［美］约瑟夫·斯蒂格利茨：《美国真相：民众、政府和市场势力的失衡和再平衡》，刘斌等译，北京：机械工业出版社，2020 年，第 8 页。

③ Antràs, p. and Voth, H.j., Factor Prices and Productivity Growth During the British Industrial Revolution, *Explorationsin Economic History*, 2003,40(1), pp.52-77.

④ ［英］安格斯·麦迪森：《世界经济千年统计》，伍晓鹰、施发启译，北京：北京大学出版社，2009 年，第 272 页。

论'的幽灵。"①工业革命开启了现代化经济的步伐，克服了人口负反馈效应，在这个过程中，生产力提高的效果使欧洲跨越"马尔萨斯陷阱"，经济增长的速度"跑赢"了人口增长的速度。②这一突破标志着人类经济进入了一个新的阶段，也使得欧洲人的生命不再是托马斯·霍布斯口中的"肮脏、野蛮和短暂"。1800年后，人们的预期寿命已翻了1倍多，最发达地区的人均收入提高到过去的20倍，全球平均收入也提升了14倍。工业革命从根本上改变了人类的生活体验。人类历史上第一次看到，技术进步带来长期生活水准的提高。③

六、现代经济学的诞生

（一）国富国穷："西方兴起"与亚当·斯密学说

现代化的关键在于科学技术的发展。正是因为科技的不断变革和创新，现代化经济才得以突破"马尔萨斯陷阱"。自工业革命以来，技术进步驱动了生产力的持续增长，在富裕经济体内，物质福祉提升到了无法想象的境界，马尔萨斯的"魔咒"无疑被打破了。不过，现代化经济还有一个不寻常的特征：相比1800年以前，现代化进程中，富裕国家迅速积累财富和技

---

① ［美］W.W.罗斯托：《这一切是怎么开始的：现代经济的起源》，黄其祥、纪坚博译，北京：商务印书馆，2014年，第5~6页。
② ［美］乔尔·莫克尔：《启蒙经济：英国经济史新论》，曾鑫、熊跃根译，北京：中信出版社，2020年，第1~2页。
③ ［英］邓肯·韦尔登：《英国经济史：200年的繁荣与衰退》，曾敏之译，北京：中国科学技术出版社，2023年，第14页。

术，而穷国则陷入落后境地。工业革命后，最富裕的国家可以说是站在高峰上睥睨最贫穷的国家。①这也正是"西方兴起"传统叙事的核心内容，旨在解释为何现代世界烙上了欧洲的印记。如果说西方的崛起在 18 世纪处于"进行时"，那么到 19 世纪，这一过程已经进入了"完成时"。随着工业革命的开展，一套为"西方兴起"提供支持的理论学说应运而生。②正如唯物史观所强调的，任何理论都是根植于一定物质利益需要，在观念领域反映出来的历史产物。经济学理论同样如此，它是对经济现实的一种逻辑化解释，真实世界的变化推动着理论变化。③因此，现代经济学的诞生与西方的现代化进程密切相关。随着西方现代化的推进，现代经济学理论逐渐演变为解释、分析和推动经济发展的重要工具，最终形成了完整的经济学体系。

在中世纪的欧洲，那些研究所谓经济事务的学者，主要是从基督教道德框架的角度来看待经济问题。他们对高利贷者口诛笔伐，基于公平交易与公正价格的原则阐述其立场。金钱被视为"必要之恶"，中世纪学者们热衷于设计各种方法来限制金钱对人性的腐蚀。进入 17 世纪，经院哲学派的传统逐渐瓦解，几乎没有来自教会的经济学著作。这一时期的作品更多基于经验而非经文，呈现的是贸易数据而非圣经教义。马克思指出："真正的现代经济科学，只是当理论研究从流通过程转向生产过

---

① ［英］格里高利·克拉克：《告别施舍：世界经济简史》，洪世民译，桂林：广西师范大学出版社，2020 年，第 164 页。
② 周文：《国家何以兴衰：历史与世界视野中的中国道路》，北京：中国人民大学出版社，2021 年，第 361~363 页。
③ 周文：《经济学中国时代》，上海：上海人民出版社，2019 年，第 2 页。

程的时候才开始。"①根据这种判断，英国的威廉·配第和法国的布阿吉尔贝尔成为英法古典政治经济学的创始人。在他们那里，经济分析已进入资本主义生产的领域，已去探讨价值或财富在生产上的原因，以及剩余价值具体形式（比如地租）的起源。②世俗事务逐渐取代道德关切，学者们不再拘泥于公正价格和公平交易的观念，取而代之的是关于贸易平衡的论文，取代了早先针对掠夺性借贷的布道。他们的关注点将国家、王室与联邦的需求置于争论的核心。这标志着经济思维的一次巨变，并对其发展轨迹产生了持久影响。中心议题得以确立，问题空间也从公平问题转向了国家发展的讨论。③

　　在西方经济学的发展史上，亚当·斯密被视为现代经济学的奠基人，他的学说正是由对"国富国穷"的关注而生发。之前，西方世界占主导的经济思想是重商主义，以及 18 世纪法国的重农主义。"重商主义"一词最早由亚当·斯密赋予其特定含义。④他创造这一术语，旨在解释国家干预经济的现象。这种干预主要表现为国家扶持制造业，采取贸易限制手段追求贵金属净流入，并在殖民扩张的争夺中发动野蛮战争。由此，西方部分国家率先完成了资本的原始积累，为工业革命的到来扫清了

---

　　①《马克思恩格斯文集》（第七卷），北京：人民出版社，2009 年，第 376 页。

　　②姚开建、杨玉生、顾海良：《新编经济思想史（第二卷）：古典政治经济学的产生》，北京：经济科学出版社，2016 年，第 4 页。

　　③［英］埃米莉·埃里克松：《贸易与国家：企业与政治如何重塑经济思想》，寿慧生译，上海：上海人民出版社，2022 年。

　　④［英］马克·布劳格：《经济理论的回顾》，姚开建译校，北京：中国人民大学出版社，2018 年，第 1 页。

部分障碍，同时建立起由西方主导的全球体系。在某些方面，斯密时代的英国仍然是一个典型的重商主义帝国，但自由放任的经济思想已经逐渐兴起。复杂的是，斯密在其经典著作《国富论》中，对英国实行的《航海法令》等重商主义政策持赞赏态度，因为他认为国防远比财富更为重要，而重商主义政策有效巩固了英国的国防。此外，斯密还特别引用托马斯·孟的著作，称其为"迈向更加健全观点的一大步"。这一双重立场引发了李斯特的质疑，他指出以斯密为代表的英国在通过重商主义实现富强后，却告诫落后国家重商主义无用，仿佛一个人借助梯子爬上高处后，又将梯子踢开，令后来者无法登高。①

经济思想史告诉我们，亚当·斯密说了英国应当怎么做，却没有一种理论能告诉我们英国到底是怎么做的，而后者恰恰与斯密的建议大大不同。②流行的观点认为，亚当·斯密只强调市场这只"看不见的手"，而强烈反对国家干预。今天的西方主流经济学家们认为，《国富论》是自由市场经济的基础③，并把它奉为圭臬。其实，这是对斯密极大的误读。"看不见的手"在亚当·斯密多达50万字的《国富论》巨著中仅出现了一次，而且不是作为一个经济学的系统理论出现的，这并不代表斯密赞同只要这只"看不见的手"发挥作用就够了。如果认真仔细阅读斯密的著作就会发现，他最关注的是秩序、好政府与个人自

①［德］古斯塔夫·冯·施穆勒：《重商主义制度及其历史意义》，严鹏译注，上海：东方出版中心，2023年，第3~4页。

②［美］埃里克·S.赖纳特：《富国为什么富 穷国为什么穷》，杨虎涛等译，北京：中国人民大学出版社，2013年，第10页。

③［美］道格拉斯·多德：《资本主义及其经济学：一种批判的历史》，熊婴译，南京：江苏人民出版社，2013年，第23页。

由安全。斯密并不反对国家对贸易的管制，他反对的是以穷人为代价使富人受益的贸易管制。《国富论》就是"他试图将对穷人和被剥夺者的利益追求与市场经济和精心选择的国家干预相结合的尝试"①。即使最坚定的斯密学派也不得不承认，英国和其他欧洲国家在 19 世纪的经济发展同万能的自由经济毫无关系，换句话说，有效国家才是斯密政治经济学的基本前提，而并非自由放任。只有在有效国家的保障下，市场才能运作；没有一个有效国家，市场主体根本无法正常运作。

正如亚当·斯密在批评重农学派时直言："如果一国没有享受完全自由及完全正义，即无繁荣的可能，那世界上就没有一国能繁荣了。"②其实，亚当·斯密对政府的主张，更接近今天的"有为政府"的理论，在《国富论》中，亚当·斯密明确提出了两个不同的目标：第一，给人民提供充足的收入或生计，或者更确切地说，使人民能给自己提供这样的收入或生计；第二，给国家或社会提供充足的收入，使公务得以运行。总之，其目的在于富国裕民，而这需要市场与政府相互配合。结合《道德情操论》，可看出亚当·斯密明确了这一观点。《道德情操论》的第一篇论行为的合宜性，第二篇论功劳与过失，斯密在其中也强调高效的市场需要优秀的政府。"有什么政府机构能像智慧和美德的盛行那样极大地增进人类的幸福呢？所有政府都只不过是对智慧和美德的不足起一种不完善的补救作用。因此，

---

① ［英］埃米莉·埃里克松：《贸易与国家：企业与政治如何重塑经济思想》，寿慧生译，上海：上海人民出版社，2022 年，第 23 页。
② ［英］亚当·斯密：《国民财富的性质和原因的研究》（下卷），郭大力、王亚南译，北京：商务印书馆，1974 年，第 246 页。

国民政府因其效用而具有一切美，在很大程度上都必定属于智慧和美德。"[1]自由主义主流经济学可能出于无知或者无意识的故意，强行把自由市场的言论往亚当·斯密头上安，有点"拉大旗作虎皮"的架势。为了实现真正的高效和自由，市场需要自主也需要监管，这恐怕才是斯密的本意。

（二）危险的幻觉：西方现代经济学的谬误

正如凯恩斯所说："经济学家以及政治哲学家之思想，无论是正确的还是错误的，其力量之大往往出乎常人意料。"[2]严格来讲，今天的现代经济学可以看作是围绕西方现代化建立的一套知识体系。然而，这个体系也存在问题。它的碎片化和"西方中心论"的影响，使得许多发展中国家难以借鉴，"生搬硬套"往往导致后发国家陷入中等收入陷阱，无法更好地实现经济增长和现代化。例如，罗斯托选择了英国作为其国民经济发展顺序的通用范本。不可否认，英国的经济进步曾经是现代经济增长的典型案例，但其中总是有着重要的国家主体性特质，不能将英国的经验视作所有发展中国家共同遵循的僵化模板。[3]奥尔森也表达了同样的看法：标准的市场理论缺失了一个不可或缺的部分，就像一个精美的凳子只有两条腿一样。这个理论之凳的第三条腿之所以缺失，原因在于经济学说大部分是在相对较成功的经济环境中出现和发展起来的。它同工业革命起步

---

① ［英］亚当·斯密：《道德情操论》，余涌译，北京：中国社会科学出版社，2003 年，第 206 页。

② ［英］凯恩斯：《就业、利息和货币通论》，高鸿业译，北京：商务印书馆，1999 年，第 396~397 页。

③ ［加］瓦茨拉夫·斯米尔：《增长：从细菌到帝国》，李竹译，北京：民主与建设出版社，2024 年，第 447~448 页。

于同一时间和地点——亚当·斯密的《国富论》发表于 1776 年的英国，这一领域的几乎所有进步都发生在西欧和北美这些高度发达的经济体中。经济理论得以发展的所有社会均有一个共同特征，而这个共同特征通常被当作理所当然的。①

经济学研究的学术中心随着世界经济中心的转移而不断变化。这一演变反映了经济实力的转移，也与社会和政治变革密切相关。现代经济学是以资本主义生产方式确立后的资产阶级的意识形态出现的。②在西方现代化进程中，随着英法两国资产阶级政权的确立，资本主义的矛盾日益暴露，政治和经济利益斗争加剧，在经济学理论上显现出更加鲜明且带有威胁性的形式。资产阶级经济学逐渐从科学探讨变为对既有经济秩序的辩护，正是在这种背景下，马克思指出，资产阶级经济学发生了转变，"作为科学已走完了它的道路"③。由此，自经济学成为一门完整体系学科以来，学术中心经历了两次大的变迁。④第一次是英国时代：从工业革命到第一次世界大战，英国作为世界上最强大的国家，成为全球经济的中心，这也使得英国成为当时经济学研究的核心。经济学在此阶段高度关注工业化、贸易与资本积累等主题，反映了英国的经济利益和主导地位。第二次变迁发生在 19 世纪末到 20 世纪初，美国逐渐取代英国成为

---

① ［美］曼瑟·奥尔森：《权力与繁荣》，苏长和等译，上海：上海人民出版社，2018 年，第 181 页。

② 陈岱孙：《从古典经济学派到马克思——若干主要学说发展论略》，北京：商务印书馆，2017 年，第 2 页。

③《马克思恩格斯全集》（第三十五卷），北京：人民出版社，2013 年，第 362 页。

④ 周文：《经济学中国时代》，上海：上海人民出版社，2019 年，第 2 页。

世界经济的主导力量，标志着经济学进入了"美国时代"。美国的崛起带来了对市场化、资本主义和自由贸易的进一步强化，这些观念逐渐成为全球经济学研究的重要内容。

就理论本身，每个国家都有每个国家的国情，一种理论反映了一个模式。正如当初亚当·斯密的经济理论首先是面向英国人和英国经济问题，让·巴蒂斯特·萨伊的经济理论首先是面向法国人和法国经济问题，弗里德里斯·李斯特的经济理论首先是面向德国人和德国经济问题，约翰·贝茨·克拉克的经济理论首先是面向美国人和美国经济问题那样。因此，后发现代化国家的经济学应该来源于本国的实践经验，指导本国的实践，并解决本国的问题。[①]反面教训殷鉴不远，20世纪70年代末、80年代初以"撒切尔主义"和"里根经济学"的名义将新自由主义推上英美两国主流经济学的宝座。随着后来的"华盛顿共识"的出笼，西方国家企图用新自由主义理论改造全世界，以达到"不战而胜"的目的。基于此，福山甚至宣称这将是"历史的终结"。现在回头看，正是由于推崇新自由主义，拉美经历了"失去的10年"，亚洲爆发金融危机，非洲经济增长大幅下降，美国遭遇次贷危机，欧洲至今仍未完全摆脱债务危机的影响。俄罗斯更是对推行新自由主义有着"刻骨铭心"的教训和体会。时至今日，很多经历过那个时期的俄罗斯人仍对这种西式经济理论心有余悸。由此可以清晰地暴露出新自由主义

---

① 周文：《中国特色社会主义政治经济学与经济学中国时代》，济南：济南出版社，2019年，第201页。

给全世界带来的灾难性后果。[1]

西方现代经济学在应对危机问题上，既无法预见，也不能有效解决。实际上其面临两个核心问题：第一，在表面上、形式上过度追求科学性；第二，在工具上过度追求完美性和客观性。正因为如此，所谓"主流经济学"看似逻辑周密、无懈可击，但实际上是无法解决现实中的问题，过分依赖技术分析，缺乏历史和制度的维度，导致其分析框架形成了固有的局限性。它无法有效回应发展与改革的迫切需要。更为严重的是，西方现代经济学给后发现代化国家带来了巨大的弊端。"现代化"之复杂和难得，就好比谚语中的骆驼穿过针眼，[2]基于西方国家在"血与火"的历史中实现现代化的经验，创建出来的理论模型，并不适用于起步较晚并快速走向现代化的国家，根本不足以应对后发现代化国家所面临的复杂现实。[3]历史往往有惊人的相似，类似的故事相继出现。为什么被奉为圭臬的新自由主义会屡屡失灵？因为长期以来西方中心主义主导了现代化理论，西方模式成为现代化的样本，从而复制西方经验被认为是现代化的必然选择。然而，当新自由主义演变成改革方案在发展中国家实践和推行时，对发达国家路径依赖的危害性暴露无遗。经济衰退，社会动荡，最终落入发展的"陷阱"。

---

① 周文：《经济学中国时代》，上海：上海人民出版社，2019 年，第 180~181 页。

② ［英］艾伦·麦克法兰：《现代世界的诞生》，上海：上海人民出版社，2013 年，第 354 页。

③ 周文：《中国特色社会主义政治经济学与经济学中国时代》，济南：济南出版社，2019 年，第 181 页。

小结

现代化首要的特征是生产力的极大发展，即同一劳动量能够生产出更多的使用价值。1835 年，托克维尔在发表了他关于美国社会的精辟分析之后，来到了曼彻斯特。他这样描述这个世间罕见的城市所具有的双重面目："人类工业最汹涌的污水从这条肮脏的排水沟中流出，使整个世界变得富饶。纯金也从这条污秽的下水道流出。在这里，人类获得了前所未有的发展和无以复加的粗野，在这里，正上演着文明的奇迹：文明人又变回了野蛮人。"[①]随着技术革新的进行，工业革命成为一次生产制度、基础设施和社会观念的全方位变革。英国工业革命不仅极大地改变了英国，由此带来的现代化浪潮也推动了世界面貌转变，对人类文明发展产生了深远影响。自工业革命以来，现代工业、科学和技术革命的推动力呼唤出社会劳动中蕴藏的庞大生产力，由此引发生产方式的根本变革。

当然，要实现连续的扩张就需要不止蒸汽机等几个闪光的创新，就像经济学家内森·罗森堡所注意到的那样，"如果没有其他部分绩效的同时提高，（系统中）某一部分绩效改进的意义就比较有限了"。真正改变了欧洲乃至后来

---

① 转引自［英］艾瑞克·霍布斯鲍姆：《革命的年代：1789—1848》，王章辉译，北京：中信出版社，2014 年，第 73 页。

的全世界现代化进程的，是长期不断扩大而且相互关联的革新。[①]"资产阶级在它已经取得了统治的地方把一切封建的、宗法的和田园诗般的关系都破坏了。"[②]从封建庄园城堡、手工工场到工厂制诞生，从乡村到城市，与之相适应的资本主义经济制度从不成熟到较为成熟的动态发展过程中的结构特征，是观察现代化经济形态成长的一个重要窗口。[③]伴随着现代化进程，经济理论也经历了重要的转型和发展。正如经济史学家阿博特·厄什所描述的，工业革命带来的"连续涌现的新奇事物"不仅改变了经济实践，也推动了现代经济学的诞生。由此，西方现代化兴起的"最后一块拼图"被放入了历史应有的位置。

① 转引自［美］杰克·戈德斯通：《为什么是欧洲？世界史视角下的西方崛起（1500—1850）》，关永强译，杭州：浙江大学出版社，2010年，第151页。

②《马克思恩格斯文集》（第二卷），北京：人民出版社，2009年，第33~34页。

③ 沈汉：《洞察资本主义经济形态成长的一扇窗口——论工商业经济组织的历史》，《世界历史》，2013年第4期。

第三章
现代化的测度、
杠杆与特征

现代化是人类文明进步的动力与标尺。如果没有现代化指标，就不知现代化进步有多大。如果没有现代化评价，就不知现代化水平有多高。[1]对现代化的测度不仅是判断一国发展的坐标，更可以勾勒出跨时空竞赛中的文明兴衰。而这种盛衰成败的分野，并非像海明威所说的那样在于"富国比穷国的钱更多"，而在于"富国为了生产性目的控制和利用大自然和人员的能力更为高超"[2]。换言之，撬动现代化的杠杆在于生产力，其先进或落后为文明史留下了繁荣或停滞的轨迹。从生产力变迁来理解现代化，有助于解答文明发展的疑问——究竟是什么原因使得中国和西方世界在 15 世纪以后的经济发展历程上，呈现两条截然不同的道路？与此同时，现代化是充满张力的世界历史进程，起源于西方的现代化，在带来工业化、城市化、理性化、民主化的同时，也不断制造着包括资本逻辑主导、物质过度膨胀、自由主义泛滥以及西方中心主义在内的"现代化悖论"。

① 何传启主编：《中国现代化报告 2020——世界现代化的度量衡》，北京：北京大学出版社，2020 年，第 1 页。
② ［美］乔尔·莫基尔：《富裕的杠杆：技术革新与经济进步》，陈小白译，北京：华夏出版社，2008 年，第 1 页。

一、现代化的测度

（一）衡量进步的标尺：现代化水平如何反映

现代化的"进步"——这个卓越与文明的代名词，不应只停留在西方思想家"共同的进取精神和优人一等的气势"[①]高呼的感性层面，西方现代化带给人们的深切变化，即欧洲强国和其他国家，工业国家与农业国家之间的显著性差异，能否用一定的标准进行衡量？对这个问题的追问，催生现代化指标的出现。简言之，现代化指标是反映现代化水平、特征与状态的重要衡量工具。现代化指标体系基于现代化理论而构建，是一个具有系统性结构的指标集合，可从统计指标、发展指标和调查指标等数据来源中遴选，具备国际可比性、理论基础及相应的政策含义。历史经验表明，现代化既具共性又具个性，既具有规律性又体现多样性，既存在国别差异又呈现时代差异。其中，共性与规律性构成了建立国际度量和标准的基础，而个性与多样性则成为设立国家度量和标准的依据。[②]早在 20 世纪 60 年代欧美的"社会指标运动"推动了社会科学的定量化进程。在这一过程中，现代化指标的研究逐步增加，先后产生了以下经典的现代化评价模型：

---

① ［西］胡里奥·克雷斯波·麦克伦南：《欧洲：欧洲文明如何塑造现代世界》，黄锦桂译，北京：中信出版社，2020 年，第 192 页。

② 何传启主编：《中国现代化报告 2020——世界现代化的度量衡》，北京：北京大学出版社，2020 年，第 6~10 页。

其一，箱根模型。日本箱根会议（1960）的与会学者围绕经典现代化的八项评价标准达成一致，包括城市化、能源的非生命化、经济的商品化与社会的服务化等。[1]尽管箱根模型的标准较为笼统，应用成效有限，但它激励了更多学者从定量角度关注现代化的评价与动态比较。其二，列维模型。美国社会学家列维（1962）通过比较现代化社会与非现代化社会的特征，归纳出准现代化社会的八个特征。[2]列维模型作为一种定性评价模式，未提供定量测量现代化的具体方法。其三，布莱克模型。普林斯顿大学国际经济研究中心的布莱克（1966）提出，通过人均 GNP、能源消费、劳动就业比例、教育和健康状况等 10 个指标，区分前现代化社会与高度现代化社会，以反映现代化所带来的经济与社会的跃迁。[3]然而因评价标准相对粗略，未能成为衡量现代化进程的有效工具。其四，英克尔斯模型。美国斯坦福大学社会学教授英克尔斯（1983）认为，人在现代化进程中是基础因素，人的现代化是政治、经济和社会现代化的前提。[4]20 世纪 80 年代，英克尔斯基于其"现代人"模型，提出了现代化的 11 项评价标准，涵盖经济发展、城市化水平和人的生活质量三个维度，用以区分传统国家与现代化国家。该模型

① 《中国现代化进程监测系统研究》课题组：《中国现代化进程监测系统研究》，《统计研究》，2003 年第 5 期。

② ［美］M. 列维：《现代化与社会结构》，转引自谢传启、孙立平主编：《二十世纪西方现代化理论文选》，上海：上海三联书店，2002 年，第 102 页。

③ ［美］C.E. 布莱克：《现代化的动力》，段小光译，成都：四川人民出版社，1988 年。

④ ［美］英克尔斯：《人的现代化》，殷陆君译，成都：四川人民出版社，1985 年。

建立了指标体系，但缺乏具体的评价方法。

现代化评价模型层出不穷，不断丰富着对各国现代化水平的定量评估。[1]国际上，人类发展指数（HDI）由联合国开发计划署在《人文发展报告》中提出，以预期寿命、教育水平和生活质量为核心，旨在衡量人类社会发展的整体水平。联合国幸福指数则源自《世界幸福指数报告》，包含九大领域——时间、环境、管理、教育、健康、生活水平等，涵盖30余个细分项来测算全球幸福指数的高低。瑞士洛桑国际管理学院发布的《世界竞争力年鉴》提出了"世界竞争力年鉴报告指数"，从经济、政治、社会、文化、国际关系等领域中的300多项指标出发，构建出评价国家竞争力的综合体系。此外，世界经济论坛在《全球竞争力报告》中提出的"全球竞争力报告指数"，通过环境、人力资本、市场和创新生态系统四个维度，对国家竞争力进行多层面的综合评估。在国内现代化评价研究中，最具代表性的成果当属中国科学院何传启研究团队于2020年构建的现代化评价指标体系。其指标体系涵盖经济、社会、政治、文化、环境和个人生活六大领域，设有100项现代化评价指标。研究团队对2000年以来全球人口超过100万且数据完备的131个国家的现代化发展水平进行了系统的量化评估。[2]

正如美国经济史学家伊莱·库克所说："为进步定价和经济指标的发展不是偶然的，也不是从天而降的，它们是历史的产

---

[1] 田应奎、陈星宇：《中国式现代化研究的核心要义及深化中的问题》，《理论视野》，2023年第12期。
[2] 何传启主编：《中国现代化报告2020——世界现代化的度量衡》，北京：北京大学出版社，2020年，第2页。

物。"①实际上，用指标衡量现代化的思路，也得益于"历史计量学"的启发。其奠基人罗伯特·W.福格尔，通过计量方法和统计工具去分析历史中的经济发展和社会变迁，展示了用数据理解历史的可能性。他在 1964 年出版的《铁路与美国经济增长》一书中②，探索了通过方程量化铁轨需求、用回归分析解释区域产量与全国产量的关系，并通过抽样等统计手段描绘当时社会经济结构的方式，揭示了数据在捕捉历史动态中的潜力。尽管彼时的计量方法相对简陋，福格尔的模型尚有诸多可商榷之处，但他对统计和计量的重视已经可见一斑。不仅如此，福格尔在研究中并未放弃对基本数学工具的使用，诸如百分比计算、平均数和指数等，皆成为其分析手段。③正是基于数据和理论的结合，福格尔提出了与传统经济史研究者不同的观点。作为一名经济史学家，他更多地显示了其经济学家的一面，而不像传统的经济史学家那样更类似于一个历史学家。④历史计量学基于数据的分析不仅带来新的历史理解，也为更科学、直观地呈现复杂的现代化进程提供了有益借鉴。

霍布斯鲍姆评价道："从历史计量学迫使历史学家清晰地思考，以及作为废话检测器的这个角度而言，它发挥了难能可贵

---

① ［美］伊莱·库克：《为进步定价：美国经济指标演变简史》，魏陆、罗楠译，上海：格致出版社，2023 年，第 9 页。

② FOGEL, R. W., *Railroads and American Economic Growth: Essays in Econometric History*, John Hopkins University Press,1964.

③ 隋福民：《新经济史革命：计量学派与新制度学派》，桂林：广西师范大学出版社，2024 年，第 103 页。

④ 隋福民：《新经济史革命：计量学派与新制度学派》，桂林：广西师范大学出版社，2024 年，第 135 页。

的作用。"①对于用数据衡量进步或社会发展的指数，有关的意见比较一致。其优点在于，为复杂社会类型的研究背景提供了一套可行的比较方案，使得跨区域、跨文化的研究具有更广泛的适用性。同时，此类指数的局限性也十分明显。涉及人类发展层次的测量指数，所要衡量的对象往往由异质性个体构成，变量的复杂性极高，有限的指标难以完全囊括测量主体的多样性。②当然，无论具体指标具备何种优缺点，最具解释力并能够经得起检验的社会发展衡量标准，必须整合多重元素，即需形成一个复合指标体系。③美国历史学家伊恩·莫里斯在其著作《西方将主宰多久》及续作《文明的度量》中尝试实现这一目标，他认为西方缘何一度主宰世界的问题"实际上是关于社会发展的问题。这里的社会发展是指社会达成目标的能力，即社会通过影响物理、经济、社会、智力等环境以达到相应目标"④。并在书中针对西方与东方分别计算了社会发展指数，依据历史进程划分发展前沿的地理迁移路径：西方的发展脉络从西南亚的美索不达米亚逐步向地中海、欧洲扩展，最终达至北美；而东方文明则源起于黄河流域，继而扩展至东亚和东南亚。

　　莫里斯将其社会发展指数视为"衡量某个共同体在世界上

①［英］埃里克·霍布斯鲍姆：《史学家：历史神话的终结者》，马俊亚、郭英剑译，上海：上海人民出版社，2002年，第128页。

② 李晶、庄连平：《HDI是测度人类发展程度的可靠指数吗》，《统计研究》，2008年第10期。

③［加］瓦茨拉夫·斯米尔：《增长：从细菌到帝国》，李竹译，北京：民主与建设出版社，2024年，第479页。

④［美］伊恩·莫里斯：《西方将主宰多久：东方为什么会落后，西方为什么能崛起》，钱峰译，北京：中信出版社，2014年，第27页。

完成事情的能力的一种标准"。为此，他选取了四个特征参数[①]：①能量获取能力，衡量平均每人每日能够获得的能量，包括食物、燃料等，反映共同体维持生活和生产的基本生存能力及其对资源的开发利用水平。莫里斯以人均卡路里消耗量为标准来度量。②社会组织能力，衡量政治结构、等级制度和治理体系的复杂性，反映共同体协调复杂事务、组织人力资源的能力。莫里斯使用城市化数据，主要是以社会中最大永久定居地的人口规模，作为对社会组织的大致的间接度量。③战争动员能力，衡量在军事方面的动员和组织能力，包括军队规模、武器装备等，反映共同体保护自己或扩张势力的能力。莫里斯以工业化前后的不同历史阶段社会可调动的破坏力来衡量。④信息技术能力，即衡量共同体处理并传递大量信息的能力，包括文字、印刷、现代通信技术等。莫里斯以技术的进步及信息手段的速度和范围来度量。按照上述规则，自公元前14000年开始，每1000年对各项指标进行一次测算，自公元前1500年起则改为每100年一次，莫里斯逐项计算具体得分，并汇总出4项指标的综合得分。

通过对社会发展指数的测算，莫里斯得出了一些耐人寻味的结论：在1500至1800年，东方的社会发展指数上升了25%，而西方的增长速度则是其两倍。1776年（或合理误差范围内的大约1750至1800年）之前，西方的社会发展一直较为缓慢，其指数提高幅度并不显著。然而，接下来的100年间，西方的

[①] ［美］伊恩·莫里斯：《西方将主宰多久：东方为什么会落后，西方为什么能崛起》，钱峰译，北京：中信出版社，2014年，第77~80、417~428页。

指数却提升了 100 分，进步之迅猛令人难以置信，世界格局因此发生了翻天覆地的转变。莫里斯指出，当社会发展指数达到 24 分时，会出现一个较为稳定的上限，而在 43 分时则有一个更为严格的"硬上限"。公元前 1200 年之后，西方社会的发展在这个硬上限停滞甚至崩溃；类似地，1 世纪西方达到这一上限后经历了衰退，而大约 1000 年后东方社会也面临同样的停滞。这个 43 分的上限对农业帝国的发展形成了严格制约：当时，动力源仍主要依赖人力和畜力，识字率不过 10%～15%，城市和军队人数不超过百万，社会发展指数难以突破。然而，18 世纪的工业革命使西方人超越了这些限制，推动了能源获取与战争动员能力的急剧提升，社会发展指数随之进入了似乎看不到上限的"快车道"。也就是说，直至 1776 年时，东西方的实力仍然旗鼓相当，二者的发展分值也仅略高于 43 分的上限。但仅一个世纪之后，西方已由领先转为统治。①

对于构思精巧的社会发展指数，自然会有质疑其合理性的声音，毕竟量化历史趋势始终是一项艰巨的挑战。对此，莫里斯也承认了其方法的局限性："我反复提到估计和猜想这两个词，这是因为要建立社会发展指数就不得不提到它们……要问我在计算社会发展指数时所得出的分值是否有误，这是毫无意义的，因为肯定有错误。真正的问题是：这些错误是大还是小？"②莫里斯认为，估算中可能出现的误差应低于 10%，绝不

① ［美］伊恩·莫里斯：《西方将主宰多久：东方为什么会落后，西方为什么能崛起》，钱峰译，北京：中信出版社，2014 年，第 327~330 页。

② ［美］伊恩·莫里斯：《西方将主宰多久：东方为什么会落后，西方为什么能崛起》，钱峰译，北京：中信出版社，2014 年，第 428~429 页。

可能超过 20%。但即便如此，最终得出的数值仍然存在比他所承认的更大的谬误。这在"能量获取能力"指标上尤为突出，其在 1800 年以前对社会发展指数的贡献超过了 80%。莫里斯根据人类学家莱斯利·怀特提出的简化框架（C=E×T，其中 C 代表文化，E 代表能源，T 代表技术）来估算能量获取能力，并细化出其他 3 个指标。然而，怀特显然高估了西方在 19 世纪之前的能量消耗水平。受此影响，莫里斯将 100 年的人均日能量消耗定为 31000 千卡，即每年约 47 吉焦；相比之下，2000 年全球人均年能量消耗尚不足 65 吉焦。[①]这表明历经 19 个世纪，人均能量消耗增幅不足 40%，年均增长率仅为 0.07%，显然有违常理，使莫里斯最核心的指标疑云重重。

　　同时，社会发展指数要追溯到 1.7 万年前的历史数据，变量的可用性与可靠性难免存在缺陷。虽然大部分数据基于与史实或其他历史时期数据的线索"比较推导"而来，但莫里斯却过多依赖估算和猜测，年代越久远，随意性越显突出。尤其在战争能力与信息技术两项指标上，18 世纪之前的分数几乎完全依赖推测与推论，数据处理上带有较大的主观色彩。实质上，莫里斯的研究表面上试图脱离文化决定论，意图通过社会发展的结果性测量来解释西方何以主宰世界。然而，非客观指标的构建，对于"为什么选取这些，不选取那些"的回答，本身就蕴含了价值判断。从社会发展指数的内容来看，对东西方差异最具解释力的变量恰为战争能力与信息技术，而这两项又直接受

---

　　① ［加］瓦茨拉夫·斯米尔：《增长：从细菌到帝国》，李竹译，北京：民主与建设出版社，2024 年，第 480 页。

制于技术水平，使得莫里斯的解释自然地将西方领先的原因归因于自然科学的进步。而对于自然科学为何在西方率先发展的深层原因，仅从能量获取角度显然难以充分解释，绕不开文化因素的影响。莫里斯的解释在内核上依然带有文化决定论的特征，其底层逻辑又回到了一种"西方中心论"解释科学革命较为客观公正的"非西方中心论"视角。[①] 与传统文化决定论不同的是，莫里斯通过一套量化指标，将"文化"内涵以数值形式呈现，并在此基础上重新审视西方在近现代实现领先的起始时期。[②]

当然，尽管存在种种无法忽视的不足，莫里斯的贡献仍然是开创性的，他提出的社会发展指数也是多如繁星的现代化评价模型中极为耀眼的那一个。正如他自己指出，"定量分析并不一定使争论更加客观，但的确通常能使之更清晰，能促使争论各方讲清楚他们所使用的术语究竟是什么意思，阐明他们为什么要赋予这些差异不同的数值"[③]，度量文明的意义在于"让历史成为指南"。社会发展指数预示着未来数十年将成为人类历史上至关重要的时期。一方面，如果 19 世纪和 20 世纪的能量增长仅是短暂的幸运时刻，21 世纪的整体衰退则难以避免，成为发展举步维艰的时代；另一方面，如果工业革命只是更长远的能量革命的初步阶段，当前这个世纪则势必彻底改变人类社会

---

① 文一：《科学革命的密码——枪炮、战争与西方崛起之谜》，上海：东方出版中心，2021 年，第 6 页。

② 刘正英：《文明比较视野下的社会发展度量——兼评〈文明的度量——社会发展如何决定国家命运〉》，《社会发展研究》，2018 年第 2 期。

③ ［美］伊恩·莫里斯：《西方将主宰多久：东方为什么会落后，西方为什么能崛起》，钱峰译，北京：中信出版社，2014 年，第 5 页。

的面貌。①尽管社会发展指数无法明确预测未来的具体走向，但它为我们"理解和衡量进步"这个关键问题提供了重要视角。理查德·道金斯在他的经典著作《自私的基因》的开头推断："如若宇宙空间的高级生物莅临地球的话，为评估我们的文明水平，他们可能提出的第一个问题是：'他们发现了进化规律没有？'"②假如这样的事情当真发生了，那么，他们问的"进化"理应既包括生物进化，也包括社会进化。

（二）跨越时空的竞赛：现代化指标及其判定

《西方将主宰多久》的核心观点是：迄今为止的人类历史，是以西方文明和东方文明之间的"相互赶超"为主线展开的。实际上，东西方文明在历史长河中的"涨落"始终是现代化研究的核心议题，对于理解与把握世界现代化的趋势和水平具有重要意义。从经济发展的视角审视文明兴衰，基于相关标准进行分析，无疑增添了研究的可信度与说服力。而这一分析路径的开端，应从人类文明进步的现代化指标研究着手。就像莫里斯所说："制定社会发展指数是一种艺术。在最好的情况下，一个指数能够给我们一个大概、足够好的估计，使得指数设计者的假想显而易见。我已说过，长久以来我们无法解释西方为何统治世界的原因是，学者用不同的方式定义术语以及关注问题的不同方面。只要建立指数，就能帮助我们向前跨出一大步。那些批判本书的学者，即提出四大异议的人，应该想出自己的

---

① ［美］伊恩·莫里斯：《文明的度量：社会发展如何决定国家命运》，李阳译，北京：中信出版社，2014年，第264页。

② ［英］理查德·道金斯：《自私的基因》，卢允中等译，北京：中信出版社，2018年，第2页。

测量方式。也许到那个时候，我们能够看到一些真正的进步。"①各国的现代化是普遍性与特殊性的统一，为了在纵横比较中更好地把握现代化的判定标准，从共性的"最大公约数"出发选取现代化指标，或许是较为适宜的方法。

以往，现代化的概念常常与西方化相混淆，这是因为现代化的开端确实源于西方，且人们所见的"成功发展模式"多来自西方国家，追求现代化也往往被误解为必须走西方化的道路。然而，现代化并不等于西方化，现代化的路径并非唯一。构建一套能反映各国普遍共性的现代化指标，有助于从现代化评价的角度破解"现代化=西方化"的迷思。需要说明的是：由于现代化进程复杂且不平衡，现代化的测度指标也必须是动态且多元的。②如前所述，现代化本身就是一个历史的、不断发展的范畴，试图通过某一固定或精确的指标来测度长周期的现代化是不现实的。在这样的约束条件下，寻求具备广泛含义和较强关联性的测度指标，来反映现代化趋势和水平则是可行的方向。一般认为，经济发展既是现代化进步的一个基础方面，与政治、文化、社会等领域的发展也密切相关，因此在可供选择的现代化测度指标中占据综合性与基础性地位。基于此，我们选取了

---

① ［美］伊恩·莫里斯：《西方将主宰多久：东方为什么会落后，西方为什么能崛起》，钱峰译，北京：中信出版社，2014年，第77页。

② 参见刘元春、丁晓钦：《发展与超越——中国式现代化的核心问题与战略路径》，北京：中信出版社，2024年，第21页。在世界现代化历史进程中，不同国家的现代化也会呈现出不同状态、不同发展模式。例如，西欧、北美资本主义生产方式的西方现代化，苏联、东欧社会主义生产方式的东方现代化，东亚、拉美、非洲的被动依附型现代化，以及中国式现代化，都各具特色，不能一概而论。

人均 GDP 水平、工业化水平、电气化水平和城市化水平这四个关键指标，作为衡量现代化水平的标准，能够为评估不同国家的现代化进程提供相对客观的参照。

其一，人均 GDP 水平。鉴于现代经济的复杂性，唯有一个涵盖广泛内容的综合性指标方能充分反映其增长，现行广泛采用的指标即为 GDP。例如，安格斯·麦迪森在《世界经济千年史》中考察了欧洲近代化先驱国家和中世纪形态国家的经济数据，并得出结论：一个国家的人均 GDP 增长与否是一个国家是否进入现代化国家行列的标志性指标。[1]（其争议在于 GDP 数据的准确性）[2]从人均视角来看，经济现代化的衡量标准主要分为两种[3]：第一种是基于绝对标准。世界银行通过 Atlas 方法[4]计算各国人均国民总收入（GNI），并将全球国家划分为四类：低收入国家、中低收入国家、中高收入国家和高收入国家。[5]这里的收入组分类门槛值相对固定，因而可以视作绝对收入标准。第二种方法则基于相对标准。将美国人均 GDP 水平作为比较基

---

① ［英］安格斯·麦迪森：《世界经济千年史》，伍晓鹰等译，北京：北京大学出版社，2022 年。

② 金星晔、管汉晖、李稻葵等：《中国在世界经济中相对地位的演变（公元 1000—2017 年）——对麦迪逊估算的修正》，《经济研究》，2019 年第 7 期。

③ 胡鞍钢、张泽邦、周绍杰：《中国式现代化的整体性推进与区域性差异——历史进程回顾与 2035 年展望》，《社会科学辑刊》，2024 年第 6 期。

④ Atlas 方法通过平滑汇率和通货膨胀来计算各国 GDP，更稳定地反映实际经济状况。收入组门槛值会根据主要国家的汇率和通货膨胀定期调整，若忽略这些因素的变化，则该门槛值相对稳定。

⑤ 2023 年底，世界银行将中等收入国家定义为 GNI 在 1136 美元到 13845 美元之间的经济体。在这一分组中，各国又可分为中低收入国家（GNI 为 1136 美元至 4465 美元之间）和中高收入国家（GNI 为 4466 美元至 13845 美元）。

准，以美国人均 GDP 的 5%、20%、40% 作为门槛值，分为低收入、中低收入、中高收入和高收入四个组别。①通常，当一国人均 GDP 达到美国水平的 40%～60% 时，便可基本视为达到中等发达国家水平。正是由于 GDP 衡量经济发展的重要意义，其涨落总是会刺激人们会对它的预期水平，一个正在收缩，或是未能随着希望和梦想相应增长的国内生产总值数字，会迅速地加热社会的大锅，并且常常会到达沸点。②

关于 GDP 的统计工作最早可追溯至 20 世纪 30 年代，当时美国国会委托西蒙·库兹涅茨对美国国民收入进行估算。随后，凯恩斯为 GDP 划定了统计范围，这一方法后来成为 1944 年布雷顿森林协定中国际金融机构的关键工具，并首次在二战后蓬勃发展的经济体中得到广泛应用。③在探讨这一历史时，现代经济史学家主要关注 20 世纪的经济学家、统计学家、各类组织及决策者，正是他们发明、推广并将诸如 GDP 和居民消费价格指数（CPI）等经济指标制度化。除了 17 世纪威廉·配第《政治算术》的先驱尝试外，④GDP 统计与经济量化历史的重点仍在 20 世纪的发展。虽然这些历史进程的真实性毋庸置疑，但它们的叙述并不完整。经济指标的迅速崛起，其深远影响超越了 20

① 周绍杰、胡鞍钢：《中国跨越中等收入陷阱》，杭州：浙江人民出版社，2018 年，第 8~12 页。
② ［美］扎卡里·卡拉贝尔：《经济指标简史》，刘静译，北京联合出版公司，2018 年，第 42 页。
③ ［加］瓦茨拉夫·斯米尔：《增长：从细菌到帝国》，李竹译，北京：民主与建设出版社，2024 年，第 435~436 页。
④ ［英］威廉·配第：《政治算术》，陈冬野译，北京：商务印书馆，2014 年。

世纪宏观经济专业知识的范畴。[①]正如卡尔·波兰尼所言，在库兹涅茨开始估算美国 20 世纪 30 年代的年收入之前，现代资本主义和工业革命所引发的"巨大转变"已促使人们"以一种神秘的意愿随时准备接受经济进步的社会后果，不论这些后果可能是什么"，并且深信"无限增加财富的空头语言"[②]。GDP 代表的以增加生产和商品的数量来度量社会进步与人类福祉的观念，已成为现代资本主义的理念基石之一。

通过国内生产总值的增长率来判断经济表现究竟是令人满意还是令人失望，始终是个棘手的难题。从一开始，GDP 就被限定于其所能测量的范围。其设计目的是为评估国家繁荣，设计者也明白，许多经济生活的要素未能被充分反映，例如家务劳动、业余爱好，或仅按产出量计算而忽略产出性质。美国第十三任联邦储备委员会主席艾伦·格林斯潘曾指出，若美国南部各州为抵御酷暑大量购买空调，GDP 会因此上升，但这并未体现这些地区的生活质量。库兹涅茨等人深知，经济指标的局限性影响深远，也一再强调"国家的福利很难通过国民收入统计来加以推断"[③]。然而，当这些数字成了政策和媒体的基准，对其应有的清醒判断却往往被忽视。[④]如今，许多人支持在

---

① ［美］伊莱·库克：《为进步定价：美国经济指标演变简史》，魏陆、罗楠译，上海：格致出版社，2023 年，第 9 页。

② ［英］卡尔·波兰尼：《巨变：当代政治与经济的起源》，黄树民译，北京：社会科学文献出版社，2013 年，第 95~96、170 页。

③ ［美］罗伯特·威廉·福格尔：《政治算术：西蒙·库兹涅茨与经济学的实证传统》，胡永健译，北京：机械工业出版社，2015 年，第 182 页。

④ ［美］扎卡里·卡拉贝尔：《经济指标简史》，刘静译，北京联合出版公司，2018 年，第 61 页。

GDP 中纳入环境、健康和福祉等指标。尽管一些替代方案能带来更全面的视角，但 GDP 作为评估国民经济成就和经济增长率的指标地位十分稳固，迄今尚无后来者可动摇。英国经济学家达德利·西尔斯指出，衡量体系往往反映设计者的动机，这一见解非常精辟。回顾 GDP 为何成为主流，其初衷主要服务于强国的利益。二战后，经济合作与发展组织的前身引入 GDP 核算体系，以证明马歇尔计划的援助对受援国经济发展有实际作用。因此，GDP 体系并非为发展中国家设计，但它们只能被动接受。①

其二，工业化水平。一般来说，当工人数量和工业生产在整体经济中超过农民和农业的比重，就可以视为工业化的标志。现代化自其起源起便与工业化紧密相连，现代化经济增长的萌芽正是在后来被称为"工业化世界"的地区逐步形成的，工业化使人类的物质生活大为改观，尽管这个成果原本未曾预见到，但至少绝大多数经济学家都将它视为绝对的幸事。②究其实质，英国经济学家科林·克拉克在其开创性著作《经济进步的条件》中将经济划分为几个主要部门：第一产业（农业）、第二产业（制造业与建筑业），以及第三产业（广义的服务业）。③在工业化进程中，第二产业逐渐替代第一产业，第三产业则逐步崛起并替代部分第二产业。在国家和区域经济中的具体表现为：农

---

① ［美］伊桑·马苏德：《GDP 简史——从国家奖牌榜到众矢之的》，钱峰译，上海：东方出版中心，2016 年，第 231 页。

② ［美］乔尔·莫克尔：《启蒙经济：英国经济史新论》，曾鑫、熊跃根译，北京：中信出版社，2020 年，第 1~2 页。

③ ［英］科林·克拉克：《经济进步的条件》，张旭昆等译，北京：中国人民大学出版社，2020 年。

业、林业、渔业和矿业等第一产业的劳动力占比逐步减少，而工业化的深入使得生产和劳动力分工愈加细化。随着工业产出的快速增长，对各种服务的需求也在不断上升。服务业的产出和劳动力会流向消费者导向型行业或投入型服务部门（如法律咨询、会计等）。当工业化达到更高层次时，服务业将承担更重要的角色，其产出和雇佣劳动力在经济体系中的比重也会进一步提升。[1]

美国著名学者丹尼尔·贝尔在《后工业社会的来临》中主张将社会经济史的阶段分为"前工业、工业与后工业"。其中，现代化工业社会的基石在于对能源的控制（蒸汽、电力、石油与天然气）以驱动机器和涡轮，以及集团公司纵向整合的模式，如沃尔特·蒂格尔创立的美孚石油公司，其控制链条涵盖从油源开采、炼油到汽油销售的各个环节，亨利·福特发明的汽车生产流水线亦为此一典型。[2]丹尼尔·贝尔认为，前工业社会的"意图"是"同自然界的竞争"；工业社会的"意图"是"同经过加工的自然界竞争"；后工业社会的"意图"则是"人与人的竞争"，其在经济方面的特点是从制造业转向服务业。[3]美国是世界上第一个服务型经济体，是第一个大多数人既不从事农业

①［美］杰里·H.本特利主编：《牛津世界历史研究指南》，陈恒等译，上海：上海三联书店，2024年，第391页。
②［美］丹尼尔·贝尔：《后工业社会的来临》，高铦等译，南昌：江西人民出版社，2018年，序言第12页。
③［美］丹尼尔·贝尔：《后工业社会的来临》，高铦等译，南昌：江西人民出版社，2018年，第110页。

生产，也不从事工业生产的国家，①第一个进入了工业化的新阶段，其最首要、最简明的特征是大多数劳动力不再从事农业或制造业，而是从事服务业。由此，可以将服务业部门雇用的劳动力占就业总人数的一半以上定义为"后工业社会"的经济标准。后工业化的现代化模式曾被视为标杆，但这种模式逐渐暴露出问题——把第三产业占比高作为发达国家的标志具有误导性，致使一些国家落入"去工业化"的发展陷阱。②

回顾历史，第一次工业革命期间，英国廉价的进口产品，加之对印度商人施加的层层阻碍、限制，统统侵蚀着印度的纺织业、炼铁业和造船业。人们越来越认为它最合适的地位是为西方工业提供原材料，包括原棉和靛蓝染料，同时充当英国商品的市场。这样一来，就使印度陷入了快速去工业化过程。③20世纪50至70年代的拉美国家采用"进口替代型"工业化模式，初步建立了国民经济的工业基础，经历了经济发展的"黄金期"。然而1982年拉美债务危机的爆发，促使拉美国家纷纷被迫接受西方债权国和国际组织的要求，放弃原有的发展模式，采用全力扩大初级产品的生产和出口以争取外贸盈余以偿还债务。过早实施"去工业化"是导致拉美国家20多年来经济滑坡

①〔美〕丹尼尔·贝尔：《后工业社会的来临》，高铦等译，南昌：江西人民出版社，2018年，第12页。
②方建国：《后工业时代规避西方产业标准陷阱的路径探索》，《理论月刊》，2021年第12期。
③〔英〕阿诺德·佩西、〔英〕白馥兰：《世界文明中的技术》，朱峒樾译，北京：中信出版社，2023年，第348页。

的最直接原因。[1]由此可见，制造业始终是国家经济发展的基石，是国家竞争力的命脉所在。后发现代化国家唯有在工业化的基础上通过"并联式"发展路径，既将有限资源集中于突破发达国家"技术封锁"，发展高附加值的高端产业，培育国际竞争优势；又着力于三次产业的协调、相互促进与共生，方能有效解放和发展生产力，实现从"经济起飞"到"经济赶超"的跨越，牢牢把握现代化发展的历史机遇。[2]

其三，电气化水平。电力之所以成为当代社会的首选能源形式，并成为维系现代文明运转的必需能源，是多重因素共同作用的结果。电力在经济效益方面远超其他任何燃料，具备卓越的转换效率和生产能力，且其应用的灵活性无与伦比，覆盖范围广泛——从照明、空间供暖到各大工业领域，尤其是在钢铁、铝加工、食品工业等方面。没有任何一种能源能够像电力那样在如此广泛的功率范围内实现精准控制；也没有任何一种能源能够如电力一般在各种规模上实现集中应用。[3]电气化水平反映的是社会经济发展对电力依赖的程度，衡量电气化水平有不同的标准：发电能源占一次能源消费总量的比例（即发电用能占比），此项指标体现了电力在整个能源系统中的地位；电力占终端能源消费总量的比例（即终端电能占比），用于衡量各类用户的电力消费水平，从而反映出电力对社会经济发展的实际

---

① 周文、冯文韬：《经济全球化新趋势与传统国际贸易理论的局限性——基于比较优势到竞争优势的政治经济学分析》，《经济学动态》，2021 年第 4 期。

② 周文、张奕涵：《中国式现代化与现代化产业体系》，《上海经济研究》，2024 年第 4 期。

③ ［加］瓦科拉夫·斯米尔：《能源转型：数据、历史与未来》，高峰等译，北京：科学出版社，2018 年，第 65 页。

影响力。根据国际能源署的数据，发达国家在经历了电气化的快速增长期后，普遍于 20 世纪 80 年代进入了相对平稳的发展阶段。以发电用能占比统计，当时经济合作与发展组织（OECD）国家的电气化程度大致在 30% 左右波动。因此，这一水平可以视为衡量现代电气化程度的参照。

追溯发展脉络，人类对电的认识经历了一个不断深入的历程。最初，人们仅能观察到电的存在及其种种现象，随后逐步探索出发电与输电的方法，进而研究电的具体应用，最终推动了各种电器的发明和广泛应用，促成了一个全新的电气工业的诞生。[1] 从这个意义上看，电气化发展的历史本身，堪称科学与技术合作的现代化范例，含了种类繁多的发明、无数的渐进改良、富有创造力的企业家群体，以及由此带来的新需求与不可预知的结果。电能与电动机的共生发展正如 18 世纪的纺织机和蒸汽机之关系：一旦一套新的生产技术和生产系统诞生，便意味着无边无际的可能性，仿佛为《创世纪》翻开了崭新一页。19 世纪初，电力还是一种令人好奇的科学现象，一种实验室中的试验游戏。而后，经过大量研究与实验，电力逐渐演变成一种商业可用的能量形式，最早应用于通信领域，不久进入轻化工和冶金过程，最终广泛用于照明。尤其是电力可以根据需求灵活地为电机提供或大或小的能量，使其在工程和重型制造等工业领域展现出显著优势。这种灵活性和便捷性根本性地改变了工厂的生产模式，对经济产生了深远影响，使电气化成为现

---

① 王章辉：《世界历史（第 5 册）：工业化历程》，南昌：江西人民出版社，2011 年，第 213 页。

代技术进步的象征。[①]

　　电气化推动了生产力的飞跃式发展，对后发国家走向现代化有重要意义。早在 1850 年，马克思便预见到电气革命带来的深远变革："蒸汽大王在前一世纪中翻转了整个世界，现在它的统治已到末日，另外一种更大得无比的革命力量——电力的火花将取而代之。"[②] "蒸汽时代是资产阶级的时代，电的时代是社会主义的时代。"[③]大机器工业是社会主义的物质技术基础，电气化是苏俄建立大工业基础，用大生产来改造小生产，在经济和科技方面实现社会主义现代化的关键因素。[④]因此，列宁提出"共产主义就是苏维埃政权加全国电气化"[⑤]的论断。1920年列宁致信电气化委员会主席格·马·克尔日扎诺夫斯基，对其提出的电气化方案赞赏有加。关于俄国的电气化计划，列宁估计能够在 10—20 年左右的时间内基本实现。[⑥]从总量上看，1932 年的苏联超额完成了既定目标——发电量为 135.40 亿千瓦时，同一时期钢铁产量跃居欧洲第二、世界第三，[⑦]从农业国变

---

　　① ［英］大卫·兰德斯：《解除束缚的普罗米修斯：1750 年迄今西欧的技术变革和工业发展》，谢怀筑译，北京：华夏出版社，2007 年，第 284、287 页。

　　② ［法］保尔·拉法格等：《回忆马克思恩格斯》，北京：人民出版社，1973年，第 35 页。

　　③《列宁全集》（第三十八卷），北京：人民出版社，2017 年，第 124 页。

　　④ 舒新，吕林：《苏俄如何走向现代文明之路：列宁的探索及当代价值》，《社会主义研究》，2024 年第 1 期。

　　⑤《列宁全集》（第四十卷），北京：人民出版社，2017 年，第 30 页。

　　⑥ 曹浩瀚：《列宁革命思想研究》，北京：中央编译出版社，2012 年，第271 页。

　　⑦ B. R. 米切尔：《帕尔格雷夫世界历史统计》（欧洲卷），北京：经济科学出版社，2002 年，第 490、596 页。

成了工业国。这是经济文化相对落后的后发现代化国家独立走非资本主义工业化道路的先声，使现代化建设真正"从一匹马上跨到另一匹马上，就是说，从农民的、庄稼汉的、穷苦的马上……跨到无产阶级所寻求的而且不能不寻求的马上，跨到大机器工业、电气化、沃尔霍夫水电站工程等等的马上"①。

其四，城市化水平。一般采用人口统计学指标来衡量，即城镇人口在总人口（包含农业与非农业人口）中的比重。通常情况下，当城市人口比例超过乡村人口时，即可视为达到了现代化的基本标准。必须指出的是，由于对"城市"本身的定义不同，城市化水平的测算结果也会大相径庭。如何界定城市或城镇？这一问题并不易于给出明晰的定义。韦伯的定义偏向从制度或共同体的层面出发，而德国地理学家瓦尔特·克里斯塔勒则在20世纪30年代创立了中心地区理论，强调区域为其他定居点提供服务功能的多少，是衡量城市化水平的关键。这一理论深刻影响了将中国与欧洲作为研究对象的学者。二战后，人口学家如乔赛亚·罗素和金斯利·戴维斯采用了人口临界值的方法来定义城市，但这种单一方法极易将研究引入偏狭之境。实际上，全球各地的城市或城镇不仅在结构上差异显著，而且在历史上也随人口、经济等各方面发生了剧烈变化。不妨对城市或城镇提出如下定义：人口呈高度集中状态，具备多样化的经济功能和复杂的社会政治结构（不一定形成完备制度），文化交流频繁且具有融合倾向，建筑环境独具一格，不仅有标志性

---

① 《列宁全集》（第四十三卷），北京：人民出版社，2017年，第396页。

建筑物，且存在公共空间与场所。[①]

　　从中文的字面含义来看，"城"与"市"二字组合而成"城市"，实则代表着两种截然不同的结构与功能。古代的"城"发端于防卫需求，与政权和君王密不可分，"筑城以卫君，造郭以守民，此城郭之始也"（《吴越春秋》）正是这一内涵的典型表达。而"市"则象征市场，即交易与民生场所，是普通民众赖以谋生的场域。因此，城市化的发展是政府支持、包容之下的行为。[②]可以这样认为，中国为城市建设提供了一个恒久范例。公元前1110年，统一的周王朝的建立促进了带城墙的大型城镇的第一次发展。在随后的数千年中，洛阳、长安、开封等历代都城皆跻身于世界上最大城市的行列，其他亚洲邻国大多采用了中国的城市发展模式。[③]一般而言，工业化与城市化是伴生的，二者在西方现代化的历史进程中几乎是并肩推进的。其背后逻辑在于，城市化的进程上限受限于当时的先进技术水平，而先进技术的缓步提升会带动工业化的推进，进而吸引人口向城市聚集，形成相互促进的结构。[④]在一定意义上说，所谓现代化，也就是农业化生产力形态向工业化生产力形态发展，以农村为主要特征的经济社会结构形态向以城市为主要特征的经济

---

　　① ［英］彼得·克拉克：《牛津世界城市史研究》，陈恒等译，上海：上海三联书店，2019年，第3页。

　　② 徐远：《从工业化到城市化：未来30年经济增长的可行路径》，北京：中信出版社，2019年，第10~11页。

　　③ ［美］乔尔·科特金：《全球城市史》，王旭等译，北京：社会科学文献出版社，2014年，第18~19页。

　　④ 徐远：《从工业化到城市化：未来30年经济增长的可行路径》，北京：中信出版社，2019年，第11页。

社会结构形态发展。①

　　城市化在现代化进程中的定位也是复杂的。工业革命之前，全球的城市数量极少，城市居民生活在拥挤不堪的环境中，且仅占全球人口的一小部分。从农业和畜牧业主导的社会经济形态到工业革命的爆发，历经了约 8000 至 10000 年，绝大多数人是食物的生产者，生活在广袤的乡村地区。②工业革命的到来带来了前所未有的城市增长，这种现象是多种因素共同作用的结果，但最具推动力的仍是工业本身。③到 1875 年，全球仅有五个工业城市人口超过百万，总人口略超千万；而到了 1925 年，随着工业化的进一步普及，全球已有 31 个城市的居民人口超过百万，总人口超过 7200 万。城市化通常与现代化经济增长相关联。但这一规律并非普遍适用。在达累斯萨拉姆、内罗毕、亚的斯亚贝巴、金沙萨等城市，许多居民生活质量极低，大多数人住在棚户区或贫民窟中，恶劣的生活条件已成为常态。在这些城市里，"城市农业"不仅是许多居民获取食物和收入的主要来源，甚至成为一种重要产业。④从农业到工业，再从工业到农业——城市历史的"轮回"似乎是对盲目相信城市化带来繁荣

　　① 戴木才：《论世界现代化运动的复杂性》，《马克思主义研究》，2024 年第 7 期。
　　② ［英］阿诺德·汤因比：《变动的城市》，倪凯译，上海：上海人民出版社，2020 年，第 37 页。
　　③ ［美］丹尼斯·谢尔曼、［美］乔伊斯·索尔兹伯里：《全球视野下的西方文明史：从古代城邦到现代都市》，陈恒、洪庆明、钱克锦译，上海：上海三联书店，2011 年，第 779 页。
　　④ ［英］约翰·里德：《城市》，郝笑译，北京：清华大学出版社，2010 年，第 187、192 页。

的无情嘲弄。因此，后发现代化国家推动城市高质量发展，需要尊重城市产业发展规律、规模变动规律，关注城市中人的全面发展，推进以人为核心的新型城镇化。①

　　在西方主导的国际秩序、经济格局和话语体系下，试图重走先发国家的现代化道路无异于"痴人说梦"，必须摆脱"唯洋是从"的传统思维和评价模式。当然，我们既不能走改旗易帜的邪路，也不能走封闭僵化的老路。新中国成立初期，曾一度过度迷信钢铁指标，为了实现现代化目标，"钢铁元帅升帐""赶英超美"成为当时经济建设的主旋律。②中国式现代化评价指标要避免重蹈"本本主义""唯物质论"和"唯增长论"的覆辙。③如今，中国在许多经济指标上已赶超美国，成为全球最大的船舶、钢铁、铝、家具、服装、纺织品、手机和电脑生产基地，已然是世界制造业大国，并且还是多数产品的最大消费市场。令人惊讶的是，作为"车轮上的国家"的美国，在汽车制造和消费市场上的"主场优势"也被中国超越。或许最打击美国自信心的是，自2008年美国次贷危机以来，中国持续充当着全球经济增长的主要引擎。④新发展阶段，着眼解决新时代改革开放和社会主义现代化建设的实际问题，不断回答好中国之问、

---

　　① 马骏、沈坤荣：《马克思主义政治经济学视角下的城市高质量发展》，《当代经济研究》，2022年第4期。

　　② 周文：《国家何以兴衰：历史与世界视野中的中国道路》，北京：中国人民大学出版社，2021年，第4页。

　　③ 蒋永穆、李想、唐永：《中国式现代化评价指标体系的构建》，《改革》，2022年第12期。

　　④〔美〕格雷厄姆·艾利森：《注定一战：中美能避免修昔底德陷阱吗?》，陈定定、傅强译，上海：上海人民出版社，2019年，第22页。

世界之问、人民之问、时代之问，作出符合中国实际和时代要求的正确回答，需要加快构建与时俱进的、自主的中国式现代化评价指标，更好地开辟一条适合本国的现代化道路。

二、现代化的杠杆：生产力

（一）繁荣与停滞：生产力撬动现代化的轨迹考察

人类社会现代化的历史就是一部生产力发展的历史。[1]随着经济社会的发展，新的生产力会不断取代旧的生产力，成为推动经济社会进步的主要动力。生产力的发展具有渐进性与继承性，后一个阶段的生产力脱胎于前一个阶段的生产力，是对前一个阶段生产力的"否定之否定"。[2]每一次新的生产力跃升都以传统生产力发展到一定水平为基础和条件，并且随着时间的推移，现实生产力终将被未来更新的生产力所替代，这是一个持续不断迭代的过程。因此，现代化在长期的历史过程中遵循着生产力发展的逻辑。从西方现代化进程也可以看到，经济增长是各国迈入现代化的突出标志，而经济增长的根本原因是生产力的发展。从农业社会到工业社会再到如今的信息社会，每一步跨越都离不开生产力的推动。而生产力的变革不仅推动了经济的高速增长，更是引领了社会结构的深刻变革和文明形态

---

① 周文：《加快发展新质生产力的时代内涵》，《延边大学学报》（社会科学版），2024 年第 4 期。
② 韩喜平、马丽娟：《新质生产力的政治经济学逻辑》，《当代经济研究》，2024 年第 2 期。

的演进。其中，生产力本身处于不断"新质化"的运动之中，[①]从手工劳动到机器生产再到自动化和信息化，人类社会在生产力的持续发展中逐步走向了现代化。也就是说，在生产方式的革新和生产工具的更新换代中，生产力不断发展，也作为"杠杆"撬动着人类现代化进程不断向前。

究其原理，生产力标志着人们征服自然，改造自然的能力，[②]生产力发展是社会历史发展的物质基础，也是推动社会形态演进的决定性因素。马克思、恩格斯指出，生产力是人类全部历史的基础，而"人们所达到的生产力的总和决定着社会状况"[③]。从根本上看，生产力决定生产关系。生产关系涉及生产、流通、交换和消费环节，还包括人在生产中的地位和相互关系、产品分配的形式等，即财产关系、劳动关系和交换关系等。更进一步地，同生产力发展一定阶段相适应的生产关系的总和构成经济基础，经济基础又决定着政治、法律、文化等社会的上层建筑。因此，生产力通过对生产关系发挥决定性作用，进而决定着社会的经济形态、政治形态、观念形态，以及整个社会形态具有何种性质。生产力一旦发生变化，就"必然引起他们的生产关系的变化"[④]，从而引起经济基础的变化。与之相

---

① 蒋永穆、乔张媛：《新质生产力：逻辑、内涵及路径》，《社会科学研究》，2024 年第 1 期。

② 蒋学模主编：《政治经济学教材》（第 13 版），上海：上海人民出版社，2005 年，第 3 页。

③《马克思恩格斯文集》（第一卷），北京：人民出版社，2009 年，第533 页。

④《马克思恩格斯文集》（第一卷），北京：人民出版社，2009 年，第613 页。

适应的"全部庞大的上层建筑也或慢或快地发生变革"[1]，最终推动人类社会从一个形态迈进另一个形态。总的来说，生产力从落后到先进的不断发展是社会形态从低级到高级更迭的根本动力，生产力和生产关系、经济基础和上层建筑的矛盾运动，从根本上规定了社会形态的本质和基本结构。

从生产力推动历史前进的脉络来看。原始人主要依靠人力从事采集、狩猎和捕鱼等生产劳动，生活了数百万年。在那段时期，从自然界寻找、收集和捕捉食物，而不是通过改造自然把食物生产出来。当时的生产力基本上是适应自然或者对自然的初级利用，改造能力非常有限，除了打制石器和制作其他简单工具之外，基本上不具备通过改造和利用自然来创造性地生产物质资料的能力，人类生活的保障水平极低，仅能满足最低生活需要。人类为了满足自己的需要，特别是满足食物的需要，逐步学会了种植农作物和驯养动物，从而革命性地发展了农业。这使人类从食物采集者转变为生产者，开垦土地，挑选植物，从耕耘播种到灌溉护理，都把对自然的改造和利用提升到前所未有的高度。[2]为了在固定的土地上耕作，人类由过去经常性迁移改为在农田附近定居，由此引起生活方式的重大变化。早期的农业生产力不高，村落很快面临人口压力，过剩人口迁移到附近食物采集者的地区。同时，农业移民与当地的食物采集者通婚，形成新的混血种族，又向新的地方"开枝散叶"。农业技

---

① 《马克思恩格斯文集》（第二卷），北京：人民出版社，2009年，第592页。

② 郑志国：《世界生产力升级换代与中国现代化进路》，《江汉论坛》，2021年第2期。

术和农作物就以这种方式步步推进，随着农业人口迅速增长并扩散到世界各地。[①]

第一次工业革命之前，劳动密集型、技术含量较低的农业占据主导地位。随着生产力的发展出现了纺织、制陶、皮革加工等手工业，此时大量手工业者开始兴办家庭作坊或手工作坊来小规模制造产品，但是生产过程相对分散和个体化。直到 17 世纪 60 年代，第一次工业革命中蒸汽机的发明应用取代了人力和自然力，机械化生产极大提高了棉纺织业的劳动效率，为现代工业经济发展创造了条件，奠定了资本主义大生产的基础，此外，蒸汽动力还应用于交通运输等基础设施，衍生出火车轮船等制造业。对煤炭和铁矿等能源的需求持续增长，促进采矿业和冶金工业的发展。"随着工业、商业、航海业和铁路的扩展，资产阶级也在同一程度上发展起来，增加自己的资本，把中世纪遗留下来的一切阶级排挤到后面去。"[②]由于蒸汽及相关技术不断更新推广，因棉纺织业兴起的产业组织工厂制度替代了传统的手工工场，使得大规模流水线生产方式得以实现。由于规模经济效应日益显著，该制度逐渐渗入其他各个产业中，使得制瓷业、印刷业、机械制造业等更多新兴制造产业日渐成长。[③]现代化资本主义的生产方式在不到一百年中"创造的生产

---

① ［美］斯塔夫里阿诺斯：《全球通史：从史前到 21 世纪》（上册），王皖强译，刘北成审校，北京：北京大学出版社，2024 年，第 41~43 页。

②《马克思恩格斯文集》（第二卷），北京：人民出版社，2009 年，第 32~33 页。

③ 周文、杨正源：《曙光：新质生产力改变世界》，天津：天津人民出版社，2024 年，第 5 页。

力，比过去一切世代创造的全部生产力还要多，还要大"①。

第二次工业革命带来的电气化促进了电报、电话、广播、电视等新的通信革命的发生，为更加复杂的第二次工业革命的管理提供了有力工具。电力和电信技术引发了工厂的电气化和自动化，形成了大批量工业产品自动化生产线的集中大生产方式，同时燃气机的发明及汽车、飞机等更为便捷的新交通工具的普及也使石油逐渐取代煤炭成为主要的一次能源，社会也随之进入石油时代。第三次工业革命以电子计算机、原子能、生物科技的发明和应用为标志，信息技术革命推动形成了更先进的生产力，引领人类社会从工业社会迈入信息社会。随着现代的、先进的生产力不断替代过去传统的、落后的生产力，人类社会不断走向现代化。由此可以看出，生产力的发展是一个系统性的螺旋上升的过程。科技成为一种生产力，决定于它改变了生产力发展的轨迹，关键是改变了人与自然的关系。在人类社会较早时期，人因无法认识自然而产生"自然崇拜"和"自然敬畏"。随着人们在长期生产生活经验积累中逐步有了对自然的认识，不断地揭示出自然界包含的规律因此产生了科学。②科学就是要对自然科学加以揭示，从而使人类有了认识自然并控制自然的底气和力量，也有了推动生产力进步的强大动力。

现代化的普遍过程就是实现生产力从量到质的变化。③从世

---

① 《马克思恩格斯文集》（第二卷），北京：人民出版社，2009 年，第 36 页。

② 乔榛、徐宏鑫：《生产力历史演进中的新质生产力地位与功能》，《福建师范大学学报》（哲学社会科学版），2024 年第 1 期。

③ 周文：《新质生产力：强国理论与生产力认识新飞跃》，南昌：江西高校出版社，2024 年，第 56 页。

界各国现代化的共同特征来看，现代化的动力源于人类经济社会活动中生产力的发展，由此带来生产关系调整进而引发生产方式的变革。[①]生产力是质与量有机统一的整体，现代化的过程也正是生产力发生量变与质变的过程。马克思指出："不管生产力发生了什么变化，同一劳动在同样的时间内提供的价值量总是相同的。但它在同样的时间内提供的使用价值量是不同的：生产力提高时就多些，生产力降低时就少些。"[②]生产力的量变主要体现在一定生产力要素条件下的生产效率的提升。当生产力量变到一定阶段，现有的劳动者、劳动资料与劳动对象难以解决现阶段生产中的问题与挑战时，必须依靠生产力的质变。生产力的质变包括多个层面的变化，主要包括生产力质态的变化与生产力变革的作用范围及影响。从现代化的角度来看，生产力质变既要提升生产效率，也要满足特定时代经济发展的需要，根本目的是推动实现人的现代化。生产力的质变不仅仅是物质生产力的改变，更是精神生产力的提升与生态生产力的创造，使物质生产回归到人的现代化本质上，以新质态的生产力推动社会变革与人的发展、加速现代化的实现。

　　生产力发展在现代化进程中也具有历史性与阶段性。政治经济学是一门历史学科，探究世界现代化进程中生产力的发展规律，或是中国式现代化进程中新质生产力的生成都要"从历史上和实际上摆在我们面前的、最初的和最简单的关系出

---

① 周文、唐教成：《西方现代化的问题呈现与中国式现代化的创新发展》，《中国高校社会科学》，2023 年第 6 期。

②《马克思恩格斯文集》（第五卷），北京：人民出版社，2009 年，第 60 页。

发"①，以历史和逻辑的分析方法进行阐释。由于个人自主活动的条件"在历史发展的每一阶段都是与同一时期的生产力的发展相适应的"②。对生产力范畴的理解和认识也是在历史阶段与条件的演变中不断深化的。从各国现代化的普遍历程来看，生产力的发展具有历史性与阶段性，生产力的跨越是现代化的重要前提。正如马克思所说："一定的生产方式或一定的工业阶段始终是与一定的共同活动方式或一定的社会阶段联系着的，而这种共同活动方式本身就是'生产力'……人们所达到的生产力的总和决定着社会状况，因而，始终必须把'人类的历史'同工业和交换的历史联系起来研究和探讨。"③决定历史发展阶段的是生产力的发展，总体而言，生产力的跨越式发展主要分为四个阶段。④

第一阶段表现为自然生产力。在自然原始社会，即人类社会的初期，生产力中的决定性因素是自然，"最早被利用的是动物的自然力"，其中，劳动力自然地形成生产力；"最晚的是机械的自然力"，其中主要包括火、水、风等，所以自然环境决定了人类的生存状况和发展。⑤同时，由于人类尚处于蒙昧时代与

---

① 《马克思恩格斯文集》（第二卷），北京：人民出版社，2009 年，第 603 页。

② 《马克思恩格斯文集》（第一卷），北京：人民出版社，2009 年，第 576 页。

③ 《马克思恩格斯文集》（第一卷），北京：人民出版社，2009 年，第 532~533 页。

④ 周文、杨正源：《曙光：新质生产力改变世界》，天津：天津人民出版社，2024 年，第 10 页。

⑤ ［德］威廉·罗雪尔：《历史方法的国民经济学讲义大纲》，朱绍文译，北京：商务印书馆，1981 年，第 17 页。

野蛮时代，在这一阶段尚未产生现代机械，原始社会协作分工程度低，生产力水平总体较低。

第二阶段表现为劳动生产力。劳动具有创造价值和使用价值的重要作用，其中有用的具体劳动是财富形成的关键。进入原始社会末期，随着生产力的发展与文明程度的提高，实现了以畜牧业与农业的分离为标志的第一次社会大分工。分工的出现扩大了产品交换的范围，推动了生产工具的改进，提高了劳动生产率。同时，生产关系也随之调整，劳动生产力的发展导致私有制和阶级的产生，在三次社会大分工后奴隶社会取代原始社会。而在中世纪中期以后，劳动生产力逐渐取代自然生产力，成为占支配地位的生产力，标志着人类社会生产力实现了一次巨大的历史性跨越，[①]推动人类向现代文明迈进。

第三阶段表现为科技生产力。马克思指出："增加劳动的生产力的首要办法是更细地分工，更全面地应用和经常地改进机器。"[②]随着工业革命的发端，西方国家正式迈入现代化进程，而科学技术所催生的生产力变革则成为引领现代化浪潮的根本推动力。自 18 世纪 60 年代以来，三次技术革命直接改善了生产工具，极大地提高了社会生产力与生产组织效率，以全新动力推动了产业的彻底革新和转型，在颠覆人类生产方式的同时，也进一步推动人类走向现代文明新形态。可见随着现代化的不断推进，科学技术迭代速度更快、影响作用更深，科技创新成

---

① 周文、何雨晴：《新质生产力：中国式现代化的新动能与新路径》，《财经问题研究》，2024 年第 4 期。

②《马克思恩格斯文集》（第一卷），北京：人民出版社，2009 年，第 735~736 页。

为影响生产力跨越式发展的关键因素，是实现现代化的重要前提。第四阶段表现为新质生产力。随着物联网、云计算等新一代信息技术的蓬勃发展和广泛应用，知识总量和技术成果的爆炸式增长推动着数据、知识、算力等新兴生产要素与传统生产力的结合与发展，催生出更能推动生产力跨越式发展与生产方式变革的新质生产力。新质生产力阶段顺应了数字经济时代发展，是当前生产力历史进程中的最高阶段。作为科技生产力进一步跨越式颠覆式发展的结果，新质生产力更加强调创新驱动，更加讲求高质量发展，更加适应现代化发展。

世界现代化历程表明，人类社会经济发展动力的关键性、颠覆性变革来源于技术变革。[①]在远古时代，人类只能依靠简单的工具和手工劳动来获取生活所需，生产力极其低下。随着时间的推移，各类工具开始被发明和使用，逐渐形成了较为固定的生产方式。进入农业社会，铁器的出现极大地提高了农业生产效率，从而支持了人口的增长和城市的兴起。18 世纪，蒸汽机的改良和运用突破了传统的手工劳动生产方式，机器生产的广泛应用使生产效率得到了极大提高，不仅促进了工业生产的发展，也为经济的持续增长奠定了坚实基础。在这一时期，西方社会的城市化进程加速，人类的生活方式、价值观念和社会结构都发生了深刻变化。20 世纪中期，电子计算机的发明和应用再次引发了生产力的巨大变革，技术进步使生产的自动化、智能化成为可能，也使数据的处理、存储和传输前所未有的便

---

① 周文：《新质生产力：强国理论与生产力认识新飞跃》，南昌：江西高校出版社，2024 年，第 61 页。

捷和高效。同时，信息技术的发展成为推动生产力进步的关键因素，也为人类社会的现代化进程注入了新的动力。当今世界正处于数字经济时代，从历史发展的规律来看，新质生产力将取代传统生产力，成为推动现代化的新动能。因此，新质生产力必然成为实现中国式现代化的强劲推动力和支撑力。[①]

（二）解答"李约瑟之谜"：生产力变迁与文明兴衰

"已经获得的生产力"是"文明的果实"[②]。每一个文明的兴起、繁荣乃至衰落，都与其生产力的发展状态紧密相关。古代中国在历史上的辉煌成就值得我们经久传颂。据安格斯·麦迪森的统计数据，中国一直到 19 世纪 20 年代初期的经济总量都是全球第一，GDP 总量超过全球总量的三分之一。[③]可是中国在近代却经历了长达数百年的衰微和停滞，根据 1913 年的数据，中国的人均 GDP 和 GDP 总量被西欧远远拉开差距。为什么拥有如此辉煌经济成就的古代中国，在近代却没落了？为什么当时技术创新优势明显的古代中国，却未能率先进行工业革命？为什么最早具备资本主义萌芽条件的古代中国，却未能实现由封建主义向资本主义的转变？类似问题最知名的出处是李约瑟编纂的《中国科学技术史》，也被后来的学者们称为"李约瑟之

[①] 周文、何雨晴：《新质生产力：中国式现代化的新动能与新路径》，《财经问题研究》，2024 年第 4 期。

[②] 《马克思恩格斯文集》（第一卷），北京：人民出版社，2009 年，第613 页。

[③] ［英］安格斯·麦迪森：《世界经济千年史》，伍晓鹰等译，北京：北京大学出版社，2022 年。

谜"①。究竟是什么原因使得中国和西方世界在 15 世纪以后的现代化历程上，呈现两条截然不同的道路？世界现代化"大分流"的成因一直是困扰国内外学术界的重大难题。已有研究主要从制度、文化、地理区位、资源禀赋、技术发明范式、知识存量等角度进行解释。②事实上，从生产力历史变迁的视角重新考察"李约瑟之谜"，可以得到一些新的答案。

中国是古代世界上最早最大的农作物起源地，农业的产生，可以追溯自两河流域出现人类聚落开始。中国在蒸汽时代到来之前长达 3000 年代表了世界农业的最高水平。这主要取决于中国古代农业技术的突破和农业生产力的遥遥领先。③早在春秋战国时期，中国农业所特有的精耕细作技术系统初成，传统土壤学、农业气象学基本建立起来。秦汉时期及之后，以《氾胜之书》《四民月令》《齐民要术》为代表的一批传统农学经典大量涌现，黄河流域旱地精耕细作体系基本形成。中国农业水利工程建设也在世界上长期领先，能工巧匠们因地制宜地根据地利建造出井渠、飞渠、涵洞等各种坝堰，农田灌溉取水、输水、蓄水设施等都达到了较高水平。因而从长期的眼光来看，可以认为处于农业文明时期的中国，正是由于土地资源的充分开发利用及先进的耕作制度与农业技术的普遍推广，大大增加了粮

---

① "为什么现代科学没有在中国文明中发展，而只在欧洲发展出来？"这就是闻名世界的"李约瑟之谜"。参见［英］李约瑟：《文明的滴定：东西方的科学与社会》，张卜天译，北京：商务印书馆，2017 年，第 176~202 页。

② 周文、杨正源：《曙光：新质生产力改变世界》，天津：天津人民出版社，2024 年，第 106~132 页。

③ 周文：《新质生产力改变世界》，《公共治理研究》，2024 年第 4 期。

食总产量，才养活了日益增长的人口。①也正如阿诺德·佩西和白馥兰所指出的："农业文明时期的中国的技术水平无疑属于世界第一梯队。直到 1700 年左右，欧洲的技术才堪与 11 世纪的中国匹敌。"②

　　中国封建时代的社会生产的发展，大体上经历了两个马鞍形的过程，且宋代是最高峰。③自春秋战国之交进入封建制后，社会生产力由于基本上摆脱了奴隶制的桎梏，因而获得了显著的发展，到秦汉时期便发展到了第一个高峰。魏晋以降，社会生产力低落下来，到唐有所恢复、回升，从而形成第一个马鞍形。而后，宋代社会生产力以前所未有的速度迅猛发展，达到了一个更高的高峰。元代生产急剧下降，直到明中叶才恢复到宋代的发展水平，这样便又形成了第二个马鞍形。从明中叶到清初，社会生产虽有所发展，但在一定程度上显现了迟缓和停滞，从而展现了中国封建制的式微和衰落。在小农经济发展模式下，单家独户的生产方式无法从底层诱导出农业范围以外的资本积累动机，资源在农业领域的优先配置阻塞了工商业资本积累的规模报酬激励通道。农户具有自发抵制脱离土地、依赖规模生产、高成本技术变革的倾向。明清时期农户对丝业织机的持续排挤就引发了传统丝业的没落。官僚阶层借助官营、禁令政策能够直接控制创造发明、经验技艺的潜在收益，人为切

---

① 姜锡东：《宋代生产力的发展水平》，《中国社会科学》，2022 年第 7 期。

② ［英］阿诺德·佩西、［英］白馥兰：《世界文明中的技术》，朱峒樾译，北京：中信出版社，2023 年，第 39 页。

③ 漆侠：《宋代社会生产力的发展及其在中国古代经济发展过程中的地位》，《中国经济史研究》，1986 年第 1 期。

断技术变革纵向累积与横向联动的环节。①

欧洲则是和中国走上了截然不同的技术创新之路。黑死病的肆虐让欧洲人开始寄希望于通过机械发明来节省劳动力；而在中国，小规模、低成本的技能密集型技术不断传播、改进，让中国在几个世纪中保持经济稳定增长。生产中心区日益增长的人口压力使大量贫穷的移民前往山区或外省寻找无主的土地。在这种情况下，用机器代替人力是没有意义的，最佳策略是让人们习得当下最好的小规模农业和制造技术。②小农经济下，自耕农缺乏农业科技创新的条件。我国传统农业采取小家庭生产模式，以家庭为生产、生活的主要单位，一家一户分散经营，农民日常劳作十分辛苦。《汉书·食货志》记载："今农夫五口之家……春耕夏耘，秋获冬藏，伐薪樵，治官府，给徭役。春不得避风尘，夏不得避暑热，秋不得避阴雨，冬不得避寒冻。四时之间，无日休息。"然而，自耕农虽如此辛劳，亦难逃"豪富兼并，贫者失业"的命运，由于土地兼并，许多自耕农逐渐落入依附者的地位，豪强垄断了地方的军事和经济权力。③小农经济模式下的农民虽终日劳作，但大多时候都只能解决温饱问题，有时甚至连温饱也难以满足。

同时小农经济具有自给自足的特点，不需要和外界进行交流，因此相对封闭。这个特点阻碍了农业技术和手工业技术之

---

① 王津津、任保平：《重释李约瑟之谜：经济转型路径演化视角下的与衰落》，《经济学家》，2016 年第 6 期。

② ［英］阿诺德·佩西、［英］白馥兰：《世界文明中的技术》，朱峒樾译，北京：中信出版社，2023 年，第 356 页。

③ ［英］伊懋可：《中国的历史之路：基于社会和经济的阐释》，王湘云、李伯重、张天虹、陈怡行译，杭州：浙江大学出版社，2023 年，第 19 页。

间的互动，导致中国的科技相对零散，难以成为体系。同时，小农经济的自足性也是明清时期采取"海禁"和"自主限关"的根源所在。正如阿兰·佩雷菲特指出："先进社会和传统社会相遇，我还从未听说过有比马戛尔尼出使中国时第一个爆发工业革命的国家和最杰出的文明国家之间高傲的相遇更有说服力的例子。"[①]英国的马戛尔尼使团访华的时候，乾隆曾说："我中原数万里版舆，百产丰盈，并不借资夷货。"这样闭门造车的政策最终造成了中西科技文化交流中断，加速了中国科技的落后。中国古代同样缺乏农业科技创新的社会群体。一方面，我国古代国家统治者虽然重视农业生产，但多是停留于"劝课农桑"等政策鼓励层面；朝廷设置的农官也多是停留于"督课农桑"的角度，总体而言，国家决策层对技术工具的革新关注略显不足。另一方面，我国古代贫者为衣食所累，没有时间和精力去从事农业技术创新；而尚能满足基本生活需求的农耕家庭则强调"学而优则仕"，投入大量时间在四书五经上，鲜有直接从事农业生产者，遑论农业创新。

小农经济的保守性也是科技落后的一个根源。当生产力基本还停留在农耕文明时代的时候，通过经验得到的技术是可以满足人类的基本生产和生活需求的。但是这种经验始终无法将技术水平提高到一个新的高度，因为缺乏科学理论的指导。对于统治者而言，降低结党营私等分权风险远比发挥航海领域的技术优势更为紧迫。在工业革命后，西方国家的科学理论和技

①［法］阿兰·佩雷菲特：《停滞的帝国：两个世界的撞击》，王国卿等译，北京：生活·读书·新知三联书店，1998年，第1页。

术紧密地结合在了一起，科学转化为生产力的速度空前加快了，因此科学成为第一生产力。加州学派的王国斌认为，"中国与欧洲在工业化以前的时代有重要的相似性，即其经济发展的基础在于斯密型动力……这些相似点的存在，打破了以往那种把欧洲经济变化及中国经济停滞所作的简单对比"[1]。农业经济向工业经济的转型既不存在欧洲中心论调下的西方最优路径，也不存在中国式的"历史遗产诅咒"，"李约瑟之谜"暗含的差异性表现无非是多样性路径选择下的副产品。如果说外部冲击能够创造经济转型的机遇，那么由系统内部制度、技术、结构层面的"历史依赖"与"策略构建"力量则构成实现这一"惊险跨越"所必需的回应、调整与创造冲动。

总的来说，农业生产力落后的原因归结于小农经济的保守与缺乏创新，而当历史观察的视角转向起源于西欧的工业生产力，可以发现生产力跃迁推动现代化的更多证据。科学革命对塑造现代世界作出了决定性贡献。在欧洲科学革命真正掀起之前，培根创立了实验科学，认为归纳法是获得普遍性原理的主要方法，而笛卡尔则认为演绎和推理是唯一正确的认识方法，通过思考，能发现理性上可认识的任何事物。他们为科学发现准备了思想上的武器。[2]牛顿最重要的贡献是在其《自然科学的数学原理》中论证的万有引力定律。这个定律的意义在于它是一个可以适用于整个宇宙并且可以从数学上证实的科学定律，

---

① ［美］王国斌：《转变的中国：历史变迁与欧洲经验的局限》，李伯重等译，南京：江苏人民出版社，2010年，第233页。

② ［西］胡里奥·克雷斯波·麦克伦南：《欧洲：欧洲文明如何塑造现代世界》，黄锦桂译，北京：中信出版社，2020年，第28~29页。

为后来各种机械的发明和使用奠定了科学基础。18世纪初叶，美国的本杰明·富兰克林建立了电学理论。这个时期博物学的发展，使得人们对自然界有了更加全面的了解，建立起了植物学和动物学。在19世纪的前半个世纪中，化学取得了巨大的进步。这个时期还诞生了法国的洛朗·德·拉瓦锡、英国的约翰·道尔顿等一大批杰出的化学家。他们的工作使得人们对自然界的认识大幅提升，从元素和原子的层次理解了物质的构成，其研究成果大大推动了化学工业的发展和药物的发明。

这个时期的另一个伟大科学发现是从法国的让·巴蒂斯特·拉马克开始，到英国的查尔斯·罗伯特·达尔文和阿尔弗雷德·拉塞尔·华莱士，在18世纪中叶最终完成的生物进化和自然选择理论。这一时期科学革命的特点是，人类对物质世界的认识，从物体的外表进入了物质的内部，分子理论和原子理论成为我们理解物质的基础。科学成为工业发展的主要推动力，同时也成为西方现代化进程的主要推动力。可以这么说，从16世纪开始到19世纪中叶，在欧洲，科学家在天文学、物理学、化学和生物学等各个领域中各自取得了巨大的进步，使得人类对自然界和人类自身的认识得到了极大的深化。这些科学领域的发展，为技术的发展提供了理论基础，极大地推动了技术的发展。1769年，英国的瓦特改进了蒸汽机，并在采矿、纺织和运输等行业得到广泛应用，这是科学和技术共同推动完成的一个伟大发明，完全改变了人类对生物动力的依赖。1866年，德国人维尔纳·冯·西门子发明了发电机，1879年，美国人托马斯·爱迪生研究成功具有实用价值的电灯，1888年，美国人尼古拉·特斯拉发明了交流电动机，19世纪90年代电流的远距离传输得以实现。在 18 世纪初叶发明的内燃机到 19 世纪后期已经得到很大程度的完善。

上述各项发明使工业获得了比蒸汽机更为便利的非生物动力，进入了电气时代和内燃机时代。这一时期电报的发明，则使信息的传递变得更为快捷。1844 年美国人塞缪尔·摩尔斯发出了第一份电报，电报传递的第一个具体历史意义的信息是："上帝创造了什么。"[①]1876 年美国人亚历山大·贝尔发明了电话，使得人们可以在瞬息之间将信息传递到万里之外，受此影响，运输业、工业和金融业的发展如虎添翼。在这一阶段的后期，工匠的发明已让位于科学家的研究，代表着科学真正占据了历史发展领导者的地位。科学革命的成果通过技术革命为工业的发展服务，深刻地影响了人类对生产资料的制造和利用，建立起了现代大工业，极大地提高了人类社会的物质生产力。以最先开始科学革命的英国为例，直到 16—17 世纪，英国还是一个农业国，甚至从世界范围来看还远远算不上农业强国。但工业革命使"工业的经济地位迅速超越了农业，英国成为世界上第一个迈入工业化的国家。到 1860 年，英国的人口虽然仅占世界人口的 2%，但英国的钢铁产量占全球产量的 53%，煤产量占全球产量的 50%，原棉产量占全球产量的近一半，贸易量占全球贸易量的 20%，拥有全球 1/3 的船舶和 40%～45% 的工业生产能力，成为名副其实的世界工厂"[②]。

---

① ［荷］托马斯·克伦普：《制造为王：发明、制造业、工业革命如何改变世界》，陈音稳译，北京：中国科学技术出版社，2023 年，第 291 页。

② 韩民青：《18 世纪英国产业革命的若干启示》，《理论学刊》，2024 年第 7 期。

生产和贸易的发展，更直接的影响就是英国民众的生活水平有了极大的提高。人们对物质世界本质认知的重大进步，往往会引起社会生产方式和生活方式的巨大改变，引发新的技术和产业，即引起物质生产技术的重大进步和诞生全新的产业。从量的积累到局部质变再到整体质变，属于每个时代和发展阶段的新质生产力都不可能瞬间达成。西方在 18 世纪和 19 世纪以后，每当遇到技术发明瓶颈的时候，可以通过对基础科学进行投资的方式来克服这种瓶颈，使技术发明可能曲线不断右移，开发出新的技术发明空间。①也就是说，依靠不断发展新的观察手段、研究方法和数学工具，建立起的化学、物理、生物等科学知识体系，以及天才头脑中的想法、科学家实验室里的试验、工程师绘制的图纸、工厂车间里的样机等。科学革命为人们带来了新的机械、新的能源动力（包括蒸汽和电力），提供了机械化和自动化的工具及新的生产技术，形成了多次技术层面的革命，催生了多种全新的行业，再一次极大地提升了人们的生活质量，也从根本上改变了人类社会的生产组织形式，诞生了资本主义和社会主义等前所未有的政治、经济制度，建立起人类历史上的工业文明。②

历史上，无数文明的盛衰更替揭示了这样一个真理：生产力的发展不仅决定着社会的物质基础，更是推动文明进步、实

① 林毅夫：《解读中国经济》，北京：北京大学出版社，2014 年，第 47 页。
② 刘民钢：《人类历史上的三次科学革命和对未来发展的启迪》，《上海师范大学学报》（哲学社会科学版），2018 年第 6 期。

现自我超越的核心动力。[①]而文明的衰落往往源于生产力的停滞或退步，导致社会发展的动力减弱。汤因比指出，文明衰落实质上是"少数创造性群体丧失了创造能力，大多数人不再进行相应的模仿，随后整个社会出现分裂"[②]。中国依靠巨大的人口规模和深厚的技术积累，在农业和手工业领域取得了瞩目成就，然而以改良蒸汽机为代表的技术进步推动的第一次工业革命后，依赖人力、畜力的农业生产力在工业生产力面前不堪一击。有学者测算，1750 年，中国在全球制造业产出中占据了 32.8% 的份额，居世界首位，而英国的份额仅为 1.9%。随着时间的推移，特别是进入 19 世纪，中国的份额虽然略有上升至 33.3%，但英国的份额也增至 4.3%，显示出工业革命初期英国工业的迅速成长。到了 1830 年，中国的全球制造业产出份额下降至 29.8%，而英国则上升至 9.5%。到 1860 年，这一趋势更加明显，中国的份额下降到 19.7%，而英国则提高至 19.9%，超越中国成为世界制造业的领导者。1880 年，中国的全球制造业产出份额进一步下滑至 12.5%，而英国的份额上升至 22.9%，[③]最终奠定了西方在首次现代化竞赛中的领先地位。

① 周文、余琦：《新质生产力与人类文明新形态：理论逻辑和实践路径》，《经济纵横》，2024 年第 5 期。

② ［英］阿诺德·汤因比：《历史研究：上卷》，郭小凌等译，上海：上海人民出版社，2016 年，第 247 页。

③ ［美］保罗·肯尼迪：《大国的兴衰：1500—2000 年的经济变迁与军事冲突》，陈景彪等译，北京：国际文化出版公司，2006 年。

三、现代化的特征

（一）解构与建构：西方现代化的不同侧面

现代化从西方开始，因此，一直以来对现代化特征的讨论，往往成为西方现代化的成功经验总结。诚然，西方现代化是现代化的先行者，但它并非实现人类现代化的唯一答案和最优选择。用"西方中心论"视角看待现代化历史的主要问题是：西方崛起是不可避免和注定的。这是历史的辉格解释，即将现代西方主导世界作为既定事实，然后去追溯过去，寻找所有使这些事实成立的独特的西方因素。这种理论探索就以东方落后是注定的，西方先进则是永恒的而告终。[①]不同于欧洲中心神话中纯粹西方的本质，好像西方的崛起是神奇的、纯粹的，是从天而降、本来如此的"应许之物"。[②]实际上，没有一个社会会一下子充分长成，好比智慧女神密涅瓦从朱庇特头颅里生成的神话那样，而是不同侧面在不同时期出现，现代化往往是新旧模式相互作用的结果。[③]作为"系统工程"的西方现代化，是由政治、经济、文化和社会等多方面的"构件"组成的，从渐趋形成到最终成型，是历经文艺复兴、科学革命、启蒙运动、工业

①　周文：《国家何以兴衰：历史与世界视野中的中国道路》，北京：中国人民大学出版社，2021年，第58页。

②　［英］约翰·霍布森：《西方文明中的东方起源》，孙建党译，济南：山东画报出版社，2009年，第263页。

③　［美］丹尼尔·贝尔：《后工业社会的来临》，高铦等译，江西人民出版社，2018年，序言第13页。

革命的历史积淀以及力量博弈的产物。[①]以解构与建构的角度理解西方现代化，有助于从更深层次把握西方现代化的本质特征，祛除对"西方中心论"神话的盲信盲从。

"西方"这一概念在不同时代其含义不同。作为一个跨大西洋的整体概念，1890 年之前几乎无此提法。欧洲和北美在文化和政治方面的实力差距逐渐缩小，才令该概念首先在盎格鲁-撒克逊文化圈内上升为一个口号。它有狭义和广义两层含义：狭义的"西方"概念不包括被认为落后的东欧、俄国和巴尔干地区，广义的"西方"则关注是否属于"西方文明"，与种族无关。[②]基于狭义的概念，西方文明与现代化之间总被认为存在着天然的联系。彼得·瓦格纳提出，现代性是与传统和过去的"深刻决裂"，是"科学革命、工业革命、民主革命""一系列大革命的特别后果"。[③]其中，西方文明最卓著的成就和其展现出的现代化特征之一便是工业化。[④]实际上，人类制造产品的历史由来已久，无论是家庭还是国家，经济不可能离开制造产品而存在。但工业化的历史要短得多，它指的是一场经济转型，其规模与涉及的领域与制造产品迥然有别。[⑤]欧洲是世界上最先开

---

① ［西］胡里奥·克雷斯波·麦克伦南：《欧洲：欧洲文明如何塑造现代世界》，黄锦桂译，北京：中信出版社，2020 年，第 3 页。

② ［德］海因里希·奥古斯特·温克勒：《西方通史（第 1 卷）：从古代源头到 20 世纪》，丁娜译，社会科学文献出版社，2019 年，第 1 页。

③ Wagner, Peter, *Modernity as Experience and Interpretation: A New Sociology of Modernity*, Cambridge: Polity Press,2008,p. 3.

④ 徐滨：《欧洲文明进程·工业化卷》，北京：商务印书馆，2024 年，第 4 页。

⑤ ［美］杰里·H. 本特利主编：《牛津世界历史研究指南》，陈恒等译，上海：上海三联书店，2024 年，第 391 页。

始工业化的地区，人类由此开始了从农业社会转向现代社会的历程。这种根本性的转变，被罗斯托在《经济增长的阶段：非共产党宣言》中所概括：工业化标志着一个经济体处于"起飞"阶段，并向"走向成熟"阶段的跃升过程。[1]

工业化为西方带来了现代化的动力——库兹涅茨所说的"现代经济增长"[2]，使19世纪的欧洲经济增长速度显著超越了18世纪。尤其是在19世纪30至70年代，英国的人均GDP年均增长率达到1.5%，欧洲大陆的多个国家同样表现出上升态势：比利时的年均增长率已达到1.7%，处于工业化边缘地带的俄罗斯、波兰等国的年均增长率也超过了0.5%。[3]当然，从现代化的历史来看，工业化的影响远非机器、技术和高效率的生产带来的经济增长所能概括。英国的经验表明：机械化和工厂化是并行推进的。工业化社会不仅因为机器的使用而普及了工业，更因为工业的发展而深刻改造了社会。[4]阿诺德·汤因比认为：工业革命的本质，是以竞争取代了以前控制着财富的生产和分配的各种中世纪规章制度。至于制造业，最突出的事实是工厂制度取代了家庭手工业制度。一个由大资本家和雇主构成的新兴阶级迅速积累了巨额财富，他们往往不再亲身参与工厂

---

① ［美］罗斯托：《经济增长的阶段：非共产党宣言》，郭熙保、王松茂译，北京：中国社会科学出版社，2001年。

② ［美］西蒙·库兹涅茨：《各国的经济增长》，常勋译、石景云校，北京：商务印书馆，2017年。

③ Broadberry, Stephen, and Kevin H. O'Rourke, eds., *The Cambridge Economic History of Modern Europe*, 2Vols, Cambridge: Cambridge University Press, 2010, p. 220.

④ 钱乘旦：《第一个工业化社会》，成都：四川人民出版社，1988年，第55页。

事务，甚至不再认识成百上千的工人。这种状况使得传统的师傅与学徒之间的关系彻底消失，"金钱关系"取代了原有的自然纽带。为了维护自身权益，工人们选择了通过工会结社来进行斗争。斗争双方成为不共戴天的敌人，而不是共同的生产者。①

西方民族国家的兴起也与工业化密切相关。这是因为，工业化的完成方式不尽相同，但都离不开政府力量的参与。②如查尔斯·蒂利所说，当强制资源的积累和集中一起发展时，就产生了国家。③在工业化进程中，欧洲由一个支离破碎的政治单位拼凑物转变为相互竞争的各民族国家。欧洲的君主或主政者为了增强自身的实力而保护工业生产、授予垄断权，甚至给对手以贸易封锁和武力威胁，并主动吸引外部新技术人才和建立垄断性产业，同时也会尽力阻止本土的技术和人才外流。④例如，法国的科尔贝通过授予王室开办的制造业大量排他性特权，向从事海外贸易的公司颁发特许状，向发明家和创业者提供特殊保护，来扶持国内的工业生产。所谓"科尔贝主义"的本质在于：在国家落后的情况下，通过国家行政力量干预和组织经济活动，以追赶工商业的领先者。⑤对此，李斯特给予高度评价："人人晓得，自从科尔贝执政以后，法国才第一次有了大工

①［英］阿诺德·汤因比：《产业革命》，宋晓东译，北京：商务印书馆，2019 年，第 77、82、86 页。

② 张培刚：《农业与工业化》，北京：商务印书馆，2019 年，第 161 页。

③［美］查尔斯·蒂利：《强制、资本和欧洲国家：公元 990—1992 年》，魏洪钟译，上海：上海人民出版社，2012 年，第 24 页。

④ 徐滨：《欧洲文明进程·工业化卷》，北京：商务印书馆，2024 年，第 252 页。

⑤ 梅俊杰：《论科尔贝及其重商主义实践》，《社会科学》，2012 年第 12 期。

业。"①简而言之，将经济工业化当作一项国家工程来推进的国家，同其他国家相比常常具有一定的优势。纵然出现了诸多的不平等，它也构建了民族统一、国家独立的社会共同感。②这一点对于面临现代化竞争的任何国家来讲，都是至关重要的。

　　工业化需要经济空间作为载体，而城市正是承载着工业的主要阵地，因此城市化也是现代化的重要特征。在欧洲，城市的形成并非稳步推进，而是表现出某些时期的剧烈迸发，或伴随着停滞与衰退。但在19世纪，欧洲城市人口呈现出爆发式增长。在工业化进程和国家发展的双重推动下，大规模人口迁移由乡村涌向城市、小城市流向大城市，形成了城市人口激增的格局。③在希克斯看来，"城邦作为存在于西方历史上因而在整个世界的历史上的一种组织形式乃是一种重要的和具有特殊意义的组织形式"④。卡洛·奇波拉甚至将城市的重要性拔高到："一切后来的发展，包括工业革命和它的产物，其根源都可以追溯到中世纪时代的城市发展。"⑤城市是专业商人的聚集地。从自给自足经济到市场化的过程，就是商业逐步渗透并进而替代乡村经济的过程，商业扩展带动工业增长，并最终导致了现代

①［德］弗里德里希·李斯特：《政治经济学的国民体系》，陈万煦译，北京：商务印书馆，2017年，第289页。
②周文：《国家何以兴衰：历史与世界视野中的中国道路》，北京：中国人民大学出版社，2021年，第258页。
③［美］杰里·H.本特利主编：《牛津世界历史研究指南》，陈恒等译，上海：上海三联书店，2024年，第291页。
④［英］约翰·希克斯：《经济史理论》，厉以平译，北京：商务印书馆，1987年，第39页。
⑤［意］卡洛·M.奇波拉主编：《欧洲经济史》（第1卷），徐璇译，北京：商务印书馆，1988年，第10页。

经济增长的出现。①在此过程中，城市定居点的存在并不仅仅为了安置大量集中居住的工人，而是扮演着复杂而多重的角色：区域劳动力的有效配置，保障所需人力、商品与信息的稳定流通，同时强化本地与外部市场及资源的紧密联系——包括实物层面的原料、设备，及无形层面的资本与观念。②

城市逐渐成为国家经济文化发展的中心（有的港口城市成为全球经济的中心，其商业的、技术的和文化的影响力渗透到其背后的内陆地区），形成了人口、资源和产业的集聚效应。③这种集聚不仅推动了经济增长，还促使城市的道路、码头、桥梁等迅速发展，同时扩建了支持交换与生产，容纳大部分固定资本的必要设施，如集市、车间、仓库、住宅。④这些城市内部如胶囊般集中着巨大的产业力量，是所有工业国家的特征。与此同时，城市在提升居民福利方面也设计了相应的公共基金计划，博物馆、美术馆、市政厅、中心医院等公共设施的建设，进一步提升了国家的现代化水平。布鲁克林大桥通车时，一位骄傲的当地店主曾在橱窗挂上牌子："巴比伦有她的空中花园，埃及有她的金字塔，雅典有她的卫城，罗马有她的万神殿；那

---

① 徐滨：《欧洲文明进程·工业化卷》，北京：商务印书馆，2024 年，第 138 页。

② ［美］霍恩伯格、［美］利斯：《都市欧洲的形成 1000—1994 年》，阮岳湘译，北京：商务印书馆，2009 年，第 184 页。

③ ［英］约翰·达尔文：《港口城市与解锁世界：一部新的蒸汽时代全球史》，孙伟译，上海：译林出版社，2024 年，第 83 页。

④ ［美］保罗·M.霍恩伯格、［美］林恩·霍伦·利斯：《欧洲城市的千年演进》，阮岳湘译，北京：光启书局，2022 年，第 162 页。

么，布鲁克林现在有了她的大桥。"①美国诗人詹姆斯·韦尔登·约翰逊宣称："纽约是美国最具影响力的魔物，像一个女巫，蹲在我国大门口。"②如同以往的商都大邑雅典、亚历山大里亚、开罗和伦敦一样，20世纪20年代的纽约人把他们的城市看成一种新型城市的先驱，其熠熠闪光的玻璃幕墙高楼和灰暗的街道景色，已然是现代大都市的标杆。

西方城市化带来的"文明效应"如前所述，但从另一个角度观察，情形却截然不同。工业城市中杂乱无章的工厂、密密麻麻的铁路、凌乱的煤矿，构成一幅幅视觉和社会污染的画面。英国历史学家阿萨·布里格斯称19世纪的曼彻斯特为"震惊城市"，以此描述快速工业化在经济、社会和文化生活中所引发的强烈冲击，这种冲击不仅令英国，更让整个世界感到震惊和不安。正如查尔斯·纳皮尔所言："曼彻斯特是世界的烟囱……好一个去处！地狱的入口就在这里！"③除环境恶化外，工业城市还因精神和文化上的负面影响而备受诟病。恩格斯对19世纪的城市生活进行了尖锐批判，指出新兴城市中的社会关系是一种"自杀式的存在"：一方面是冷漠无情的个人主义，另一方面则是令人窒息的贫困景象，处处显现出社会冲突即将爆发的迹象。随着城市规模的扩大和专业分工的深化，复杂的城市社会呈现出日益支离破碎的趋势。阶级、社群和文化逐渐分化，城市如

---

① ［英］约翰·里德：《城市》，郝笑译，北京：清华大学出版社，2010年，第316页。

② 转引自［美］乔尔·科特金：《全球城市史》，王旭等译，北京：社会科学文献出版社，2014年，第163页。

③ 转引自［英］本·威尔逊：《大城市的兴衰：人类文明的乌托邦与反乌托邦》，龚昊、乌媛译，北京：湖南文艺出版社，2023年，207页。

同一块拼凑的马赛克，由不同的阶级和亚文化构成一个个鲜明而又彼此对立的社会单元。[①]这不仅带来了生活质量的巨大差异，也加剧了不同阶层之间的矛盾和对立，犯罪、暴力和社会冲突逐渐成为西方城市生活中的常态。

城市在西方现代化的另一个特征——个人理性化和自由主义的兴起中也具有重要地位。中世纪流传着一句谚语："城市的空气使人自由！"只要在城墙围绕的城市内居住满一年零一天，居民便可获得自由权。这使得城市如汪洋中的孤岛，成为封建秩序中少有的自由之地。正是这份自由，让已定居的商人和工匠能够与来自不自由农村的新住户逐渐融合，形成了一个独特的市民社区。在此过程中孕育了历史上独特的"市民阶层"[②]。时间回拨到 15 世纪初，欧洲正处于中世纪的暮年，宗教的权威与教会文化使人们普遍感到压抑，人们渴望获得更加自由的精神空间。同时，随着大量希腊和罗马古籍的重新发现，古典文化的典雅与丰富引发了深刻共鸣，人们希望复兴这一早已湮没的古典辉煌，因此诞生了"文艺复兴"之名。"他（但丁）是中世纪的最后一位诗人，同时又是新时代的最初一位诗人"[③]，正是指的这一特殊历史时期。如黎明前的微光在远方地平线上显现，人们对光明与自由的向往愈发强烈。罗素曾言，他们不过

---

① ［美］保罗·M.霍恩伯格、［美］林恩·霍伦·利斯：《欧洲城市的千年演进》，阮岳湘译，北京：光启书局，2022 年，第 247 页。

② ［德］海因里希·奥古斯特·温克勒：《西方通史（第 1 卷）：从古代源头到 20 世纪》，丁娜译，社会科学文献出版社，2019 年，第 64 页。

③《马克思恩格斯文集》（第二卷），北京：人民出版社，2009 年，第 26 页。

是在用古典文化的权威替代教会的威权。[①]这些致力于社会更新的人文主义者，将古典时代理想化，认为罗马帝国崩溃后历史陷入千年蒙昧，直至此时理性之光方才重现。[②]

如布罗代尔所言："在欧洲整个漫长的历史长河中哪一个问题在时间和空间上最常出现。毫无疑问……'自由'一词是一个要害之词。不管怎样，到了今天，在陷入意识形态之争的时候，西方世界为自己选择了'自由世界'的称号。"[③]早在伯里克利主持雅典阵亡将士的葬礼时就高呼："要自由，才能有幸福。要勇敢，才能有自由。"[④]起源于古典时代的对自由的向往，经过文艺复兴及后来的启蒙运动激发了个人理性的觉醒，人们对自由主义理念逐渐产生高度认同，为西方现代化奠定了思想基础。西塞罗所推崇的人类特有的理性能力逐步应用于探索各个未知领域。在开拓新世界的过程中，理性成为驱动力——大西洋不再是阻碍欧洲向西发展的屏障。同时，理性为科学理解的启蒙奠基，成为通向现代思想的重要引领，开启了通往现代化的新篇。[⑤]许多西方人认为，自由是西方社会从古至今最核心、最根本的价值观。虽然这一看法不一定正确，但是说自由

---

①　[英]罗素：《西方哲学史》（下卷），马元德译，北京：商务印书馆，1982年，第7页。

②　赵文洪、赵秀荣：《欧洲文明进程·自由观念卷》，北京：商务印书馆，2023年，总序第6页。

③　[法]费尔南·布罗代尔：《文明史——人类五千年文明的传承与交流》，常绍民等译，北京：中信出版社，2014年，第339页。

④　转引自[古希腊]修昔底德：《伯罗奔尼撒战争史》（上册），谢德风译，北京：商务印书馆，1960年，第149页。

⑤　[美]玛格丽特·L.金：《欧洲文艺复兴》，李平译，上海：上海人民出版社，2015年，第396~397页。

观念在西方思想史上占有极其重要的地位，却是符合事实的。[①]很多人也把整个西方现代化的成功归功于理性，正因如此，自由主义文化价值观逐渐在全球范围内传播，并被视为一种"普世"标准，深刻影响了世界的现代化进程。

尽管理性化和自由主义为西方社会带来了诸多成就，但今天我们也看到，这些理念的过度推崇导致了许多的矛盾和混乱：不仅造成西方国家内部难以弥合的分歧，也持续向世界输出新自由主义的"霍乱"。正如文艺复兴的"蒙娜丽莎微笑"常被视为西方自由与个性解放的象征，揭开"肖像上的面纱"才能发现，光鲜外表的背后也包含了不容忽视的代价[②]：暴力、冲突、战争、欺诈与混乱并存，成为西方现代化的复杂遗产。例如，马克·里拉在《分裂的美国》中指出，身份自由主义本意是关心不同身份群体，结果却使他们变得更加脆弱。自由派对少数族裔的关注有其正当性，因为他们确实面临权利被剥夺的风险。然而，有效地捍卫他们的权利不应仅止于空洞的承认或象征性的"歌颂"。身份自由主义的偏离方向导致文化多样性在政治中的"溢出"现象，这些文化差异激化为对抗，瓦解了美国社会的政治共识。[③]而在国际上，追求"夺取第一，建设第二"成为

---

① 赵文洪、赵秀荣：《欧洲文明进程·自由观念卷》，北京：商务印书馆，2023 年，总序第 1 页。

② 文一：《科学革命的密码——枪炮、战争与西方崛起之谜》，上海：东方出版中心，2021 年，第 6 页。

③ ［美］马克·里拉：《分裂的美国》，马华灵、顾霄容译，上海：上海人民出版社，2022 年，第 29~30 页。

新自由主义"反罗宾汉"的显著特征——"劫贫济富"[①]。全球资源和财富不断从贫困地区流向富裕国家，强取豪夺、祸乱世界之心从未止歇。杰森·摩尔指出，若资本主义体制不发生根本性改变，更大的危机仍在前方等待。[②]

理性化和自由主义在政治实践中催生了西方的政治民主化，这也是西方现代化的重要特征。启蒙运动为许多现代政治信念奠定了基础，例如，依法治国而非人治；政府应分权以防止权力过度集中；人民主权的理念（权力应完全或至少部分反映人民的意愿或利益），在 18 世纪的法国大革命和"开明专制"时期得到了充分宣扬，成为现代民主政治的核心原则，[③]政治革命也被看作是工业革命的先导。[④]但实际上，这些先进的政治理念在西方往往是"口惠而实不至"。通常认为，西方政治现代化可以追溯到 1688 年"光荣革命"后《权利法案》的通过。起因于议会与斯图亚特封建王权冲突的剧变，揭开了欧洲政治革命的序幕。[⑤]尽管这并未立即使英格兰成为议会君主制，却形成了新的政治运行规则：国王任命政府，而政府由议会协商产生，并与君主一样受到法律约束。议会制度在英国真正稳固下来又经

① 赵文洪、赵秀荣：《欧洲文明进程·自由观念卷》，北京：商务印书馆，2023 年，第 330 页。

② ［美］杰森·摩尔：《地球的转型——在现代世界形成和解体中自然的重要性》，赵秀荣译，北京：商务印书馆，2015 年，第 48 页。

③ ［美］约翰·梅里曼：《欧洲现代史：从文艺复兴到现在》（上册），焦阳、赖晨希、冯济业、黄海枫译，上海：上海人民出版社，2016 年，第 303 页。

④ ［意］维拉·扎马尼：《欧洲经济史：从大分流到三次工业革命》，任疆译，北京：北京大学出版社，2023 年，第 13 页。

⑤ ［美］斯塔夫里阿诺斯：《全球通史：从史前到 21 世纪》（下册），王皖强译，刘北成审校，北京：北京大学出版社，2024 年，第 563 页。

历了约 30 年。自 1707 年起，国王对议会决议已无否决权。辉格党的罗伯特·沃波尔爵士作为下议院多数派领袖，于 1721 年成为英国首位正式首相，主要原因并非因其雄辩能力出众，而是靠金钱贿赂议员。议会制度的确立并未带来更高的政治道德标准，依然靠利益交易来维系其运作。①

西方政治民主化在很多时候停留在"空想"的层面。例如，作为西方民主理论前提的"社会契约论"，认为"人们让渡自然权利给国家，国家形成公权力以保护公民个人"②。但这完全是一种幻想。毕竟，谁能真正代表人民与统治者签订社会契约？我们从西方民主政治的实践中找不到答案。现实中的西方政治运行遵循的反而是"金钱是政治的母乳"这一耳熟能详的逻辑。今天的美国总统和议员选举无不受到金钱的支配，左右总统人选的是华尔街的金融巨头，因为他们能够慷慨提供"政治献金"，助力候选人竞选上台。竞选成功后，总统自然要回报这些资助者，竞选时的承诺往往因此打折，更多地去满足资助者的利益。美国的政治花费也说明了这一趋势。1860 年，共和党为林肯的竞选花费不过 10 万美元；而到 1960 年，这笔金额只够支付半小时的全国电视广告费用。近年来，每次参议院选举，花费在 400 万美元以上的参议员高达 20 余人，另有 30 多人花费 300 万美元左右。巨额花费的背后是金融危机带来的经济低迷、失业率高和联邦财政负债累累，令普通民众愤怒不已。对

---

① ［德］海因里希·奥古斯特·温克勒：《西方通史（第 1 卷）：从古代源头到 20 世纪》，丁娜译，北京：社会科学文献出版社，2019 年，第 171~173 页。

② ［法］让-雅克·卢梭：《社会契约论》，何兆武译，北京：商务印书馆，2010 年，第 19 页。

此，《华盛顿邮报》批评道，美国国会已然成为"富人的国会"，服务于富人的统治，为富人谋福利。①

有西方政治家曾说"民主是一种最不坏的制度"，这是一种选择，然而这种选择并不是放之四海而皆准的。所谓民主体制，在尚未完成现代化进程的国家中反而引起了空前的动荡和混乱，因此探索一条真正符合国情的现代化道路并非易事，但照搬西方制度一定会产生"橘生淮北则为枳"的效果。②从全球民主制度的现状来看，"移植"的民主制度如果无法融入本国就会"水土不服"，现代国家的治理就无从谈起。世界秩序的变迁加速，国家能力建设应得到更多的重视，国家治理能力的提升必须走向现代化，否则在危机面前，国家和社会将陷入困局。国家能力是国家治理不可或缺的力量，是制度建构与治理效能融合的基础，重塑国家能力需要良好的制度支撑和勇于变革的思想。现代西方民主制度的所谓优越性已受到现实的严重挑战，精英脱离群众及民粹思想的泛滥正在侵蚀全球治理的根基，全球化的分裂比以往任何时候都更加突出。重塑全球治理体系、加强国际合作、消除分歧和达成共识已成为当务之急。③

（二）聚光灯之外：西方现代化不是"理想国"

19 世纪的荷兰文艺评论家比斯肯·许埃特在评论荷兰画家伦勃朗时说："最好的历史记载就如同运用伦勃朗的技巧：它将

---

① 赵文洪、赵秀荣：《欧洲文明进程·自由观念卷》，北京：商务印书馆，2023 年，第 327 页。

② 周文：《国家何以兴衰：历史与世界视野中的中国道路》，北京：中国人民大学出版社，2021 年，第 86 页。

③ 周文：《国家何以兴衰：历史与世界视野中的中国道路》，北京：中国人民大学出版社，2021 年，第 405 页。

一束耀眼的光线投射在某些选择出来的因素上面，投射在那些最完美、最重大的因素上面，而将其余的一切都留在阴影里和看不见的地方。"①然而，西方现代化的本质特征，不能只是在"灯光"下寻找。戈德斯通就认为："近200年来，欧洲人把他们在全球范围内的突然崛起归因于自己出众的优秀品质。他们从古希腊、罗马直到文艺复兴的历史中找出种种理由，以说明他们获得了对世界的某种洞见。他们以自己繁荣的城市和贸易为自豪，却常常忘记了当他们加入世界贸易循环的时候，大都市和繁荣的贸易早已经在亚洲存在了。"②在长时间的"西方中心论"影响下，许多人误以为西方道路是现代化的唯一途径。西方以自身为绝对参照系，不断放大自身优越性，导致人们在错误的地方寻找现代化的答案。事实上，现代化是充满内在张力的世界历史进程，西方现代化在带来工业化、城市化、理性化和民主化的同时，还滋生出诸多"现代化悖论"：资本逻辑主导、物质过度膨胀、自由主义泛滥，以及根深蒂固的"西方中心主义"，这与西方所标榜的"理想国"有天壤之别。

恩格斯指出："由于文明时代的基础是一个阶级对另一个阶级的剥削，所以它的全部发展都是在经常的矛盾中进行的。"③西方现代化进程就是不断制造现代化悖论的发展历程，资本主义文明发展历史正是"在它不断地重新制造出来而又无法克服

---

① 转引自陈乐民、周弘：《欧洲文明进程》，北京：生活·读书·新知三联书店，2003年，第330页。

② [美]杰克·戈德斯通：《为什么是欧洲？世界史视角下的西方崛起（1500—1850）》，关永强译，杭州：浙江大学出版社，2010年，第18页。

③《马克思恩格斯文集》（第四卷），北京：人民出版社，2009年，第196~197页。

的矛盾中运动，因此，它所达到的结果总是同它希望达到或者佯言希望达到的相反"[1]。西方现代化是蕴含内外双重矛盾对抗的现代化，呈现出显著的内部失衡性与强烈的外部扩张性特征。内部失衡性鲜明地体现为发展不平衡性、发展严重不公性以及社会分裂对抗性，外部矛盾性主要表现为侵略扩张性、专制排他性与剥削压榨性。对外剥削压榨和对内压迫榨取贯穿西方现代化进程的始终，西方现代化就是一条依靠资产阶级剥削无产阶级、发达资本主义国家剥削发展中国家的现代化道路，它存在着周期性经济危机、巨大的贫富差距、突出的精神文化矛盾、严重的社会分裂、紧张的人与自然关系等发展难题，天然地无法支持发展中国家实现现代化，反而是以牺牲世界其他国家的现代化维持自身的繁荣状态。[2]历史已经给出明证：迄今为止西方现代化250余年的发展历程，仅让西方世界不到10亿人口步入了现代化，却让非西方世界付出了巨大代价。这是一条速度缓慢、效率不高、质量不高、两极分化严重和矛盾尖锐的现代化道路。

西方现代化是资本逻辑主导和发展严重失衡的现代化。一方面，以资本为中心、遵从资本逻辑自发驱动、以实现资本无限积累为目的的西方现代化导致了发展的不公平性。西方现代化是物的现代化与人的异化的现代化进程，由此形成了普遍的商品拜物教与金钱拜物教，同时现代资本主义的发达文化工业

---

[1] 《马克思恩格斯文集》（第九卷），北京：人民出版社，2009 年，第276 页。

[2] 周文：《再论中国式现代化与人类文明新形态》，《求索》，2023 年第 5 期。

将人塑造成能够在每个产品中都实现不断再生产的类型，①这导致了人类精神领域的荒芜衰退。在资本无限增殖逻辑的主导下，资本主义现代化不仅是人统治着人，而且是物统治着人，这塑造了高度丧失主体性与自反性、沦为资本积累工具的单向度的人，带来的必定是资本与贫困的双重积累。②另一方面，资本主义现代化道路无法根本解决贫困问题。贫富差距悬殊是这一模式的必然产物，各资本主义国家长期面临内部贫困问题，财富集中导致贫富悬殊愈演愈烈，社会两极分化不断加深。西方现代化更无法消除阶级剥削与压迫，注定引发阶级矛盾对立和社会对抗分裂。美国作为全球第一大经济体，却是"富者愈富、贫者愈贫"现象最为严重的国家，财富不平等、中产阶级萎缩、阶层固化和贫困问题从未得到有效解决，反而持续恶化。这种分化不仅加剧了美国社会的动荡，也对世界和平与发展构成潜在威胁。③综观西方现代化历史，贫富分化并非美国特例，而是所有资本主义现代化国家面临的普遍问题。恩格斯指出，资本主义发展意味着"一边是世袭的富有，另一边是世袭的贫困"④。资本主义生产方式本质上是一种"两重积累"的过程，其制度内在的矛盾不可避免地导致现代化过程中两极分化的

① ［德］马克斯·霍克海默、［德］西奥多·阿多诺：《启蒙辩证法——哲学断片》，渠敬东、曹卫东译，上海：上海人民出版社，2006 年，第 114 页。
② 周文、肖玉飞：《中国式现代化道路的独特内涵、鲜明特征与世界意义》，《马克思主义与现实》，2022 年第 5 期。
③ 周文、唐教成：《西方现代化的问题呈现与中国式现代化的创新发展》，《中国高校社会科学》，2023 年第 6 期。
④ 《马克思恩格斯文集》（第四卷），北京：人民出版社，2009 年，第 336 页。

格局。

　　西方现代化是物质过度膨胀和走向自我毁灭的现代化。一方面，西方现代化是物的高度膨胀与人的高度异化的现代化，"商品拜物教"是物质中心主义的必然结果。物质文明的高度繁荣与尖锐的精神文化危机以及人与自然的紧张对立关系形成鲜明对比。[1]西方现代化不仅通过资本与现代形而上学的"合谋"征服自然，最大限度地榨取自然以满足资本增殖需求，导致人与自然的紧张对立，而且物质中心主义现代化还引发了西方发达工业社会普遍的精神文化危机，逐渐形成普遍流行的物质享乐主义、无节制消费主义的社会思潮，社会成员放纵沉溺于感性需要与物质满足，拜金主义、利己主义、虚无主义盛行，社会伦理道德不断消解。另一方面，西方工业文明社会是自我毁灭的工业化的未来。[2]西方工业文明之所以是不可持续的文明模式，是因为其采用无限攫取自然资源以实现资本积累的生产方式，以及无节制的消费主义的生活方式，引发了全球资源短缺、世界能源危机、生态环境危机泛滥、享乐主义泛滥等问题。"当代的一个尖锐问题就是要弥合工业文明的深刻分裂。"[3]工业文明呈现出鲜明的矛盾性，即"它能够将人类的物质财富增加到前所未有的水平，它也能对社会造成前所未有的伤害"[4]。资本

---

① 周文：《再论中国式现代化与人类文明新形态》，《求索》，2023 年第 5 期。

② ［日］山本新、［日］秀村欣二：《中国文明与世界——汤因比的中国观》，北京：东方出版社，1988 年，第 44 页。

③ ［美］丹尼尔·贝尔：《后工业社会的来临》，高铦等译，江西人民出版社，2018 年，第 105 页。

④ ［德］格罗·詹纳：《资本主义的未来：一种经济制度的胜利还是失败》，北京：社会科学文献出版社，2004 年，第 6 页。

主义发达工业文明的现实已经昭示：资本主义工业文明的每一次巨大经济进步都会引发前所未有的社会灾难。资本主义社会的社会结构（经济秩序）和文化之间存在惊人的分裂，导致了所有西方资产阶级社会的历史文化危机，这种文化矛盾将作为西方现代社会的致命"肿瘤"而长期存在。①

西方现代化是自由主义泛滥和不断侵略扩张的现代化。一方面，自西方古典自由主义面世以来，"治理中的国家角色"便成为西方治理模式的焦点问题。20 世纪 90 年代，"国家的回退"②成为西方国家治理的信条。无论是在理论上还是在实践过程中，一些西方人都坚持消解国家权威的逻辑。如詹姆斯·罗西瑙的《没有政府统治的治理》等，都是在自由主义内部围绕"国家在不在场"而争论③，都是为扩大生产和实现资本增殖而服务，看不到问题的源头——资本主义生产必然导致生产的无政府状态，更看不清西方发展困境的本质——国家治理模式的困境。当前西方国家在治理实践上的失败，正是国家治理体系不完善、治理能力不足造成的。"如今西方世界所面临的经济、社会、政治困境……制度的病态化正在蚕食过去 500 年以来西方社会制度演变所带来的成果，这甚至称得上是'不光彩的革

---

① ［美］丹尼尔·贝尔：《资本主义文化矛盾》，南京：江苏人民出版社，2012 年，第 88 页。

② ［英］安德鲁·海伍德：《政治学》，张立鹏译，北京：中国人民大学出版社，2006 年，第 125 页。

③ 陈进华：《治理体系现代化的国家逻辑》，《中国社会科学》，2019 年第 5 期。

命'。"①另一方面，近代以来西方资本主义世界的崛起是一部剑与火、血与泪的惨痛历史，西方现代化的血腥原始积累以殖民掠夺世界其他国家和施行殖民统治作为代价。西方崛起的历史真相是"征服、奴役、劫掠、杀戮，总之，暴力起着巨大的作用"②，是一部早期依靠殖民扩张作为原始资本积累，后期凭借帝国主义方式实行外围国家政治经济依附、榨取他国劳动价值的现代化发展史。正是强权造就了西方的富足，强权是确保富足的有效途径，富足反过来又为强权提供原动力。③西方现代化破坏了他国实现现代化的基础条件与经济前提，使其成为国际垄断资本主义政治经济秩序的依附性存在与边缘性角色。

西方现代化是"西方中心主义"和世界动荡不安的现代化。一方面，西方现代化的发展"正像它使农村从属于城市一样，它使未开化和半开化的国家从属于文明的国家，使农民的民族从属于资产阶级的民族，使东方从属于西方"。二战结束后，尽管许多国家成功摆脱了西方的殖民统治，但殖民主义的完结并不意味着西方霸权统治的消亡。相反，借助"西方中心论"，西方国家在经济、政治和文化领域仍然维系着各种隐形的霸权，并继续干预和影响着其他国家的发展。在将这些霸权文化中的基本价值观念简化为一套包括自由市场经济模式、政治民主化

---

① ［英］尼尔·弗格森：《西方的衰落》，米拉译，北京：中信出版社，2013年，第15页。

② 《马克思恩格斯文集》（第五卷），北京：人民出版社，2009年，第821页。

③ ［美］罗纳德·芬德利、［美］凯文·奥罗克：《强权与富足：第二个千年的贸易、战争和世界经济》，华建光译，北京：中信出版社，2012年，第255页。

等内容的意识形态教条后，西方国家大肆宣传和兜售这些观念的普适性。显然，霸权是西方维系资本主义优势地位的重要手段，是西方实现现代化的捷径，更是西方认定"国强必霸"历史逻辑的根源。[①]另一方面，自从西方国家开启全球化序幕以来，西方引领的资本主义全球化始终处于不平等、不均衡、不稳定状态。新自由主义全球化是资本主义全球化发展的新阶段，但它以牺牲发展中国家的利益为代价，发达国家攫取了全球化的主要果实，发展中国家却沦为全球化风险的承担者。逆全球化是资本主义全球化困境与危机的表征，因为当前的全球化已经呈现出显著的南北发展失衡，"当前的贫富分化程度已经逼近甚至超越了历史高点"[②]，正在形成前所未有的全球性大分裂[③]。逆全球化思潮加速涌动，贸易保护主义、单边主义抬头，世界市场急剧萎缩，全球经济增长乏力，经济全球化动能衰弱，全球治理体系应对无力，人类再次走到何去何从的十字路口。

综上所述，西方现代化正是建立在通过资本主义世界体系压榨剥削广大发展中国家的劳动价值和经济剩余的基础之上，因此这种以依附与被依附、压榨与被压榨、剥削与被剥削为本质关系的资本主义现代化模式注定无法持久，也无法成为可供世界上那些既希望加快发展又保持自身独立性的国家参考的现代化方案。西方现代化的新自由主义"药方"甚至使得发展中

---

① 周文：《国家何以兴衰：历史与世界视野中的中国道路》，北京：中国人民大学出版社，2021年，第330页。

② ［法］托马斯·皮凯蒂：《21世纪资本论》，北京：中信出版社，2014年，第485页。

③ ［美］威廉·罗宾逊：《全球资本主义论：跨国世界中的生产、阶级与国家》，北京：社会科学文献出版社，2009年，第201页。

国家对于发达国家持续形成多重依附关系，在新自由主义全球化浪潮中固化现代资本主义"中心-外围"世界体系，陷入西方制度崇拜而丧失国家自主性。无论是亚洲、拉丁美洲还是非洲，因照抄照搬西方现代化模式而遭遇发展困境甚至停滞、衰退的国家数不胜数。谁也无法否认，在人类社会至今的现代化历程中，目前只有西方少数国家完成了工业化与实现了现代化，世界广大发展中国家依然徘徊于现代化的门槛之外，更不论步入迈向现代化的道路。①西方资本主义强国所主导的现代化维持了西欧北美地区的高度繁荣发达，却导致其他国家的畸形现代化与依附性现代化。因此，西方资本主义现代化绝非人类社会实现现代化的康庄大道，无法完成人类社会现代化的历史任务，世界需要新的现代化道路，人类需要通往现代化的新途径。

小结

　　现代化既是一个动词，也是一个名词。作为动词，现代化就是一个社会或者国家追求现代化的努力和过程。而作为名词，现代化则是对一个社会或者国家的现代化程度的衡量和判定。②因此，如何测度现代化水平成为关键问题，而衡量进步的核心指标必须通过对各国现代化的纵横

---

　　① 周文、肖玉飞：《中国式现代化道路的独特内涵、鲜明特征与世界意义》，《马克思主义与现实》，2022年第5期。

　　② 叶成城、唐世平：《突破：欧洲的现代化起源：1492—1848》，北京：中国社会科学出版社，2024年，第4页。

对比，提取其共性，才能得出科学的结论。正如海尔布罗纳所言："社会就像一架大马车，它长期地走着'传统'这个下坡路，现在终于在车上安上了内燃机……是什么力量强大得足以粉碎一个舒适的、既定的社会，而用这个新的、不受欢迎的社会来代替的呢？……新的生活方式是从旧的方式之内成长起来的，就像蝴蝶孕育在蛹之内一样，当生命的骚动强大到足够的程度时，它就突围而出。"[1]从世界现代化进程来看，这种"破壳而出"的力量来源于生产力——其发展是推动经济社会发展的根本动力，其质量是决定现代化成败的关键因素。[2]

综合地看，现代化可以看作一种在经济领域从农业文明到工业文明、在政治领域从专制制度到民主制度或法治制度、在社会领域从农耕文明到城市文明、在精神领域从普遍一律到多种样态的互动发展过程。[3]现代化既是人类追求进步的共鸣之声，也是不同文明、不同国家的发展命题。政治学家李普塞特指出："只懂得一个国家的人，他实际上什么国家都不懂。"[4]对西方现代化在经济、政治、文化及社会等方面特征的解剖表明，有助于认清用"西方中心论"

---

[1] ［美］罗伯特·L.海尔布罗纳：《几位著名经济思想家的生平、时代和思想》，蔡受百译，北京：商务印书馆，1994年，第31页。

[2] 周文：《新质生产力：强国理论与生产力认识新飞跃》，南昌：江西高校出版社，2024年，第56页。

[3] 戴木才：《论世界现代化运动的复杂性》，《马克思主义研究》，2024年第7期。

[4] Seymour Martin Lipset, *American Exceptionalism:A Double-edged Sword*, NY:W. W. Norton,1997,p.17.

的标准对他国现代化指手画脚的虚伪性和荒谬性——现代化并非只有西方的一种形式，各国都可以探索符合自身国情的现代化。尽管西方曾是现代化的先行者，但绝不是现代化的唯一范本。西方现代化暴露出的现代性危机已经表明，以资本逻辑为主导的模式中蕴含着无法解决的根本矛盾，这是一条通向自我毁灭的现代化之路。

第四章

现代化的历史透视

现代化是复杂的变革过程，体制、动力、文化等多方面因素交织在一起，共同塑造了各国独特的现代化道路。"西方中心论"通常认为，欧洲国家成为现代化先行者的"成功密码"是民主政治制度和自由放任市场。然而，西方的崛起恰恰是始于连年征战中王权与专制主义的强化，为分散的封建领地向统一民族国家的整合扫清了障碍。[①]同时，自由市场的"幻梦"本身存在诸多矛盾，"断言国家总是对经济产生负面影响，那既是学术上的懒惰，也会造成误导"[②]。事实上，西方现代化的兴起与早期工业革命的成功，离不开政府在其中发挥合理作用。如果不根据现实动态调整现代化的体制，只会造成政府与市场关系的"错位"。纵观历史，西方国家崛起的支撑力量是科技生产力[③]，科技创新则是世界现代化竞争和赶超的"胜负手"。直面"西方中心论"的种种曲解，必须澄清现代化是"文明更新"而不是"文明断裂"，现代化并非只能诞生于西方的文化土壤，所谓"西方文明一元论"的神话注定如尘埃被历史之风吹散。

---

① 钱乘旦：《风起云飞扬：钱乘旦讲大国崛起》，北京：北京大学出版社，2024年，第49页。

② ［美］雅各布·索尔：《自由市场之梦：从古罗马到20世纪，一个观念的历史》，胡萌琦译，北京：中信出版社，2024年，第239页。

③ 周文、杨正源：《曙光：新质生产力改变世界》，天津：天津人民出版社，2024年，第158页。

一、现代化的前提：统一的民族国家

（一）王权与专制主义：建构民族国家是西方现代化的起点

过往在解释近代中国何以落后于西方的原因时，普遍存在一种"西方中心论"的典型思维：欧洲首创了自由市场制度并开始限制政府管制，因而西方才脱颖而出并成为现代化的策源地；与此相反，正是由于受到政府的过度管制，市场经济不够自由与发达，中国这一有着5000多年绵延历史的文明古国在近代失去了曾经的辉煌。例如，阿西莫格鲁等人认为，完全竞争市场的包容性经济制度与资产阶级代议制民主的包容性政治制度的"匹配"，就是国家繁荣的制度基础。[①]按照这种历史观，正是古希腊独特的民主制度与理性思维传统，再加上古罗马和日耳曼法系的独特法律体系，为近代西方科学与工业文明的诞生奠定了制度基础。文艺复兴之后，这些传统逐步演变为与"东方专制主义"截然不同的包容性政治制度，而这促成了包容性经济制度的要件——比如契约精神、人性解放、对私有产权的保护和对专制王权的限制，最终引发了"科学革命"和"工业革命"两场划时代的变革。但是，经过西方打造形成的这一流行历史观，与人类文明的真实发展史严重不符。[②]今天我们可

[①] ［美］德隆·阿西莫格鲁、［美］詹姆斯·罗宾逊：《国家为什么会失败》，长沙：湖南科学技术出版社，2015年，第49~58页。

[②] 文一：《科学革命的密码——枪炮、战争与西方崛起之谜》，上海：东方出版中心，2021年，第3~4页。

以更清楚地看到，欧洲之所以能走出中世纪的迷雾，正是源于在激烈的国家竞争中探索建立起政府主导下的财政—军事国家模式，通过民族国家建构和殖民扩张，把整个世界席卷入现代经济体系之中。①

英国马克思主义史学家佩里·安德森曾指出："在我们对过去的理解中产生了重大成果之时，十分有必要重提历史唯物主义的一个基本原理：阶级之间的长期斗争最终是在社会的政治层面——而不是在经济和文化层面——得到解决。换言之，只要阶级存在，国家的形成和瓦解就是生产关系重大变迁的标志。"②民族国家首先出现在西欧，是建立在民族对国家认同基础上的主权国家，这一国家形态逐步成为现代世界国家体系的基本单元。③对此，霍布斯鲍姆认为："'民族'的建立跟当代基于特定领土而创生的主权国家是息息相关的，若我们不将领土主权国家跟'民族'或'民族性'放在一起讨论，所谓的'民族国家'将变得毫无意义。"④欧洲一些国家，特别是英国和法国，从中世纪起源，逐步成长为现代民族国家，发展司法、财政等国家制度和官僚体制的历程，⑤也正是它们走向现代化的

---

① 周文：《国家何以兴衰：历史与世界视野中的中国道路》，北京：中国人民大学出版社，2021年，第3页。

② ［英］佩里·安德森：《绝对主义国家的系谱》，刘北成、龚晓庄译，上海：上海人民出版社，2001年，第5页。

③ 周平：《对民族国家的再认识》，《政治学研究》，2009年第4期。

④ ［英］埃里克·霍布斯鲍姆：《民族与民族主义》，李金梅译，上海：上海人民出版社，2006年，第9页。

⑤ ［美］约瑟夫·R.斯特雷耶：《现代国家的起源》，华佳、王夏、宗常福译，上海：格致出版社，2023年，序言第2页。

起点。可以说，西方的崛起始于专制王权催生的民族国家，这是世界现代化历史的一个转折点。若没有这种新型国家形态，西方不可能超越当时在经济、科技等方面领先于自己的东方。因此，看待专制王权，最好的办法是不用"好不好"去判断它，而是看它起了什么样的历史作用，对任何一种制度我们都应该用这样的标准来衡量，这才是历史的客观态度。①

中世纪是欧洲国家制度的奠基时期，也是欧洲国家政治概念逐步形成与发展的关键阶段。在这一时期，欧洲国家的基本结构和特征变动，主要围绕国王的权力、封君与封臣的关系以及王权与教权之间的冲突而展开。②以英格兰为例（当时欧洲唯一真正具有稳定性的政治体③），在1066年"诺曼征服"之后，征服者威廉为英格兰带来了欧洲西部标准下的政治体系——封建制度。大部分的地产，无论是世俗所有还是教会所有，都被划分为采邑，由威廉的封臣所占有。为了获得这些采邑，封臣需要提供一定数量的骑兵，并履行其他义务。这些新兴地主获得的土地通常是零散的，因为威廉在逐步推进并占领英格兰的过程中，将土地分配给了他的封臣。封臣们得到的土地通常分布在多个郡，而不是集中在一个完整的区域。④封建领地的分散

---

① 钱乘旦：《西方那一块土：钱乘旦讲西方文化通论》，北京：北京大学出版社，2015年，第185页。

② 沈汉：《资本主义国家制度的兴起》，北京：商务印书馆，2023年，第27页。

③〔英〕克里斯·威克姆：《中世纪欧洲》，李腾译，北京：民主与建设出版社，2022年，第151页。

④〔美〕朱迪斯·M.本内特、〔美〕C.沃伦·霍利斯特：《欧洲中世纪史》，杨宁、李韵译，上海：上海社会科学院出版社，2007年，第289页。

化带来了显而易见的问题：国家权力的集中面临着巨大挑战，特别是在地方贵族与首都统治者之间的地理距离较远时，国家的基层渗透能力显著不足，原本基于分封制的土地分配逐渐转变为世袭制的领地，"暴露出很尖锐的协调问题、秩序的危机、周期性地发作并且很明显是无政府主义的暴力行为"[①]。如果统治者想加强中央权力，就必须削弱贵族的政治——税款和武力的垄断，这也常常导致统治者与贵族之间的财政和军事矛盾。[②]

到了中世纪后期，欧洲国家制度的发展面临两项关键任务：既要结束分权化的封建等级君主制权力结构，打破地方贵族的割据势力；又要建立一个与经济发展相适应、职能分明且独立的国家行政机构，能够有效管理日益复杂的社会经济结构。[③]这两项任务均是由王权和专制主义的强化而完成的。正如恩格斯指出，地方分权是产生实行君主专制的直接必要性，"通过君主专制把民族结合起来。君主专制必然是专制的，正是由于一切因素的离心性。但是，不应该庸俗地理解它的专制性质；［它］是在时而同等级的代表机关时而同叛乱的封建主和城市的不断斗争中［发展起来的］"[④]。1485 年，经过 30 余年史称"玫瑰战争"的内战和王权争夺，由世袭旧贵族主导的权力斗争终于

①［美］贾恩弗兰科·波奇：《近代国家的发展：社会学导论》，沈汉译，北京：商务印书馆，1997 年，第 36 页。

②［澳］琳达·维斯、［英］约翰·M.霍布森：《国家与经济发展：一个比较历史性的分析》，北京：吉林出版集团有限责任公司，2009 年，第 26~28 页。

③沈汉：《资本主义国家制度的兴起》，北京：商务印书馆，2023 年，第 83 页。

④《马克思恩格斯全集》（第二十一卷），北京：人民出版社，1965 年，第 459 页。

结束，都铎王朝的创立者亨利七世在战场上凯旋，戴上王冠，在士兵的欢呼声中入主伦敦。都铎王权在其发展史上的几大成就，如扫除"变质封建主义"（即贵族参与争夺和控制王权的斗争）、实行宗教改革、保持国家的独立与强大、成功地抵御了外来的入侵与干涉。这一系列举措使得王权更加契合民族国家发展的需求，推动国王从封建体系的首脑转变为民族国家的象征和中心，大大提高了王权的尊严与存续的力量，英国开始走出封建割据的状态，向现代民族国家迈出了关键一步。①

随着封建领地的逐步消失，西欧的政治与宗教形势经历了深刻变革，传统的"小共同体"不断融合成新的"大共同体"，推动了欧洲民族国家的逐步形成与新君主的出场。在 15 世纪西班牙卡斯蒂尔—阿拉贡联合王国的"收复失地运动"中，通过将犹太人和穆斯林视为"他者"，西班牙"民族"逐步形成。法国也从所谓"阿维尼翁之囚"以后，通过中央集权摆脱了罗马教会控制，也形成了民族国家。在这一时期，民族与王权、君主制紧密相连，即便法国政权多次更迭，民族仍被视为"这个伟大的法国君主制的象征；一旦它消亡，民族也无法独立存在"。欧洲多国在民族观念的形成及国家结构构建上经历了相似进程，逐渐形成了相对稳定的边界及统一的民族象征。②恩格斯指出，在 15 世纪末，西班牙、法国、英国"都已结合为形成了的民族国家"，"这种统一对于十五世纪说来具有世界历史意

---

① 施治生、刘欣如主编：《古代王权与专制主义》，北京：中国社会科学出版社，1993 年，第 385 页。

② 李友东：《从欧洲历史经验看 Nation 的形成道路及其成因辨析》，《社会科学》，2018 年第 8 期。

义"①。过去局部领地之间的冲突，开始上升为不同民族国家之间的冲突，战争的规模和消耗不断扩大。为应对不断增长的财政需求，欧洲各国相继推动重商主义政策，强调发展商业、扩大对外贸易。大航海时代的开启，正是这一政策的直接产物。新航路的开辟带来了价格革命，各国为了争夺新航路与海外市场带来的巨大利益，尤其是大西洋沿岸国家，纷纷展开了长期的战争。②

中世纪的欧洲政治和军事上曾一度陷入了长期的分裂，有约 500 个独立政治体。③ "在这种普遍的混乱状态中，王权是进步的因素……王权在混乱中代表着秩序，代表着正在形成的民族〔Nation〕而与分裂成叛乱的各附庸国的状态对抗。"④查尔斯·蒂利提出，正是高强度、大规模的战争和国家整合过程中，"战争编织起欧洲民族国家之网，而准备战争则在国家内部创造出国家的内部结构"⑤。这是因为，战争的持续与规模往往依赖于君主筹措钱粮等资源的能力。枪炮的广泛运用，将军事优势转移到了那些能负担得起铸造大炮和修建坚固要塞的君主手中。

---

① 《马克思恩格斯全集》（第十八卷），北京：人民出版社，1964 年，第647 页。

② 谢丰斋：《欧洲文明进程·市场经济卷》，北京：商务印书馆，2024 年，第 24~25 页。

③ 梁雪村：《欧盟为什么需要民族国家？——兼论欧洲一体化的理论误读》，《欧洲研究》，2020 年第 1 期。

④ 《马克思恩格斯文集》（第四卷），北京：人民出版社，2009 年，第220 页。

⑤ 〔美〕查尔斯·蒂利：《强制、资本和欧洲国家》，魏洪钟译，上海：上海人民出版社，2007 年，第 84 页。

"没有军饷，就没有军队；没有税收，就没有军饷"①。长期来看，统治者最终依赖于税收，尤其是通过稳定的征税机制来保障战争所需的财政支持。②君主必须依靠集权制度增强资源整合与民众治理的能力，并通过王室权威凝聚起民族的政治认同，在支持追求国家战略目标上达成更广泛的共识，降低汲取财政税收的成本。③布莱恩·唐宁在《军事革命与政治变革：近代早期欧洲的民主与专制之起源》中也指出，战争的频度和规模直接影响国家的内部动员程度，进而决定其制度发展方向。④如果以王权与专制主义的结合为坐标系，欧洲各国起初处于截然不同的位置，然而军事竞争与大国博弈促使它们朝着同一方向发展，以民族国家建构支撑优势地位。

国家间的战争与军事冲突也推动了欧洲常备军制度的形成，增强了民族国家的国家能力⑤，真正形成了安东尼·吉登斯所说的"民族—国家是拥有边界的权力集装器，是现代时期最为杰出的权力集装器"⑥。长期战火让民众更愿意向政府让渡权力，以换取安全保障。面对盗贼或敌国的威胁，忍受高额税收似乎

---

① ［英］塞缪尔·E.芬纳：《统治史》（卷一），王震、马百亮译，上海：华东师范大学出版社，2014年，第21页。

② ［美］约瑟夫·R.斯特雷耶：《现代国家的起源》，华佳、王夏、宗常福译，上海：格致出版社，2023年，序言第10页。

③ 李怀印：《浅议大国的现代化》，《开放时代》，2023年第1期。

④ ［美］布莱恩·唐宁：《军事革命与政治变革：近代早期欧洲的民主与专制之起源》，赵信敏译，上海：复旦大学出版社，2015年，第282~291页。

⑤ 叶成城、唐世平：《突破：欧洲的现代化起源：1492—1848》，北京：中国社会科学出版社，2024年，第258页。

⑥ ［英］安东尼·吉登斯：《民族—国家与暴力》，胡宗泽、赵力涛译，北京：生活·读书·新知三联书店，1998年，第145页。

成为次优选择，许多人宁愿向国王或领主缴纳稳定的税收，以获得安全上的保障。①民族国家逐渐采用昂贵的常备军制度，随着军事开支的激增，雇佣兵头目难以再通过自负盈亏的方式生存，最终依附于国家机器，成为国王的正规军队并领取薪水。②常备军不仅是对外战争中打击敌人的利器，也是国内巩固王权、压制反抗的重要工具。路易十四亲政后，不顾巨大的财政压力，在财政总监科尔贝的协助下，大力发展常备军，建立起门类齐全、规模庞大的武装力量，一度成为欧洲各国竞相模仿的典范。维持常备军的巨额开支的需求也迫使法国政府不断扩张财政收入，推动了现代"财政—军事国家"的形成。同时，拥有一支严密控制、完全听命于国王的常备军作为后盾，路易十四成功挫败了高等法院、领地贵族和外省地方势力对王权扩张的阻力，将法国王权推向"朕即国家"的巅峰。③由此，专制主义下的民族国家成为这一时期欧陆强国的主导性历史范式。④

欧洲大国建构民族国家的浪潮无情地碾碎了尚未进入这一进程的国家，比如意大利。意大利的城市国家曾创造出举世瞩目的财富与商业繁荣，但彼此之间仅是松散的联盟，作为一种

---

① ［美］玛格利特·利瓦伊：《统治与岁入》，周军华译，上海：格致出版社、上海人民出版社，2010年，第115~116页。

② Childs, John, *Armies and Warfare in Europe, 1648-1789*, Manchesler: Manchester University Press, 1982,p. 29.

③ 许二斌：《常备军兴起对近代早期法国历史的影响》，《古代文明》，2024年第3期。

④ 张晓通、赖扬敏：《历史的逻辑与欧洲的未来》，《欧洲研究》，2018年第5期。

不成熟的共和政体和过渡性形态，①它们未能直接发展为现代民族国家。随着意大利的经济逐渐走向衰弱，失去了欧洲经济的主导地位，②最后残存的威尼斯和热那亚等国家也在 18 世纪末消亡。③意大利的乱世为"近代政治思想之父"马基雅维利的理论提供了丰富素材。身为佛罗伦萨的外交官和政治顾问，他经历了权力更替，1512 年被新统治者怀疑参与刺杀阴谋而放逐。尽管生活困苦，马基雅维利在夜晚仍穿上官员时期的优雅长袍，"进入古人的殿堂，受到他们的亲切欢迎"。马基雅维利读的是古希腊和古罗马的历史学家的著作，但他将其描述为一种对话，他向古人询问他们行为的原因，并在他们的书中找到了答案："我不再感到厌倦，不再苦恼，不再惧怕贫穷，也不再一想到死亡就发抖，我完全成了他们中的一员。"④马基雅维利把先哲的"回答"记录在《君主论》里。他呼唤一个强悍的、能够统一意大利的、具有强大政治手腕的领袖人物，并准确地预见了欧洲未来在中央集权的君主制下，实现统一的"民族国家"时代的来临，认为这是实现国家强大和经济繁荣的最好途径。⑤

---

① ［意］尼科洛·马基雅维里：《佛罗伦萨史：从最早时期到豪华者洛伦佐逝世》，李活译，北京：商务印书馆，1982 年，第 128 页。

② ［英］克里斯托弗·达根：《剑桥意大利史》，邵嘉陵等译，王军审核，北京：新星出版社，2017 年，第 69 页。

③ 沈汉：《资本主义国家制度的兴起》，北京：商务印书馆，2023 年，第 81 页。

④ ［美］布赖恩·莱瓦克、［美］爱德华·缪尔、［美］梅雷迪斯·维德曼：《碰撞与转型：一部西方通史》（第 2 册），陈恒等译，北京：中信出版社，2024 年，第 612～613 页。

⑤ 文一：《科学革命的密码——枪炮、战争与西方崛起之谜》，上海：东方出版中心，2021 年，第 115 页。

（二）强国缘何而强：民族国家与现代世界体系的形成

一般认为，1500 年前后，重商主义推动的"地理大发现"标志着现代世界体系的开端。"冒险者的远征，殖民地的开拓，首先是当时市场已经可能扩大为而且日益扩大为世界市场。"[①]随着全球联结的加强，各文明间的隔阂逐渐消失，历史迈出中世纪的藩篱。而重商主义依赖新兴专制国家的力量，将理论付诸实践。在这一阶段，无论是国内市场的形成，还是欧洲国家（如英国）通过牺牲他国利益扩展国际市场份额，掠夺原则始终占据主导地位。[②]正如弗兰克所言，从航海大发现到 18 世纪末工业革命前，在相当长的一段时间内，只有中国成功地抵制了"起源于西欧的资本主义的压力……而且在过去几个世纪里顶住了西方帝国主义改造世界的潮流"[③]，其余非西方国家逐步陷入依附地位，甚至沦为殖民地。在时间轴上，维斯等人指出，欧洲民族国家的建立与经济发展的过程是同步的，民族国家的形成实际上也是摆脱过往各种阻碍国家运行的束缚。[④]这种重商主义与民族国家形成在时间上的高度一致性，绝非偶然。重商主义塑造了民族国家的资源汲取能力与组织动员能力，而国家在推行重商主义政策中的成功，又反过来巩固了重商主义作为资

①《马克思恩格斯文集》（第一卷），北京：人民出版社，2009 年，第562 页。

② ［英］邦尼：《欧洲财政国家的兴起：1200—1815 年》，沈国华译，上海：上海财经大学出版社，2016 年，第 1 页。

③ ［德］贡德·弗兰克：《白银资本：重视经济全球化中的东方》，刘北成译，成都：四川人民出版社，2017 年，第 8 页。

④ ［澳］琳达·维斯、［英］约翰·M.霍布森：《国家与经济发展：一个比较历史性的分析》，北京：吉林出版集团有限责任公司，2009 年。

本主义兴起时期"富国策"的核心地位，①"民族国家或孕育中的所谓民族国家在创造自己的同时，创造了重商主义"②。

　　必须说明的是，重商主义对西方国家崛起过程中经济政策制定具有指导意义。但其致命的缺陷是仅局限于交换价值的现象层面。部分早期重商主义者鼓吹"财富即货币，货币即财富"的财富观，西班牙衰落的事实使得重商主义者开始反思这种错误观点。③在海外掠夺的大量金银，源源不断地流入葡萄牙和西班牙，然而，这些财富不仅没有转化为产业发展所需的资本，反而引发了严重的通货膨胀，造成西班牙原本具有竞争力的产业（如丝绸和冶金等）衰落的"去工业化"现象，日益依赖进口制成品，造成贵金属大量流出。④最终导致葡萄牙和西班牙富于黄金，却贫于生产，而陷入严重的贸易逆差，而使得整个国民经济陷入困境。⑤为了应对西班牙所面临的困境，有识之士开始重新审视国家繁荣富强的根本所在。到了 16 世纪末期，越来越多的重商主义者开始意识到，金银并非财富的真正源泉。早期执行重商主义政策迅速走向富裕的西班牙、葡萄牙在民族国家建构中保留了很多封建残余，既缺乏国家能力，又有强大的

---

① 杨虎涛：《国家发展的道路》，北京：社会科学文献出版社，2024 年，第 128 页。

② ［法］费尔南·布罗代尔：《十五至十八世纪的物质文明、经济和资本主义》（第 2 卷），北京：商务印书馆，第 665 页。

③ 贾根良、张志：《为什么教科书中有关重商主义的流行看法是错误的》，《经济理论与经济管理》，2017 年第 11 期。

④ 黄阳华：《重商主义及其当代意义》，《学习与探索》，2020 年第 4 期。

⑤ ［瑞典］拉尔斯·马格努松：《重商主义经济学》，王根蓓译，上海：上海财经大学出版社，2001 年，第 23 页。

利益集团阻挠改革，[①]无法及时调整经济政策在后期迅速走向衰败。在这个背景下，如果有其他国家能结束封建分裂状态，并且更彻底地摆脱封建残余，创造出新的经营模式，那么，这个国家就有可能取代葡萄牙和西班牙，成为新的世界大国。[②]

概括而言，"专制主义+重商主义"推动了15至16世纪世界贸易体系的形成[③]，"商业的突然扩大和新世界市场的形成……产生过压倒一切的影响"[④]，也为西方崛起奠定了基础。正如沃勒斯坦所言："在欧洲世界经济体系出现的同时，也兴起了西欧绝对君主制……在一方面，如果不是由于商业的扩张和资本主义农业的崛起，就很难有什么经济基础来支持开支如此庞大的官僚国家机构。但在另一方面，国家机构本身就是新型资本主义制度的一个主要经济支柱。"[⑤]同时，学习与模仿领先国家的经济结构贯穿于整个重商主义时期。英国通过专制统治和建立较为成熟的官僚系统，更彻底地消除了封建分裂势力，同时执行更加注重制造业发展的重商主义政策[⑥]，迅速提升经济实

---

① 叶成城：《第一波半现代化之"帝国的胎动"——18世纪普鲁士和奥地利的崛起之路》，《世界经济与政治》，2017年第5期。

② 钱乘旦：《风起云飞扬：钱乘旦讲大国崛起》，北京：北京大学出版社，2024年，第54页。

③ 钱乘旦：《风起云飞扬：钱乘旦讲大国崛起》，北京：北京大学出版社，2024年，第52页。

④ 《马克思恩格斯文集》（第七卷），北京：人民出版社，2009年，第371页。

⑤ ［美］伊曼纽尔·沃勒斯坦：《现代世界体系（第一卷）：16世纪的资本主义农业和欧洲世界经济的起源》，北京：社会科学文献出版社，2013年，第151页。

⑥ 贾根良、张志：《为什么教科书中有关重商主义的流行看法是错误的》，《经济理论与经济管理》，2017年第11期。

力，铸就了强大的民族国家。最终于 1588 年覆灭了西班牙"无敌舰队"，欧洲霸权逐步易手。文学是时代精神的体现，莎士比亚在《亨利八世》等作品中对都铎王朝给予了高度赞美。他并未仅仅从传统封建王朝更替的视角来看待都铎王朝的王权正统性，而是融入了马基雅维利、托马斯·莫尔等思想家揭示的早期现代民族国家王权转型的内涵，莎翁历史剧中所呈现的内外战争、宗教纷争、君臣关系、朝廷政议、市民生活等，无不反映出英国已不再是一个传统的封建社会，而是迎来了一个崭新的时代。[①]

对这一时期民族国家建构的认识，必须考虑两个问题：一是国家面临的挑战；二是国家的能力和国家承担的义务。国家能力就是资源动员能力和工作效率。[②] 在从商业中增加税收方面，英国做得最为成功，英国政府创立了新的财政方针，从而得以获取这种财富。杰克·戈德斯通在重新评价法国革命时认为，这些问题较少由法国与英国之间的经济差异引起，而较多因为法国的政策失败。但是即使在满足财政方面不如英国，法国在 17、18 世纪依靠中央集权，也大大扩充了国家的财政收入。在整个欧洲，成功者是那些能够启动资源的国家。这些国家提高财政能力，扩充官僚组织，以便能够推动和引导国家所获资源的流动。总体来说，欧洲国家创造了新官僚机构，而这种官僚机构又决定了中央集权化过程中的欧洲国家的组织能力。

---

① 高全喜：《莎士比亚历史剧与英国王权》，北京：中国大百科全书出版社，2024 年，第 20~21 页。

② 周文：《国家何以兴衰：历史与世界视野中的中国道路》，北京：中国人民大学出版社，2021 年，第 270 页。

蒂利对两种极端情况作了对照：一种是主要依靠强制性动员资源的国家；另一种是依靠积聚资本性资源的国家。英国、法国则是在国家形成过程中，将强制性集中与资本性集中相结合。资本和强制的不止一次地结合出现在欧洲国家成长过程中的每个阶段。[1]从政治经济学的视角来看，国家建构的行为属于政治上层建筑的运动，而政治发展的最终目的是为经济发展服务。这就要求政治发展应与经济发展"沿着同一方向起作用"[2]。

　　在民族国家建构的过程中，西方内部已经出现了"小分流"。国家能力的落后决定了在国际竞争中被淘汰的命运，使荷兰等国丧失了曾经的领先地位。荷兰共和国在 1588 年通过反抗西班牙统治正式成立，它成为唯一一个在整个 17 世纪持续保持"联省共和国"政体的欧洲大国。与其他欧洲君主政体所推崇的中央集权和整合模式不同，荷兰并未遵循这一模式。[3]相对于英法早期通过美洲的金银积累财富，荷兰获得美洲金银的时间更早，通过对西班牙的出口贸易和海上贸易，"海上马车夫"登上了争夺欧洲霸权的舞台。并且荷兰受益于联合省商业自由主义的传统，已经拥有接近现代国家的经济制度，也是最早的世界金融中心。长期积累下，荷兰的人均 GDP 在 16 和 17 世纪初后不同时期分别超过了欧洲其他国家，成为欧洲经济的领头羊之

---

① ［美］查尔斯·蒂利：《强制、资本和欧洲国家》，魏洪钟译，上海：上海人民出版社，2007 年，第 37 页。

②《马克思恩格斯文集》（第十卷），北京：人民出版社，2009 年，第 597 页。

③ ［美］布赖恩·莱瓦克、［美］爱德华·缪尔、［美］梅雷迪斯·维德曼：《碰撞与转型：一部西方通史》（第 2 册），陈恒等译，北京：中信出版社，2024 年，第 874 页。

一。① 不过，这仅仅是现代化的一个维度，荷兰缺乏中央集权和健全的税收制度，国家能力薄弱并未改变。② 荷兰的崛起本质上是抓住了一个窗口期，即"英法重商主义倾向尚未发展到真正打入进行自由贸易的荷兰商人之市场的程度"③。但这个窗口期也终将过去。荷兰国土面积较小，且权力过于分散，这使得它越来越难以恢复在欧洲外交和战争中的影响力。随着强大民族国家的崛起，荷兰再也不能与那些远远强于它的对手抗衡。④

当 17 世纪后期的"政治算术家"开始以民族国家为载体分析政策时，欧洲大部分已经被组织成各个中央集权国家了，这些国家致力于本身的现代化、扩展市场体系。⑤ 然而，这一时期的德意志各邦的命运却截然不同，旷日持久的"30 年战争"不仅给人口带来了三分之一的损失，而且在经济上造成了 200 年的倒退。1648 年的《威斯特伐利亚和约》更是带来了 360 多个邦国的地方分裂固定化。⑥ 摆脱落后的唯一办法是把分解的社会重

---

① 徐浩：《欧洲文明的现代转型——以转型、大分流与小分流的争论为中心》，《天津社会科学》，2024 年第 1 期。

② 叶成城、唐世平：《突破：欧洲的现代化起源：1492—1848》，北京：中国社会科学出版社，2024 年，第 252 页。

③ ［美］伊曼纽尔·沃勒斯坦：《现代世界体系（第一卷）：16 世纪的资本主义农业和欧洲世界经济的起源》，郭方等译，北京：社会科学文献出版社，2013 年，第 244 页。

④ 梅俊杰：《论重商主义在荷兰率先崛起中的作用》，《社会科学》，2023 年第 4 期。

⑤ ［英］埃里克·琼斯：《欧洲奇迹：欧亚史中的环境、经济和地缘政治》，陈小白译，北京：华夏出版社，2015 年，第 103 页。

⑥ 李工真：《德意志道路：现代化进程研究》，武汉：武汉大学出版社，2005 年，第 11 页。

新整合，形成强大的整合力量。①为了结束长期的四分五裂，从18世纪末到19世纪，德意志在普鲁士的带领下逐步实现统一，"在德国，旨在取消地方关税的关税同盟导致了经济一体化发展，政府又兴建了交通运输基础设施以及将货币标准化，这些都促进了德意志国家的形成"②，由此德国才迎来了现代化的曙光。在这种背景下，李斯特等德国经济学家的理论和政策强烈的国家主义倾向，正是与当时德国的地缘政治和国家建构问题密切相关。③德国由专制主义中央政府推动的渐进式现代化改革模式，被一些推崇"西方"现代化道路的学者称为"保守型现代化"。然而，这种模式带来了令人瞩目的经济飞跃。德国另辟蹊径，将工业革命的重心从轻纺工业迅速转向重工业，仅用30年时间便超越法国，成为欧洲仅次于英国的第二工业强国。④

马克斯·韦伯1895年就任弗莱堡大学经济学教授时，做了一个题为"民族国家与经济政策"的演说，也体现了一脉相承的强烈焦虑和现实主义视角："在这种民族国家中，就像在其他民族国家中一样，经济政策的终极价值标准就是国家利益。我们所谓的国家理由，并不像有些人莫名其妙地所曲解的那样，似乎我们一味鼓吹国家扶助而非自助，或主张国家任意干预经

---

① 钱乘旦：《风起云飞扬：钱乘旦讲大国崛起》，北京：北京大学出版社，2024年，第49页。

② ［美］王国斌：《转变的中国：历史变迁与欧洲经验的局限》，李伯重、连玲玲译，南京：江苏人民出版社，2010年，第70页。

③ 杨虎涛：《国家发展的道路》，北京：社会科学文献出版社，2024年，第108页。

④ 邢来顺：《与时俱进、稳中求进：德国现代化的历史逻辑》，《上海师范大学学报》（哲学社会科学版），2022年第5期。

济生活而非经济力量自由竞争。我们提出国家理由这一口号的目的只是明确这一主张：在德国，经济政策的一切问题，包括国家是否以及在多大程度上应当干预经济生活，要否以及何时开放国家的经济自由化并在经济发展过程中拆除关税保护，最终的决定性因素主要取决于它们是否有利于我们全民族的经济和政治的权力利益，以及是否有利于我们民族的担纲者——德国民族国家。"[1]现代化是分阶段、多线并行的进程。在历史上，从德国作为"后发"国家追赶英国、争夺强国地位的过程中，也可以观察到格申克龙总结的规律：越是发展较晚的国家，其工业化越倾向于在有组织的指导下进行，国家在经济发展中的作用更为突出，从而形成后发优势，实现快速赶超。[2]德国的追赶式现代化充分展现了一种国家主义的特征[3]，这为我们在现代化历史的语境中，深刻理解国家建构与国家能力提供了重要启示。

二、现代化的体制：市场经济体制

（一）揭穿胜利者的谎言："自由市场神话"背后的国家角色

过去常常认为，现代化的体制只能是西方的体制，也就是

---

① ［德］马克斯·韦伯：《民族国家与经济政策》，甘阳等译，北京：生活·读书·新知三联书店，1997年，第93页。

② ［美］亚历山大·格申克龙：《经济落后的历史透视》，张凤林译，北京：商务印书馆，2012年，第11页。

③ 江天雨：《指向治国理政的国家能力研究：以现实为观照》，《上海行政学院学报》，2023年第5期。

资本主义的市场经济体制。因此，后起的国家如果想走向现代化，就必须模仿和学习西方，并逐步建立起类似的市场经济体制——接受自由市场的神话。关于自由市场，最为人们所熟知的观点来自弗里德曼[1]，他将自由市场定义为受到个人、企业和股东的欲望与选择的驱动，在经济事务中排除一切政府行为，用这种方式组织起来的市场可以确保商品的高效生产和流通。[2]根据这种对自由市场的"信仰"，欧美发达国家走向现代化完全是市场作用的结果，而政府在这一过程中仅仅起到"守夜人"（甚至完全缺位）的作用。因此，西方现代化是不存在国家引导的，其产业结构调整与转型升级都完全依靠自由市场机制。事实果真如此吗？针对这个问题，马克思早在《资本论》中就指出："18 世纪的进步表现为：法律本身现在成了掠夺人民土地的工具，虽然大租地农场主同时也使用自己独立的私人小手段。这种掠夺的议会形式就是'公有地圈围法'，换句话说，是地主借以把人民的土地当做私有财产赠送给自己的法令，是剥夺人民的法令。"[3]这从根本上揭示了资本主义制度的诞生就离不开政府力量这一本质。简言之，西方"通往自由市场的大道是依靠大量而持久之统一筹划的干涉主义而加以打通并保持畅

---

① ［美］雅各布·索尔：《自由市场之梦：从古罗马到 20 世纪，一个观念的历史》，胡萌琦译，北京：中信出版社，2024 年，第 2 页。

② Friedman, Milton, Friedman, Milton, *Capitalism and Freedom, 3rd ed.* Chicago: University of Chicago Press, 2002, p. 15; *Free to Choose: A Personal Statement*, 3rd ed. New York: Harcourt, 1990.

③ 《马克思恩格斯文集》（第五卷），北京：人民出版社，2009 年，第 832 页。

通的"①。

从市场经济的产生来看，"在一片自给自足的汪洋大海中，市场缓慢地浮出水面"②。市场并不是"神秘的东西"，其最初是指商品交换的场所和载体，有商品生产和商品交换的地方就存在市场。随着交换关系的不断扩大，"交换的不断重复使交换成为有规则的社会过程"，市场经济随之产生。③布罗代尔明确指出："交换"与"市场经济"是同义词，也就是马克思所说的"流通领域"。根据交换的不同形式，他将市场经济分为两种形式：第一类是公共市场，是公开的、普遍的、平等的交换；第二类是反向市场，是一个"背光的、阴暗的、只有行家们在活动"的区域，也是资本主义诞生的领域。④可见，市场经济是建立在作为交换领域、中介的"市场"基础之上的，无论何种形式的市场经济，都离不开其背后的"交换属性"。资本主义也只是市场经济的形式之一，不能将市场经济等同于资本主义。⑤进一步，在波兰尼看来，市场经济绝不是自然产生的，是国家把

① ［英］卡尔·波兰尼：《巨变：当代政治与经济的起源》，黄树民译，北京：社会科学文献出版社，2013年，第174页。

② ［英］约翰·希克斯：《经济史理论》，厉以平译，北京：商务印书馆，1987年。

③ 《马克思恩格斯文集》（第五卷），北京：人民出版社，2009年，第107页。

④ ［法］费尔南·布罗代尔：《十五至十八世纪的物质文明、经济和资本主义》（第2卷），顾良、施康强译，北京：商务印书馆，2017年，第2、11页。

⑤ 周文、司婧雯：《全面认识和正确理解社会主义市场经济》，《上海经济研究》，2022年第1期。

"孤立隔离"的地方市场统一成国内大市场。[①]同时，国家也从市场中获得资源和力量，并伴随市场而共同成长，是商业革命引发的新创造。市场是必要的，但是市场必须"嵌含于"社会之中，[②]而国家则应当在市场经济中扮演积极和重要的角色。市场的发展、推动与调节都需要"国家干预"的帮助。[③]

不可否认，市场经济的特征是自发性交换经济，但市场经济的形成有赖于一套特定的政治与法律制度，特别是现代市场经济更有赖于现代国家的建立。因此，自由主义经济学的"西方中心论"者对西方的管制型政府的事实存在有意掩盖。自由主义的经济主张和当时的政策实践相去甚远，政府在欧美国家经济崛起的过程中都扮演了相当重要的角色。[④]在英国，由托马斯·孟建立起来的重商主义一直到 19 世纪仍有余威，而自由主义经济理论的提出在很大程度上是为了反对当时广泛存在的重商主义实践。对此，斯密也承认"期望贸易或行业自由可在英国完全恢复，却是和期望天堂岛或理想国可在英国建立起来一样愚蠢。不仅一般民众的种种偏见，还有许多压制不了的私人利益，都会誓死绝不屈服地反对这种自由"[⑤]。在德国，李斯特也

---

① ［英］卡尔·波兰尼：《巨变：当代政治与经济的起源》，黄树民译，北京：社会科学文献出版社，2013 年，第 130、142 页。

② ［英］卡尔·波兰尼：《巨变：当代政治与经济的起源》，黄树民译，北京：社会科学文献出版社，2013 年，第 129 页。

③ ［英］卡尔·波兰尼：《巨变：当代政治与经济的起源》，黄树民译，北京：社会科学文献出版社，2013 年，第 139 页。

④ 周文、李超：《中国奇迹何以发生：基于政治经济学解释框架》，《经济学动态》，2022 年第 11 期。

⑤ ［英］亚当·斯密：《国富论》，谢宗林、李华夏译，北京：中央编译出版社，2010 年版，第 530 页。

深刻怀疑以斯密为代表的自由主义经济学的合理性，认为这种理论显然是把还没有出现的世界国家假定为已经实际存在的真实世界，因而当下的经济学仍然是国家与政府的经济学。而远在大洋彼岸由汉密尔顿建立起来的美国学派，也要求政府应当通过制定工业化战略等方法来帮助国家实现经济自给自足，以摆脱英国对于美国经济的支配地位。可以说，与西方一贯的宣扬相反，并非自由市场而是政府的积极管控成就了西方现代化的经济崛起。

追溯历史可知，在国家功能的完善方面，英国一直走在欧洲各国的前列。①皮尔·弗里斯指出，国家的作用在当前世界经济史的研究中并未得到足够的重视，地理、资源、要素禀赋和商品价格却被过多强调。想要理解大分流，就不能忽视国家的作用。②工业化是西方国家在近代崛起的关键因素。在此过程中，国家根据不同的国情对产业发展实施了各种干预措施：如利用国家政权力量为产业发展营造有利的外部环境、通过立法手段促进公平有序的市场竞争、以科学技术变革推动产业振兴和发展、通过多种途径保持充沛的人力资源等。③事实上，工业革命的成因表面上并不凸显，除非我们将其看作民族国家间经济竞争的重要因素。将经济工业化当作一项国家工程来推进的国家，同其他国家相比常常具有一定的优势，英国即为一例。

---

① 梅俊杰：《自由贸易的神话：英美富强之道考辨》，北京：新华出版社，2014 年，第 117 页。

② ［荷］皮尔·弗里斯：《国家、经济与大分流：17 世纪 80 年代到 19 世纪 50 年代的英国和中国》，郭金兴译，北京：中信出版社，2018 年，中文版序言。

③ 周文：《赶超：产业政策与强国之路》，天津：天津人民出版社，2023 年，第 27~28 页。

简而言之，在经济领域，国家力量无处不在。在 18 世纪，英国的工业化尚处于酝酿阶段，其税收高居欧洲列国之首。平均来讲，其间接税收和累退税约占税收总额的四分之三。酒精饮品的征税不低于税收总额的三分之一（有人甚至认为，英国的嗜酒现象是英国近代史的主要推动力），对酒精饮品的征税为英国带来了大量的国家收入，英国凭借这项收入不断强大起来，进而建立了大英帝国，而帝国又为工业革命的发生提供了可能。[①]

兰德斯认为，英国政府也支持并且保护海外贸易：国家作为整体，为远洋的私人冒险事业和行为支付相关的保障费用。这种非直接的补贴容易为人所忽略，却是至关重要的。英国对于工业的扶助也采取了抵御外来竞争的形式。英国承诺自由贸易以后的记录往往抹杀了早先的和时间久得多的经济民族主义行为，不管是用保护关税的方法还是用歧视性海运的规定（航海法）的方法。经济理论家们热烈地——甚至是激昂地——争论说，对市场的这种干预伤害了每个人。事实依然是历史上最坚强的自由贸易主张者——维多利亚时代的英国、第二次世界大战以后的美国——在它们自己的成长阶段都曾是强有力的保护主义者。它们叫别人不要做它们过去做的事情，而要做它们现在正在做的事情。这样的劝告并不总是有用的。[②]英国愿意而且有能力把国家权力用于经济目的。在反对竞争对手荷兰的斗争中，英国于 17 世纪中期颁布了一系列航海条例，旨在垄断新

---

① ［荷］皮尔·弗里斯：《从北京回望曼彻斯特：英国、工业革命和中国》，苗婧译，杭州：浙江大学出版社，2009 年，第 14 页。

② ［美］戴维·S.兰德斯：《国富国穷》，门洪华等译，北京：新华出版社，2010 年，第 286 页。

大陆英属殖民地贸易，而且为了推行这些条例，必要时不惜诉诸武力。1688—1689 年的"光荣革命"使威廉三世和玛丽二世登上了英国王位，他们同意遵守以保护国内制造业利益为主旨的法令。1707 年，英国议会又通过了一项限制印度棉纺品进口的英国法令，以维护英国生产的利益，鼓励本国棉纺业的发展。①

　　强有力的中央集权是提升市场经济效率的必要前提。在 18 世纪前的欧洲，英国是一个政府最有效的国家，这并不是因为英国有更多的个人自由，而是因为英国有统一的中央集权。经济发展是封建社会中经济分权与政治集权两种力量共同作用的结果。前者表现为市场交易的许可带来的广泛尝试，后者表现为交易成本降低与专业化的发展带来的效率提高。因此，近代国家的形成成为 19 世纪以前市场扩张与斯密式增长的主要推动力。国家主权的缺失是市场交易成本过高的原因。②现在，让我们联系相关的国际政治背景对英国的国家角色进行分析总结。近代早期的欧洲竞争颇为激烈，战争是国家事务的常态。工业化前夜的英国在政治和经济领域占据了有利位置，这种优势在欧洲外部表现得尤为明显。都铎王朝的统治者认识到，"使国家富强，使自己显赫"的首要条件就是迅速发展工商业，③这为其赢得经济霸权提供了绝佳机会。如此一来，英国政府拥有了在

---

　　① ［美］罗伯特・B. 马克斯：《现代世界的起源：全球的、生态的述说》，夏继果译，北京：商务印书馆，2006 年，第 122 页。

　　② ［美］S.R. 爱泼斯坦：《自由与增长：1300—1750 年欧洲国家与市场的兴起》，宋丙涛、彭凯翔译，北京：商务印书馆，2011 年，第 3 页。

　　③ 谢丰斋：《欧洲文明进程・市场经济卷》，北京：商务印书馆，2024 年，第 278 页。

欧洲事务中发挥重要作用的砝码。人们普遍认为英国有效运用了这个砝码，同时为国家的工业化作出了巨大贡献。[①]"以国家职能为例，西尼尔曾花费了大量的时间，试图发现一个普遍适用的方案，以此来定义各国国家职能的界限。政府干预的适当界限是相对的，应视各国的具体情况和其文明的发展阶段而定。"[②]

值得再次强调的是，英国的做法并非特例。在历史上作为英国殖民地的时期内，美国不被允许使用关税保护新兴工业，并禁止出口与英国相同的产品，而且不允许美国进行高技术研发。在这一背景下，美国首任财政部部长汉密尔顿于1791年向美国国会提交了涵盖钢铁、铜、煤、谷物、棉花、玻璃、火药等众多产业的制造业发展计划，开启了美国工业化的正式篇章。[③]此外，19世纪末20世纪初的德国也实行了"有针对性"的贸易政策，保护本国关键的资本品制造业。正如张夏准所说："几乎每个成功的国家在'赶超'其他国家时都采用过幼稚产业保护政策和其他积极的产业、贸易和技术政策。"[④]现今的西方国家经历了"从偷猎者变成猎场看守人"的转变，通过推销自己从未用过的政策制度给后发现代化国家，是为了"过河拆桥"

---

① ［荷］皮尔·弗里斯：《从北京回望曼彻斯特：英国、工业革命和中国》，苗婧译，杭州：浙江大学出版社，2009年，第16页。
② ［英］阿诺德·汤因比：《产业革命》，宋晓东译，北京：商务印书馆，2019年，第9页。
③ 周文：《赶超：产业政策与强国之路》，天津：天津人民出版社，2023年，第30页。
④ ［英］张夏准：《富国陷阱：发达国家为何踢开梯子》，蔡佳译，北京：社会科学文献出版社，2020年，第57页。

阻止后来者。①综观西方现代化的历史，国富并不是源于亚当·斯密所说的"无形之手"。从李斯特谱系的角度来看，斯密谱系的错误在于"夸大了世界经济和市场机制的重要性，亦因此低估了主权国家调动国内资源的不同自主性与能力"②。离开了国家，市场经济更可能成为"撒旦的磨坊"③。"资本主义的现实一再提醒我们，经济权力与政治权力间的联系是用最坚固的钢铁打造的……在现代世界，这种必要性更强烈。"④

（二）让风朝着正确的方向吹：现代化体制需要动态调整

当人们把生产关系具体化到从生产到消费的经济体制的时候，生产关系又被称为经济制度。⑤一种制度之下可以有不同的体制，往往刚建立这种制度时的体制与后来的体制不一样。⑥现代化的过程，也是一个体制动态调整的过程。流行的西方现代化故事存在着由现实反推历史的逻辑错误。这种故事被用以解释当今世界，强调资本主义市场经济，因为完美而具有普遍适

---

① 杨虎涛：《国家发展的道路》，北京：社会科学文献出版社，2024 年，第42 页。

② 转引自［澳］琳达·维斯、［英］约翰·M.霍布森：《国家与经济发展：一个比较历史性的分析》，北京：吉林出版集团有限责任公司，2009 年，第1 页。

③［英］卡尔·波兰尼：《巨变：当代政治与经济的起源》，黄树民译，北京：社会科学文献出版社，2013 年，第95 页。

④［美］道格拉斯·多德：《资本主义及其经济学》，熊婴译，南京：江苏人民出版社，2013 年，第32 页。

⑤ 蒋学模主编：《政治经济学教材》（第13 版），上海：上海人民出版社，2005 年，第5 页。

⑥ 尹俊：《经济学理论与中国式现代化：重读厉以宁》，北京：社会科学文献出版社，2022 年，第235 页。

用性，其不仅适合西方，也适合其他任何地方。①甚至依据"历史终结论"的假设，今天世界的几乎所有问题的解决办法都要采用"人类最后一种统治形式"——包括自由市场在内的西方资本主义制度。②对此，我们需要澄清，世界上不存在"放之四海而皆准"的现代化体制，完全市场经济体制不等于现代化体制，计划经济也不等于现代化体制。正如赖纳特所说："市场如同风一样……国家越穷，就越无力让风朝着正确的方向吹……自由贸易和其他政策决策问题首先是一个时机和条件的问题。"③如果不根据现实状况及时调整现代化的体制，只会使政府与市场关系"错位"，造成灾难性的后果。以史为鉴，纯粹的市场调节和全然的指令性计划都会将国家经济发展引入歧途，探索适合自身发展的体制，研究如何充分发挥市场在资源配置中的决定性作用，更好地发挥政府作用，才是推进现代化的"正途"。

1. 完全的市场经济体制不是实现现代化的唯一方式

以工业革命为中心，西方现代化快速推进，形成了以资本为核心的社会经济体制，宣告了资本时代的到来。资本这一概念早在12—13世纪已出现，但工业革命使资本及其权利成为现

①［美］罗伯特·B.马克斯：《现代世界的起源：全球的、生态的述说》，夏继果译，北京：商务印书馆，2006年，第13页。

②［美］弗朗西斯·福山：《历史的终结与最后的人》，陈高华译，桂林：广西师范大学出版社，2014年，第9页。

③［美］埃里克·S.赖纳特：《富国为什么富 穷国为什么穷》，杨虎涛等译，北京：中国人民大学出版社，2013年，第14页。

代化的焦点。①历史学家马考莱指出，文明建立在财产安全之上，财产不安全则会导致国家退化为野蛮，反之则可促进繁荣。②诺斯等在《西方世界的兴起》中，要揭示的也是只有私有产权才会产生有效率的经济组织。③首先是资本的财产权。私有财产不可侵犯的原则和私有化制度得到国家和法律确认。④其次是维护资本安全和自由流动。资本要自由流动，才能实现财富的增殖，这助推了企业制度和股份公司的兴起和发展。再次资本的利润保障。资本要能实现增殖，只有与劳动力相结合才能实现。只有市场经济体制下，劳动力自由流动，不受任何干涉与侵犯，从而为两者结合创造条件。这在私有化制度下，形成了两极分化，大量雇佣劳动者变成无产者，为西方现代化的资本积累不断创造剩余价值。英国的圈地运动，以及《学徒条例》和《法定工资条例》正是此类历史案例。这就是西方现代化反对国家干预和实行自由放任的市场经济体制的最根本原因。因此，西方市场经济体制在本质上是确立资本与劳动由市场决定的自由市场关系。

与此同时，资本的逐利性，导致计算精神和快速发财赚钱原则成为资本家的目的和西方社会的价值观。市场经济中的投

---

① 李宏图华：《经济自由原则的确立——西方近代社会转型的历史经验》，《探索与争鸣》，2000 年第 9 期。

② 转引自［英］马克斯·比尔：《英国社会主义史》（下卷），何新舜译，北京：商务印书馆，1960 年，第 119 页。

③ ［美］道格拉斯·诺斯、［美］罗伯特·托马斯：《西方世界的兴起》，厉以平、蔡磊译，北京：华夏出版社，2015 年，第 13 页。

④ ［英］杰弗里·霍奇森：《资本主义的本质：制度、演化和未来》，张林译，上海：格致出版社，2019 年。

机性正好满足了资本的逐利性。这也是西方现代化中的金融过度扩张的根本原因。在西方现代化进程中，诞生了一大批大金融资本家，积聚起巨额财富，造就一大批食利者阶层——这就是西方现代化所谓"黄金时代"的真正原因。[①]因此，私有化制度的市场经济体制不是现代化的真正原因，只是资本家发财致富的原因。事实上，随着现代化的发展，私有化的市场经济体制已成为现代化的制约，甚至是反噬现代化，从而暴露出内在的矛盾与局限性。

其一，自由放任的市场经济产生了个体利益与国家整体利益的矛盾。在市场自发调节下，资本和劳动力自然而然流向高收益的产业，在个人财富高速积累的同时，产业空洞化现象突出。美国过度去工业化，过早提高消费和服务业比重，使美国经济体系构建在泡沫经济的基础上，失去了实体工业支撑，不仅降低了生产率的增速和水平，使经济增长乏力。[②]正如波兰尼所强调的，事实上，"自律性市场"从未真正被实行过。世界各国通过自由市场来重建全球经济的后果却是和平的终结和第一次世界大战，并带来了经济秩序的崩溃和经济大萧条。可以说，若要实现市场经济的"脱嵌"，则是将人类社会推向自毁。[③]

其二，自由放任的市场经济造成了经济效益与社会效益的矛盾。以美国模式和德国模式为例。单从经济效益的总体指标

---

① 陈波：《经济金融化：涵义、发生机制及影响》，《复旦学报》（社会科学版），2018年第5期。

② 周文、司婧雯：《全面认识和正确理解社会主义市场经济》，《上海经济研究》，2022年第1期。

③ ［英］卡尔·波兰尼：《巨变：当代政治与经济的起源》，黄树民译，北京：社会科学文献出版社，2013年，第341、352~353页。

来看，美国模式的经济效益优于德国模式。但相比于美国的自由市场经济模式，德国在劳动就业保护、贫富差距、社会保障等方面制度安排较为完善，经济效益和社会效益更为均衡，更有利于推动经济持续增长。[①]同样，托马斯·皮凯蒂在《21世纪资本论》中通过资本、收入、资本收益率和经济增长率四个关键要素的演变，揭露了在资本主义市场经济体制下社会各阶层财富鸿沟。在总结数百年经济数据的基础上，他指出，没有自然或自发的过程能使社会变得更公平，"财富积累和分配的过程中，存在着一系列将社会推向两极分化或至少是不平等的强大力量。同样存在趋同的力量……但是分化的力量在任何时候都可能重新占据上风"[②]。可见，自由放任的市场经济片面强调个体效率，通过个体差异来实现效率，有损整体效率与公平性。缺少政府的有效调控，忽视了市场经济的社会效益，必然会导致两极分化，难以实现共同富裕，当社会矛盾积累到一定程度，将会引发经济危机和社会危机。因此，实现公平与效率的统一、经济效益与社会效益的统一，离不开政府的作用，在现代市场经济中，弱政府只能带来市场的无序性与分配的剥削性。[③]

2.僵化的计划经济体制也不是实现现代化的唯一方式

计划经济本身是对西方现代化体制的全盘否定，其思想来源于马克思主义经典作家提出的按比例发展规律，以及全社会

---

① 李策划、刘凤义：《发达国家不同市场经济模式运行绩效的政治经济学分析——以美国模式和德国模式为例》，《政治经济学评论》，2018年第1期。

② 〔法〕托马斯·皮凯蒂：《21世纪资本论》，巴曙松等译，北京：中信出版社，2014年，第28页。

③ 周文、司婧雯：《全面认识和正确理解社会主义市场经济》，《上海经济研究》，2022年第1期。

计划调节制度等理论。在《资本论》中，马克思指出："只有在生产受到社会实际的预定的控制的地方，社会才会在用来生产某种物品的社会劳动时间的数量和要由这种物品来满足的社会需要的规模之间，建立起联系。"①在《反杜林论》中，恩格斯认为："一旦社会占有了生产资料，商品生产就将被消除，而产品对生产者的统治也将随之消除。社会生产内部的无政府状态将为有计划的自觉的组织所代替。"②列宁后来发展了这一思想，他提出，"把全部国家经济机构变成一架大机器，变成一个使亿万人都遵照一个计划工作的经济机体"③。在他的领导下国家先后实施了军事共产主义政策和新经济政策，前者是按照计划经济的原则来安排国家的产品生产和分配。新经济政策实施了几年后就被废除了，之后的苏联在斯大林的领导下走上了高度集中的、指令性的、军事动员型的计划经济体制道路。斯大林强调："我们的计划不是臆测的计划，不是想当然的计划，而是指令性的计划，这种计划各领导机关必须执行，这种计划能决定我国经济在全国范围内将来发展的方向。"④

苏联在实行计划经济体制过程中，国家计划被意识形态化，其取消市场，敌视所有非政府经济形式。苏联实行重工业优先发展为核心的国家计划体制，最终形成了以产品和要素价格扭曲的宏观政策环境、高度集中的资源计划配置制度和毫无自主

---

① 《马克思恩格斯文集》（第七卷），北京：人民出版社，2009 年，第 208 页。

② 《马克思恩格斯文集》（第九卷），北京：人民出版社，2009 年，第 300 页。

③ 《列宁全集》（第三十四卷），北京：人民出版社，2017 年，第 5 页。

④ 《斯大林全集》（第十卷），北京：人民出版社，1954 年，第 280 页。

权的微观经营机制为特征的"三位一体"经济体系。但即使在苏联模式下，国家计划也不可能涵盖所有经济活动。具有强烈计划性的苏联模式在快速推进工业化等方面成效突出，但这种模式的弊端也随时间推移而逐渐显现，越来越严重地阻碍社会经济的发展。[①]苏联从20世纪60年代后期起，经济增长明显放慢。拿国民收入来说，1966—1970年年平均增长7.7%，1971—1975年降为5.7%，1986—1990年再降为2.5%；1990年首次出现负增长，1991年解体前增长率为-17%。[②]总结起来，计划经济有几大特点：优点在于，一是确保现代化的发展重点；二是引领现代化的发展方向。缺点在于，一是消灭商品经济，经济运行过程排斥市场与价值规律的作用；二是消灭市场，表现为一种"缺乏再生产能力""为生产而生产"的"自我消耗型经济"，重工业产品大量堆积，资源严重浪费，经济效益低下，并且消费品生产严重不足，人民生活水平难以真正得到提高；三是微观主体活力不足，对经济采取行政命令的管理手段，管得又太多、太死，造成劳动者在生产过程中缺乏积极性，劳动生产率低下。[③]

苏联解体，宣告了苏联社会主义模式的结束，但并不意味着社会主义本身的失败。社会主义本身并不包含导致苏联模式

---

① 周文：《强国经济学：中国理论与当代政治经济学》，北京：中信出版社，2023年，第31页。

② 刘克明：《苏联军事化经济的形成、发展及其主要历史教训》，《东欧中亚研究》，1992年第5期；刘洪潮等主编：《苏联1985—1991年的演变》，北京：新华出版社，第56页。

③ 钱乘旦、刘金源：《现代化的迷途》，南京：江苏人民出版社，2024年，第236~244页。

的种种错误，苏联走向现代化的失败是违背社会主义发展规律的结果。在理论上，"计划"要通过设计出各种概念（例如列昂惕夫的投入产出分析）和提供相关统计数据才能实现。后来，非社会主义经济广泛地采用这些设计。在实践中，"战争经济"仍然是苏联计划经济的基本模式，即一种事先确定某些目标——超速工业化、赢得战争、制造原子弹或者把人类送上月球——然后计划通过不顾短期代价地配置资源来实现这些目标的经济，这并不是只有社会主义才有的状况。①计划经济体制的症结如奥尔森所说："我们不应该忘记那个有名的观点，即苏联体制即使在其最好的状态下也是低效率的。苏联体制动员了数量极为可观的资源，但它却没有很好地使用资源。无偿征用制度扼杀了经济有效运行所需要的市场。由于扼杀了私有企业，造成社会无法从私人企业家创新活动中获利。通过行政手段决定工资收入水平及其差别，以得到劳动收入中的更大比重，扭曲了劳动力市场。其结果是，苏联型社会的全要素劳动生产率低于且越来越低于处于可比发展水平上的市场经济体制。随着时间推移，苏联型社会开始停滞，最终变得极为僵化并终于寿终正寝。"②

历史教训殷鉴不远，自由放任的市场经济和传统僵化的计划经济都不应是现代化体制的最终归宿，而是达到走向现代化目标的手段；国家不应让位于，当然更不能消灭市场经济，而

①〔英〕埃里克·霍布斯鲍姆：《如何改变世界：马克思和马克思主义的传奇》，吕增奎译，北京：中央编译出版社，2024年，第10页。
②〔美〕曼瑟·奥尔森：《权力与繁荣》，苏长和等译，上海：上海人民出版社，2018年，第140页。

应驾驭好、利用好市场经济。在波兰尼看来，解决市场化发展所引起的问题同样也需要国家的作用。市场与社会的关系是一种张力关系，国家在市场和社会的"双向运动"中扮演了重要的角色。①国家通过引入新的法律法规和制度，来限制市场的扩张和社会的反对力量，以保证社会正常的秩序。②简言之，真正的市场社会需要国家在管理市场方面扮演积极角色，国家、市场与社会三者的关系是相互制约的。由此延伸，从现代化体制的角度把握社会主义市场经济，应认识到其作为社会制度的社会主义和作为资源配置机制的市场经济的有机结合，有利于同时发挥二者的优势。③"理论和实践都证明，市场配置资源是最有效率的形式。市场决定资源配置是市场经济的一般规律，市场经济本质上就是市场决定资源配置的经济。"④同时，由于市场和政府具有不同职能，市场起决定性作用而不是起全部作用，"不能盲目绝对讲市场起决定性作用，而是既要使市场在配置资源中起决定性作用，又要更好发挥政府作用"⑤。如何完善市场、规范政府和市场的最优边界，始终是构建现代化体制的重

---

① ［英］卡尔·波兰尼：《巨变：当代政治与经济的起源》，黄树民译，北京：社会科学文献出版社，2013 年，第 360~367 页。

② ［美］马克·布莱思：《大转变：二十世纪的经济理念和制度变迁》，周沺莽译，杭州：浙江大学出版社，2024 年，第 3 页。

③ 胡家勇：《试论社会主义市场经济理论的创新和发展》，《经济研究》，2016 年第 7 期。

④《习近平著作选读》（第一卷），北京：人民出版社，2023 年，第 164 页。

⑤ 中共中央文献研究室编：《习近平关于社会主义经济建设论述摘编》，北京：中央文献出版社，2017 年，第 57~58 页。

要课题。[1]

三、现代化的动力：科技创新

（一）科技生产力：理解西方国家崛起的"阿莉阿德尼之线"

恩格斯在《自然辩证法》中认为："最顽固的分子也被迫承认整个有机界的发展史和单个机体的发展史之间存在着令人信服的一致，承认有一条阿莉阿德尼线，它可以把人们从植物学和动物学似乎越来越深地陷进去的迷宫中引导出来。"[2]理解西方国家的崛起，也有这样一条"引路的线"。人类历史本质上是一部创新史。[3]科技创新驱动着文明的演进，引领人类开创辉煌的过去。在农耕文明时代，科学与技术的突破，使华夏文明屹立于世界之巅。进入近代，伴随以蒸汽机、煤炭和钢铁为标志的第一次工业革命，以及电力为核心的第二次工业革命全面展开，带来深刻的生产方式变革，使人类的生产力达到前所未有的高度。随着冯·诺依曼体系确立，计算机技术掀起第三次工业革命，信息时代到来。而当下，以人工智能为代表的第四次工业革命正在兴起，科技创新进一步以指数级速度改变着人类

---

① 周文、刘少阳：《再论社会主义市场经济》，《社会科学战线》，2020 年第 9 期。

② 《马克思恩格斯文集》（第九卷），北京：人民出版社，2009 年，第 417 页。

③ ［英］马特·里德利：《创新的起源：一部科学技术进步史》，王大鹏等译，北京：机械工业出版社，2021 年，第 12 页。

的生活。可以说，西方能够一度争得现代化的领先地位，正是依靠科技的不断创新。在 18 世纪，欧洲已经具备了工业基础、科技体系等东方所不具备的现代化的必要条件，而东亚无论是科技、工业基础还是人均经济增长率都不足以摆脱"马尔萨斯陷阱"，也没有像早期英国和荷兰那样通过海外贸易来积累足够的贵金属和发展出强大的商人阶级，总之未能获得第一波现代化的"入场券"。①

以军事技术革命为例，恩格斯指出："火器一开始就是城市和以城市为依靠的新兴君主政体反对封建贵族的武器。以前一直攻不破的贵族城堡的石墙抵不住市民的大炮；市民的枪弹射穿了骑士的盔甲。贵族的统治跟身披铠甲的贵族骑兵队同归于尽了。"②中世纪以后，西欧发生了多场军事技术革命。杰弗里·帕克探讨了军事技术革命如何让欧洲获得相对于其他地区的优势。③威廉·麦克尼尔认为 17 世纪军事技术（包括科技和管理技术）的提升对 18 世纪以来的社会变迁造成深远的影响。④随着 17 世纪以后火枪的改进，热兵器逐渐代替了冷兵器。早期的火绳枪存在射速过慢的缺陷，在战斗中仅被零星使用。17 世纪末至 18 世纪初，火器的射击速率大幅上升，但仍然需要

---

① 黄振乾、唐世平：《现代化的"入场券"——现代欧洲国家崛起的定性比较分析》，《政治学研究》，2018 年第 6 期。

② 《马克思恩格斯文集》（第九卷），北京：人民出版社，2009 年，第 174 页。

③ ［美］杰弗里·帕克：《1560—1660 年的"军事革命"——一个神话？》，《新史学》，2022 年第 28 辑。

④ ［美］威廉·麦克尼尔：《竞逐富强：公元 1000 年以来的技术、军事与社会》，孙岳译，北京：中信出版社，2020 年，第 45 页。

通过步兵方阵和士兵间的协调来增加战斗力。燧石发火装置极大地提高了火枪发射速率，刺刀的发明又使得火枪手能发挥长矛手的作用。根据莫里斯的估算，西方战争能力在 16 世纪大致增长了 50%，在 17 世纪增长了 100%，18 世纪又增长了 50%。[①]这一技术进步深刻地影响了欧洲政局，成为一系列变革的开端。一定意义上，西方现代化就是"刺刀和枪炮"下的现代化，无论是对内的封建社会整合和财税资源榨取，还是对外的殖民扩张、攫取财富，军事科技的优势始终是西方现代化的强大推动力。

历史唯物主义强调由表及里、由现象到本质的理论探究，并将其"转化为叙述过程，历史观点和研究方法凝结为经济学本身的理论内容和逻辑结构"[②]。基于西方现代化的历史事实观察，对于现代化动力的讨论由来已久，西方现代化理论将其归结于科学技术、观念思想、知识积累等因素，而马克思用历史唯物主义的方法分析得出：生产方式的变化才是社会形态变化的根本动力，其中，由科技进步推动的生产力变革发挥着关键驱动力。[③]在马克思看来，物质资料生产方式是社会发展的最终决定力量。人类的首要历史活动是"生产物质生活本身"[④]，唯

---

① ［美］伊恩·莫里斯：《文明的度量：社会发展如何决定国家命运》，李阳译，北京：中信出版社，2014 年，第 181~188 页。

② 黄楠森等：《马克思主义哲学史》（第二卷），北京：北京出版社，2005 年，第 133 页。

③ 周文、何雨晴：《新质生产力：中国式现代化的新动能与新路径》，《财经问题研究》，2024 年第 4 期。

④ 《马克思恩格斯文集》（第一卷），北京：人民出版社，2009 年，第 531 页。

有如此，人类才能生存，才能创造历史。随着满足人类物质生活需要的生产力的发展，与之相适应的交换和消费也就产生了，更进一步地，社会制度、政治国家等也建立于其上。因此，社会关系、政治制度等上层建筑发生变革的根源都在于生产方式的变革。马克思认为，现代资产阶级生产方式的产生和发展产生了现代资本主义社会。现代资本主义生产方式以机器大工业为本质特征，为适应这种机器大工业的生产，生产资料和劳动力不断集中，社会关系也不断现代化。可见，在机器大工业的物质生产力基础上，"现代生产关系""现代生产方式""现代工业""现代的经济关系"乃至"现代社会"才得以形成。

尤为重要的是，马克思强调了科学技术对生产方式变革的重要作用。他指出，"生产力中也包括科学"[①]，"科学是一种在历史上起推动作用的、革命的力量"[②]。科学技术要转化为物质生产力，就必须通过与生产力要素结合，并进入直接生产过程来实现。"固定资本的发展表明，一般社会知识，已经在多么大的程度上变成了直接的生产力"[③]，使"现实财富的创造……取决于科学的一般水平和技术进步"[④]。例如，英国正是在蒸汽机和加工机器的技术基础上引发了工业革命，才推动了英国的现

[①]《马克思恩格斯文集》（第八卷），北京：人民出版社，2009年，第188页。

[②]《马克思恩格斯文集》（第三卷），北京：人民出版社，2009年，第602页。

[③]《马克思恩格斯文集》（第八卷），北京：人民出版社，2009年，第198页。

[④]《马克思恩格斯文集》（第八卷），北京：人民出版社，2009年，第195~196页。

代化进程。"蒸汽和新的工具机把工场手工业变成了现代的大工业，从而使资产阶级社会的整个基础发生了革命。工场手工业时代的迟缓的发展进程转变成了生产中的真正的狂飙时期。"[1]随着现代化的发展，生产方式会不断发生变革，推动形成新的社会形态。马克思指出："现代工业从来不把某一生产过程的现存形式看成和当做最后的形式"[2]，物质生产力的不断发展会推动形成新的社会形态，从而使政治、法律和文化等亦随之发生变化。根据马克思和恩格斯的设想，现代化是分阶段的：第一阶段是资本主义现代化阶段，第二阶段则是共产主义现代化阶段。[3]在科学技术的不断发展中，人类将在高度发达的生产力和先进生产关系的基础上，向共产主义现代化阶段过渡。

作为现代化经济发展的不竭动力，科技创新在很大程度上集中体现于工业或制造业中。瓦克拉夫·斯米尔是这样评价制造业的："如果一个发达的现代经济体要想真正地实现繁荣富强，那么就必须有一个强大、多样和富于创造性的制造行业。"[4]发展经济学认为现代化本质上就是以工业化促进经济持续增长。随着现代化理论研究的不断深入，经济学家们从西方发达国家的成功经验中发现了技术进步是促进经济增长的重要

---

[1]《马克思恩格斯文集》（第三卷），北京：人民出版社，2009年，第533页。

[2]《马克思恩格斯文集》（第五卷），北京：人民出版社，2009年，第560页。

[3] 王永贵：《论马克思恩格斯的现代化思想》，《马克思主义研究》，2001年第1期。

[4]［美］瓦克拉夫·斯米尔：《美国制造：国家繁荣为什么离不开制造业》，李凤梅等译，北京：机械工业出版社，2014年，第4页。

因素。科技进步与经济增长的关系由此成为西方经济增长理论的重要研究内容。现代经济增长理论肇始于20世纪40年代末，以哈罗德—多马模型的建立为标志。由于模型的建立以不存在技术进步为假设条件，即未将技术进步纳入影响经济增长的解释框架内，忽视了科技创新对经济增长的重要作用，也就限制了模型的解释能力。美国经济学家索洛将技术进步作为外生变量引入模型，构建了新古典增长模型，即外生增长模型。索洛认为，劳动力投入、资本投入和技术进步都是影响经济增长的重要因素，并将技术进步视为长期经济增长的源泉。[1]但是技术进步对经济增长而言是外生性的，技术只有通过资本投资才能得到体现。在这一模型的分析框架下，边际收益被认为会随着时间推移而减少，技术进步的作用就在于制止收益递减的固有倾向。

新古典增长理论对技术外生性的认识引发了诸多经济学家的批判，也催生了新的内生增长理论。该理论由罗默和卢卡斯共同提出，其核心内容在于将技术创新和知识进步纳入增长模型，将其视作除了资本和劳动力之外的另一种生产要素。进一步分析，知识具有的非竞争性使其存在外溢效应，知识的积累不仅能促进技术进步，而且也能使劳动、资本等其他要素具有递增收益，因而经济长期增长依靠的是知识的不断累积。[2]奥地利经济学家熊彼特从企业这一微观主体出发探究技术进步与经

---

① Solow, R. M., A Contribution to the Theory of Economic Growth, *The Quarterly Journal of Economics*,1956,70(1),pp.65~94.

② Romer, P. M., Increasing Returns and Long-run Growth, *Journal of Political Economy*,1986,94(5),pp.1002~1037.

济增长之间的关系，使得增长理论具有了微观基石。按照熊彼特的创新理论，创新就是建立一种新的生产函数，即把一种从来没有过的关于生产要素和生产条件的新组合引入生产体系。在熊彼特看来，企业家是创新的主体，其职能就是实现创新，引进新组合，而引用新技术是实现新组合的重要途径。[①]可见，熊彼特的创新理论从企业的微观层面探究了技术进步与经济增长之间的关系。此外，熊彼特还将技术进步引入其以创新理论为基础的经济周期理论，他将以往的资本主义经济发展过程分为三个长周期，将技术发展水平作为划分三个长周期的标志，认为经济发展的长周期变动与周期内的技术进步有着相当密切的关联，强调了技术进步在经济发展过程中的重要地位。

　　在将资本、劳动、技术和知识内化为经济增长的内生变量之后，西方经济学对经济增长理论的探索转入了制度和经济结构方面。在制度方面，制度决定理论成为一个主流观点，即制度可以通过干预资本形成或者作用于技术进步，进而影响经济增长。只有那些在鼓励要素积累、创新和资源高效分配方面建立了优秀制度的国家才能实现持续繁荣。[②]在经济结构方面，生产要素从农业部门向工业部门和服务业部门的转移成为现代经济增长的突出特点。这一现象吸引着经济学家们探究产业结构转变与经济增长之间的关系，由此推动了对结构转变理论的研

---

　　① ［美］约瑟夫·熊彼特：《经济发展理论：对于利润、资本、信贷、利息和经济周期的考察》，何畏等译，北京：商务印书馆，2011 年。

　　② Acemoglu, D., Johnson, S., Robinson, J.A. The Colonial Origins of Comparative Development: An Empirical Investigation, *American Economic Review*, 2001, 91(5), pp.1369–1401.

究。在这一理论框架下，经济增长得益于企业为了应对技术进步而采取的将生产要素向依赖知识技术的轻资产部门转移的行为，这一行为一般都伴随着工业革命或者技术变革。[①]由此可见，伴随各国经济实践的发展，西方经济增长理论从技术进步的角度探究了经济增长的动因，肯定了技术进步对经济增长的促进作用，具有一定的积极意义。然而，该理论对技术进步的认识仅仅停留在一般性技术进步的层面，尚未注意到原创性、颠覆性技术在推动长期经济增长中的关键作用。此外，对这一问题的认识不能局限于技术进步促进经济增长的现象层面，而是要认识到推动经济增长的根本原因在于技术进步引发的生产力水平的提高。

毋庸置疑，科技创新对于现代化进程具有关键的推动作用。从西方现代化的发展历程也可以看到，技术进步是西方现代化的基本内涵。1776 年，美国"革命一代"诞生时，这片土地仍然沿袭着殖民经济时期的中世纪技术。独立战争结束后，美国开始有意引入欧洲的新兴工业技术，而工业技术的转型，促使国家将发展重心转向经济增长和大陆扩张。美国采纳了"科学管理之父"泰勒的建议，即"不再把盈余分配作为首要任务，而重点关注增加盈余。当盈余足够多时，分配盈余就不会有分歧"[②]。但是技术进步促进经济增长、推动西方现代化只是现象层面的，从本质上来看，推动现代化发展的根本动力是科技进

---

① Hansen, G.D., Prescott & E.C., Malthus to Solow, *American Economic Review*, 2002,92(4),pp.1205−1207.

② ［美］卡罗尔·普塞尔：《美国技术简史：技术信念改变世界》，洪云等译，北京：中国科学技术出版社，2022 年，第 1 页。

步所带来的社会生产力水平的提升。每一次工业革命都以重大科技创新为起点，新的科学技术对传统生产工具进行改良，形成新的生产方式，导致生产力发生量变。而每一次生产力的重大跃升都以一系列开创性的科学发现和技术突破为先导，工业革命总是伴随科技革命出现，新技术的广泛应用实现生产力的质变，推动了社会整体生产力水平的提升。可以说，每一次科学技术的重大突破都会加速旧的生产力体系瓦解和新的生产力体系形成。因此，现代化发展的历史就是一部科学技术推动生产力发展的历史，特别是促进落后生产力向先进生产力转变和发展的历史。①

（二）抢占制高点：作为现代化竞争"胜负手"的科技创新

从历史发展来看，第一次工业革命使千百年来以人力和畜力为基础的制造业越来越多地使用水力和由燃煤产生的蒸汽动力，以英国为代表的西欧国家率先从传统农业社会转向现代工业社会；第二次工业革命使生产越来越多地以电动机和内燃机为动力，美国和德国借由"电力革命"东风占据世界经济领先地位；第三次工业革命使信息经济广泛兴起，在发达国家中，有科技含量的产品成为国民经济增长的主力，美国、日本和欧洲众多国家成为这一时期的全球领导者。"那些抓住科技革命机遇走向现代化的国家，都是科学基础雄厚的国家；那些抓住科技革命机遇成为世界强国的国家，都是在重要科技领域处于领先行列的国家。"②科技创新是一个缓慢的过程，但是数字革命

① 骆郁廷：《中国式现代化：共同特征与中国特色》，《马克思主义研究》，2023 年第 1 期。

② 《习近平著作选读》（第一卷），北京：人民出版社，2023 年，第 491 页。

正悄无声息地影响着工业世界，世界正在进入以信息产业为主导的经济发展时期。数据要素的介入使得劳动力、资本、能源等传统生产要素产生了新的化学裂变反应。新科技革命带来的技术轨道变化，为我国科技创新提供了难得的赶超先进国家技术的"机会窗口"。在马特·里德利看来，现在"西方经济体产生创新的能力已经变弱了"[1]，后发现代化国家迎来赶超的历史机遇。当前世界正经历百年未有之大变局，竞争和创新是经济全球化新趋势的主题，以科技创新助推生产力跃迁是现代化竞争的"胜负手"。

幅员、人口和自然资源曾经是大国争夺的主要目标，但是二战后在全球化背景下，国家之间的竞争已经不再局限于传统的军事、政治和地缘战略层面，而是越来越多地表现为经济实力和技术能力的竞争，其本质则是产业的竞争。回顾历史，具备强大的高技术制造业是大国迈向强国的必要条件，也是评估一个国家整体经济实力、国家工业化程度和现代化建设水平的关键指标。[2]"进入二十一世纪以来，全球科技创新进入空前密集活跃的时期，新一轮科技革命和产业变革正在重构全球创新版图、重塑全球经济结构。……科学技术从来没有像今天这样深刻影响着国家前途命运"[3]。世界经济论坛创始人克劳斯·施瓦布也指出："在第四次工业革命期间，技术以指数级扩展，形

---

[1] ［英］马特·里德利：《创新的起源：一部科学技术进步史》，王大鹏等译，北京：机械工业出版社，2021年，第7页。

[2] 严鹏、陈文佳：《工业革命：历史、理论与诠释》，北京：社会科学文献出版社，2019年，第14页。

[3] 习近平：《论把握新发展阶段、贯彻新发展理念、构建新发展格局》，北京：中央文献出版社，2021年，第268~269页。

成实体产品，正在改变社会并重塑我们的未来。"①为了加强自身的竞争优势，世界上主要经济体都出台了未来5—10年的战略规划。2020年开始，无论是美国的《关于加强美国未来产业领导地位的建议》《无尽前沿法案》《2022年芯片和科学法案》，还是欧盟的《欧洲新产业战略》《工业5.0：迈向可持续、以人为本且富有韧性的欧洲工业》《欧洲芯片法案》，以及英国的《科学技术框架》，日本的《产业技术愿景2020》，发达经济体都纷纷抢占人工智能、生物技术、可再生能源等科技制高点。

信息时代的到来使得创新资源的跨国流动更为便捷，哪个国家能获取更多的知识技术、人才等创新资源，哪个国家就能在全球竞争中获得优势地位。《二十国集团（G20）国家创新竞争力发展报告（2019—2020）》数据显示，发达国家的整体创新竞争力水平仍然远高于发展中国家。②发达国家之所以能在国际经济中具有较高的话语权，正是因为掌握了全球绝大部分的创新资源，创新竞争力遥遥领先于发展中国家。发达国家正是凭借这种创新竞争力的优势占据了国际规则的制定权，从而使国际规则有利于自身，并借助这些规则形成在科技创新领域的垄断，获取超额利润。在格伦·迪森看来，当前国际分工是国际权力分配的反映，地缘经济权催生了国际分工，是减缓技术扩散的重要工具。战略产业被分为高科技产业的人为垄断和自

① ［德］克劳斯·施瓦布、［澳］尼古拉斯·戴维斯：《第四次工业革命行动路线图：打造创新型社会》，世界经济论坛北京代表处译，北京：中信出版社，2018年，第46页。

② 黄茂兴等：《二十国集团（G20）国家创新竞争力发展报告（2019—2020）》，北京：社会科学文献出版社，2021年，第49页。

然资源类型的自然垄断。在这场博弈中，创新者试图减缓技术扩散，扩大先发优势，而跟随者试图模仿，加快扩散来减少创新者的优势。①从全球趋势来看，一方面，世界正面临着"逆全球化"潮流，依靠过去传统国际分工和全球贸易的外延型增长路径动能不足；另一方面，先发国家凭借技术优势对后发国家进行技术封锁，后发国家在现代化过程中面临"卡脖子"、产业链供应链"断链"等难题，进而陷入"比较优势陷阱"等发展困境中。②

西方大国高度重视技术迭代为自身带来的政治及经济机遇，同时也忧惧其竞争者享有相同的机遇。基于这种现实，科技竞争自然成为大国竞争中的重要一环，可以被视为国家行为体综合运用各类政策手段争夺技术权力的过程。③这种科技竞争的博弈由来已久。第一次工业革命通过重塑人类生活的方方面面深刻影响了现代世界，同时也打破了国际权力的均衡。英国在工业革命中居于领先地位，通过攫取自然资源和开拓广阔的出口市场，为其制成品生产提供支撑，并由此奠定了建立全球最大帝国的基础。这种对英国制造业的过度依赖，刺激其他大国追求自身的技术主权。法国试图通过构建"大陆封锁系统"抵制英国新兴的工业和制造业实力，但这一策略最终导致拿破仑为强制实施封锁而进行灾难性的俄国远征。同样，美国与德国、

① ［俄］格伦·迪森：《技术主权：第四次工业革命时代的大国博弈》，丁宁等译，北京：中国科学技术出版社，2023年，第74页。
② 周文、杨正源：《曙光：新质生产力改变世界》，天津：天津人民出版社，2024年，第239页。
③ 张倩雨：《技术权力、技术生命周期与大国的技术政策选择》，《外交评论》（外交学院学报），2022年第1期。

法国采取了相似的路径，将工业化、生产基地及技术主权视为国家建构的核心要素。随后，经济民族主义愈发盛行，借助临时关税与补贴扶持新兴工业、交通网络和国家银行，以期打破英国经济垄断，巩固国家的独立与发展。[①]在美苏冷战时期，美国商务部于 1948 年首次制定了针对东欧和苏联的技术禁运目录，此后，美国联合其他西方发达国家对苏联实施持续的技术封锁[②]，长期以来已经形成了打击后发国家科技赶超的"路径依赖"。

在更长的周期（或跨周期），随着后发追赶国家技术由弱变强，与领先国家之间的技术博弈均衡会呈现"不遏制—遏制加剧—遏制减退—退出遏制"这四个阶段的变化。[③]关键在于第二到第三阶段怎样"突围"？研发投入、技术进步、市场份额和利润四个变量之间具有典型的正反馈关系。在上述这一闭环结构中，任何一个环节受阻，都会阻碍技术进步的实现。领先国家若能持续维持"创新—市场"循环，并通过技术壁垒或市场限制让追赶国家无法建立类似的循环，就能够巩固其优势地位。而追赶国家一旦陷入"追赶者陷阱"，其经济发展将停滞，进一步加剧恶性循环，导致长期落后。[④]自冷战结束后，随着新一轮

① ［俄］格伦·迪森：《技术主权：第四次工业革命时代的大国博弈》，丁宁等译，北京：中国科学技术出版社，2023 年，第 3~4 页。

② 鞠建东：《大国竞争与世界秩序重构》，北京：北京大学出版社，2024 年，第 179 页。

③ 王勇、赵昌文、江深哲：《大国竞争中的技术遏制与反遏制》，《中国社会科学》，2024 年第 6 期。

④ 鞠建东：《大国竞争与世界秩序重构》，北京：北京大学出版社，2024 年，第 177~178 页。

技术革命影响的深化，历届美国政府均致力于强化自身在高科技领域的竞争力，维系其世界领先地位，为此不惜投入大量资源捍卫"皇冠上的明珠"。欧美国家凭借信息技术优势与人才优势，攫取大量信息红利，在全球价值链中占据了高端环节，获取了先行优势。而处于后发位置的亚非拉国家在发展过程中却被迫沦为原材料基地和商品倾销地，未能建成本国独立的工业体系。在这一过程中，发达国家获得大量的超额利润，但全球产业链的发展逐步走入"短链化、区域化、本土化"进程，给世界生产力的发展带来严重的负面影响，拉大了全球发展鸿沟。

在世界经济格局中处于边缘地位的后发国家实现从前工业社会向工业社会的转型，必然会在经历相当一段时间的生产力和生产效率快速攀升过程后，经济增长方式逐渐转向内涵式发展，从而使自身和整个世界受益于发展转型的增长红利。在开放的经济发展环境中，利用自身先天的资源禀赋与外部市场开展交换活动以进行资本和技术积累，可以有效解决工业化生产要素绝对稀缺的问题。但是"比较优势陷阱"的现实案例表明这种积累方式存在缺陷，试图借此将本国制造产业的资本有机构成整体性地提高到现代制造业的世界平均水平，进而一步到位地嵌入全球产业链、价值链，并在某一环节占据一席之地的想法，在现实中根本无法实现。当一国先天的自然资源禀赋极为有利时，往往会诱发诸如"荷兰病"和"资源诅咒"现象[①]；相反，当从外部获取的资源不足时，又难以将制造能力"整体"

---

① Sachs, Jeffery D., Andrew M. Warner, Sources of Slow Growth in African Economies, *Journal of African Economies*, 1996, 6(3), pp.335-376.

提升至现代工业水准，从市场竞争中获取足够利润。关于这一点，拉美国家的教训极其深刻。众所周知，拉美国家在 20 世纪试图通过大规模的进口替代战略推动技术引进和产业升级。然而，由于缺乏强有力的技术创新体系支撑，这些国家未能有效整合外部技术优势，形成自主技术积累。[①]结果是工业化发展遭遇"滑铁卢"，依赖外来技术的路径反而加剧了经济脆弱性。

而强调"竞争优势"在于产品可以在市场上顺利完成"惊险的一跃"，从而打通扩大再生产的整个环节。产品的扩大再生产同样也是资本的扩大再生产，制造业的产业资本一旦拥有自我增殖的能力，就可以从沦为"僵尸"的阴影中摆脱出来，继续推进工业化进程直至完成转型。归根结底，达成这一切的关键在于提高竞争力，获取竞争优势。基于此，后发国家不论是促进科学技术创新转化为生产力和产业竞争力，还是构筑国家创新体系引导社会资源投入研发领域刺激创新活动，产、学、研一体化始终需要政府扮演规划者的角色、发挥引领作用，确保减少社会资源的浪费，从整体上降低创新活动产生的损耗和成本。[②]采用"以点带面"的办法，通过快速提高本国在有潜力的细分产业领域中的资本和技术密集度，进而提升产业竞争能力，获取竞争优势和市场占有率，达致"技术和生产力水平提高—竞争优势强化—技术和生产力进一步提升"的正向循环，只有这样工业化转型的经济基础才能真正建立起来。对于国家"攀登发展阶梯"的产业发展是必须逐级而上，还是可以在产业

---

① 徐世澄：《拉美现代化评析》，《当代世界社会主义问题》，2023 年第 4 期。

② 周文、杨正源：《曙光：新质生产力改变世界》，天津：天津人民出版社，2024 年，第 153 页。

政策帮助下适当跳过一些梯级的问题，长期争议不休，但后发国家落入发展陷阱经济停滞甚至倒退的经验教训说明，背离"比较优势"的产业升级道路在很多时候也具有可行性和必要性。[①]

四、现代化的文化：基督教与儒教

（一）韦伯命题与"西方文明一元论"：从基督教文明到新教伦理

多样性是人类文明的天然特质，不同民族和国家因自然条件、历史传统等方面的差异，形成了丰富多样的文明样态，而非单一化的特征。文明作为民族或国家的集体记忆，承载了从茹毛饮血到田园农耕，从工业革命到信息社会的历史演进，每个民族都在自身独特的土壤中孕育出绚丽多彩的人类文明。然而，西方国家在推进现代化的过程中，通过"西方中心论""文明优越论""文明一元论"等话语霸权，以文化殖民的方式构建了对全球文明的支配。[②]正如澳大利亚历史学家布雷特·鲍登指出："世界上'文明的'民族或国家以'文明'之名不时并将继续对'不文明的'民族或国家采取极端措施……文明需求的后

[①] Lin, J., & Chang, H.-J., Should Industrial Policy in Dereloping Countries Conform to Comparative Advantage Or Defy It? A Debate Between Justin Lin and Ha-Joon Chang, *Development Policy Review*, 2009, 27(5), pp.483-502.

[②] 张明、谷生秀：《文明叙事：习近平文化思想的方法论审视》，《新疆师范大学学报》（哲学社会科学版），2025年第1期。

果表现为'殖民的正当性'。"①西方将自身文化塑造成优越文明的象征，并将非西方文化定位于"落后"的边缘地带，制造出西方与非西方的二元对立格局，根本上是为了掩盖其扩张性和侵略性的本质，将殖民行为合理化为"文明使命"。自20世纪50至60年代以来，一些西方现代化理论就将西方现代化等同于世界现代化，将后发国家的思想观念与价值理念视为现代化的对立面，斥之为必须彻底抛弃的"传统"或"传统性"，并试图将西方的文化价值观和生活方式强加为"现代"或"现代性"的唯一标准，这种做法无异于削足适履。②

从发展过程来看，伴随着工业革命的成功，西方文化逐渐成为一种强势文化。西方将其成功经验归因于自身文化的支撑，并形成了"现代与传统"二元对立的主流论述。然而，所谓的西方文化优越论实质上是在19世纪西方取得世界发展领导权后才逐渐被建构起来的，西方将自身文化塑造为一个"自我成圣"的文化体系。③在"西方中心主义"的框架下，对后发现代化国家的封闭、落后、停滞与衰败的思考，往往被用来证明西方"理所当然的成功"，并通过文化本质主义将这一优劣秩序在观念中固化。其中，最广为人知的命题来自马克斯·韦伯。《新教伦理与资本主义精神》的德文原著问世已逾百年，但是其深远影响尚未可估量。韦伯试图解答一个简单而基本的问题——西

---

① ［澳］布雷特·鲍登：《文明的帝国：帝国观念的演化》，杜富祥、季澄、王程译，北京：社会科学文献出版社，2020年，第57页。

② 戴木才：《论世界现代化运动的复杂性》，《马克思主义研究》，2024年第7期。

③ 张西平：《破除西方中心主义是文化自信的前提》，《前线》，2017年第1期。

方资本主义得以兴起的文化条件是什么。尽管对大量资金的控制自古有之，但作为一种经济制度，由资本所有者或其代理人出于营利目的组织享有法定自由的工人，并深刻影响社会各个方面的资本主义，却是一种现代现象。[①]一般认为，韦伯假设了文化在塑造人与历史命运中起关键作用。他通过对"西方个性"与"亚洲个性"的结构性比较，解释西方为何胜出，强调新教伦理是塑造现代资本主义的关键因素，而亚洲的社会、政治、文化尽管多样且复杂，却普遍缺乏"新教伦理与资本主义精神"。[②]

实际上，韦伯所说的"新教伦理"并不神秘，对于后发国家推进现代化更不可能有"包治百病"的神奇功效。新教的产生背景可以追溯到 16 世纪初欧洲的宗教改革运动。1517 年，马丁·路德在德国维滕贝格张贴《九十五条论纲》，公开批判罗马天主教会的贪腐和教义偏离，拉开了宗教改革的序幕。文艺复兴推动的思想解放、印刷术的传播以及民族国家的崛起都为新教的传播提供了土壤。新教主张直接依靠《圣经》作为信仰依据，倡导"因信称义"，削弱了天主教会的权威，并强调个人在信仰中的独立性。[③]这些思想为当时快速发展的城市商业阶层提供了精神支持，也迎合了新兴民族国家摆脱教会束缚、实现中央集权的需求。宗教改革在西欧许多国家促进了民族认同和国

[①]［德］马克斯·韦伯：《新教伦理与资本主义精神》，阎克文译，上海：上海人民出版社，2018 年，序言第 1、12 页。

[②]彭彦华：《探赜中华文化走向的脉络——兼驳西方中心主义的现代化文化理论》，《学术研究》，2006 年第 6 期。

[③]［美］斯塔夫里阿诺斯：《全球通史：从史前到 21 世纪》（上册），王皖强译，刘北成审校，北京：北京大学出版社，2024 年，第 410~413 页。

家认同，但在韦伯的祖国——德意志却适得其反。新教的出现将德意志撕裂为两半：一半坚持罗马天主教，另一半接受马丁·路德的新学说。双方均宣称自己是真正的基督徒，视对方为上帝的敌人，必须清除。由此引发的"三十年战争"将德意志彻底撕碎，使其在接下来的200年里一蹶不振。这段时间恰逢西欧许多国家快速发展，工业化突飞猛进，现代国家逐步成型。然而，德意志却因分裂与战乱错失机遇，未能完成民族国家的统一，错失现代化的"第一班车"，一度沦为欧洲最为落后的地区。[①]

相较而言，韦伯和马克思都着迷于解释资本主义为何只在欧洲得到发展，但是韦伯的解释却与马克思的不同。马克思、恩格斯在《共产党宣言》中指出，工业革命和世界市场塑造了现代资产阶级："现代资产阶级本身是一个长期发展过程的产物，是生产方式和交换方式的一系列变革的产物。"[②]资产阶级把"宗教虔诚"这一类东西"淹没在利己主义打算的冰水之中"[③]。韦伯没有像马克思那样集中于"历史唯物主义"的解释，他尤其认为源自新教（主要是加尔文派）的理性主义和工作伦理对资本主义的兴起至关重要。这种说法曾经非常流行，但不乏质疑之声：如果新教导致工业革命，那么更典型的新教国家是瑞士，而不是大不列颠；并且，在不列颠岛上更符合韦伯理论的新教地区是苏格兰，而不是英格兰。所以，从实证的

---

① 钱乘旦：《风起云飞扬：钱乘旦讲大国崛起》，北京：北京大学出版社，2024年，第206、209页。

②《马克思恩格斯文集》（第二卷），北京：人民出版社，2009年，第33页。

③《马克思恩格斯文集》（第二卷），北京：人民出版社，2009年，第34页。

角度来看，韦伯的说法难以成立。[①]学界关于这一命题本身也存在种种误解，韦伯的核心论点在于提出一个解释资本主义起源与发展的理论模型。[②]实际上，韦伯从未直接在新教伦理与现代资本主义之间画等号，因为他坚信并不存在什么"历史规律"，认为现代资本主义在西方的出现，乃是各种事件在历史上特殊耦合的产物。[③]他只是将"文化"视为现代资本主义多元因果关系中的一个突出要素，予以集中研究，还有其他若干要素有待论述。[④]

长期以来，西方一些学者有意或无意地将"韦伯命题"简单化为没有新教伦理，甚至没有基督教伦理就没有现代经济的发展，这种误解传入后发现代化国家又引起了冲击性的影响。[⑤]指明谬误并不困难，但我们要往更深层次提问：为什么西方学者如此看重基督教文化与现代化之间的关系？概括而言：一方面，基督教作为西方历史的主导性宗教，对欧洲社会结构、道德伦理和思维方式产生了深远影响。另一方面，现代化起源于西欧，西方学者试图从本土文化中寻找现代化成功的根源。将现代化的动因与基督教文化挂钩，实际上是对西方历史和思想

① 钱乘旦：《西方那一块土：钱乘旦讲西方文化通论》，北京：北京大学出版社，2015年，第251页。
② 刘林平、任美娜、杨阿诺：《"新教伦理与资本主义精神"命题之反思》，《社会科学》，2021年第2期。
③ ［德］马克斯·韦伯：《新教伦理与资本主义精神》，阎克文译，上海：上海人民出版社，2018年，第31页。
④ 阎克文：《讲读〈新教伦理与资本主义精神〉》，刘苏里主编：《思想照亮旅程》（下册），上海：上海三联书店，2023年，第613~615页。
⑤ 阎克文：《讲读〈新教伦理与资本主义精神〉》，刘苏里主编：《思想照亮旅程》（下册），上海：上海三联书店，2023年，第606页。

成就的"再确认"。[1]就像英国学者克里斯托弗·道森所说："基督教传统最明显的特征之一便是对历史持二元论的观点：在《旧约》中是选民与外邦人之间的对立；在《新约》中则是教会与尘世之间的对立，用圣奥古斯丁的神义论来说，就是两座城市，耶路撒冷与巴比伦。"[2]相应地，西方殖民者在扩张过程中，将基督教视为"先进文明"的代表，并与现代化和经济发展的优越性联系起来，进一步强化了这一文化叙事。这使人们错误地认为：照搬基督教伦理或西方文化传统是扭转"落后"的必要条件。"什么样的普遍秩序是值得信赖的？"[3]这是西方基督教文化"一神论的思想范式"试图回答，但注定无法解答的问题。

帕森斯认为，德国思想界就存在一种"钟摆式运动"，思想倾向在强调"精神"和强调"物质"之间来回摆荡。桑巴特和韦伯代表了摆锤摆回黑格尔一端的一次运动。[4]与韦伯同属于"青年历史学派"的桑巴特，在其1902年出版的《现代资本主义》一书中就已经提出了有关"资本主义精神"的问题。[5]显然，他也从精神利益的方向来解释资本主义的兴起，1911年出

---

① 何青翰：《从"第一个结合"到"第二个结合"——以"秩序重建"为中心的观察》，《开放时代》，2024年第2期。

② ［英］克里斯托弗·道森：《世界历史的动力》，武可译，上海：上海书店出版社，2022年，第204页。

③ 赵汀阳、［法］阿兰·乐比雄：《一神论的影子：哲学家与人类学家的通信》，王惠民译，北京：中信出版社，2019年，第39页。

④ Parsons, Talcott. Capitalism' in Recent German Literature: Sombart and Weber, *Journal of Political Economy*,1928,36(6),pp.641-661.

⑤ ［德］维尔纳·桑巴特：《现代资本主义》（第1卷），李季译，北京：商务印书馆，1936年。

版的《犹太人与现代资本主义》[1]认为犹太人的逐利心态和分布广泛的金融投机活动为资本主义开辟了道路；1913 年出版的《奢侈与资本主义》[2]，则与韦伯主张的"世俗禁欲主义"相反，将资本主义的兴起归因于中世纪晚期欧洲宫廷的奢侈生活。[3]而在韦伯等人的基础上，托尼撰写了《宗教与资本主义》，著述的标题恰好反映出他对韦伯的误解，这使他对宗教的论述阴差阳错。[4]托尼的目的是研究"中世纪社会秩序的观念……如何分崩离析"，随后出现"把个人当作自己主人的信条"。[5]实际上，他将韦伯认为的新教对现代化的推动作用，泛化为整个基督教经济伦理。如果要从韦伯、桑巴特、托尼等人的分歧中抽离出来，他们的共性在于阐释构架都是典型的"欧洲中心论"：即纯粹的西方是靠自己与生俱来的优异禀赋和特性取得了现在的成就。这种观点假定西方现代化是基于一种刚性的内在逻辑自主地发展。[6]

与西方现代化相对照，按照约翰·霍布森的说法，在欧洲

---

① ［德］维尔纳·桑巴特：《犹太人与现代资本主义》，安佳译，北京：商务印书馆，2023 年。

② ［德］维尔纳·桑巴特：《奢侈与资本主义》，王燕平、侯小河译，上海：上海人民出版社，2005 年。

③ 姜宏：《理解"资本主义"：马克思、松巴特、韦伯相关理论之比较》，《经济思想史学刊》，2024 年第 2 期。

④ ［美］格林菲尔德：《资本主义精神：民族主义与经济增长》，张京生、刘新义译，上海：上海人民出版社，2004 年，第 21 页。

⑤ ［英］理查德·H. 托尼：《宗教与资本主义的兴起》，赵月瑟、夏镇平译，上海：上海译文出版社，2013 年，序言第 9 页。

⑥ 周文：《国家何以兴衰：历史与世界视野中的中国道路》，北京：中国人民大学出版社，2021 年，第 366 页。

人的想象中世界被分裂为——或者更确切地说是迫使世界分裂为——两个对立的阵营：西方和东方（或是"西方世界和其他"）。在这一新的观念中，西方被想象成是优越于东方的。确切地说，西方被想象成天然具有独一无二的美德：理性、勤勉、高效、自由、民主、成熟、先进、富有独创性、积极向上、独立自主、进步和充满活力。然后，东方就成为与西方相对的"他者"：非理性、懒惰、低效、专制、腐败、不成熟、落后、缺乏独创性、消极、具有依赖性和停滞不前。也就是说，西方被赋予的一系列先进的特性在东方是不存在的。霍布森对此提出强烈批评——把"'他者'虚构成为一种——浪漫的形象：冷酷，易受诱惑，淫荡、轻佻，但更多的是无助。这实际上是把东方想象成永远长不大的稚嫩孩童。这就再次得出了这样的结论：欧洲是沿着一条时间直线向前进步的，东方则被打上了消极停滞的烙印"[①]。尤为重要的是，这一想象的过程确定西方一直是优越的，拥有自由和民主的价值观以及合理的制度——这必然也会产生理性的个体，也使充满光明和激情的资本主义近代性能够实现必然的突破。通过类比，东方被打上了低等烙印，制造出一种"充满活力的西方"与"停滞不变的东方"的永久印象。[②]

现代化的成功并不依赖某一种文化传统，"西方文明一元论"忽视了不同国家历史、文化和经济条件的多样性。客观来

[①]　[英] 约翰·霍布森：《西方文明中的东方起源》，孙建党译，济南：山东画报出版社，2009 年，第 205 页。

[②]　周文：《国家何以兴衰：历史与世界视野中的中国道路》，北京：中国人民大学出版社，2021 年，第 370~371 页。

看，宗教文化在西方现代化进程中确实举足轻重，正如英国历史学家迪尔梅德·麦卡洛克指出："宗教信仰与疯狂往往仅有一线之隔，宗教既曾煽动人类犯下各种愚蠢的罪行，也曾激励他们在善良、创造与慷慨方面取得最伟大的成就。"[①]但是强调基督教文化在现代化中的"伪普遍性"，将其特殊性误认为或伪装成一种普遍性，并以此推行，甚至强加于他者。这种做法在性质和功能上，类似于马克思所揭露和批判的资产阶级意识形态的一种修辞形式，是其在"世界历史"语境下被放大和复制的产物。[②]就像李约瑟所揭示的："许多西欧和美洲人认为自己是文明的代表，负有统一全世界的使命。在他们思想上只有西方的文明是具有普遍性的，因为它本身是统一的，完整的，所以能统摄其他一切文明。这种自我吹嘘是毫无根据的。"[③]作为"欧洲中心论"的激烈批评者，弗兰克则进一步将其定义为"虚假的普遍主义"[④]。西方文明塑造出文明与野蛮的吊诡和"伪普遍性"的霸权，将特殊的西方经验包装成全球通用的范式，掩盖了现代化本质上是一种全球性的历史进程，涉及技术、制度和经济结构的全面变革，导致许多国家在现代化进程中迷失方向。

[①] ［英］迪尔梅德·麦卡洛克：《基督教史：最初的三千年》，朱伟斌译，北京：宗教文化出版社，2024年，第13页。

[②] 何中华：《文明的历史含义及其当代启示》，《中国社会科学》，2023年第6期。

[③] ［美］李约瑟：《四海之内——东方和西方的对话》，劳陇译，北京：生活·读书·新知三联书店，1987年，第18页。

[④] ［德］贡德·弗兰克：《白银资本——重视经济全球化中的东方》，刘北成译，北京：中央编译出版社，2000年，第39页。

（二）传统文化与现代世界：现代化并非只有一种文化土壤

当讨论后发国家现代化与传统文化的关系时，一个悖论性事实不容回避：现代化似乎从一开始就是对前现代性，包括传统文化的超越。现代化至今主要在两个基本意义上使用：编年史的和价值意义的。前者将现代时期与古代时期相对立；后者则强调与过去的决裂，颂扬并向往"现代"，从现在和未来而非过去的传统中寻找时代的合理性。由此，现代化常被理解为与古代相对的总体生存样式、品质和文化情境。[①]这种理解导致了古代、传统被现代化自我界定为"他者"，并使得西方现代化理论的"基本结构建立在'传统与现代性'这对对立的概念上"[②]。在"要么……要么……"的逻辑框架下，"'古'与'今'之间多种多样形式下的斗争，是当代最突出的矛盾之一"[③]。然而检视西方现代化的历史及其理论，我们可以发现，现代化与前现代性的断裂实际上被大大夸大了。究其本源，现代化的发展深深根植于本土文化之中，传统并非现代的对立面，而是其不可或缺的起点和资源。[④]面对后发国家在现代化过程中传统文化失落、民族性丧失、西方文化渗透、意识形态混乱等

---

① 沈湘平：《全球化与现代性》，长沙：湖南人民出版社，2003 年，第 13~14 页。

② 罗荣渠：《现代化新论——中国的现代化之路》，上海：华东师范大学出版社，2013 年，第 31 页。

③ ［美］吉尔伯特·罗兹曼：《中国的现代化》，"比较现代化"课题组译，上海：上海人民出版社，1989 年，第 672 页。

④ 沈湘平：《中国式现代化的传统文化根基》，南京：江苏人民出版社，2024 年，第 3~4 页。

问题，①必须认识到真正的现代化不是对古老文明的否定，更不能用所谓"现代"的西方文化加以统摄。现代化应是"文明更新"而非"文明断裂"的产物，是在赓续传统中实现的进步。②

现代化并非只能依靠"唯一的"西方文化，后发国家同样可以发掘立足本国国情的文化土壤。"作为思想遗产的传统文化绝不能在现代化进程中加以抛弃"，例如"在一个国家已经高度现代化或面临现代化危机之时，儒家理性和价值观的意义就必须重新估价了"，这是因为"儒教文化中的人文价值与道德规范的丰富内涵，在现代化阶段丧失时效，却完全可能在超越现代化的阶段中推陈出新，恢复活力"。③事实上，马克斯·韦伯也没有把他的"西方兴起"的思想仅仅建立在研究西方的基础上，在《儒教与道教》一书中还考察了中国社会和印度社会，把它们与欧洲比较，最终得出结论：至少这两个社会——涵盖了所有非欧洲社会——都缺少资本主义所必需的文化价值。他认为，尽管如此，它们也可以"现代化"，但必须经过一种痛苦的文化转型过程，去除它们那种妨碍资本主义发展的文化"障碍"。"从一切迹象看，中国人有能力，甚至比日本人更有能力吸收在技术和经济方面都在近代文化领域中获得全面发展的资本主义。显然不能设想，中国人天生达不到资本主义的要求。同西方相比，中国有大量十分有利于资本主义产生的条件。在那些我们

---

① 兰洋：《中国式现代化对依附—世界体系论的扬弃与超越》，《内蒙古社会科学》，2023年第1期。

② 沈江平：《"第二个结合"对中国式现代化的三重效应》，《广西大学学报》（哲学社会科学版），2023年第4期。

③ 罗荣渠：《现代化新论——中国的现代化之路》，上海：华东师范大学出版社，2013年，第417~418页、第184页、第417页。

喜欢称之为西方资本主义发展的障碍因素中，有些几千年来在中国就不复存在，例如封建制、大土地主制的束缚。"[1]

作为后发现代化国家的典型代表，近代以来的中国社会历史文化的变迁，始终与"传统"的问题结下不解之缘。不管人们喜欢或不喜欢孔子和儒家，事实是，在中国过去两千多年的历史上，儒家在中国社会和文化中占据了突出的地位，在中国文化的形成上起了主要的作用，以至于人们有时把儒家传统作为中国文化的代表，以孔子作为文化认同的象征。[2]李泽厚曾在《孔子再评价》一文中，将孔子和儒家思想把握为"一个对中华民族影响很大的文化——心理结构"，以此作为解释孔子的一条途径。在这个解释下，孔子根本没有"走入历史"，而是始终作用于历史和现实之中。他指出："由孔子创立的这一套文化思想……自觉或不自觉地成为人们处理各种事务、关系和生活的指导原则和基本方针，亦即构成了这个民族的某种共同的心理状态和性格特征。值得重视的是，它的思想理论已转化为一种文化——心理结构，不管你喜欢或不喜欢，这已经是一种历史和现实的存在。"[3]这种心理结构化为民族智慧，"它是这个民族得以生存发展所积累下来的内在的存在和文明，具有相当强固的承续力量、持久功能和相对独立的性质，直接间接地、自觉不自觉地影响、支配甚至主宰着今天的人们，从内容到形式，

---

[1] ［德］马克斯·韦伯：《儒教与道教》，王容芬译，北京：商务印书馆，1995年，第300页。

[2] 陈来：《孔夫子与现代世界》，北京：北京大学出版社，2011年，第1页。

[3] 李泽厚：《中国古代思想史论》，北京：人民出版社，1985年，第34页。

从道德标准、真理观念到思维模式、审美情趣等"[1]。

　　西方一些历史学家、社会学家研究儒家文化与东亚现代化的关系，认为儒家伦理与作为理性化的现代化过程基本上是不能协调的。这一问题的提出与韦伯关于中国宗教伦理与中国现代化的研究，有着直接的继承关系。然而，仍是这些学者，在后来却又利用以前被他们批评的价值，去解释东亚的经济起飞。[2]经济发展的文化论的坚定支持者劳伦斯·哈里森曾经直言："只要一个政府支持经济发展，'儒家文化'……对于高水平的经济成就有百分之百的预测率。"[3]经济史学家戴维·兰德斯甚至说："如果我们从经济发展史中学到什么东西的话，那就是：几乎所有的差异都是由文化造成的。"[4]这种说法或许过于偏激，却指出了重要事实：文化对于经济发展非常重要。[5]在中文世界，最早对这个问题作出反应的是金耀基，他将现代化问题上升到"西方文化对中国文化的挑战……这不只是一国族兴亡的问题，也是一文化绝续的问题"[6]，在 20 世纪 80 年代他发

---

① 李泽厚：《中国古代思想史论》，北京：人民出版社，1985 年，第 297 页。

② 陈来：《孔夫子与现代世界》，北京：北京大学出版社，2011 年，第 117~118 页。

③ Harrison, Lawrence E., Response to Clark, Boettke, and Robinson .Cato Unbound, from https://www. cato-unbound. org/issues/december-2006/how-much-does-culture-matter.

④ Landes, David, "Culture Makes Almost All the Difference." in L. E. Hamis and S. p. Huntingt(eds.), Culture Matters: How Yalues Shape Human Progress, New York: Basic Books,2000,pp.2-13.

⑤ 朱天：《赶超的逻辑：文化、制度与中国的崛起》，孟涛译，北京：北京大学出版社，2024 年，第 138 页。

⑥ 金耀基：《中国现代化的终极愿景：金耀基自选集》，上海：上海人民出版社，2013 年。

表了《儒家伦理与经济发展：韦伯学说重探》，认为儒家伦理有助经济发展可以视为合理的假设。从大量现象来看，相比基督教伦理来说，儒家伦理与经济发展的关系似乎不一定更弱。[①]确实，儒家文化中可能有不利于现代化的成分，但儒家文化对勤劳、储蓄、教育、信任和仁政的重视却不可能是现代化的障碍。[②]

西方的文化霸权，是与西方现代化的历史领先地位相适应的。[③]而西方文化霸权的荒谬性，也是在现代化发展中"加强了那些文化（非西方文化），并减弱了西方的相对力量"[④]以后，才逐渐暴露的。这反映了后发国家本土文化的复兴对"西方中心主义"的冲击。[⑤]但真正的问题是：非西方的文化特征能否支撑现代化的发展？对此，罗素在《中国问题》一书中特别提道："中国的文化问题，不论对于中国还是对于全人类都具有最重要的意义。""中国文明是世界上几大古国文明中唯一得以幸存和延续下来的，中国传统文化有三个显著特点：文字由表意符号

---

①　金耀基：《儒家伦理与经济发展：韦伯学说重探》，香港中文大学科学院暨社会研究所：《中国现代化与中国文化研讨会论文汇编》，1985 年。

②　朱天：《赶超的逻辑：文化、制度与中国的崛起》，孟涛译，北京：北京大学出版社，2024 年，第 134 页。

③　顾明栋、陈晓明、张法等：《重写文明史：为何重写，如何重写？（笔谈）》，《四川大学学报》（哲学社会科学版），2023 年第 3 期。

④　［美］塞缪尔·亨廷顿：《文明的冲突》，周琪等译，北京：新华出版社，2013 年，第 73 页。

⑤　李新廷：《比较政治学中的政治发展理论——后发展国家与中国经验视角的反思与重构》，《中南大学学报》（社会科学版），2018 年第 2 期。

书写；儒家伦理学说取代了宗教；科举考试制度"。①他认为，这三样有利也有弊。如他喜欢孔子的"中庸"，却抨击以等级尊卑为核心的儒家伦理道德。对中国及中国文化的发展前景，罗素也有些判断和预言："中国要追求的目标不仅对中国很重要，对全世界也很重要。中国现在有了复兴精神，如果再能阻止外邦为非作歹，就有可能发展为新文明，比世界上存在过的所有文明都优秀。""中国将在全球发挥应有的作用，将在人类急需之时带去一个崭新的希望。带着这些希望，我愿意看到少年中国鼓舞人心，启迪众人。这种希望有望变成现实，正因为有望变成现实，中国理应挺立前列，得到每一个热爱人类之人的敬重"。②

　　毋庸讳言，当今人类正处于一种总体性的困境之中，人与自然、人与社会、人与自身的关系面临诸多难题、挑战与危机。从根本上看，这种困境主要源于西方文明及其现代化发展所带来的后果。布莱克指出："现代化是一个创造与毁灭并举的过程，它以人的错位和痛苦的高昂代价换来新的机会和新的前景。"③西方近代理性主义的文化困境在于"工具理性"与"价值理性"的紧张对立，"理性是计算性的……在实践领域，它只

---

① ［英］伯特兰·罗素：《中国问题》，田瑞雪译，北京：中国画报出版社，2019年，第32页。

② ［英］伯特兰·罗素：《中国问题》，田瑞雪译，北京：中国画报出版社，2019年，第294~295页。

③ ［美］C.E.布莱克：《现代化的动力》，段小光译，成都：四川人民出版社，1988年，第38页。

涉及手段。对于目的，它必须保持缄默"①，这正是韦伯所揭示的"现代化的两难"。当前，西方文化的"普世"观念遇到了三个问题：它是错误的；它是不道德的；它是危险的。关于"它是错误的"，迈克尔·霍德华作了很好的总结："西方的一种假设是，文化多样性是一个特殊的历史现象，它正在迅速地受到一个共同的、西方取向的、以英语为基础的世界文化的侵蚀……这一假设是根本不真实的。"②反思西方现代化的同时，激活非西方文化智慧以破解人类困境成为当务之急。"包括儒家思想在内的中国优秀传统文化中蕴藏着解决当代人类面临的难题的重要启示。"③中华文化在几千年的发展中，孕育了与源自古希腊、古罗马的西方文化截然不同的智慧，其许多思想主张与科学社会主义高度契合，与当代问题产生共鸣，具有普遍意义。④

"中华优秀传统文化是中华民族的文化根脉，其蕴含的思想观念、人文精神、道德规范，不仅是我们中国人思想和精神的内核，对解决人类问题也有重要价值。"⑤在此意义上，中华优秀传统文化对西方文化的扬弃与超越，正展现出其世界性和人

①［美］阿拉斯戴尔·麦金太尔：《追寻美德：道德理论研究》，宋继杰译，北京：译林出版社，2011年，第69页。

② 转引自［美］塞缪尔·亨廷顿：《文明的冲突》，周琪等译，北京：新华出版社，2013年，第286页。

③《习近平著作选读》（第一卷），北京：人民出版社，2023年，第277~278页。

④ 沈湘平：《中国式现代化的传统文化根基》，南京：江苏人民出版社，2024年，第11页。

⑤《习近平谈治国理政》（第三卷），北京：外文出版社，2020年，第314页。

类性的维度，为破解现代化带来的困境提供了重要文化资源。1946年，西南联大结束了其历史使命，联大师生在校址上竖立了纪念碑，冯友兰题写了碑文："惟我国家，亘古亘今，亦新亦旧，斯所谓'周虽旧邦，其命维新'者也。"[1]该碑文出自《诗经·大雅·文王》的典句，原意是说周朝虽为历史悠久的邦国，却不会因守旧而衰亡，其使命在于不断革新。冯友兰将其提炼为"旧邦新命"，成为民族性与现代性相结合的象征，以及文化生命力蓬勃的标志。今天，"旧邦新命"这一理念被赋予了新的时代内涵——"中国式现代化是中华民族的旧邦新命，必将推动中华文明重焕荣光"[2]。中国式现代化是强国建设、民族复兴的康庄大道，它赋予"把世界上唯一没有中断的文明继续传承下去"的现代转型力量，同时以深厚的文明底蕴滋养自身发展。中国式现代化根植于绵延5000多年的中华文明沃土，既赓续文明又更新文明，具有深厚的生命力和强大的包容性，必将推动中华文明重焕荣光，蹚出一条人类走向美好未来的文明新路。[3]

小结

　　西方依靠王权和专制主义建构民族国家，以国家力量

① 冯友兰：《三松堂自序》，北京：生活·读书·新知三联书店，1984年，第355页。
② 习近平：《在文化传承发展座谈会上的讲话》，北京：人民出版社，2023年，第7页。
③ 彭璐珞、肖伟光：《中国式现代化的文化基因》，北京：中华书局，2024年，第3~4页。

整合国内市场、扶植产业发展、支持科技突破，由此奠定了现代化"起飞"的基础。所谓西方现代化的兴起，从历史与现实中，找不到自由放任市场因素的影子。然而，当西方以现代化的前景引诱后发国家亦步亦趋时，则"巧妙"地将自身崛起的真正原因遮盖起来。"柏修斯需要一顶隐身帽来追捕妖怪。"西方国家却用"隐身帽"紧紧遮住后发国家的眼睛和耳朵，以便有可能在现代化竞争中永葆超然的领先地位。由此，现代化在西方更早实现的历史事实，被"包装"为文明优越论的佐证。于是，摆脱本民族文化的"落后"束缚，接受西方精神的"洗礼"，便成为西方现代化理论所宣扬的灵丹妙药。[①]以"文明开化"为名，实行经济和文化霸权主义，强调文明冲突，诉诸暴力或战争，[②]"一直是欧洲国家体系扩张的首选武器"[③]。

如果"将文明比作一条蜿蜒流淌的溪流，它不时因杀、盗窃、喧嚣及其他夺人眼球的行为而变得血红；而在岸边，人们正在悄无声息地搭建房舍、繁衍后代、抚养孩童、颂歌赋诗……在人类历史的长河中，那些发生在河畔上的事情更加符合文明间关系的走向，持续的压迫与杀只会使溪流变得更加污浊。人类究竟该何去何从，这本不该成为一

① 杨增崧、张浩一：《马克思主义对西方现代化的"扬弃"及其对中国式现代化的启示》，《东岳论丛》，2024 年第 10 期。

② 韩庆祥：《中国式现代化开创人类文明新形态》，杭州：浙江人民出版社，2024 年，第 103 页。

③〔澳〕布雷特·鲍登：《文明的帝国：帝国观念的演化》，杜富祥、季澄、王程译，北京：社会科学文献出版社，2020 年，第 100 页。

个艰难的选择。"①站在文明的十字路口，现代化迫切需要"谋求人类进步、世界大同"的新进路。正如斯塔夫里阿诺斯所言：如今，人类已经掌握了必要的知识，具备了一劳永逸地铲除贻害千年的灾祸的潜力。可悲的是，这种潜力尚未被完全发挥出来，但不可否认人类具备这种潜能。昔日人类不同文明所取得的进步就是明证。至此，我们可以这样回答文明究竟是灾殃还是福祉的问题——过去，文明既是福祉又是灾殃。至于将来如何，人类则必须解答好是把过去文明积累的知识用于破坏，还是用于建设。②

① ［澳］布雷特·鲍登：《文明的帝国：帝国观念的演化》，杜富祥、季澄、王程译，北京：社会科学文献出版社，2020 年，第 294~295 页。
② ［美］斯塔夫里阿诺斯：《全球通史：从史前到 21 世纪》（上册），王皖强译，刘北成审校，北京：北京大学出版社，2024 年，第 208 页。

第五章
现代化与西方黑铁时代

公元前 8 世纪，古希腊诗人赫西俄德在《工作与时日》中描述了人类从一个理想化的黄金时代开始，逐渐退化至堕落的黑铁时代，借此隐含对未来的警告：如果人类妄图统治一切，便不可避免地陷入悲惨的境地。工业革命以来西方迅速崛起并向全球扩张，一度使人们将赫西俄德的告诫抛到脑后，似乎西方现代化已经获得了彻底和永恒的成功。[1]短短几年前，西方公共舆论大概还相信，社会正在进步；民主和市场经济在全球范围取得重大进步……这一切都是未来世界不容置疑的准则。[2]然而，当前西方现代化充斥着增长乏力、社会问题、世界冲突以及理论误区的种种乱象，使人们不无痛苦地认识到，已经到了"幻想终结"的时刻。曾被视为有关西方衰亡"吹响末日号角"的预言，从索雷尔的《进步的幻象》到斯宾格勒的《西方的没落》，再到弗格森的《文明》以及乔治·帕克的《下沉年代》，[3]如今正逐渐成为现实。西方现代化进程中长期形成的症结和矛盾愈发清晰地指向——当代资本主义的系统性危机。

---

[1] 高德步：《西方世界的衰落》，北京：中国人民大学出版社，2016 年，第413 页。

[2] ［德］安德雷亚斯·莱克维茨：《幻想的终结：晚现代的政治、经济和文化》，巩婕译，北京：社会科学文献出版社，2024 年，第2~3 页。

[3] ［美］史蒂文·史密斯：《现代性及其不满》，朱陈拓译，北京：九州出版社，2021 年，第18~19 页。

一、西方现代化的崩塌之殇

（一）洪水席卷而来：过度金融化与产业空心化

如前所述，西方现代化的最早语境就是资本主义工业化。而对于资本主义的批判总是呈现为一个关于危机的理论。当然，关于什么样的危机才会终结资本主义，不同的思想家因所处时代相异、所持理论立场相左而各有各的看法。现阶段，在2008年金融危机这个有分水岭意义的事件发生之后，对资本主义及资本主义社会前景的批判性的反思和真正意义上的危机理论也再度流行了起来。[①]一个典型的例子是《资本主义还有未来吗?》，作者是五位享有世界声誉的杰出社会科学家：伊曼纽尔·沃勒斯坦、兰德尔·柯林斯、迈克尔·曼、格奥吉·杰尔卢吉扬和克雷格·卡尔霍恩，分别在自己写的不同章节中讨论了"资本主义的未来"。虽然观点各不相同，但他们都相信："远处的天边已经乌云密布：那将是一次结构性危机，其规模远远超过最近这次'大萧条'。多年后重新回顾这次'大萧条'时，我们也许会认识到，它不过是一段更深层次的危机与变迁的序幕。"[②]当代资本主义的核心特征是"累积弱点总爆发"，而

---

① ［德］沃尔夫冈·施特克：《资本主义将如何终结》，贾拥民译，北京：中国人民大学出版社，2021年，第3~5页。

② ［美］沃勒斯坦、［美］兰德尔·柯林斯、［美］迈克尔·曼、［美］杰尔卢吉扬、［美］卡尔霍恩：《资本主义还有未来吗?》，徐曦白译，北京：社会科学文献出版社，2014年，第1页。

这与它的资本积累同时发生，沿着从早期的自由资本主义，到国家管理的资本主义，再到新自由主义资本主义的历史轨迹一路走来，直到 2008 年金融危机及后续大衰退。[1]资本主义积累体制经历了一场系统性的金融化转型，集中表现为金融资本和金融交易的发展远远超过了实际资本和实体经济交易的发展。[2]

在古希腊神话中，丢卡利翁的故事是最常被提及的人类起源神话之一。该神话描述了天神宙斯引发洪水以摧毁人类，仅留下一对男女在世间存活，并最终使人类得以重新繁衍后代的史前史。[3]受西方的"大洪水"叙事传统启发，马克思曾指出："商人资本和生息资本是资本的最古老形式"，是"洪水期前的形式"。[4]"金融是现代经济的核心"，经济与金融本身应是"源"与"流"的关系。但 20 世纪晚期以来，随着实体经济停滞所出现的去工业化浪潮，使得西方国家的金融资本由"工业垄断资本与银行垄断资本的融合"转变为由借贷资本和虚拟资本组成，其职能由服务于职能资本转向主宰职能资本，更具有高利贷资本的性质。[5]其背后是金融基本功能的扭曲，正在掏空

---

① ［德］沃尔夫冈·施特克：《资本主义将如何终结》，贾拥民译，北京：中国人民大学出版社，2021 年，第 7 页。

② 高峰：《积累与演变：20 世纪以来的世界资本主义经济》，北京：经济科学出版社，2023 年，第 130 页。

③ 颜获：《洪水之后：丢卡利翁起源神话与西方大洪水传统》，《南方文物》，2024 年第 1 期。

④《马克思恩格斯文集》（第七卷），北京：人民出版社，2009 年，第 688、671 页。

⑤ ［美］迈克尔·赫德森、曹浩瀚：《从马克思到高盛：虚拟资本的幻想和产业的金融化（上）》，《国外理论动态》，2010 年第 9 期。

发达国家经济体的根基。[①]根据乔万尼·阿里吉的分类，世界经济体系经历的周期依次为：以西班牙和葡萄牙为代表的"资本主义原始积累周期"、以荷兰为代表的"商业资本主义周期"、以英国为代表的"产业资本主义周期"。当前，全球正处于以美国为代表的"金融资本主义周期"。[②]美国及其他西方发达国家日益表现出金融化程度加深、经济增长乏力、投资不振、债务规模累积、社会不平等加剧等症状。[③]这些迹象引发了对西方发达经济体新一轮金融危机"大洪水"袭来的广泛担忧。

西方金融史充斥着金融危机、金融改革、相对平稳的发展，以及新的金融危机的循环过程。经济学家对于金融如何发挥作用也争论不休，例如琼·罗宾逊与默顿·米勒针锋相对的观点。[④]但究其实质，资本主义更关注的是金融的灵活性和兼容性，灵活性就是指资本增殖的能力，兼容性即资本在不同时间和不同地点呈现的具体形式。[⑤]马克思指出资本积累会周期性地产生冲动，脱实际商品的生产，生产过程则只是被视为赚钱不可缺少的中间环节。因此，"一切资本主义生产方式的国家，都

---

① ［法］塞德里克·迪朗：《虚拟资本：金融怎样挪用我们的未来》，陈荣钢译，北京：中国人民大学出版社，2024年，序言第7页。

② ［意］乔万尼·阿里吉：《漫长的20世纪：金钱、权力与我们时代的起源》，姚乃强、严维明译，北京：社会科学文献出版社，2022年。

③ 杨虎涛：《社会—政治范式与技术—经济范式的耦合分析——兼论数字经济时代的社会—政治范式》，《经济纵横》，2020年第11期。

④ ［法］托马斯·菲利庞：《大逆转：美国市场经济的深层困境》，蒙长玉、段小力译，北京：格致出版社，2024年，第257页。

⑤ ［意］乔万尼·阿里吉：《漫长的20世纪：金钱、权力与我们时代的起源》，姚乃强、严维明译，北京：社会科学文献出版社，2022年，第5页。

周期地患一种狂想病，企图不用生产过程作中介而赚到钱"[1]。资本积累金融化并没有改变资本主义的本质，而只是改变了资本增殖的方式。不通过生产过程而要实现资本的价值增殖就必须依靠"剥夺性积累"，即通过对国民收入的再分配和金融化积累方式等来实现资本的价值增殖，但"连接剥夺性积累和扩大再生产之间的纽带是由金融资本和信贷机构所提供的，而这一切则依然是由国家权力所支持的"[2]。剥夺性积累的实现必须依靠国家权力的支持，体现为用公共资产及权力的私有化来实现国家对财产和收入的再分配。伦敦大学亚非学院的学者拉帕维萨斯指出，"金融剥夺"已经成为经济金融化后的资本主义国家的主要利润来源。

法国经济学家塞德里克·迪朗认为，正是金融化和去工业化，推动资本主义世界进入了不可逆转的"秋天"。[3]根据国际货币基金组织的预测，未来五年新兴市场和发展中经济体的经济增速预计为 4% 左右，至少比发达经济体高出 2%。西方国家经济金融化的根本原因在于，资本主义的基本矛盾导致的生产相对过剩成为经济失衡的常态。金融化成了缓解经济失衡的一种手段，通过资本向金融领域的转移，实体经济生产下降从而缓解生产相对过剩，也满足了资本的增殖要求。同时，平均利润率的持续下降促使资本从实体经济流向利润率更高的金融领

---

① 《马克思恩格斯文集》（第六卷），北京：人民出版社，2009 年，第 67~68 页。

② ［英］大卫·哈维：《新帝国主义》，初立忠等译，北京：社会科学文献出版社，2009 年，第 124 页。

③ ［法］塞德里克·迪朗：《虚拟资本：金融怎样挪用我们的未来》，陈荣钢译，北京：中国人民大学出版社，2024 年，序言第 1 页。

域，这加剧了金融化和产业空心化。20世纪70年代，金融工具仅占所有投资额的1/4，但到2008年这一比例已攀升至75%。20世纪90年代，投资于非实体经济领域的资本为50多万亿美元，到了2008年金融危机爆发时，这一数字增至600万亿美元。而全球实体贸易额仅占全球资本交易量的1%至2%，其余大部分是非生产性金融资本。2012年，美国的全球金融资产已达国内生产总值的11倍，而1980年这一比例还不到4倍。[1]对此，约翰·福斯特指出："西方经济的金融化不是近几十年来经济增长缓慢的原因；相反，经济增长缓慢和资本缺乏投资机会正是金融化的原因。"[2]

从目前发达资本主义国家的产业结构比重来看，制造业比重普遍从20世纪50年代的50%下降至目前的约30%。从就业人口占比来看，制造业从20世纪50年代的约30%下降至目前的10%以下。"去工业化"是引发"锈带"危机的直接原因，而根本原因则是在市场经济资本自由流动的条件下，企业为获得成本优势在全球范围内进行的资本转移与重组。在马克·莱文森看来，"美国的中西部地区，重工业的心脏，开始被称为'铁锈地带'，成了'去工业化'这一顽疾的第一批受害者。加拿大和欧洲也有自己的铁锈地带，英国的中部地区、德国的鲁尔工业区、法国和比利时的煤铁城市，都将很快与美国往昔的

---

① 田文林：《资本积累机制的"双刃剑效应"与大国兴衰》，《马克思主义研究》，2024年第5期。

② ［美］约翰·B.福斯特、［美］罗伯特·麦克切斯尼：《垄断金融资本积累悖论与新自由主义本质》，武锡申译，《国外理论动态》，2010年第1期。

工业重镇一样破败凋零"①。詹姆斯·马里奥特等人以英国石油工业的衰败为例印证了这一说法，"曾用火光与灯光划破夜幕的巨大工厂，已经被从泰晤士河口的景观景象和人们的生活中抹去了。炼油厂现在更多地存在于前雇员的脑海中、心中以及他们的肺组织中，而不是在沼泽地上的现实之中"②。这一过程背后，制造业的萎缩和金融化的增强相互作用，造成了"结构性失业"和收入、区域发展等方面的极端不平衡。当今西方国家面临的一系列社会问题，包括贫富差距、地域矛盾和右翼民粹主义的兴起，在很大程度上是过度金融化和产业空心化的"苦果"。

　　具体来说，过度金融化挤压实体行业，已成为当代资本主义生产资料私有制最明显的特征，也是阻碍产业发展、影响产业结构的关键因素。自20世纪70年代以来，美国经济增速逐步下降，并于1985年后进入缓慢增长阶段。1984年，美国经济增长率为7.24%，但随即锐减至1985年的4.17%，并在随后的几年中继续下降至3%左右；2008年金融危机后，美国经济更是出现了负增长。这一变化的时间节点恰好与金融行业增加值超过制造业，以及非金融资产占全国总资产比例降至30%以下的时间重合。由此可见，自金融业占比超过制造业之后，美国

　　①　[英]马克·莱文森：《大转折：危机因何而生 繁荣为何不可持续》，多绥婷译，北京：民主与建设出版社，2022年，第150页。
　　②　[英]詹姆斯·马里奥特、[英]特里·麦卡利斯特：《石油帝国的兴衰：英国的工业化与去工业化》，刘楚宁译，北京：中国科学技术出版社，2024年，第9页。

经济增速陷入了长期低迷。①瓦科拉夫·斯米尔指出："美国制造业的大多数部门都跌入了持续萎缩的下行通道，但某些门类则是彻底消亡……而这些行业曾是许多城市和地区过去几代人赖以为生的饭碗。"②除了直接导致大量失业和就业质量恶化外，产业空心化造成的危害更加深远。地方经济和区域贫困加剧，特别是美国的底特律、匹兹堡等地，许多传统工业区变成了"鬼城"，贫困、失业、老龄化、糟糕的人口健康状况成为常态，这些现象当然可能分别发生，但有一个显著的共同原因：去工业化。③随着工厂关闭，当地税收锐减，公共服务被削减，贫困率上升，社会动荡也为极端民粹主义思潮的滋生提供了土壤。

现实地看，近年来美国的"再工业化"迟迟未有成效，这也与其金融化膨胀难以抑制有着不可分割的关联。在美国苦苦应对不断上涨的物价和加息前景之际，依照美国财政部报告，2025 年开始美国国债将会高达 30 万亿美元，即美国每年发行的公共债务将会全部用于偿还利息，将会进入拆东墙补西墙的骗局。雅各布斯和马祖卡托深刻指出："如果没有宽松的货币政策和放松管制的影响，不断加剧的不平等可能会导致更低的消费水平。而宽松的货币政策和放松管制却会引起房地产泡沫和消费繁荣。但是泡沫的最终破裂是不可避免的，而当泡沫破裂时，

---

① 徐文斌、程恩富：《论资本主义私有制增长缓慢规律》，《毛泽东邓小平理论研究》，2024 年第 8 期。

② ［美］瓦科拉夫·斯米尔：《美国制造：国家繁荣为什么离不开制造业》，李风海、刘寅龙译，北京：机械工业出版社，2014 年，第 138 页。

③ ［美］加布里埃尔·维南特：《钢的城：美国锈带兴衰史》，刘阳译，北京：生活·读书·新知三联书店，2023 年，第 24 页。

经济会陷入衰退。"①美国在金融领域如此肆无忌惮，仰仗的是"债务美元"使得美国可以轻易将国内金融问题转嫁给全世界。依靠迈克尔·赫德森所说的美元创造"纸黄金"的特权②，维护一个允许它可以坚守"债务人逻辑"：大量举债而不受其他任何国家约束的国际货币秩序，且导致无约束政策从赤字国传播至盈余国。③在此前提下，华尔街的金融公司利用美元的霸权地位，以精确的数学公式为"科技"手段，设计并推销各种金融衍生品，将资本金融化，金融虚拟化，充分有效地利用美元资本和虚拟经济掠夺世界财富。既能空手套取发展中国家劳动人民生产的产品，又能凭借金融危机与美元贬值收割外国资产财富。④

　　然而，这种对美元债务体系的依赖还能维持多久，要打一个大大的问号。美国债务的攀升已呈现出摇摇欲坠的趋势，包括债务规模庞大、负担沉重，债务增长速度迅猛，债务刚性显著，债务支出具有不可逆性，以及债务风险和危机持续增加。一方面，国际货币体系的多元化加速，导致美国征收"铸币税"的能力下降；另一方面，美国在全球制造业、国际货物贸易、

---

①　[英]迈克尔·雅各布斯、[英]玛丽安娜·马祖卡托：《重思资本主义：实现持续性、包容性增长的经济与政策》，李磊等译，北京：中信出版社，2017年，第202页。

②　[美]迈克尔·赫德森：《文明的抉择：金融资本主义、工业资本主义还是社会主义》，黄钰书、宋玮译，北京：东方出版社，2023年，第220页。

③　李晓：《双重冲击：大国博弈的未来与未来的世界经济》，北京：机械工业出版社，2022年，第53页。

④　陆夏、王丽君：《构建新发展格局、破解美元霸权体系与应对新帝国主义挑战》，《上海经济研究》，2023年第5期。

国际直接投资等领域的经济影响力相对于新兴经济体逐渐下降，这使得其财政收入和财政汲取能力持续减弱。上述因素与美国财政支出的刚性增长叠加，导致财政收支缺口不断扩大。[①]根据美国国会预算办公室的报告，2024 财年美国联邦政府预算赤字达到 1.8 万亿美元，比 2023 财年增加了 1390 亿美元。美国联邦预算问责委员会主席马娅·麦吉尼亚斯指出，"我们不能无止境地以这样的速度继续借款"。目前，美国联邦政府每天借款 50 亿美元，同时利息支出急剧增加，2024 财年的赤字几乎是新冠疫情前水平的两倍。[②]经济学家、《黑天鹅》的作者纳西姆·塔勒布警告称，"美国国会害怕承担做正确事情的后果，只要他们继续延长债务上限并达成协议，最终将看到债务螺旋上升，而债务螺旋就像'死亡螺旋'一样。如果美国高负债赤字上升和通货膨胀再起同时发生，这将给经济带来灾难性的后果。"[③]

（二）迷失的"浮士德"：西方经济增长与生态边界的冲突

1918 年 7 月，第一次世界大战已近尾声，这时一本《西方的没落》的巨著在维也纳出版，其影响之深远不可估量。时至今日，"西方的没落"仍被视为斯宾格勒的产权性标识而不断引发讨论。作为吟唱西方文化挽歌的现代"祭司"，斯宾格勒认为，不畏艰难困苦，对知识不断探索和对财富不懈追求的"浮

---

① 保建云：《美国债务攀升和世界经济风险的应对战略》，《当代世界与社会主义》，2024 年第 5 期。

② 刘燕春子：《美国债务"野蛮生长"引担忧》，《金融时报》，2024 年 10 月 15 日。

③《〈黑天鹅〉作者警告美国：债务膨胀"死亡螺旋"对经济恐产生灾难性后果》，中国日报网，https://cn.chinadaily.com.cn/a/202401/31/WS65ba14e2a31026469ab16fdd。

士德精神"一直主宰着西方现代化的方向。然而，每一个活生生的文化都要经历内在与外在的完成，最后达至终结——这便是西方走向的"没落"。[①]正所谓"浮士德式的人才变成为他的创造的奴隶。他的命数以及他赖以为生的生活安排，已经被机器推上了一条既不能站立不动又不能倒退的不归路"[②]。事实上，这就是资本主义工业化带来的经济增长伴随着一系列矛盾——对环境的压力、生态的破坏、能源与原材料的枯竭，简而言之，是人与自然关系的紧张。斯宾格勒指出："西方工业已经使其他文化的古老传统发生了变异。经济生活的川流正在向煤炭王的位置和大片的原料产地移动。自然已经被耗尽了，地球成为浮士德式的能量思维的牺牲品。"[③]最终，"浮士德"必然要死去，他的成功建立在将灵魂交给魔鬼梅菲斯特的基础上。因此，西方现代化通过工业革命取得了前所未有的增长成就，但它的未来命运，却注定只能等待天使们的"搭救"。[④]

　　斯宾格勒对于西方自我毁灭的观点，某种程度上类似于宗教的"末世论"。而从历史唯物主义的角度，则能更好地理解西方物质文明与生态文明的根本性冲突。正如马克思指出，资本主义经济的历史起点——资本的原始积累，"首要的是，劳动者

---

　　① ［德］奥斯瓦尔德·斯宾格勒：《西方的没落》（第一卷），吴琼译，上海：上海三联书店，2006年，第32页。

　　② ［德］奥斯瓦尔德·斯宾格勒：《西方的没落》（第二卷），吴琼译，上海：上海三联书店，2006年，第468页。

　　③ ［德］奥斯瓦尔德·斯宾格勒：《西方的没落》（第二卷），吴琼译，上海：上海三联书店，2006年，第469页。

　　④ 高德步：《西方世界的衰落》，北京：中国人民大学出版社，2016年，第407页。

同他的天然的实验场即土地相脱离"①。前资本主义时代的劳动者未曾与生产资料彻底分离，这对西方现代化提出了第一个时代问题：资本主义私人占有生产资料（包括自然资源）有何合法性，及其如何实现。西方现代化在借助资本主义生产方式这一武器取得了前所未有的生产力发展，但这一武器最终也被指向了自己，其带来的资源枯竭等问题严重威胁到资本主义的存续。这便提出了第二个时代问题：如何以最具效率的方式利用自然资源，服务于资本的无限增殖。对这两个时代问题的回答，构成了西方现代化蕴含的生态观。②英国，作为第一次工业革命的发源地，在 19 世纪的大部分时间里，它都是煤炭污染的主要来源。1850 年，英国二氧化碳排放量占全球总排放量的 60% 以上，其人均煤炭消费量更是高达法国和德国的 10 倍。在这个意义上，工业文明的生产和生活方式暴露了惊人的破坏力，西方现代化过程中对地球资源的掠夺性使用产生了环境污染和生态破坏、资源与能源消耗过度、气候变暖等难以逆转的后果。③

必须承认，西方国家在现代化进程中实现了生产力的极大增长。人类在制造产品和榨取更多资源上获得了成功，但繁荣景象背后是一个以增长为本的不可持续的工业化社会：人口爆炸、资源浪费、过度消费、生态退化、社会分化等问题日益严重。究其根本，资本主义的生产以获取剩余价值为唯一目的，

---

① 《马克思恩格斯文集》（第八卷），北京：人民出版社，2009 年，第 122 页。

② 蔡华杰、陈俊翔：《论中国式现代化蕴含的独特生态观》，《马克思主义与现实》，2023 年第 5 期。

③ ［美］巴巴拉·弗里兹：《黑石头的爱与恨：煤的故事》，时娜译，北京：中信出版社，2017 年，第 42 页。

由此导致人类无节制地向自然索取，盲目追求经济增长，造成严重的环境污染和资源危机。[①]这种粗放型、资源消耗型和环境污染型的经济增长方式被诸多研究者称为"黑色发展模式"，与之相对应的生产力被称为"黑色生产力"。无论是"黑色发展模式"抑或"黑色生产力"，都是以过度消耗乃至透支未来资源为代价换取当下人类社会的发展，这会使经济增长逼近甚至是超越生态边界。[②]进而，产生梅多斯等人在《增长的极限》一书中所说："人口和工业生产能力这两方面发生颇为突然的、无法控制的衰退或下降"[③]的后果。施塔尔也指出："工业化国家的物质膨胀已经达到了临界点。合成物质材料和其他新材料混合产生的废弃物数量不断增加，推高了废弃物的处理成本，而这一成本是由整个社会来承担的。"[④]在这里，技术进步服务于资产阶级无止境的贪欲，生产力的发展加速了自然资源的枯竭，生态极限快速将"经济增长"转变为"不经济的增长"。[⑤]

如今，世界处于萨克斯所说的"人类世"，人类活动已经不

---

① 史丹：《绿色发展与全球工业化的新阶段：中国的进展与比较》，《中国工业经济》，2018 年第 10 期。

② 胡鞍钢、周绍杰：《绿色发展：功能界定、机制分析与发展战略》，《中国人口·资源与环境》，2014 年第 1 期。

③ ［美］梅多斯等：《增长的极限》，于树生译，北京：商务印书馆，1984年，第 12 页。

④ ［瑞士］瓦尔特·施塔尔：《循环经济：给实践者的未来指南》，曹莉萍译，上海：上海科技教育出版社，2023 年，第 15 页。

⑤ ［美］乔舒亚·法利、［印］迪帕克·马尔干：《超越不经济增长：经济、公平与生态困境》，周冯琦等译，上海：上海社会科学院出版社，2018 年，第 32 页。

可置疑地成为自然环境的主要驱动力。[①]在理论层面，20 世纪 70 年代，西方涌现出第一批生态经济学者，米香、戴利、舒马赫以及罗马俱乐部等对新古典经济学进行了深刻反思，揭露了"增长成瘾"现象背后支付的社会与生态代价，批判了自然界被外化于经济领域之外的做法，并提出"零增长经济""稳态经济"等发展设想，但这些方案无法替代以增长为本的传统经济体系。新一代可持续经济学家（包括里斯、瓦克纳格尔、杰克逊、维克托、海因伯格、斯帕什等）继承和创新了上述思想，拒斥"经济的最终目的是无限增长"，并创制了生命周期分析（LCA）和真实发展指标（GPI）等可持续性测量工具，提倡发展绿色经济，以实现"低碳、去中心化、环境可持续"[②]。围绕"低增长""去增长""后增长"和"绿色增长"等为中心的辩论层出不穷，但回到"资本批判"的原初语境中才能正确认识生态危机的实质。[③]可持续理论预设资本主义的体制架构会继续存在，只是围绕绿色价值观、生活满意度和生态极限等问题对新古典经济学思想进行了重新校准，本质上依然是"以资本为中心"的资本主义经济学，在其指导下产生的技术创新与制度变革的成果无法消除人与自然、经济发展与环境保护的根本

---

① ［美］杰弗里·萨克斯：《共同财富：可持续发展将如何改变人类命运》，石晓燕译，北京：中信出版社，2010 年，第 61 页。

② ［美］杰里米·L.卡拉东纳：《可持续性通史：从思想到实践》，张大川译，上海：上海科技教育出版社，2023 年，第 174~179 页。

③ 刘煜、朱成全：《回到马克思：生态经济学的偏废与重塑》，《经济学家》，2022 年第 3 期。

对立。①

在实践层面，面对日益严重的生态危机，西方发达资本主义国家采取了诸多措施，以求在经济发展与环境改善之间找到平衡点。一部分西方发达国家选择将部分传统产业的制造工厂和劳动密集型产业的加工装配环节迁移至国外，但如前所述，这一"去工业化"的做法在后来引发了更为严重的产业空心化问题和失业浪潮。另一部分西方发达国家吸取了经验教训，着眼于发展节能环保的绿色制造技术，推动传统制造业转型升级。如德国提出"工业 4.0"战略，促进传统产业工业化和信息化的深度融合，使工业由加工制造向智能制造转型升级。②但上述创新只涉及技术进步，未能引发经济社会发展模式及体制机制的系统性变革，部分不可持续行业的既得利益者会采用"洗绿""否认产业"等行动破坏绿色发展的既有成果，抵制新兴技术的开发和使用，这严重阻碍了西方资本主义国家的绿色发展进程。说到底，"全球北方"虽然推出层出不穷的"绿色新政"，试图在资本主义框架内抑制环境危机和实现绿色增长，但它们注定无法克服"占有私有化和生产社会化、资源私有化和污染公共化、消费无限化和资源有限性、经济全球化和利益阶级化"的多重矛盾，仍会复制化石能源时代乃至更早期的殖民手段，延续无限度榨取自然、剥削"全球南方"的侵入式发展路径。③

---

① 周文、张奕涵：《新质生产力赋能生态文明建设》，《生态文明研究》，2024 年第 4 期。

② 孙笛：《德国工业 4.0 战略与中国制造业转型升级》，《河南社会科学》，2017 年第 7 期。

③ 张锐：《清洁能源供应链与美欧绿色殖民主义扩张》，《国外理论动态》，2023 年第 6 期。

长期以来，欧美国家不断呼吁发展中国家扛起全球生态环境改善的责任，营造出西方引领全球生态文明建设的幻象。但是一方面，彼得·G.布朗等在《人类世的生态经济学》中指出，西方高度繁荣的物质文明是建立在牺牲其他文明发展的基础上的，"那些非西方文明其实只是在受到西方冲击并且纷纷效法西方以后，其生存环境才变得如此恶劣。因此，在迄今为止的文明进程中，最不公正的历史事实之一是，原本产自某一文明内部的污染恶果竟要由所有其他文明来痛苦地承受"①。例如，西方跨国矿业巨头主导亚非拉多国的矿产开发，把持大量优质资源的所有权和开采权，掠夺式开发"全球南方"的自然资源以攫取超额利润。资源国受到触目惊心的生态破坏，而外来企业则以低廉的成本带走巨额的财富。②另一方面，西方国家的碳中和承诺与现实行动间却存在明显反差，受制于地缘政治冲突加剧、缺乏能源自主能力和西方式民主弊端，许多欧洲国家纷纷放弃减排承诺，宣布重新启用煤炭发电。2023年10月，德国宣布取消"2035年碳中和"承诺。接着在2024年1月，英国首相苏纳克明确英国取消"2035年碳中和"承诺，并表示，不能让英国人为了保护地球而破产。因此，寄希望于西方工业文明担负起引领全球生态文明建设和世界可持续发展的重任成了不可能实现的目标。

① ［加］彼得·G.布朗等：《人类世的生态经济学》，夏循祥等译，南京：江苏人民出版社，2023年，第3页。
② Mavhunga, C. C., Africa's Move From Raw Material Exports Toward Mineral Value Addition: Historical Background and Implications, *Mrs Bulletin*, 2023, 48(4), pp.395-406.

在当今世界格局中，为了规避沦为西方发达国家的"绿色牺牲区"，后发现代化国家面临经济发展与环境保护的两难困境：一方面，后发现代化国家的环境问题很大程度上源于发展不足，由于缺少必要的原材料、技术、资金、人才等资源，发展中国家无力发展高科技、低能耗的绿色技术和绿色产业，只能以拼资源消耗、牺牲生态环境为代价换取经济增长，但这种粗放型的增长方式又带来了资源与能源供应紧张、环境污染以及生态破坏等一系列问题。另一方面，生态环境所遭受的损害很多是不可逆的，许多由于人类活动的影响发生极度退化的自然生态系统想要恢复到原始状态，在很多情况下技术上不可行、经济上不合算。①并且生态环境的退化会导致自然灾害频发、疾病肆虐，发展中国家更加缺乏应对上述情况的有效手段。事实上，现代化的先发和后发国家间经济发展水平不同，在全球可持续发展中的责任也不同。马奈木·俊介指出，在有限的环境承载力和资源限制下，发达国家应该寻求经济社会结构变革，而发展中国家、新兴国家首先应该通过提高能源、资源效率解决贫困问题。②可见，后发现代化国家既不能听信西方发达国家的片面之词，忽视本国经济发展现实，盲目追求"可持续"或"减少消费"，也不能重复西方国家"先污染后治理"的老路。

---

① 陈雄、吕立志：《人与自然是生命共同体》，《红旗文稿》，2019年第16期。
② ［日］马奈木·俊介：《绿色发展经济学》，黄枭等译，北京：社会科学文献出版社，2021年，第40页。

二、西方现代化的双重困境

（一）"摩奴法典"从未远离：贫富悬殊与福利国家陷阱

综观世界现代化进程，相较于农奴制、奴隶制和封建社会，资本主义社会无疑在许多方面体现了进步。19 世纪的人们普遍将其视为现代的、文明的象征，并为之推崇备至。然而，马克思指出，资本主义社会并未完全摆脱古代奴隶制的压迫。在他看来，原本属于古代的、落后的奴隶制社会的"摩奴法典"，在资本主义社会中仍然存在，工人阶级依旧处于最深的压迫之中。[①]"三位一体"公式（资本—利息、土地—地租、劳动—工资）迷惑了工人阶级，使他们渴望通过工资积累转化为资本，进而获得利息，这无异于首陀罗迷信"摩奴法典"的现代翻版。马克思对此类"骗人把戏"嗤之以鼻，揭示了其背后隐藏着的剥削机制，工资、地租和利息的来源——它们都源于劳动创造的价值与剩余价值。[②]资本主义的生产关系和所有制关系才是造成这一不平等分配的根本原因。随着资本主义的发展，社会逐渐划分为无产阶级、资产阶级和土地所有者阶级。"各种经济关系的内部联系越是隐蔽，这些关系对普通人的观念来说越是习

---

① 杨洪源：《〈资本论〉的故事》，北京：人民出版社，2023 年，第 106 页。
② 《马克思恩格斯文集》（第七卷），北京：人民出版社，2009 年，第 921 页。

以为常。"①资本主义的分配结构和阶级划分不断固定化，剥削变得愈发严重，贫富差距悬殊，富者愈富，穷者愈穷。要想彻底打破这种不平等和压迫，唯一的解决办法是消灭资本主义生产方式，才能彻底解救人类于"摩奴法典"式的困境之中。②

可以说，西方现代化的历史就是一部不断加剧贫富悬殊和社会两极分化的历史。几乎所有主要资本主义国家，都呈现出高度的财富分化现象。以资本无限增殖为追求的现代化，是资本的积累与贫困的累积并行的"双重进程"。贫困，并非资本主义的偶然现象，而是其内在组成部分。资本主义体系无法在自身框架内消除贫困和不平等，以生产资料的私有制和雇佣劳动制度为基础，依靠资本榨取剩余价值为动力，构成了其运行的核心机制。这天然蕴含了财富分配不公的逻辑，导致贫富差距的不断扩大和社会两极分化的加剧。因此，贫富悬殊、社会两极分化不仅是资本主义现代化的常态，更是其内在矛盾和必然后果。③托马斯·皮凯蒂的著作《21世纪资本论》通过自18世纪以来财富分配的数据资料发现：资本主义社会300年的历史充分证明，资本收益率 r 远远高于经济增长率 g。④数百年来全世界最富裕国家与最贫穷国家之间的人均收入和财富差距也一

①《马克思恩格斯文集》（第七卷），北京：人民出版社，2009年，第925页。

② 杨洪源：《〈资本论〉的故事》，北京：人民出版社，2023年，第109、110页。

③ 周文、何雨晴等：《共同富裕：历史渊源与实现路径》，上海：复旦大学出版社，2024年，第169页。

④〔法〕托马斯·皮凯蒂：《21世纪资本论》，巴曙松等译，北京：中信出版社，2014年。

直在迅速扩大。当前西方资本主义社会由于贫富悬殊、社会严重不公所爆发的种种社会乱象，已经无比清晰地映照出资本主义现代化的内在悖论：一方面，社会财富以前所未有的范围、规模与速度迅速累积并集中于少数资产阶级手中；另一方面，规模庞大的无产阶级沦为贫困累积的主体与资产阶级财富累积的剥削对象。

从价值观念来看，西方存在着根深蒂固的社会达尔文主义传统，保守主义者们广泛采纳斯宾塞的学说，作为决策的理论依据，呼吁民众接受生命中的艰难困苦，并警惕试图改善贫富差距的草率举措。[①]在以美国为代表的西方国家，社会中充斥着无底线的剥削手段和杀红眼的激烈竞争。自 1865 年美国南北战争结束后，长时间内，这个国度对"失败"几乎不存在认知，成为达尔文主义"生存斗争"和"适者生存"原则的讽刺体现。那些"成功人士"本能地接受了这一口号，它似乎完美地诠释了他们的生存状况。惠特曼在《民主的前景》中写道："我清楚地看到，这种极度充沛的商业活力，这种席卷美国的对财富近乎躁狂的贪婪，是改善和进步的组成部分……"无疑，许多人会为此鼓掌：纽约市的晚宴中，云集的宾客代表了成千上万前来寻求名誉、财富或权力的人的"最适者"，他们凭借"高人一等的能力、前瞻性和适应性"脱颖而出。若说后世难以感受到斯宾塞对美国思想的深远影响，那是因为这一思想已经被彻底消化并吸收。斯宾塞的措辞早已成为个人主义的日常语句。"你

---

① ［美］理查德·霍夫施塔特：《社会达尔文主义》，魏琦梦译，北京：中国科学技术出版社，2024 年，第 3 页。

不可能让世界变得如你所愿，也不可能让它温柔待人。"一位米德尔顿商人如此说道："最强、最优秀的人会存活下来——毕竟，这就是自然的法则——曾经如此，将来也将永远如此。"①

美国目前的情况属于"社会达尔文主义2.0版"。不平等不仅是美国的现实，更是其制度运作的必然。②"逆罗宾汉"式的政治保护正被用于个人致富，帮助富人掠夺穷人。③诺贝尔经济学奖得主安格斯·迪顿指出，经济学家偏爱经济增长，虽然尚未就增长方式达成一致，但普遍认为新的、更有效的做事方式是关键。这种变革会对现有工作岗位造成很大破坏，例如用机器代替工人，关闭产业或将生产转移到其他国家。然而，由于增长乏力等原因，过往对此的补偿措施或兜底保障都相继失灵，"那些被增长大潮抛下来的人在过了这么长时间之后仍然未能重新站起来"。失业者陷入工资下降和就业率下降的困境，形成"绝望的死亡"和对无效制度的广泛反抗。④与之相对，根据美联储的调查，截至2023年6月，美国底层80%家庭的超额储蓄已经消耗殆尽，而总财富的66.6%集中在收入最高的10%人群

①［美］理查德·霍夫施塔特：《社会达尔文主义》，魏琦梦译，北京：中国科学技术出版社，2024年，第35页。

②［美］安格斯·迪顿：《美国的经济问题》，杨静译，北京：中信出版社，2024年，序言第9~10页。

③［美］斯蒂格利茨：《不平等的代价》，张子源译，北京：机械工业出版社，2013年，第27页。

④［美］安格斯·迪顿：《美国的经济问题》，杨静译，北京：中信出版社，2024年，第236页。

手中。①经济学家马修·德斯孟德一针见血地指出，大多数美国人虽辛勤工作，但财富向富人进一步集中，挣扎于社会底层的人群被贫困的泥沼所困扰。美国社会机会分配的不均、社会流动性的下降，深植于三重制度性设计：剥削穷人、补贴富人和阶层隔离。②美国实际成为一片无比繁荣富饶与极端贫困不公共存、生产大量过剩与贫困累积过剩并行的过剩之地。③

　自20世纪80年代后期开始，各种经济发展水平的国家都出现了更加严重的不平等状况。④在现代社会，财富与贫困之间的巨大鸿沟激发了公众的强烈反响。正如亨利·乔治所比喻的那样："塔在基础上倾斜了……政治制度建筑在非常显著的社会不平等状况之上，等于把金字塔尖顶朝下竖立在地上。"⑤对于消除贫困，可以说多数经济学家达成了共识，而在如何处理效率与公平这一问题上，却产生了不同的观点。第一种观点以新自由主义学派为代表他们认为效率是经济增长的首要标准，优先于公平。另一种对立的观点认为，公平应该优先于效率。⑥第

① Statista Research Department, Wealth Distribution in the United States in the Third Quarter of 2023. https://www.statista.com/statistics/203961/wealth-distribution-for-the-us/.

② Cashin Sheryll, America's Poverty Is Built by Design, Politico, https://www.politico.com/news/magazine/2023/05/21/theres-a-path-out-0f-poverty-00097399.

③〔美〕莫妮卡·普拉萨德：《过剩之地：美式富足与贫困论》，余晖译，上海：上海人民出版社，2018年，第192页。

④〔美〕沃尔特·沙伊德尔：《不平等社会：从石器时代到21世纪，人类如何应对不平等》，颜鹏飞等译，北京：中信出版社，2019年，第346页。

⑤〔美〕亨利·乔治：《进步与贫困》，吴良健、王翼龙译，北京：商务印书馆，2012年，第17页。

⑥〔美〕约翰·罗尔斯：《正义论》，北京：中国社会科学出版社，2009年，第3页。

三种观点认为应当兼顾效率和公平，两者是相互促进的。如奥肯用"漏桶模型"论证了效率和公平是可以互相转化的，既可以为了效率而牺牲一些公平，也可以为了公平而损失一些效率，这取决于不同的政策目标。[①]福利国家制度正是基于这种观点而建立的。然而，福利制度的困境使新自由主义经济学占据上风。20世纪90年代，在新自由主义经济学的指导下，美国经济学家为陷入债务危机的拉美国家开出了"华盛顿共识"的药方，广泛推行自由化、私有化的政策。但是世界各国的发展水平并没有因此趋向接近，而是呈现"俱乐部收敛"的世界格局。[②]总之，西方经济学无法对不平等问题给出满意的答案。

高福利制度被很多人看作是西方现代化的"卓著功勋"，虽然这一制度确实取得过一定的成功，但不可持续性是它最显著的弊端。至20世纪70年代，面对社会主义的制度竞争、资本主义国家恢复经济发展的内在需要及国家经济职能的强化，西方国家统治阶级暂时实行对于劳动者的妥协与资本主义制度的改良，普遍建立了从摇篮到坟墓的完善福利社会体系。高福利政策的实施，一定程度上提高了人民的生活水平，也缓和了国家内部的阶级矛盾。然而，陡增的福利开支挤占了社会投资，导致丧失了发展活力的"福利陷阱"：社会福利成本激增、福利承诺过高和福利刚性约束、政府负担过重导致国家负债增加。

①　钱乘旦、刘金源：《现代化的迷途》，南京：江苏人民出版社，2024年，第282页。
②　发达国家之间的收入差距逐渐缩小，而拉美、东欧的发展中国家却陷入了"中等收入陷阱"始终无法跨越与发达国家之间的鸿沟。因此发达国家与发展中国家之间的收入差距仍在逐渐扩大，形成两个不同的俱乐部阵营。

例如，瑞典在 1990—1995 年间经济几乎处于停滞状态，政府支出占 GDP 的比重却上升至 1993 年的 74.1%。[1]类似地，希腊、葡萄牙、爱尔兰、意大利、西班牙等欧洲国家，在 21 世纪最初十年相继进入福利开支高于经济增速的状态，最终在 2008 年的全球金融危机中以债务危机的形式爆发。[2]而在那些没有爆发债务危机的国家，福利国家制度同样助推了持续性的财政赤字和债务扩张，并且时刻面临着福利开支激增的挑战。实践证明，纯粹依靠社会福利解决贫富分化问题是不可持续的，并不能从根本上解决资本主义国家的贫富差距和基本矛盾。

西方社会高福利背后是高税收、高负债，福利国家的本质是通过高税收所带来的高福利掩盖资本主义社会尖锐的阶级矛盾和固有的基本矛盾。通过将从工人阶级与广大民众那里所剥削的剩余价值通过社会福利形式给予部分返还，保障工人阶级维持再生产以持续不断地剥削累积剩余价值。因此，西方国家的福利社会实质是一则掩盖巨大的贫富差距不公现象、安抚工人阶级尖锐阶级矛盾的治标不治本的药方。同时，西方国家表面看似美好的福利制度，也正在逐渐成为通过巧妙的制度设计掩盖剥削甚至实行再度剥削的"黑洞"，社会福利系统正在慢慢

---

① [英] 保罗·赫斯特、[英] 格雷厄姆·汤普森：《质疑全球化：国际经济与治理的可能性》，张文成、许宝友、贺和风译，北京：社会科学文献出版社，2002 年，第 208 页。

② 2001—2010 年间希腊福利支出年均增长 9.4%，经济年均增长 5.6%，福利增速比经济增速高出近七成。同期葡萄牙和爱尔兰福利年均增速分别为 7.8% 和 11.1%，经济年均增速只有 3.5% 和 5.3%，福利比经济增速竟高出一倍以上。西班牙和意大利福利增速也不同程度高于经济增速。详见卢峰：《欧债危机成因探析》，《北京大学国家发展研究院简报》，2012 年第 1 期。

沦为利益集团用于瓜分公共财富的制度管道。美国社会存在着方方面面围绕社会福利体系运转的强大利益集团，通过社会福利私有化让渡国家的社会福利责任，从而更好地瓜分财政剩余、榨取民众财富。西欧社会的所谓高福利背后也存在着大大小小的私人利益集团通过福利制度瓜分社会财富的现象。[①]此外，福利国家的维系以损害其他国家的利益为代价，对资本的高税收促使资本输出，将产业链低端的制造业转移至发展中国家，从而导致发展中国家劳动者创造的剩余价值转换成了发达国家的福利来源。正是西方资本主义国家的高福利政策不断加剧着发达国家与发展中国家之间的贫富分化。[②]

总之，"尽管资本主义不能与福利国家共存，然而资本主义又不能没有福利国家"[③]。必须说明，"福利陷阱"绝不意味着不需要发展福利保障。[④]资本主义生产方式只是将福利社会作为"自我修复"的产物，旨在缓解阶级矛盾、维持劳动力再生产。然而，为了维持高福利，政府往往通过发行超出偿还能力的债务进行"寅吃卯粮"，导致福利制度陷入透支状态，形成恶性循环。随着经济衰退的到来，社会抵御危机的能力变得脆弱，福利资金大幅缩水，福利保障中断，资本主义社会的内在矛盾，如劳资关系和贫富差距等问题愈加突出。因此，"福利陷阱"并

---

① 王岩、谷丁：《当代中国共同富裕对西方福利国家的实质性超越》，《马克思主义理论学科研究》，2023 年第 1 期。

② 周文、施炫伶：《共同富裕的内涵特征与实践路径》，《政治经济学评论》，2022 年第 3 期。

③ ［德］克劳斯·奥菲：《福利国家的矛盾》，郭忠华等译，长春：吉林人民出版社，2010 年，第 7 页。

④ 江宇：《全面认识西方"福利陷阱"》，《红旗文稿》，2018 年第 2 期。

非福利保障制度的恶果，而是资本主义内在矛盾不可调和的产物，是经济危机在福利体系中的直观体现。[①]当前西方国家陷入了左右为难的"福利陷阱"：一方面，需要通过所谓征收民众高税收维持高福利制度，以掩盖经济衰退停滞、缓解阶级矛盾；另一方面，所谓的高福利制度与资本主义选举政治相结合，诱使政客们不断抬高选民的期望，承诺国家财政难以承担的"空头支票"，煽动民众盲目追求眼前利益。而一旦削减福利水平则会降低民众生活水平、引发民意的激烈反弹，在"选票政治"中落败。正是由于西方福利制度名为福利，实为价值返还甚至沦为再度剥削的本质与弊端，西方国家正处于骑虎难下、进退维谷的尴尬境地。

（二）分裂的共识：政治极化与西方民主困局

西方现代化的社会结构具有高度的动态性和冲突性。德国学者安德雷亚斯·莱克维茨描述了这种情况：近年来，"随着扁平中产社会新中产的崛起、贫困阶层的下沉，以及老中产的停滞不前，出现了不同生活方式和自我认知、生活机会和生活感受并存的现象"，社会分化显著影响了西方国家的政治格局。20世纪80年代起，扁平中产阶层的消解开始在政治领域有所体现，尤其是在新中产阶层影响力的提升下，政治态势发生了变化。2010年右翼民粹主义的崛起，则是对此种变革的反拨。基于三阶级模式（新中产、贫困、传统中产）的分析，当前西方社会正处于快速转型中：一方面，教育水平高和低的群体之间

---

① 常庆欣、王腾：《新时代推进共同富裕如何避免福利陷阱？》，《上海经济研究》2024年第4期。

的社会对立愈发尖锐，旧有的中产阶级逐渐消失；另一方面，大多数人的社会地位正在下滑，导致贫困化趋势的加剧。①安格斯·迪顿也指出："美国引以为豪的机会平等，哪怕过去确实真的存在，现在也已经不像过去那样真实可触。"②实际上，发达国家依然是以工人阶级和资产阶级为主体的资本主义社会。从20世纪晚期以来，发达国家阶级关系的演变趋势，正是其中间阶层（其中大多数属于工人阶级）日益显现其无产阶级属性的过程。③虽然莱克维茨等人在阶级划分上仍然受到"中产阶级"叙事的局限，但他们对西方社会分裂的观察是值得重视的。

过去10年，西方国家的民主质量持续倒退，尤其自2016年以来，脱欧风潮、右翼激进政党在欧洲崛起、特朗普对美国民主的冲击等一系列政治动向，标识着西方民主运行的困境，伴随社会各领域的全面分化而加剧：经济不平等加剧、文化激烈冲突，最终反映在政治极化中。④以美国为例，民众的立场正变得愈加极化。当美国领导人在国际舞台上不断宣扬"美式民主"、鼓吹"民主对抗威权"之时，盖洛普民调显示只有28%的美国成年人对民主状况表示满意。⑤正如贾雷德·戴蒙德所

---

① ［德］安德雷亚斯·莱克维茨：《幻想的终结：晚现代的政治、经济和文化》，巩婕译，北京：社会科学文献出版社，2024年，第74、77页。

② ［美］安格斯·迪顿：《美国的经济问题》，杨静译，北京：中信出版社，2024年，第52页。

③ 孙寿涛：《中产阶级理论的破产与"美国梦"的破裂》，《毛泽东邓小平理论研究》，2013年第9期。

④ 祁玲玲：《政治极化与西方民主困境》，《开放时代》，2022年第3期。

⑤ 《帝国"华袍"——起底"美式民主"真相》，新华网，http://www.news.cn/world/20240629/4ef03edcce5b4d69a02e227e77c793f7/c.html。

言："政治极化是美国当前面临的最严峻问题，它比来自墨西哥的竞争更为危险。但政治领导人却更沉迷于处理墨西哥问题，忽视了美国内部的深层次危机。墨西哥不能摧毁美国，只有我们自己具备摧毁自己的能力。"①目前，美国各党派内部趋向同质化，意识形态愈加极端：共和党日益保守，民主党愈加自由化，温和派逐渐消失。在这样的环境下，许多选民对另一党派产生强烈排斥，甚至将其视为国家福祉的真正威胁，几乎无法容忍与其政治对立的亲属或伴侣，且希望生活在一个所有人都与自己持相同政治观点的社区。因此，要解答的问题并非为何政治家逐渐丧失妥协意愿。我们应当探究的是，为何美国选民日益抗拒让步，在政治立场上愈发极端？②

如今，以美国为代表的西方国家，贫富差距的加剧导致社会不平等日益严重，阶层固化现象愈加明显。底层民众的向上流动空间日渐收窄，机会越来越少，代际流动性降至历史新低。③尽管西方民众对现状感同身受，甚至对改变命运感到深深的无望，但他们"却不再像过去那样频繁谈论阶级问题"。其中一个重要原因是新自由主义意识形态的盛行，它强调个人奋斗的成功，宣扬阶级问题已经不再重要。此类说法其实是精英阶层的策略，旨在消解工人阶级的集体力量，让他们无法联合起

---

① ［美］贾雷德·戴蒙德：《剧变：人类社会与国家危机的转折点》，曾楚媛译，北京：中信出版社，2020年，第307页。

② ［美］贾雷德·戴蒙德：《剧变：人类社会与国家危机的转折点》，曾楚媛译，北京：中信出版社，2020年，第299页。

③ 梁玉春：《贫富差距悬殊戳破美国幻象》，《光明日报》，2023年4月16日。

来争取自己的权益。[①]这种思潮也体现在西方的一些热门文娱作品中，如《唐顿庄园》《王冠》和《维多利亚》等，类似作品通过怀旧和浪漫化的叙事方式，描绘了阶级差异只是历史的"旧事"，并暗示这种现象早已不复存在。这类作品潜移默化地改变了观众的认知，使他们开始认为：随着社会的进步，阶级问题变得不再重要，即对当下来说，阶级差异已经被有意遮蔽；而对未来，它也不再被当作解决社会矛盾的核心议题。在新自由主义造就的一片真空之中，右翼势力发现了机会，开始借用阶级话语来推动自己的政治议程。他们宣称，真正的阶级分裂存在于"被抛在后头的传统工人阶级"和"大都会中的自由派精英"之间，指责后者背叛了前者，转而支持移民和少数群体。[②]

如果说右翼民粹主义的主张在一定程度上还迎合了西方底层民众的呼声，当前更值得关注的是新自由主义的民粹主义，三个无理诉求构成了其核心主张：一是"不劳而获"，即提出超出国家财政能力的福利承诺，西方主流政党频繁以此争取选票，导致了规模庞大的"懒汉"阶层的形成，并加剧了各国的债务危机，希腊等国经济因此崩溃。二是无限制的"自由"，尤其是在吸毒"自由"方面。山姆·昆诺斯的著作《梦瘾》，就生动地描绘了成瘾品和死亡如何在曾经繁荣的城镇中肆虐泛滥。目前，大麻乃至更恶劣的毒品合法化成为西方政治的热点议题，美国民主党推动多个州的合法化运动，加拿大等国也成为率先实现

---

① ［英］本·蒂皮特：《制造不平等：英国社会的分化与冲突》，李岩译，北京：中国工人出版社，2024年，第8页。

② ［英］本·蒂皮特：《制造不平等：英国社会的分化与冲突》，李岩译，北京：中国工人出版社，2024年，第11页。

全国大麻合法化的国家。三是颠倒次序的"基本人权"，受"特定人群"运动的影响，部分国家的公共医疗保险，将变性手术的报销优先性和比例置于许多其他严重疾病之上。新自由主义民粹主义将极少数人的变性自由视为基本人权，优先保障，而忽视了生命健康等其他紧迫需求。简而言之，新自由主义民粹主义认为自己的主张占据道德制高点，追求凌驾于他人之上的特权，以"自由"和"普世价值"为名推动无限制的权利。这种思潮已成为当今西方社会的最大威胁，然而在"政治正确"的庇护下，西方社会对此类现象缺乏深刻的反思。①

　　典型的例子是，欧美国家的高等教育体系一方面通过讨好精英来筹集运营经费，另一方面又通过各种几乎荒谬的优惠政策来讨好少数族裔。然而，当白人工人阶层的家庭看到自己的孩子在这个新秩序中根本无法找到位置时，他们如何能不感到愤怒呢？更糟糕的是，在美国，缺乏大学学历的人群中，因绝望而死亡的比例急剧上升，自杀、酗酒，尤其是因滥用药物过量导致的死亡人数激增。②与曼德维尔在《蜜蜂的寓言：或私人的恶行，公共的利益》中所描述的不同，③在高度金融化的资本主义体系下，私人恶德再也无法奇迹般转化为公共的美德。这样，资本主义也失去了最后一层道德的保护伞——连曾经作为辩护理由的"结果正义"都已不复存在。在当代资本主义社会

---

① 强舸：《美国困局："新右翼"的兴起与挑战》，北京：中国人民大学出版社，2024 年，第 34~38 页。

② ［美］安格斯·迪顿：《美国的经济问题》，杨静译，北京：中信出版社，2024 年，第 53 页。

③ ［荷］B.曼德维尔：《蜜蜂的寓言：或私人的恶行，公共的利益》，肖聿译，北京：商务印书馆，2016 年。

中，资本的所有者和管理者，已经失去了信誉。尽管他们通过精心设计的慈善活动和公关手段，试图挽回形象，但这些都无济于事。在普通民众中，愤世嫉俗的情绪已根深蒂固。虽然精英们呼吁信任与共同的价值观，但他们已经不再能够获得民众的共鸣，因为在一个以物质主义和功利主义为主导的社会中，包括道德在内的所有东西似乎都可以被出售。[①]资本主义民主体系日益不稳定的一个显著迹象就是，左派和右派的民粹主义政党崛起，它们加剧了无法弥合的社会撕裂。可以说，当前西方社会最大的共识就是"分裂的共识"。

　　面对党争极化的政治乱象、根深蒂固的种族矛盾、日益加剧的贫富鸿沟和社会不公，通过"西式民主"体制产生的政府能够有效解决这些问题吗？要对此作出回答，必须阐明西方"民主困局"的根源所在。美国宪法学家布鲁斯·阿克曼认为："在开始时要将对解决方案的寻求放在一边。我的首要任务是……激起对于我们现有体制之严重脆弱性的更为一般性的反思。"[②]随着危机的逐步展开，资本主义与民主之间的"婚姻"也走向终点——这本就是"奉子成婚"的结果。[③]在资本主义经济制度下，民主的一般原则和概念呈现出具体的实现方式，代议制民主便是其中最具代表性的形式。这种民主形式体现了资本主义体制下民主的局限性。而如果深入分析资本主义生产方

---

　　① ［德］沃尔夫冈·施特雷克：《资本主义将如何终结》，贾拥民译，北京：中国人民大学出版社，2021年，第35页。

　　② ［美］布鲁斯·阿克曼：《美利坚共和的衰落》，田雷译，北京：中国科学技术出版社，2024年，第14页。

　　③ ［德］沃尔夫冈·施特雷克：《资本主义将如何终结》，贾拥民译，北京：中国人民大学出版社，2021年，第22页。

式中的剩余价值生产过程，正如布莱恩·S.罗珀所言："现代代议制民主是资本主义剥削的最佳政治外壳。"① 从以上分析可以得出两个结论：首先，现代民主政治是在资本主义生产关系的基础上形成的，因此，从表面上看，资本主义和民主政治呈现出"孪生体"的假象；其次，资本主义生产关系下的民主政治仍然是一个"半完成"的状态，远未达到真正的民主形式。事实上，资本主义民主政治本质上从属于资本积累的需要，所有的形式、内容和运作机制都必然围绕资本积累的具体方式展开。②

早在 1891 年，恩格斯就在给《法兰西内战》写的导言中指出："正是在美国，同在任何其他国家中相比，'政治家们'都构成国民中一个更为特殊的更加富有权势的部分。在这个国家里，轮流执政的两大政党中的每一个政党，又是由这样一些人操纵的，这些人把政治变成一种生意……这些人表面上是替国民服务，实际上却是对国民进行统治和掠夺。"③ 美国选民在投票时才被"唤醒"，选举过后就进入"休眠期"无人关心，很少有政客因不作为甚至胡作非为被追究责任。历史唯物主义重视上层建筑的反作用："经济运动会为自己开辟道路，但是它也必定要经受它自己所确立的并且具有相对独立性的政治运动的反

---

① ［新西兰］罗珀：《民主的历史：马克思主义解读》，王如君译，北京：人民日报出版社，2015 年，第 268 页。

② 葛浩阳：《积累的社会结构理论视角下资本主义民主政治再考察——基于西方"民主失灵"现状的理论分析》，《教学与研究》，2021 年第 8 期。

③《马克思恩格斯文集》（第三卷），北京：人民出版社，2009 年，第 110 页。

作用。"①现代意义上的政党及其组建的政府是上层建筑诸要素中最强有力的组织形式，政治行为是经济基础的集中体现，且始终无法脱离经济基础而独立运行。既然经济问题根植于特定社会的经济基础，那么政府对社会经济的"缝缝补补"对于问题的解决自然也就无济于事，甚至会加剧社会混乱致使国家经济治理陷入失灵，直到达到"同它们的资本主义外壳不能相容的地步。这个外壳就要炸毁了"②。美国政治极化表明，对抗性经济矛盾的激化从根本上引发国内政策的全面对立，作为上层建筑的党派政治不仅无力化解反而在进一步加剧经济矛盾的激化程度。③

三、西方现代化的自我反噬

（一）难以为继：西方国家主导下的不平衡世界市场体系

发展不平衡是当今世界最大的不平衡，西方现代化的发展，长期依赖自身在世界市场体系中的主导地位。时至今日，殖民主义留下的国际政治经济秩序依然存在，不少发展中国家仍无法摆脱殖民时代的经济结构，在国际经济体系中处于边缘地

---

① 《马克思恩格斯文集》（第十卷），北京：人民出版社，2009 年，第 597 页。

② 《马克思恩格斯文集》（第五卷），北京：人民出版社，2009 年，第 874 页。

③ 王生升、刘慧慧、方敏：《美国经济治理失灵的根源、机制及启示》，《政治经济学评论》，2023 年第 6 期。

位。[①]联合国的相关报告提到，全球近 40% 的商品贸易集中在三个或更少的国家，这种不平等的加剧正在孕育更多冲突的潜能。联合国秘书长古特雷斯也发出警告："我们正生活在一个极化的时代"，日益加剧的不平等、不断升级的冲突正在推动人们相互疏远。[②]过去，世界格局呈现南强北弱、西强东弱的特点，但这一格局正在发生变化，西方国家主导的不平衡世界市场体系已经难以为继。数据显示，1990 年，发达国家占全球 GDP 的比重为 78.7%，到 2022 年已降至 57.8%；G7 国家的 GDP 比重从二战后的 80% 下降至 30% 以下，而新兴经济体和发展中国家占全球 GDP 的比重则从 1990 年的 19% 上升到 2023 年的 45%，并且贡献了全球经济增量的 80%。"全球南方"的整体复兴呈现出不可逆转的趋势。不结盟运动、七十七国集团和新国际经济秩序（NIEO）宣言都表明，南方国家正在力图构建一个更公正的国际政治经济秩序。对于西方国家而言，倾听"全球南方"的诉求，并尊重其复兴和崛起，是适应当代世界经济发展变化的必然选择。[③]

追溯世界现代化历程，生产力的发展及由此带来的交往的普遍化是世界历史形成的动力。西欧资本主义国家实行残暴的对外殖民侵略扩张和严酷的对内掠夺剥削榨取，早期血腥的资

---

① 《标准之墙 规则之链 谎言之刃——起底美西方国家"低端锁定"全球南方》，新华网，http：//www.news.cn/world/20240923/64f9b4e834f5427da68f7602af800cf9/c.html.

② 《人类发展不均衡现象加剧，联合国强调须通过合作来打破僵局》，https：//news.un.org/zh/story/2024/03/1127357，联合国新闻网，2024 年 3 月 13 日。

③ 陈文玲：《世界地缘格局重塑与世界经济发展的趋势性特征》，《人民论坛·学术前沿》，2024 年第 20 期。

本原始积累拉开了全球化的序幕。马克思深刻指出："它使未开化和半开化的国家从属于文明的国家……使东方从属于西方。"[①]在贝克特看来，15世纪末的地理大发现及随之而来的跨大西洋贸易网络的建立开启了"战争资本主义"时代。欧洲凭借对远洋航行技术的掌握和武装航运的暴力，建立起一个全新的连接美洲、欧洲和非洲的贸易网络，其结果是创造了"一个组织化的、具有全球规模的等级分明帝国"[②]。美洲的欧洲殖民者没有掠夺到足够的金银，于是他们发明了一条新的致富路径，即开辟种植园种植热带和亚热带作物。为保证这些种植园需要大量的劳动力，欧洲人开始运输非洲人到美洲去，起初是数以千计，后来数以百万计。1500年后的三个世纪里，超过800万奴隶从非洲被贩运到美洲。起初，大部分是由西班牙和葡萄牙贸易商贩卖的，17世纪后，英国、法国、荷兰、丹麦和其他的贸易商也加入其中。埃里克·威廉斯表示，其著作《生而无权》可更名为《英国资本主义与奴隶制》，因为正是大西洋加勒比等地区的奴隶制劳动，为英国工业革命提供了沾满鲜血的"第一桶金"。[③]

弗里斯在《国家、经济与大分流》中指出："接踵而来的西欧殖民扩张大大扩展了资本主义世界市场。1775年全世界1/7的人口约1.1亿人处于欧洲统治之下。1914年全球84%的地区

① 《马克思恩格斯文集》（第二卷），北京：人民出版社，2009年，第36页。

② ［美］斯文·贝克特：《棉花帝国：一部资本主义全球史》，徐轶杰等译，北京：民主与建设出版社，2019年，第7页。

③ ［特多］埃里克·威廉斯：《生而无权》，陆志宝等译，北京：北京科学技术出版社，2024年。

都掌握在欧洲殖民者的强权手中，占领土地意味着使民众服从。"①资本无限自我增殖的欲望驱动着世界市场的形成。枪炮、病菌和钢铁武器既是欧洲殖民者征服美洲大陆的原因，"也使现代欧洲人能够去征服其他大陆的民族"②。历史地看，西方资本主义文明通过暴力手段将世界各国的文明强行纳入现代化进程，推动了由发达资本主义国家主导的世界市场体系的初步形成。在资本主义的原始积累阶段，西方国家凭借对非西方国家的压倒性优势以及殖民征服，控制了经济全球化的资本主义权力。例如，英国的廉价商品对印度纺织业、炼铁业和造船业造成了巨大冲击，使印度沦为西方工业产品的原料供应地和市场，主要出口原棉和靛蓝染料。由西方主导的世界市场体系逐渐分化为两个主要板块：一个是处于核心地位的宗主国，另一个是被殖民、被剥削的附属国。西方资本主义的垄断资本扩张，使得外围国家的工业化处于从属地位，导致中心与外围之间的差距不断加大。到了1900年，拉丁美洲、非洲、中东以及亚太地区的许多国家和地区已经沦为工业资本主义世界的边缘地带。③

对此，萨米尔·阿明解释了其运行机制："在贸易关系中采取主动的是中心国家……把专业化的特定形式强加给外围国

---

① ［荷］皮尔·弗里斯：《国家、经济与大分流》，郭金兴译，北京：中信出版社，2018年，第623页。

② ［美］贾雷德·戴蒙德：《枪炮、病菌与钢铁：人类社会的命运》，谢延光译，上海：上海译文出版社，2006年、第58~59页。

③ ［新西兰］马特耶·阿本霍斯、［加拿大］戈登·莫雷尔：《万国争先：第一次工业全球化》，孙翱鹏译，北京：中国科学技术出版社，2023年，第43页。

家。"①中心和外围的分工是中心所要求的专业化分工形式，外围的出口服从于中心的需求。西方开发的一系列机械产品和技术已经非常完整，而西方和非西方之间技术对话的可能性几乎为零。希望使用这些产品和技术的非西方国家似乎别无选择，只能接受现成技术的转让。"美洲的发现给欧洲各种商品开辟了一个无穷的新市场，因而就有机会实行新的分工和提供新的技术，而在以前通商范围狭隘，大部分产品缺少市场的时候，这是绝不会有的现象。"②1800 年，全世界的产出中仅有 2% 用于国际贸易。到 1870 年，该比例已经提升了 5 倍，达到 10%，1900 年进一步提升至 17%，到一战爆发前的 1913 年更是达到 21%。这些交易的主要部分发生在工业化社会之间，但发展中经济体同样是工业国重要的日渐壮大的出口市场。这个时期形成的贸易格局特征鲜明：西北欧国家是制造品的净出口国，亚洲、非洲和拉丁美洲经济体的出口则主要是以农业为基础的产品及原材料。这是因为凡是资本主义工业发展很快的国家，都要急于找寻殖民地，也就是找寻一些工业不发达，还多少保留着宗法式生活特点的国家，它们可以向那里销售工业品，牟取重利。③

同时，那些未曾遭受西方殖民统治的地区，依然无法免于资本主义世界体系的负面影响。欧洲列强通过强加自由贸易条

①［埃及］萨米尔·阿明：《不平等的发展》，高铦译，北京：商务印书馆，2000 年，第 218 页。

②［英］亚当·斯密：《国民财富的性质和原因的研究》，王亚南译，北京：商务印书馆，1972 年，第 214 页。

③《列宁选集》（第一卷），北京：人民出版社，2012 年，第 279 页。

约，使边缘地区在原材料领域的相对优势迅速消失。例如，土耳其帝国在 19 世纪 70 年代，纺织品进口占据了其市场的 75%，而到了 19 世纪 20 年代，这一比例急剧下降至 3%。这些边缘国家不仅未能实现工业化，反而失去了原本仅有的一点工业基础，陷入了非工业化的境地。在工业革命的曙光初现时，亚洲和拉丁美洲的工业活动水平一度与欧洲相当。然而，从 1750 年到 1913 年，欧洲的工业活动增长了六倍，而亚洲和拉丁美洲的工业活动水平却下降到了原来的三分之一。经济史学家保罗·贝罗奇指出："毫无疑问，欧洲制造品，尤其是纺织品的大量涌入，导致了第三世界国家的非工业化。"[1]总之，"在这个世界资本主义体系中，依附国的不发达状态历史地日趋严重，导致一种不可能改变其经济依附性特征的扩大再生产（因此也有经济的增长）"。而后，商品输出的阶段向资本输出的阶段过渡是一种关键的转折，但未能改变经济的依附性质。体系经过整修，换了新貌。但是在确保高额利润的垄断市场环境中，经济增长的有利条件促使国际资本在短时间内通过盈利、溢价、补贴、技术服务以及其他多种盈利方式，迅速攫取了天文数字的利润。[2]

随着资本主义的发展，当前的国际分工格局已从 20 世纪 70 年代外围国家依靠热带农作物、原材料资源，以及简单初级劳动产品与中心国家高新技术工业产品之间的不平等交换，转换

---

① 转引自［美］罗德里克：《全球化的悖论》，廖丽华译，北京：中国人民大学出版社，2011 年，第 119、120 页。

② ［巴西］特奥托尼奥·多斯桑托斯：《帝国主义与依附》，杨永等译，重庆：重庆出版社，2016 年，第 51 页。

为发达国家生产离岸外包、发展中国家承接低端产业生产初级劳动密集工业产品，同时还承受了环境污染代价与被迫转移绝大部分劳动价值的极度不公格局。[1]自 2008 年国际金融危机以来，全球贸易持续萎缩，世界经济增长长期低速徘徊，全球经济增长动能持续不足。这既是全球化进程中所积累的问题和矛盾的集中爆发，也警示着西方所主导的经济全球化进程和格局中的结构性问题亟待解决。西方主导的经济全球化造成了全球财富分配的高度不公，形成了显著的南北发展差距。美国更是大搞单边主义霸凌行径，带头破坏世界多边贸易体制，掀起逆全球化的"浊浪"，蓄意破坏全球分工协作体系和国际经贸体系。英国前首相戈登·布朗等人认为："我们正在经历有生以来最重大的地缘政治变动，即新型大国竞争、保护主义以及民粹式民族主义。不断拉长的全球危机清单，加上我们对改变走向的无能为力，揭示了数十年来关于世界运行方式的传统思维存在致命缺陷。为了克服前所未有的挑战，从探讨各国实现增长的具体模式，到管理经济生活与一体化世界的办法，都需要新的理念。"[2]

未来将会如何？全球化逐步迈向新阶段，资本主义在世界市场中的矛盾逐渐加剧，最终将超出其自我调节能力，催生更为深刻的危机期。沃勒斯坦考察了现代世界体系的演变过程，认为这个体系必然会面临全面的危机，并被新的世界体系所取

---

① 肖玉飞、周文：《逆全球化思潮的实质与人类命运共同体的政治经济学要义》，《经济社会体制比较》，2021 年第 3 期。

② ［英］戈登·布朗等：《长期危机：重塑全球经济之路》，余江、傅雨、蒋琢译，北京：中信出版社，2024 年，第 4 页。

代。①也就是说，资本主义世界体系的内在矛盾将导致其崩溃，取而代之的将是一种新的世界体系——"既不是重新分配的世界帝国，也不是资本主义世界体系，而是社会主义世界政府（Socialist World Government）"②。随着西方发达国家经济增长的停滞，公共债务的无限膨胀，金融寡头的肆虐使得收入和财富的不平等愈加严重，以及各国不断强调边界分歧，所有这些现象似乎预示着现行资本主义世界体系表现出合作性趋弱和更多的脆弱性。沃尔夫冈·施特雷克基于近年来资本主义"沉沦于不健康状况"面临的严重危机，进一步提出："在资本主义进入地狱之前，它将会在可预见的未来陷入一个混沌不明的空位期，它将会因过度资本主义化而死亡或即将死亡，但是，它在很大程度上仍将继续存在着，因为没有人有能力将这个腐烂的躯体挪开……资本主义灭亡并被取代的步调并不会如沃勒斯坦所说的那么快速、那么整齐划一。更加可能的是，我们将面临一个长期的系统性解体过程，社会结构将变得不稳定和不可靠。"③

　　总的来说，导致资本主义世界体系走向崩解的原因繁多，然而其中最为根本的症结，或许就在于世界资本主义体系对中心国家的依赖——这个中心国家不仅要确保外围国家的安全，

---

　　① 孙来斌：《超越"中心-外围"的世界体系分析模式——兼论"构建人类命运共同体"的全球治理意义》，《马克思主义研究》，2019 年第 7 期。

　　② ［美］伊曼纽尔·沃勒斯坦：《沃勒斯坦精粹》，黄光耀等译，南京：南京大学出版社，2003 年，第 128 页。

　　③ ［德］沃尔夫冈·施特雷克：《资本主义将如何终结》，贾拥民译，北京：中国人民大学出版社，2021 年，第 37 页。

还需为整个体系提供一个稳固的货币框架。①美元作为国际信用货币的制度化，使得美元体系成为美国主导全球经济金融秩序的重要工具。然而，近年来美元体系的运行环境经历了剧变，其核心机制在不同程度上遭遇了紊乱乃至失效的局面。在新冠疫情冲击之下，美国采取了短期成本最低的无底线量化宽松政策，这一政策加剧了美元流动性供给机制中的内在矛盾。同时，面对俄乌冲突，美国将美元体系"武器化"的做法不仅让美元在大宗商品交易中的计价和结算机制产生裂痕，也推动了货币传统的回归。美元的全球霸权逐渐遭遇削弱，加速了美元体系治理机制的失效，随之而来的是一波新兴的"去美元化"浪潮。②在这一过程中，霸权货币的颓势与西方国家主导的国际货币体系的失能、解体，标志着国际金融垄断资本主义进入了一个漫长而曲折的衰亡进程。资本主义的基本矛盾早已不再局限于某一国家或某一地区，它已蔓延至全球，越来越接近它无法挽回的终点。在全球愈发动荡不安的今天，资本主义世界体系的衰退，已不再是遥远的未来，而是必然的、逐步显现的事实。③

（二）制造"悲惨世界"：西方霸权与全球祸乱之源

莎士比亚曾说：头戴王冠的脑袋总是感到不安。历史经验表明，霸权国家常常像猫科动物一样，对快速变化的事物充满

---

① ［德］沃尔夫冈·施特雷克：《资本主义将如何终结》，贾拥民译，北京：中国人民大学出版社，2021年，第92页。

② 王达：《美元体系的边际调整及其对全球经济的冲击》，《马克思主义与现实》，2024年第3期。

③ 王伟光：《国际金融垄断资本主义论》，北京：人民出版社，2022年，第106页。

警觉和关注。①强国对于霸权的维系与争夺，历来既是世界局势大变迁、大动荡的起因，也是其后果。真正意义上的全球性霸权是工业革命之后的产物，工业革命极大地提升了人类征服自然、超越地理的能力，英国成为第一个名副其实的全球性霸权。随后，经过两次世界大战的洗礼，美国在战后接过了世界霸权的"权杖"。②相比于英国的霸权，美国的霸权有了许多新特点：建立了更强大的综合性军事实力，掌握了以自由主义价值为基础的意识形态武器，并以更加复杂和精密的国际制度体系取代了旧有的殖民体系。③1941 年，亨利·卢斯在《时代》周刊上发表《美国世纪》的评论文章，呼吁美国迅速参战帮助英国打败德国，并提出美国应取代英国成为新的世界领袖。20 世纪 70年代后，时任美国国务卿希拉里在《外交政策》期刊上发表《美国的太平洋世纪》，标志着美国"亚太再平衡"战略的开启。这些文章体现了美国精英对全球霸权的期待和信心。然而，美国无法终结历史，它只能成为历史的一部分。在接受自己"不再伟大"，也不可能永远伟大的现实之前，美国将经历长期的阵痛期，其间必然会给世界百年未有之大变局带来新的大动荡。④

当前，世界正经历着一系列冲突。民粹主义领袖的崛起、全球贸易伙伴关系的削弱全球地缘政治危机仍在继续，以及大国间竞争的愈发白热化，共同勾勒出一幅国际秩序濒临瓦解的

① 转引自李晓：《双重冲击：大国博弈的未来与未来的世界经济》，北京：机械工业出版社，2022 年，序言第 9 页。

② 王立新：《踌躇的霸权》，北京：中国社会科学出版社，2015 年。

③ 李巍：《美国霸权及其秩序的未来》，《国际政治研究》，2023 年第 6 期。

④ 谢韬：《美国民主的倒退与霸权的未来》，《国际论坛》，2024 年第 5 期。

图景。在这些引人注目的事件背后，更深层的暗流正在悄然涌动。正如安东尼奥·葛兰西所言："旧世界正在消亡，新世界尚未诞生：现在是怪物横行的时代。"随着资本全球化方式的转变，霸权主义的根本目标与殖民主义并无本质区别，唯一变化的是其手段由"鲁莽笨拙"逐步演变为"理性精巧"。在政治和军事上，霸权主义国家不再依赖直接侵略和领土扩张，而是通过对关键资源的控制、武力威慑和控制国际交往渠道来实现战略目标，最终通过强大的军事力量进行威慑。在经济上，霸权主义国家不再通过直接掠夺他国资源进行生产，而是利用货币霸权和资本输出，控制国际产业链和金融链。通过这些手段，霸权主义国家能够剥削落后国家的廉价劳动力和自然资源，从而攫取生产国劳动人民创造的剩余价值，并转化为自己的超额利润。这种经济结构催生了当代国际垄断资本主义的基本特征，形成了以霸权国家为中心、发达国家为同盟、第三世界国家为边缘的国际秩序，且以国际产业链和金融链为支撑，构成所谓"自由国际秩序"（LIO）的经济基础。①

必须说明的是，对这些事实的回顾，并非老生常谈，正如雨果为《悲惨世界》所写的序言："在文明鼎盛时期人为地把人间变成地狱并使人类与生俱来的幸运遭受不可避免的灾祸……换句话说，同时也是从更广的意义来说，只要这世界上还有愚昧和困苦，那么，和本书同一性质的作品都不会是无益的。"②

---

① 鲁品越、姚黎明：《当代资本主义经济体系发展新趋势》，《上海财经大学学报》，2019 年第 6 期。

② ［法］雨果：《悲惨世界》，李丹、方于译，北京：人民文学出版社，1992 年。

当代"悲惨世界"的制造者——以美国为首的西方国家。一方面，高喊"历史的发展只有一条路"，即西方的市场经济和民主政治，大肆宣扬"市场和民主是治疗欠发达国家所有问题的万能药方"。托马斯·弗里德曼就是这一观点的典型拥护者。在他的畅销书《世界是平的：凌志汽车和橄榄树的视角》中[①]，弗里德曼自始至终强调自由市场和民主扩展的重要性，认为这种扩展消除了"不仅是地理的边界，还有人的边界"。弗里德曼还提出了"预防冲突的金拱门理论"，声称"没有哪两个都拥有麦当劳的国家曾发生过战争"。然而，耶鲁大学历史学教授约翰·盖迪斯对此提出了讽刺性的反驳。他指出："美国及其北约盟友恰恰选择了一个不合时宜的时刻开始轰炸贝尔格莱德，而那个城市的麦当劳多得令人尴尬。"[②]实际上，我们未见证"西方模式"所承诺的繁荣景象，反而目睹了贫富分化、经济衰退和政治动荡成为新自由主义输出重灾区的常态。[③]

另一方面，忙着通过枪炮镇压任何质疑、不顺从和反抗，试图不惜一切代价巩固霸权地位。[④]1901年，美国作家马克·吐温曾写下："我们可以有一面特别的国旗——我们的国家也可以这样做：我们可以只保留我们惯常的国旗，把白色条纹涂成

---

①［美］托马斯·L. 弗里德曼：《世界是平的：凌志汽车和橄榄树的视角》，赵绍棣等译，北京：东方出版社，2006年，第10页。

② 转引自［美］蔡美儿：《起火的世界：自由市场、民主与种族仇恨、全球动荡》，刘怀昭译，北京：中国政法大学出版社，2017年，第10页。

③ 朱安东、王天翼：《新自由主义在我国的传播和危害》，《当代经济研究》，2016年第8期。

④ 高婉妮：《再议和平赤字：强权政治扰乱全球秩序》，《红旗文稿》，2018年第11期。

黑色，用骷髅标志代替星星。"他用这样的文字来谴责美国在菲律宾发动战争、血腥屠戮的帝国主义行为。美国军事霸权有其历史惯性。美利坚合众国，在战争和屠杀之中诞生，在干涉、阴谋中扩张，在争权、夺利中形成军事霸权，在霸道、霸凌中维护战略利益。[1]国际社会看得越来越清楚，美国正是世界秩序的最大乱源，它四处煽动冲突、制造紧张局势，通过向国际社会输出混乱来维持自己的主导地位。过去几十年，美国在全球范围内发动战争、煽动"颜色革命"、策动政变和动乱，破坏其他国家的和平与稳定。据不完全统计，从二战结束到 2001 年，全球发生的 153 个地区冲突中，约有 248 次是武装冲突，其中201 次由美国发起，占比高达 81%。美国的"战争机器"在全球范围内造成了极其严重的平民伤亡和财产损失，引发了巨大的人道主义灾难。美国《国家利益》杂志引述专家统计数据所示，美国平均每 15 年便会卷入一场战争。美国历史学家保罗·阿特伍德更是直言："战争是美国人的生活方式。"[2]

"人民希望和平，为什么我们的领导人总是让我们处于战争状态?"尽管美国常常口口声声宣扬和平，事实上却不断选择战争。美国学者菲利普·津巴多在其著作《路西法效应：好人是如何变成恶魔的》中提供了部分解答。他指出，战争的发生需要一群人为之准备和推动，如果没有这些人的推动，战争根本不会爆发。在美国政治中，有嗜好"烹制"战争的"怪

---

①《起底美国军事霸权的根源、现实与危害》，新华社国家高端智库，https：//www.xhinst.net/。

②《美国是世界秩序的最大乱源》，人民网，http：//world.people.com.cn/n1/2022/0823/c1002-32508971.html。

兽"——军工复合体。这个庞大的利益集团由军事部门、军工企业、部分国会议员、国防科研机构、智库等组成，他们不断推动美国的对外政策向战争方向倾斜，通过制造冲突、挑起军备竞赛来追逐巨额利润。[①]可以说，世界上几乎每场冲突背后都有美国的影子。正如美国《外交政策》杂志写道，只要认为需要，只要相信对自身有利，只要觉得力所能及，美国就会产生动武的冲动。而由此带来的人道主义灾难再可怕，也总是别人承担。[②]此外，伴随着策动地缘政治冲突，美国越来越频繁地"挥舞经济制裁的大棒"。美国学者尼古拉斯·穆德在《经济制裁：封锁、遏制与对抗的历史》一书中指出，经济制裁已成为21世纪20年代影响全球宏观经济前景的一个主要地缘政治因素。他认为："制裁就像是外交政策中的一把钥匙，似乎能打开每场危机的锁，但这把钥匙并没有打开任何一扇通往新世界的大门。"[③]

众所周知，近年来美国国内的政治和经济发展出现了显著的乏力，更加动摇了美国的维持全球霸权自信心。为了"护持霸权"，对内，美国设法对自身进行更新，但在不同领域的霸权更新目标和举措又相互矛盾。[④]对外，这种焦虑感和不安，直接的表现就是在其"假想敌"国家的周围拼命制造矛盾、挑起地

---

① ［美］菲利普·津巴多：《路西法效应：好人是如何变成恶魔的》，孙佩妏、陈雅馨译，北京：生活·读书·新知三联书店，2010 年。

② 钟声：《冷战思维导致破坏性恶果》，《人民日报》，2022 年 3 月 31 日。

③ ［美］尼古拉斯·穆德：《经济制裁：封锁、遏制与对抗的历史》，李旭译，北京：中国科学技术出版社，2024 年，第 4 页。

④ 赵明昊：《美国霸权护持战略的调适与中美关系的未来》，《外交评论（外交学院学报）》，2023 年第 5 期。

缘冲突，成为地缘安全的"麻烦制造者"。[①]一段时间以来，美国"集团政治"的阴云四处飘荡，给日趋复杂的国际局势增添了更多紧张感。在"集团政治"的引导下，美国通过将其他国家划分为盟友和敌对势力，旨在提升自身地位的同时削弱对手。美国迫切地利用"民主""自由""市场化"等政治工具，试图达到双重目的：一方面，通过"净化"利益集团，甚至阻挠集团内外成员之间的正常经济和贸易交流，以加强自身的控制力；另一方面，限制非集团国家在国际舞台上提出公共议题的能力。实际上，"美国请客，盟友买单"已成为美国维系其全球霸权的关键策略。[②]众多事实向世人揭示，西方的霸权主义及其行为与和平与发展的历史大势背道而驰，其在国际上"四面出击""煽风点火"引发人道主义灾难、侵犯其他国家的主权、践踏国际法规，破坏国际秩序，给众多国家乃至自身带来了深重的灾难与无尽的损害，是世界动荡不安的主要策源地。

山雨欲来风满楼。西方大国深知其全球霸权地位岌岌可危，因此拼尽全力试图阻止"全球南方"的崛起。例如，时任英国首相苏纳克曾指称，"中国是当今全球安全与繁荣的最大挑战"，这一言论无非是掩盖西方没落的焦虑，妄想借攻讦他国重塑影响力，维护已日渐式微的霸权地位。与此呼应，通过不断推进新的安全框架，如美日印澳"四方安全对话"（QUAD）和美英

---

① 丁一凡：《巴以冲突等全球地缘政治危机多源于美国的"焦虑感"，全球南方应积极探索多边新机制》，每日经济新闻网，https：//www.nbd.com.cn/articles/2024-09-21/3565022.html。

② 《美国用"集团政治"撕裂世界》，《人民日报》（海外版），2021年12月4日。

澳"三边安全伙伴关系"（AUKUS），加剧亚太地区的紧张局势，进一步暴露出西方国家在全球秩序中日益孤立和防守的姿态。[①]美国领导的西方世界企图固守其全球霸权，而这种强势干预与以联合国宪章为核心的多边主义秩序形成了鲜明对立，尤其是与长期受美国和西方国家威胁的俄罗斯发生了激烈的对抗。在试图通过"以乌制俄"和"以俄压欧"的"离岸平衡"策略的同时，美国强推"印太战略"，强化"五眼联盟"、兜售"四边机制"、拼凑美英澳三边安全伙伴关系，不断挑起争端，旨在延续其作为唯一超级大国的霸权地位。然而，这样的霸权主义最终注定无法长久。在全球力量的激烈碰撞和重组后，新的大国均衡格局或许会在风暴过后逐渐确立。[②]世界的未来将不再是属于西方单极格局，这一进程虽然充满挑战，但也为"全球南方"国家提供了捍卫自身利益和实现合作共赢的历史机遇。

四、西方现代化的理论误区

（一）踢掉梯子：新自由主义经济学的"药方"疑云重重

回顾历史，西方现代化进程总是伴随着西方霸权与经济学西方话语体系的建立和强化，而西方霸权与经济学西方话语体

---

① ［印］苏廷德拉·库尔卡尼：《世纪大变局：西方霸权的式微与"全球南方"的崛起》，中国日报网，https://cn.chinadaily.com.cn/a/202306/13/WS64883a4aa310dbde06d23388.html。

② 王文：《世界进入新的动荡变革期》，《前线》，2022 年第 7 期。

系也随着西方现代化的推广而巩固和加强。[1]第一次工业革命后，当英国凭借大机器工业和国家干预占据世界现代化的领先地位后，转而诋毁贸易保护，大肆宣扬自由贸易等亚当·斯密的世界主义经济学。李斯特曾一针见血地指出："当一个人已经攀上高峰以后，就会把他逐步攀高时所使用的那个梯子一脚踢开，免得别人跟着他上来。亚当·斯密的世界主义学说的秘密就在这里。"[2]在李斯特看来，西欧各民族国家为争夺霸权而展开的激烈竞争是西方世界兴起的根本原因，这种激烈的竞争过程实际上就是一个对国富国穷发生机制的探索和发现过程。[3]如今，发达国家通过豢养新自由主义经济学的"吹鼓手"，试图"踢开"那个让它们爬到顶端的"梯子"，以此来阻止后发现代化国家采用它们所用过的那些政策和体制。[4]新自由主义经济学起源于亚当·斯密的自由市场理论、萨伊的供给需求理论，以及19世纪末的新古典经济学。其现代发展主要归功于米塞斯和哈耶克，以及美国的货币学派、公共选择学派和新制度经济学派，如弗里德曼、布坎南和科斯。这些学派坚持自由市场原则，认为市场能最大化个人利益，反对政府干预。尽管在20世纪30年代大萧条期间受到冷落，新自由主义在20世纪70年代末至

---

① 周文、白倩：《中国式现代化与经济学自主知识体系：根本遵循与理论再造》，《社会科学》，2024年第7期。

② ［德］弗里德里希·李斯特：《政治经济学的国民体系》，陈万煦译，北京：商务印书馆，2017年，第307页。

③ 贾根良等：《新李斯特经济学在中国》，北京：中国人民大学出版社，2015年。

④ ［英］张夏准：《富国陷阱：发达国家为何踢开梯子》，肖炼、倪延硕译，北京：社会科学文献出版社，2009年，第136页。

80 年代随着凯恩斯主义的衰落而复兴。而后"华盛顿共识"，将新自由主义政策输出到广大发展中国家。①

当新自由主义经济学家根据不同的目标采用不同的理论时，理论口号与客观现实之间的矛盾愈发令人不齿。他们倾向于用神秘而抽象的原则来处理"他人瓦上霜"的问题，而对于"自家门前雪"则依据常识性的共识、实用主义和经验来解决（长期的混乱宣教也带来自我反噬）。②实际上，西方主流经济学家的这种堕落和庸俗由来已久，正如马克思早就指出的："这些资产阶级经济学家实际上具有正确的本能，懂得过于深入地研究剩余价值的起源这个爆炸性问题是非常危险的。可是在李嘉图以后半个世纪，约翰·斯图亚特·穆勒先生还在拙劣地重复那些最先把李嘉图学说庸俗化的人的陈腐遁词，郑重其事地宣称他比重商主义者高明，对此我们该说些什么呢？"③不容否认，西方经济学具有合理性和有用性，为剖析市场经济运行机制，尤其是价格、需求、供给、均衡等方面打下了坚实的理论基础，随着理论研究的不断深入，西方主流经济学也为我国经济学研究提供了诸多可参考借鉴的研究方法和工具。但我们也应对西方经济学，尤其是主流经济学保持清醒的认知：西方主流经济学思潮是西方资本主义历史、经验的学理化和抽象化，它始终

① 杨虎涛：《国家发展的道路》，北京：社会科学文献出版社，2024 年，第 228~229 页。

② ［美］埃里克·S. 赖纳特：《富国为什么富 穷国为什么穷》，杨虎涛等译，北京：中国人民大学出版社，2013 年，第 19 页。

③《马克思恩格斯文集》（第五卷），北京：人民出版社，2009 年，第 590 页。

将捍卫资本主义生产方式和资本主义私有制作为理论立场。[1]总的来说，新自由主义经济学是"在理论上有误，在实践中有害"。

一方面，新自由主义经济学本身无法摆脱意识形态与科学性悖论。在西方经济学的话语中，科学性和意识形态性是对立的，在其思想史上也经历了去意识形态转而追求科学性的过程。经济学诞生之初，古典经济学家把经济研究的重心从重商主义的流通领域转向生产领域，亚当·斯密在《国富论》中的研究是实证性和规范性的统一。之后的庸俗政治经济学对古典政治经济学进行了一次革命，主张以"纯粹的"经济理论来建立经济科学，英国资产阶级经济学家西尼尔认为政治经济学就是研究财富的性质、生产和分配的科学，推动了经济学的实证化。[2]19世纪70年代的边际革命排除了有关意识形态的因素对人的经济行为的影响，新古典经济学家把科学和伦理学彻底分离，从而力图构建"客观的"经济学理论。同时期西方自然科学发展迅速，受其影响，西方主流经济学从此朝着"硬科学"的方向发展。演变至今，西方主流经济学始终沿着新古典经济学的范式在发展，在价值中立、数学范式等理性主义的庇护下标榜着自身的"科学性"，强调要摒弃意识形态。实际上，西方经济学的话语体系始终代表的仅仅是资产阶级的利益，整个西方经济学的理论大厦都是一种资本主义的意识形态，这种意识

---

① 周文、司婧雯：《中国自主的经济学知识体系：渊源、新议题与新方向》，《河北经贸大学学报》，2023年第2期。

② ［英］西尼尔：《政治经济学大纲》，彭逸林、商金艳、王威辉译，北京：人民日报出版社，2010年，第2页。

形态已经在很长的时间里统治着现代的西方主流经济学。①

　　发展至今，新自由主义经济学已经成为罗宾斯所描述的"把人类行为当作目的与具有各种不同用途的稀缺手段之间的一种关系来研究的科学"②。随着实证研究的"科学性"地位的确立，涉及价值伦理判断的规范研究被认为是不科学的，因此人类社会的生产方式，以及人与人之间的生产关系等规范性的研究对象被排除在经济学的研究范围之外，经济学研究对象仅仅是价值无涉的"稀缺资源的有效配置"。虽然新自由主义经济学通过强调"价值中立"证明其"科学性"，但必须指出，其根基是资本主义的经济实践和制度安排，经济学家在研究、解释和解决经济问题的时候，会自觉或不自觉地站在特定利益集团的立场上，代表和维护特定利益集团的权益，采取符合特定阶级利益的价值判断。③因此，经济学研究根本无法实现"价值中立"，其价值判断不可避免地会在某种程度上反映出特定阶级的意识形态。就像马克思曾经指出："内部联系一旦被了解，相信现存制度的永恒必要性的一切理论信仰，还在现存制度实际崩溃以前就会破灭。因此，在这里统治阶级的绝对利益就是把这种缺乏思想的混乱永远保持下去。那些造谣中伤的空谈家不凭这一点，又凭什么取得报酬呢？他们除了根本不允许人们在政治经济学中进行思考以外，就拿不出任何其他的科学王

　　① 周文、何雨晴：《西方经济学话语特征与中国经济学话语体系建设》，《山东大学学报》（哲学社会科学版），2022 年第 1 期。
　　② ［英］莱昂内尔·罗宾斯：《经济科学的性质和意义》，朱泱译，北京：商务印书馆，2000 年，第 20 页。
　　③ 吴易风：《为什么我们不能用西方经济学取代马克思主义政治经济学？》，《思想理论教育导刊》，2003 年第 3 期。

牌了。"①

可以说，新自由主义经济学的意识形态性正是渗透在其科学性抽象中。通过将人看作同等的市场交易主体，隐藏了其背后所属的阶级、在生产链所处位置等方面的差异，把资本家与劳动者的矛盾掩埋在以自由、平等为原则的商品交易之下。新自由主义经济学在没有时间和空间的架构中运行，贫困问题变成了"个人自由选择的贫穷"②，市场失灵变成了市场的客观缺陷而不是资本主义生产关系的内在矛盾。同时，目前新自由主义经济学在很大程度上已经被改造成了一门无视经济现实的"数学科学"③和"黑板经济学"。"历史特性问题是社会科学的一个关键问题。"④过度追求实证化、数学化，把从社会生活中观察到的事实放入到一定的经济理论中，运用数学推理等自然科学的方法对其进行孤立的分析。"这种看来非常科学的方法的不科学性，就在于它忽略了作为其依据的事实的历史性质。"⑤由此，不遗余力推广"经济神学"背后的政治经济意图呼之欲出了。新自由主义经济学认为，抽象推理的结论对于任何国家

---

① 《马克思恩格斯文集》（第十卷），北京：人民出版社，2009年，第290~291页。

② ［美］理查德·沃尔夫、［美］斯蒂芬·雷斯尼克：《相互竞争的经济理论：新古典主义、凯恩斯主义和马克思主义》，孙来斌等译，北京：社会科学文献出版社，2015年，第451页。

③ 贾根良、徐尚：《经济学怎样成了一门"数学科学"——经济思想史的一种简要考察》，《南开学报》（哲学社会科学版），2005年第5期。

④ ［英］杰弗里·M.霍奇逊：《经济学是如何忘记历史：社会科学中的历史特性问题》，高伟等译，北京：中国人民大学出版社，2008年，第1页。

⑤ ［匈］卢卡奇：《历史与阶级意识》，杜章智、任立、燕宏远译，北京：商务印书馆，1992年，第54页。

都具有普适价值。国际化变成了西方话语的单向输入，现代化也变成了单向的西方化，通过经济学普适价值的话语渗透，以美国为首的西方资本主义国家对世界其他发展中国家的经济和政治进行干涉，以便让自己在国际上始终占据主导地位和话语权。[①]

　　另一方面，新自由主义经济学的政策主张无法带来增长与繁荣。西方的资产阶级革命将世界带入了现代经济发展阶段，依靠声称的民主政治和自由市场推翻了君主统治，但没有真正带来曾许诺给人民的自由、平等与繁荣。好的经济学不能只是"动听"，更不能成为无法验证甚至是"反事实"的经济学。[②]新自由主义经济学"充斥着各色神话，这些神话使得古代太阳系天动说在进行比较时看上去相当精密"[③]。尽管新自由主义经济在学术逻辑上已经遭到了彻底的否定，但是作为一种意识形态，只要西方经济学所服务的资本主义经济基础还在世界上广泛存在，那么不科学的它也就不会自动退出历史舞台。[④]新自由主义经济学家连篇累牍地宣称捍卫市场自由，并防止政府出于政治动机进行干预，这种基本主张是错误的。人类历史和现实已给

　　① 周文、何雨晴：《西方经济学话语特征与中国经济学话语体系建设》，《山东大学学报》（哲学社会科学版），2022年第1期。

　　② 周文：《国家何以兴衰：历史与世界视野中的中国道路》，北京：中国人民大学出版社，2021年，第250页。

　　③ ［澳］斯蒂夫·基恩：《经济学的真相》（第2版），霍彦立等译，北京：电子工业出版社，2014年，序言第7页。

　　④ 余斌：《经济学的真相：宏观经济学批判》，北京：人民邮电出版社，2010年，第1页。

出过无数答案，市场不是"天使"，不可能有如此"魔力"。[①]斯蒂格利茨对美国经济现实的研究考察也印证了这一观点：一方面，经济学本该是严谨的社会科学，却沦落成为自由市场资本主义最大的"啦啦队"，因此经济学理论急需一次颠覆性的重构；另一方面，由于对政府的不信任，各种各样的利益团体干扰了经济和社会政策，它们的政治影响力使得政府几乎不可能制定合理的政策，这就是美国式的腐败。[②]

　　哈佛大学教授丹尼·罗德里克提及他和同事对一个拉美国家进行礼节性访问的事例。该国的财政部部长在北美学术界取得优异成就并在国际金融机构工作过，他向来访的学者们展示本国最新的经济进展情况，列出了取消价格控制、私有化国有企业和消除贸易壁垒等诸多举措，并准备进一步升级相关改革。按照新自由主义经济学的理论，如果世界上还有天理的话，这个国家应当得到经济增长和贫困减少的回报。然而，实际情况是，该国经济一直鲜有增长，贫困和不平等不降反升。[③]究其实质，新自由主义推行的"华盛顿共识"是国际垄断资本主义的全球一体化战略，以及美国主导的资本主义经济模式的全球化扩张。作为西方为发展中国家开出的现代化"万能药方"，其基本主张是"市场化""自由化"和"私有化"。因为深受其害，一些接受"华盛顿共识"的国家，称"华盛顿共识"是来自华

---

　　① 周文：《国家何以兴衰：历史与世界视野中的中国道路》，北京：中国人民大学出版社，2021年，第252页。

　　② ［美］斯蒂格利茨：《自由市场的坠落》，李俊青、杨玲玲等译，北京：机械工业出版社，2011年，第23页。

　　③ ［美］丹尼·罗德里克：《一种经济学，多种药方：全球化、制度建设和经济增长》，张军扩、侯永志等译，北京：中信出版社，2016年，第2页。

盛顿的"持续性攻击"，拖垮了各国经济。历史事实已经证明：西方模式对于发展中国家的现代化起了误导作用，严重阻碍了许多国家的经济增长，拉大了贫富差距，并导致了经济的长期不稳定。①早期很多发展中国家由于深受西方理论影响，简单化地照搬和复制西方模式，非但没有成功走向现代化，反而饱尝西方模式带来的苦果，导致发展不断退化甚至落入发展"陷阱"。②

（二）误人终误己：新自由主义经济学加剧西方的系统性危机

21 世纪初，新自由主义经济学的"大师"们一致认为，西方宏观经济进入了"大稳健"时期——即产出波动性低、失业率低、通胀低，这被视为永久良性状态。然而，2008 年大崩盘及随之而来的大萧条，无情地打破了这一信条。当时，英国女王曾访问伦敦经济学院，听取经济学家们关于金融动荡加剧的简报。她问道："为什么没有人注意到金融动荡？"随之，英国国家学术院主持召开了会议，回答了女王的问题，并将结论以信件形式告知她。信中表示，"集体想象力的缺失"是未能识别金融系统潜在风险的原因。③实际上，这反映了自 20 世纪末以来，新自由主义范式在西方经济学中占据主导地位，使得几乎

---

① ［英］张夏准：《经济学的谎言：为什么不能迷信自由市场主义》，孙建中译，北京：新华出版社，2015 年，第 1 页。

② 周文：《中国道路：现代化与世界意义》，杭州：浙江大学出版社，2021 年，第 254 页。

③ Besley, T., Hennessy P., Letter to Her Majesty the Queen, British Academy, Http://media.ft.com/cms/3e3b6ca8-7a08-11de-b86f-00144feabdc0.pdf.

所有新自由主义经济学家难以预见到即将到来的金融崩溃。[1]应该说，新自由主义经济学曾一度风靡世界，但是现在它们在任何地方都已过时。美西方目前的困境也是新自由主义经济学的困境。新自由主义经济学的政策主张导致实体经济空心化、虚拟化，伴随而来的是支撑经济体系的根基——制造业大量向外转移。在新自由主义经济学的旗帜下，少数精英们却不受影响，坐在财富方舟赚得盆满钵满，而越来越多的民众不断被扔下大船，任其在洪水中自生自灭。社会不公，民生日益艰难，精英的自私与民众的愤怒交织在一起，让各种冲突如火药桶随时爆炸。

各种迹象表明，不仅世界经济面临发展危机，而且西方主流经济学更面临着历史上最严重的危机。从历史上看，每一次世界经济危机的爆发，都会催生出新的经济理论，由此经济学成为社会科学"皇冠上的明珠"。现在，西方主流经济学与现实政治经济分道扬镳，不管是探究世界经济危机的根本原因，还是如何重塑经济活力，西方主流经济学都无动于衷，熟视无睹。当代资本主义的"天启四骑士"（经济增长停滞不前、债务上升、不平等加剧和世界市场动荡）正在持续破坏经济和政治秩序。资本主义国家反复发生经济危机、金融危机，尽管危机源可能不同，却都表明了它是体制性、系统性和根本性的[2]，而系

---

① ［英］张夏准、［美］艾琳·格拉贝尔：《重诉发展：替代性经济政策指南》，袁辉译，北京：商务印书馆，2023 年，序言第 4 页。
② 王今朝：《当代资本主义危机的系统性和根本性》，《人民论坛·学术前沿》，2016 年第 20 期。

统性危机只能通过系统的重建来实现。[①]长期以来，为了替少数资产者讲话，西方经济学主流学派刻意避开生产过程和生产关系对流通过程和交换关系的决定作用，也回避了对资本主义生产方式基本矛盾的探讨，为资产阶级的剥削涂上了保护层，但科学研究的本质被根本改变了。[②]马克思主义政治经济学"就是运用最彻底、最完整、最周密、内容最丰富的发展论去考察现代资本主义……也就要运用这个理论去考察资本主义的即将到来的崩溃"[③]。必须用好这一"理论武器"增强解释力，揭开资本主义危机的面纱，真正回答"资本主义向何处去"的问题。

回顾历史，新自由主义时期的主导性经济理念与管制资本主义时期的主导性经济理念之间的分歧很大。在第二次世界大战后的几十年中，美国和英国的主导性正统经济理念是和凯恩斯联系在一起的。[④]然而，20世纪60至70年代，西方主要资本主义国家经济增长速度减缓，通货膨胀加剧，财政预算赤字增加，爆发了"滞胀型"经济危机。西方经济学家将此轮危机归结于凯恩斯主义的错误，转而回归市场导向，强调政府放松对经济和金融的管制，弱化福利。"滥觞于二战之前且被长期边缘

---

① ［美］大卫·科茨：《当前的金融和经济危机：一个新自由资本主义的系统性危机》，刘霞译，《上海金融学院学报》，2010年第2期。

② 周文：《中国特色社会主义政治经济学与经济学中国时代》，济南：济南出版社，2019年，第142页。

③《列宁全集》（第三十一卷），北京：人民出版社，2017年，第80页。

④ ［美］大卫·科兹：《新自由资本主义的兴衰成败》，刘仁营、刘元琪译，北京：中国人民大学出版社，2020年，第8页。

化的反对国家干预的新自由主义开始迈向历史前台"[1]，成为主流经济学。新自由主义理论衍生出多种流派，包括货币主义、理性选择理论、供给学派、挤出理论以及真实商业周期理论，等等。这些流派共同的核心观点是将个体在自由市场中的选择视为经济行为的基石，同时认为国家的经济干预要么导致效率低下，要么是主动作恶的。[2]伴随着"华盛顿共识"的全球推进，新自由主义理论嬗变为资本主义的经济范式、政治纲领和政策体系。[3]事实证明，新自由主义经济学在现实经济发展中的表现漏洞百出。历史和国家将经济学召唤到前线，结果新自由主义经济学不但不治病，反而走到哪里祸害到哪里，让经济发展染上"瘟疫"。

一方面，新自由主义政策主张加重了经济运行的无序状态。西方国家以凯恩斯主义为代表的国家干预政策的失败成为新自由主义"反凯恩斯革命"的充分理由。但是新自由主义的政策举措进一步强化了基本矛盾。一是减少政府宏观干预，政府职能倾向于保证低通货膨胀率，而不是低失业率；二是削减工会力量，增加资本对劳动的控制权；三是削减公共服务开支，削减社会福利政策；四是为企业和富人减税；五是取消对商业和金融的管制，实现资本的自由流动；六是私有化社会资产和服务。表面上，新自由主义在做减法，减少各种约束以实现经济

---

① 刘儒：《国际金融危机与国家垄断资本主义新发展》，《红旗文稿》，2016年第5期。

② ［美］大卫·科兹：《新自由资本主义的兴衰成败》，刘仁营、刘元琪译，北京：中国人民大学出版社，2020年，第8页。

③ 胡乐明、宁阳：《如何看待新自由主义》，《紫光阁》，2013年第11期。

自由。实质上，新自由主义在削减政府、工会和劳动者竞争力的同时，增加资产阶级的自由（如减税），为资产阶级创造有利于剥削的新环境（如取消管制、倡导私有化）。新自由主义让资本剥削劳动更为自由、便利：首先，它以减税的方式增加企业自由，调节资本与国家的关系；其次，它又通过推动外汇市场自由化和汇率调整的方式，改善本国资本主义的国际市场竞争力；最后，它也打压劳动阶级及为劳动阶级说话的工会，保证资本主义有庞大的产业后备军队伍。新自由主义实施的结果是，个别企业生产的组织性与整个社会生产无政府状态相对立的格局更加严重，加剧了经济运行的无序状态。

另一方面，新自由主义政策主张加剧了世界贫富分化。新自由主义遵循的基本逻辑是：市场是万能的，而保证市场的功效需要私有化和自由化两个条件。过去几十年来，世界上大多数国家采取了自由主义市场的政策，但未达到预期效果。自由市场政策不仅阻碍了大多数国家的经济增长，拉大了不平等差距，还加剧了经济的不稳定性。"自由市场理论家传播的'真理'如果不是一些藏有私心的观念，就是建立在不严密的假设和主观狭隘的幻想之上的东西。"[1]在美国，新自由主义成为政策主导后，也出现了工人阶级失业率上升、生活水平下降以及工作环境恶化诸多问题。[2]"20 世纪 70 年代以来，美国人的工资长期停滞不前和劳动时间不断延长；撒哈拉以南非洲的生活

---

① ［英］张夏准：《资本主义的真相：自由市场经济学家的 23 个秘密》，北京：新华出版社，2011 年，第 3 页。
② ［美］大卫·科茨、黄斐：《新自由主义的衰落与社会主义的未来——大卫·科茨访谈》，《当代世界与社会主义》，2016 年第 2 期。

水平在过去 30 年里一直原地踏步；拉丁美洲的人均收入增长率在这一时期降低了三分之二。"①就私有化来看，新自由主义并不自由，而是选择性自由、资产阶级的自由。对私有化，新自由主义代表人物哈耶克在《通往奴役之路》中这样阐述："私有制是自由最重要的保障，这不单是对有产者，而且对无产者也是一样。"②哈耶克忽视了资本主义私有制是建立在剥削他人劳动基础之上的，所谓的自由只是劳动的有限自由，而非分配的自由。站在资本对面的劳动取得的收入分配远远低于资本的分配。

也就是说，贫困在劳动层面不断加大，财富在资本层面不断集中。私有化使得"生产资料的集中和劳动的社会化，达到了同它们的资本主义外壳不能相容的地步"③。新自由主义代表食利阶级的利益，代表少数资产者和企业上层管理者（特别是金融类企业）的利益诉求。资产阶级及其代理人借助新自由主义在全球巩固自己的霸权地位。④新自由主义提倡的一系列政策，与马克思在《资本论》中提到的资本主义阻挠和抵消利润率下降的原因基本一致。而"一切现实的危机的最终原因，总是群众的贫穷和他们的消费受到限制，而与此相对比的是，资

---

① ［英］张夏准：《资本主义的真相：自由市场经济学家的 23 个秘密》，北京：新华出版社，2011 年，第 2~3 页。

② ［英］哈耶克：《通往奴役之路》，王明毅、冯兴元等译，北京：中国社会科学出版社，1997 年，第 123 页。

③《马克思恩格斯文集》（第五卷），北京：人民出版社，2009 年，第 874 页。

④ 裴小革：《新自由主义与资本主义经济危机——基于阶级分析方法的研究》，《理论探讨》，2015 年第 3 期。

本主义生产竭力发展生产力"[①]。新自由主义导致的两极分化不仅体现在资本家与工业阶级、企业高管与普通工人、主流社会与边缘群体之间，还表现在发达国家与发展中国家、跨国垄断资产阶级与跨国工人阶级之间。那些更为全面接受新自由主义理论的国家，其收入不平等增加的程度快于其他国家。[②]在经济全球化活跃的 20 世纪 80 至 90 年代，美国收入前 10% 人群的收入占国民收入的比重从 35% 提高到 47% 左右；德国、法国、英国私人资本与国民收入之比从 3 提升到了 5 左右。[③]瑞士银行发布的《2024 年全球财富报告》显示：财富超过 100 万美元的人口占世界人口的 1.5%，但这一群体拥有的财富几乎占全球财富的一半。

面对近年来资本主义经济普遍的短缺与混乱情形，许多学者与机构将其比喻为"完美风暴"，认为新冠疫情、俄乌冲突、极端气候等似乎都可以被看作外生的罕见事件，危机只是暂时现象。但这种局部危机的观点是站不住脚的。[④]的确，当代资本主义仍处于不断发展的过程中。通过扩展活动空间、扩大活动领域、创新活动形式等化解各种因素对资本主义的限制。经济全球化（包括所谓"轻度全球化"转型）、新自由主义和金融化

---

① 《马克思恩格斯文集》（第七卷），北京：人民出版社，2009 年，第 548 页。

② ［英］张夏准、［美］艾琳·格拉贝尔：《重诉发展：替代性经济政策指南》，袁辉译，北京：商务印书馆，2023 年，第 45 页。

③ ［法］托马斯·皮凯蒂：《21 世纪资本论》，巴曙松等译，北京：中信出版社，2014 年，第 25 页。

④ 朱安东、杨帅泓：《"短缺经济学"与全球资本主义的系统性危机》，《马克思主义与现实》，2023 年第 4 期。

都是不同时期资本主义求变、求进的重要选择。然而，这些改变只能缓解或延后冲突的爆发，无法从根本上解决问题，且导致了资本主义危机的系统性。以新自由主义为核心的社会积累结构（SSA）不是一个有效的结构，不能维持经济的增长和稳定。大卫·科茨、多米尼克·莱维等学者认为，金融危机等现象实质是特定形式的资本主义系统性危机。所谓系统化，就是牵一发而动全身，这意味着资本主义有转化为社会主义的危机，即罗莎·卢森堡所说的"最后的危机"。资本主义变化导致的系统性危机具有三个特征：一是危机对经济的危害更甚，资本更加垄断，失业人口增加，先前解决危机的方法不可行；二是危机产生的周期更短，经济更不稳定；三是资本主义危机的负外部性更大，危机与世界的联动性更大，对各国的危害更大。[1]

　　世界上不存在永恒的经济学理论，也不存在放之四海而皆准的经济学教条。新自由主义经济学也给世界一个启示，每一个国家尤其是大国应该有自主的经济学知识体系。西方经济学自诞生以来就主要肩负着两大任务：一是形成维护资本主义制度的经济学知识体系和价值观念，为资本主义长治久安提供理论武器；二是结合资本主义市场经济运行的实践经验，为资本主义国家治理和资本垄断集团出谋划策。但一系列的事实深刻表明，目前西方主流经济学既不能解释真实世界变化，也无力为乏力的世界经济开出药方。[2]这是一个需要理论而且一定能够

---

① 周文：《中国特色社会主义政治经济学与经济学中国时代》，济南：济南出版社，2019年，第158页。

② 周文、杨正源：《中国式现代化与西方现代化：基于比较视角的政治经济学考察》，《学习与探索》，2023年第11期。

产生理论的时代，这是一个需要思想而且一定能够产生思想的时代。在全球化及金融危机中出现的新问题将全世界带入一种徘徊或迷茫的背景下，中国经济学所要担当的历史责任就是解开全人类"认识上的枷锁"，更好地引领发展中国家的经济增长。构建中国经济学自主知识体系，是时代的呼唤，更是历史的选择。[①]正是因为 20 世纪以美国为首的西方国家领衔了全球经济的发展，为经济学的西方话语和西方理论提供了实践的土壤，诞生了大批经济学诺贝尔奖得主。进入 21 世纪，中国已经长期稳定地成为世界第二大经济体，并且不断为世界注入稳定性和正能量，世界也越来越向东看，正期待着经济学的中国理论和中国贡献。

小结

　　西方现代化建立在资本主义生产方式的基础上，其结构中的内在张力和矛盾，使得系统性崩溃和社会危机很可能成为事实。在当代资本主义体系下，即便经济和社会稳定能够暂时保障，也回避不了由无序竞争和扩张所导致的更致命问题。维持平衡的难度巨大，一旦失衡，后果将充满不确定性。能不能持续稳定，取决于新的技术范式能否及时形成，或者新的社会需求和价值观能否及时出现，以

---

　　① 周文、白佶：《中国式现代化与经济学自主知识体系：根本遵循与理论再造》，《社会科学》，2024 年第 7 期。

满足经济增长的可持续和不断变化的其他目标要求。[①]然而，西方还有能力重整旗鼓，逃离向深渊坠落的命运吗？这令人怀疑。正如美国历史学家吉尔·莱波雷所说：当前"国家的航船蹒跚而行……他们忘了修补船上的风帆，任由帆布在狂风中翻滚、撕裂，帆索也乱了套。他们蜷缩在甲板下面，他们没有想出一条路线，看不到地平线，也没有控制住任何一个指南针"[②]。

一些国家衰落，一些国家崛起。潮起潮落，是正常现象。任何民族不可能永远处在一个时间点上，西方在历史上也不是一直处于世界前列。而西方没落的深层矛盾症结在于，文明作用的发挥仅仅是资本实现自身价值增殖的伴生现象和附属表现，"资本主义生产的目的是发财致富，是价值的增殖，是价值的增大"。资本为了寻求价值增殖的扩张，不断冲击着自然与社会的界限，必然导致生态危机与社会危机的爆发。在文明变革及现代性建构的过程中，西方逐渐耗尽了进一步发展的潜力。资本主义文明已经积重难返，唯有通过多层次、全方位地扬弃资本的抽象统治，才能真正符合人类文明发展的内在要求。[③]面向世界各国实现现代化的共同梦想，"历史绘制的画卷不止包括得意扬扬的资本主义幻象以及气候变换扬起的末世烟尘，里面还有

---

① ［德］沃尔夫冈·施特克：《资本主义将如何终结》，贾拥民译，北京：中国人民大学出版社，2021 年，第 2 页。

② ［美］吉尔·莱波雷：《分裂的共识：一部全新的美国史》，北京：新星出版社，2024 年，第 818 页。

③ 郗戈、赵瑞泽：《现代文明的悖论与出路——马克思与莎士比亚的思想对话》，《东北师大学报》（哲学社会科学版），2024 年第 6 期。

更为现实的通向未来的路径，这当然取决于我们究竟想要生活在一个什么样的世界"①。

①［美］乔·古尔迪、［英］大卫·阿米蒂奇：《历史学宣言》，孙岳译，上海：上海人民出版社，2017年，第82页。

第六章
现代化的探索：
反思与审视

纵览历史，人类社会发展进程曲折起伏，各国探索现代化道路的历程充满艰辛。"实现现代化是近代以来中国人民矢志奋斗的梦想。中国共产党一百多年团结带领中国人民追求民族复兴的历史，也是一部不断探索现代化道路的历史。"①洋务运动以器为道的现代化、维新变法与辛亥革命制度革新的现代化、新文化运动文化改造的现代化皆以失败落幕，但这些变革对中国的现代化进程产生了深远影响。俄国十月革命一声炮响，为中国送来了马克思列宁主义，中国共产党的诞生，拉开了符合中国国情的现代化发展道路的帷幕。党带领人民夺取了新民主主义革命的伟大胜利，完成了社会主义革命，进行了改革开放和社会主义现代化建设，开创了中国特色社会主义新时代。回顾中国现代化建设的发展史可知，只有沿着历史的发展轨迹，才能找到适合自己的发展道路。②然而，在世界现代化进程中，失败总是多于成功，考察其他发展中国家走向现代化历经的苦难、曲折与希望，意在辨明现代化的陷阱、避免现代化进程中的失误。③

① 中共中央党史和文献研究院编：《习近平关于中国式现代化论述摘编》，北京：中央文献出版社，2023 年，第 32 页。

② 周文、白佶：《中国式现代化的共同特征与中国特色》，《教学与研究》，2023 年第 9 期。

③ 钱乘旦、刘金源：《现代化的迷途》，南京：江苏人民出版社，2024 年，前言第 3 页。

一、现代化的中国之旅：西方现代化的冲击
与洋务运动

（一）碰撞与转型：天朝梦碎时分的"自强新政"

在人类发展史上，中华民族创造了悠久灿烂的中华文明，长期屹立于世界民族之林，为人类文明进步作出了不可磨灭的贡献。但17世纪中叶后，西方国家先后爆发资产阶级革命，并相继完成工业革命，在资本主义生产方式推动下迅速强大起来，开始了原始积累和殖民掠夺。中国则趋向保守、僵化，错失工业革命、科技革命机遇，中国在内部矛盾和西方现代化浪潮冲击下逐渐走向衰落。19世纪40年代，古老的中国被西方列强的坚船利炮打开了国门，中国命运从此进入"国家蒙辱、人民蒙难、文明蒙尘"前所未有的悲惨境地，逐步成为半殖民地半封建社会。鸦片战争的真正意义，就是用火与剑的形式，告诉中国人：中国必须现代化，顺应世界之潮流。[①]1842年，清朝在鸦片战争中败北的同一年，魏源完成了《海国图志》50卷，并在此后不断增补修改。这部书的写作目的是让国人睁眼看世界，师夷长技以制夷。大体上，1850年左右可以视为中国现代化启动的原点。从那时起，先进的中国人具备了全球视野，逐渐意识到西方各国的制胜之道，体认到仿效、移植西方"长技"的

---

① 茅海建：《天朝的崩溃：鸦片战争再研究》，北京：生活·读书·新知三联书店，1995年，第25页。

必要性。[1]

　　中国早期的现代化主要在外部冲击与生存威胁的条件下被
迫进行。不同于现代化"领跑"国家自下而上的自然发展过程，
中国的现代化经历了由"外部冲击"到"主动谋强"，由"学习
模仿"到"创新超越"，由"高度依赖"到"逐步独立"的艰难
转变。[2]费正清提出，中国"同许多国家的情形一样，外来的威
胁最初唤起了维护传统社会准则的排外反应"[3]，并勾勒出了
"西方冲击—中国反应"这一中国走向近现代的模式。这种解释
洞察到了中国传统机制与框架的弊端，肯定了西方工业文明对
中国封建社会解体的历史性作用，却忽视了中国社会内部既包
含着矛盾又包含着克服困难的因素。柯文在《在中国发现历史》
一书中反对"外因决定论"，认为将中国问题作分层处理，也许
是最恰当的。[4]吴承明进一步从经济史的角度给出说明：晚清
"新式产业的出现，自然是西方文明冲击的结果。但是，'机船
矿路'路线的形成，以及上述每项产业的创办，却不是西方的
意愿"[5]。总之，我们需要在中国自身的历史和思想脉络之中，
寻找中国现代化的独特逻辑，而非简单将其视为西方现代化的

---

　　① 李怀印：《中国的现代化：1850 年以来的历史轨迹》，桂林：广西师范大
学出版社，2025 年，第 352 页。

　　② 周文、白佶：《中国式现代化的共同特征与中国特色》，《教学与研究》，
2023 年第 9 期。

　　③〔美〕费正清：《美国与中国》，张理京译，北京：世界知识出版社，1999
年，第 179 页。

　　④〔美〕柯文：《在中国发现历史：中国中心观在美国的兴起》，林同奇译，
北京：社会科学文献出版社，2017 年，第 121~122 页。

　　⑤ 吴承明：《经济史理论与实证：吴承明文集》，杭州：浙江大学出版社，
2012 年，第 199 页。

挪用者翻版。①

　　马克思在《中国革命和欧洲革命》中写道：中国的声威"一遇到英国的枪炮就扫地以尽，天朝帝国万世长存的迷信破了产"②。第一次鸦片战争时，只有少数有识之人觉察到"变局"的非同小可，黄钧宰在 1844 年感叹英国入侵使"华夷隔绝之天下"一变而为"中外"对立，"亦古今之变局哉"③。这是对"民族国家"冲击"天下国家"较早的认识。列文森曾指出：在古代中国，"早期的'国'是一个权力体，与此相比较，天下则是一个价值体"④。天下是绝对的，夷夏却是相对的，以华变夷，化狄为夏都是常态。在传统天下秩序中，"没有绝对的'他者'，只有相对的'我者'"⑤。然而，随着绝对的"他者"——实力远超自身的外来民族国家的出现，真正刺激了作为整体的中华民族的自我觉悟。⑥所以，1860 年第二次鸦片战争失败时，庚申之变以沉重一击致创巨痛深，"当和议之成，无人不为自强之言"。与 20 年前比中英鸦片战争为"海疆骚动"

　　① 许纪霖：《从自身的历史脉络理解中国现代化》，《近代史研究》，2023 年第 1 期。

　　②《马克思恩格斯文集》（第二卷），北京：人民出版社，2009 年，第 608 页。

　　③ 黄钧宰：《金壶七墨》，《鸦片战争》（第 2 册），上海：神州国光社，1954 年，第 623~624 页。

　　④ ［美］约瑟夫·列文森：《儒教中国及其现代命运》，郑大华、任译，北京：中国社会科学出版社，2000 年，第 84 页。

　　⑤ 许倬云：《我者与他者：中国历史上的内外分际》，北京：生活·读书·新知三联书店，2015 年，第 20 页。

　　⑥ 许纪霖：《家国天下：现代中国的个人、国家与世界认同》，上海：上海人民出版社，2016 年，第 50 页。

是一种明显的不同，①"天朝上国"之梦在隆隆炮声中被惊醒。李鸿章所说"数千年来未有之变局""数千年来未有之强敌"②，是对晚清时局最好的概括。

在帝国行将就木的黄昏中，近代中国探寻走向现代化之路，最初以晚清王朝中的曾国藩、李鸿章等官僚士大夫阶层为代表，一方面寻求与西方资本主义列强的纷争缓和，另一方面尝试举办洋务、兴办民族工业，企图实现"自强"和"求富"。③蒋廷黻指出，两方面努力中"以外交治标，以自强治本。这个治本之策是步步发展的。最初不过练洋枪队；继则买制器之器，以图自己造枪造船；终而设学校，派留学生，以图自己能制这些制器的器具。等到光绪年间，他们进而安电线，开煤矿，修铁路，办海军，设招商局，立纱厂"④。洋务运动前后历时30余年，几乎占据70余年晚清史、80年中国近代史的一半时间，其在历史研究上地位之高，也就不言而喻了。不管是对于清末"自强新政"持发展论、肯定论，还是否定论，不研究好洋务运动的历史，就不能真正懂得中国近代经济、政治、文化思想的历史，不能真正懂得中国现代化的发展规律。⑤目前，对洋务运

---

① 杨国强：《衰世与西法：晚清中国的旧邦新命和社会脱榫》，桂林：广西师范大学出版社，2020年，第43页。

② 李鸿章：《李鸿章全集》（第六册），合肥：安徽教育出版社，2007年，第159~160页。

③ 戴木才：《近代中国探寻现代化道路的历史进路》，《贵州省党校学报》，2024年第5期。

④ 蒋廷黻：《中国近代史》，北京：中华书局，2016年，第182页。

⑤ 夏东元：《洋务运动史》，上海：华东师范大学出版社，2010年，第318页。

动整体取得较一致的共识，普遍倾向于使用现代化叙事和年鉴学派的"长时段"视角考察，即将洋务运动放在早期现代化的历史脉络和长时段中加以审视。①

　　洋务运动通常被划分为两个阶段。1861—1872年是第一阶段，主要目标是"自强"，即从军事利器的引进仿制，逐渐推广到全面学习西方机器大工业所需的科学技术的学理的层次，②同时探索如何在不触动封建统治根基的前提下进行有限度的改革。"列强的船坚炮利、电报铁路，是国人对'现代'最早、最直观的感受。"③洋务派官员积极推动了军事工业的建设，1865年江南制造总局、1866年福州船政局等一系列军工企业应运而生，既承担起制造枪炮弹药的任务，还致力船舶的设计与建造，试图打造一支能够抗衡外国海军的强大舰队。支撑新式武器和技术应用的需要，又使培养专业人才成为当务之急。为此，诸如京师同文馆等一批新型学堂相继设立，主要教授外语、自然科学及工程技术课程，旨在培养通晓西方语言和科技的人才。在洋务派力主下，1872年清政府也开始成批派遣学生赴欧美留学。可见，"自强运动的领袖们并不是事前预料到各种需要而定一个建设计划。他们起初只知道国防近代化的必要。但是他们在这条路上前进一步以后，就发现必须再进一步；再进一步以

---

　　① 邱志红：《60余年来国内洋务运动史研究述评》，《兰州学刊》，2014年第12期。

　　② 雷颐：《面对现代性挑战：清王朝的应对》，北京：社会科学文献出版社，2012年，第54页。

　　③ 雷颐：《面对现代性挑战：清王朝的应对》，北京：社会科学文献出版社，2012年，第66页。

后，又必须更进一步"①。

洋务运动之所以要在 1872—1895 年的第二阶段，致力民用工业企业的创办，根本原因是为了"求富"。当"海防议起"时，没有大量经费是办不成功的。洋务派认为，英、法等国之所以强，是由于它的富，富又来自近代工商业的发展。"强与富相因"，成了他们的一般认识，李鸿章说："欲自强，必先裕饷；欲浚饷源，莫如振兴商务。"于是，洋务运动成为"富强相因"的运动。②这种路线的改善和战略性转变，固然是体现了洋务运动本身发展的深入，也是对外国资本主义列强利用"中外和好"幌子加强经济文化侵略所作的反应。③在经济发展方面，清政府鼓励私人投资创办企业，并通过设立官督商办或官商合办的形式支持新兴产业的发展。1878 年开平煤矿、1890 年汉阳铁厂等大型企业的建立，标志着中国近代工业的起步。为了配合日益增长的商业活动需求，洋务运动还大力发展了交通运输和电报通信。1872 年轮船招商局成功运营，1881 年唐胥铁路建成，1871 年中国第一条电报线在上海至天津之间架设成功，这些基础设施的完善极大地促进了信息交流和商品流通，对中国现代化的走向产生了深远影响。

18 世纪末，马戛尔尼献给乾隆的最能说明自己国家现代化程度的礼物是"天文地理音乐钟"。作为回赠，乾隆让人给了他几件传统工艺品。"两个世界的撞击"孕育着以后两个世纪里：

① 蒋廷黻：《中国近代史》，北京：中华书局，2016 年，第 60 页。
② 夏东元：《洋务运动史》，上海：华东师范大学出版社，2010 年，第 6 页。
③ 夏东元：《洋务运动史》，上海：华东师范大学出版社，2010 年，第 122 页。

西方与东方的文化冲突；工业国与农业国的对抗。[①]康雍乾盛世
远去，生当嘉道两朝的龚自珍以"四海变秋气"发舒感怀，写
照了 19 世纪中国的世相。在"晚清大变局"中，西方列强以
"坚船利炮"打破了中国士大夫心目中天朝尽善尽美、优于夷狄
的幻想，中华文明从昔日的世界领先到近代的一落千丈，导致
"堂堂华夏不齿于邻邦，文物冠裳被轻于异族"，被迫卷入西方
主导的现代世界体系，使有志之士扼腕长叹、抚膺恸哭。[②]洋务
运动的主持者传承龚自珍、魏源、林则徐的经世致用精神，开
始了"中体西用、以器卫道"的"现代化在中国"的探索。[③]
"以其造船造炮的事功开一世风气，就这个意义而言，他们是当
时中国最先自觉地回答和回应西方冲击的人物。在这种自觉的
回答和回应里，本源古老的经世之学成为一种津筏，使中国人
能够由此入彼，从熟悉的时务走进了不熟悉的洋务"，"中国人
因历史迁移而改变思想，又因思想改变而催动历史，由此形成
的震荡和紧张为二千年岁月从未有过。"[④]

（二）三百年来伤国步：洋务运动与早期现代化的顿挫

像近代中国这样的后发展大国，工业化是其现代化起步中

---

① ［法］阿兰·佩雷菲特：《停滞的帝国：两个世界的撞击》，王国卿等译，
北京：生活·读书·新知三联书店，1998 年，第 622 页。

② 俞祖华、江洋：《近代以来三次历史大变局与中华文明的衰而复振》，《济
南大学学报》（社会科学版），2021 年第 1 期。

③ 陈曙光：《现代化叙事的中国逻辑与范式重构》，《政治学研究》，2023 年
第 4 期。

④ 杨国强：《衰世与西法：晚清中国的旧邦新命和社会脱榫》，桂林：广西
师范大学出版社，2020 年，第 52、665 页。

最核心最重要的部分。[1]长期以来，洋务运动被视为中国早期现代化真正迈出的第一步。[2]例如《中国近代通史》直接将1865—1895 年的历史命名为"早期现代化的尝试"，主要原因就在于洋务运动是早期工业化的开端，但又是一种缺乏前提条件的工业化尝试，是一种局部的、初步的和畸形的现代化。[3]全汉昇在《明清经济史讲稿》中指出："甲午战争前 30 年左右，中国建立这些为解决沿海国防问题而开办的兵工厂和造船厂，可称为自强运动的工业建设，也是中国头一个阶段的工业化"，但是"这些官办工业当时也存在一些问题。（一）政府经费不够，设备简陋，效率低下，生产出的船性能差、速度慢；制造出的枪，式样陈旧落伍。（二）管理组织不健全，冗员太多，公款滥用。（三）技术人才方面有问题，例如福州船政局派至英国的留学生……不能发挥他们的长处，因为失业，不得不到外国洋行、领事馆担任翻译，并不能到船厂工作，学非所用。（四）工厂厂址亦有问题"。[4]主客观条件交织而成的缺憾，最终酿成了早期工业化的黯淡收场。

同光之际，外部环境的相对稳定与洋务运动的成就带来了"封建社会的最后一次回光返照"。"这一段劣境求生的时期被清

---

① 关永强：《经济学家方显廷眼中的百年中国工业化》，《中国社会经济史研究》，2023 年第 3 期。

② 郭世佑、邱巍：《突破重围：中国早期现代化研究》，郑州：河南大学出版社，2010 年，第 87 页。

③ 虞和平、谢放：《中国近代通史（第三卷）：早期现代化的尝试（1865—1895）》，南京：江苏人民出版社，2009 年。

④ 全汉昇：《明清经济史讲稿》，桂林：广西师范大学出版社，2024 年，第119 页。

代政治家称为'中兴'……提振经济，构筑新的体制，为大清国注入了新的使命感。在国政形同崩解的背景下，这确实是一项傲人成就。"①李鸿章早已意识到，中国面临的不再是传统"边患"，而是前所未有的强敌，"炮弹所到，无所不摧，水陆关隘，不足限制"②。然而，在他看来，西方的强大不过是依赖于坚船利炮而已。1888 年，北洋水师成军，其规模与先进程度在远东一时无可匹敌。正如梁启超所言，当时的局势是"虚骄之气日甚一日，朝野上下莫不皆然"③，这也恰如其分地反映了19 世纪 80 年代末至 90 年代初清朝统治者的心态。④美国驻华外交官薛斐尔根据观察评价道："中国正在获得的不过是一种虚构的实力"⑤，装备着现代化武器的清朝军队仍是中世纪的军队。⑥"种种军事与工业成就，在对法与对日这两次短暂却惨烈的战败中被粉碎，让中国沾沾自喜的'现代化'海军葬身海底。"⑦1895 年甲午战败后，历时 30 余年的洋务运动以破产告

① ［美］史景迁：《追寻现代中国》，温洽溢译，成都：四川人民出版社，2019 年，第 265~266 页。

② 李鸿章：《李鸿章全集》（第二十四册），合肥：安徽教育出版社，2008 年，第 825 页。

③ 梁启超：《梁启超全集》（第二卷），北京：中国人民大学出版社，2018 年，第 275 页。

④ 周平、徐勇、肖滨等：《中国何以现代？（笔谈）》，《云南大学学报》（社会科学版），2022 年第 4 期。

⑤ ［日］伊原泽周：《近代朝鲜的开港——以中美日三国关系为中心》，北京：社会科学文献出版社，2008 年，第 288 页。

⑥ 卿文辉：《提前奏响的挽歌：一个同时代美国外交官眼中的晚清洋务运动》，《社会科学》，2019 年第 2 期。

⑦ ［美］史景迁：《追寻现代中国》，温洽溢译，成都：四川人民出版社，2019 年，第 204 页。

终，奏响了早期现代化的挽歌。

今天，当我们回顾洋务运动时会发现，历史给予了中国一次难得的发展机遇，中国有识之士也确实意识到要抓住机遇，使中国步入现代化的轨道，使中国因此强盛起来。但它无可奈何地失败了，并且失败得如此之惨，原因何在？常见的解释是：洋务运动时期的现代化仅局限在"器物"。[①]经典的"器物变革—制度变革—文化变革"三段论成形于梁启超的《五十年中国进化概论》，即"第一期，先从器物上感觉不足"而发起的"洋务运动"之技术变革，"第二期，是从制度上感觉不足"，再到"第三期，便是从文化根本上感觉不足"。[②]从大历史观的脉络上把握，这三个阶段的划分无疑是正确的。然而，具体到洋务运动的评价，"器物论"的说法未免过于笼统。洋务改革与此前的改革意义殊异，一系列属于现代化范式的事物在中国大地落地生根开花结果。在经济上，近代大机器工业在中国落户，资本主义萌生壮大，民族资产阶级开始产生。在政治上，总理衙门、互派使节等近代外交体制初创；洋务派等具有近代意味的政治派别形成，并成为举足轻重的政治力量。在思想上，"自强求富"明显带有向近代转轨过渡的性质。所有这些，器物乎？抑或文化、制度乎？应该说三者都有关联。[③]

也就是说，洋务运动的现代化意义在于，虽然其直接目的

① 左玉河：《洋务运动、甲午战争与中国早期现代化的顿挫》，《红旗文稿》，2014 年第 14 期。

② 梁启超：《五十年中国进化概论》，李华兴、吴嘉勋编：《梁启超选集》，上海：上海人民出版社，1984 年，第 833~834 页。

③ 郭卫东：《中国近代历史演进"三段式"表述的再思考》，《历史档案》，2022 年第 4 期。

是通过在防务领域仿效西方各国的"长技"来避免列强加之于中国的危机，以恢复中国原有的长治久安。"但是现代工业文明是一个有机统一的社会整体……为了走某一步就必须走与此相关联的另一步……对于历史来说，重要的不是人们想做成什么，而是通过人们的努力，实际上做成了什么。"①而洋务运动的失败反映了"危机重重的传统大国要想真正实现现代化的国家愿景，绝非易事……只能在一个现实的、在历史中继承下来的内部与外部环境中寻求"②。在现象上，洋务运动本身是由部分开明官僚主持进行的，除李鸿章外，也都是在自己任职的地区举办洋务，因此是各自为战，缺乏系统性。同时，晚清中央政府也没有进行现代化建设的全盘规划③，所以虽然改革不局限于"器物"，但也只能是"走一步看一步"的消极应对。实质上，19世纪末的内外交困，破坏了清朝政治经济结构长期保持的"低度均衡"，国家能力的孱弱及其建设的滞后，使清政府无法聚合起足够的资源，也无法有效统筹改革的推行，才是致使洋务运动偃旗息鼓的直接原因。

以晚清财政为例，国家能力离不开财政汲取能力，因为国家要想贯彻发展目标需要相应的财政资源作为支撑，也即财政

---

① 萧功秦：《危机中的变革：清末政治中的激进与保守》，广州：广东人民出版社，2011年，第18页。

② 包刚升：《大国的命运：从政治危机到国家现代化》，杭州：浙江人民出版社，2024年，第102页。

③ 刘悦斌：《从中日两国近代化的不同看甲午战争的结局》，《学术界》，2014年第10期。

所涉及的"财"与"政"的关联机制。^①对于早期现代化目标来说，国家财政能力是后发国家进行工业化转型所需巨额资本积累的决定因素，而财政资源在多大程度上能够真正被提取出来用于工业化发展，又是和现代国家能力密切相关的。^②面对外部西方列强和内部太平天国的压力，清政府设立了"厘金"等筹款措施，允许地方政府通过控制和管理的部分税收，来应对庞大的军事开支。"到了 19 世纪晚期，大部分财源已被地方督抚所控制，不再受中央政府的全面控制"，这也造成了"督抚财政自主性的不断增长"，一言以蔽之即可谓"地方化集中主义"。^③洋务运动发展工业，需要借助国家财政力量，但巨大财政压力已经影响到现代国家能力建设，缺乏足够的国家能力将农业剩余转化为有效的工业资本积累，进而实质性地表现为近代工业企业资本投入的匮乏，陷入"财政税收下降—国家能力孱弱"的循环，进而由财政危机引发了央地关系的政治危机，最终导致晚清工业化转型的失败。^④

更进一步，"军事—财政国家固然是基于财富、官僚体制以及枪炮之上的，但在 19 世纪晚期，当局也开始认识到财富与国

---

① 刘增合：《"财"与"政"：清季财政改制研究》，北京：生活·读书·新知三联书店，2014 年。

② 和文凯：《通向现代财政国家的路径：英国、日本和中国》，北京：生活·读书·新知三联书店，2023 年。

③ 李怀印：《现代中国的形成：1600—1949》，南宁：广西师范大学出版社，2022 年，第 157~159 页。

④ 李康、邓宏图：《财政危机、国家能力建设与晚清工业化转型》，《探索与争鸣》，2024 年第 8 期。

家实力之间的关联"①。之所以晚清政府有这种认识，却不能有效地建设国家能力，推进工业化发展，归根到底是因为中国此时仍不具备启动工业化或现代化的基本条件。对于一个被压迫、被奴役的民族而言，只有在先进政治力量的领导下，将民族复兴与现代化紧密结合起来，"重新掌握自己的命运的时候，它的内部发展过程才会重新开始"②。正如胡绳所揭示的："单搞工业，虽然是资本主义性质的工业，并不等于就是搞资本主义化，关键是同时还要进行相应的从政治到思想一整套改革。冯友兰说过这样的意思：如果让洋务派搞工业一直搞下去，中国就会整个地改变，实现现代化。这似乎是唯物史观。其实，事情不是这样简单……工业化有两条道路。一条是在不根本妨害帝国主义和封建主义的范围内发展工业，实际上是不可能实现工业化、现代化的。另一条是首先反掉封建主义和帝国主义侵略势力，在这个前提下发展工业，才能真正实现工业化、现代化……这就是革命的道路。"③

清朝末年，严复、梁启超这些中国知识分子一度认为，近代西方崛起的背后，富强是躯体，文明是灵魂。史华慈在《寻求富强》中指出，严复将近代西方发展的"文明"区分为两股潮流："1.浮士德-普罗米修斯式的气质""2.非严格意义上的社

---

① ［美］斯蒂芬·哈尔西：《追寻富强：现代中国国家的建构，1850—1949》，赵莹译，北京：中信出版社，2018年，第24页。
② 《马克思恩格斯全集》（第十八卷），北京：人民出版社，1964年，第630页。
③ 本书课题组：《胡绳论"从五四运动到人民共和国成立"》，北京：社会科学文献出版社，2001年，第10页。

会－政治的理想主义"。[1]显然，这种判断是对西方的美化，并不切合实际，但他们都已经觉察到，强国的表象下另有造就富强的"密码"。晚清名臣郭嵩焘呼吁正视西方，其逻辑也在此，他能不限于"器"的方面，而从"道"上看到当时西方政教的优势，晚清的传统政体与社会之衰弱，以致无力应变。[2]郭嵩焘曾有诗云："拿舟出海浪翻天，满载痴顽共一船。无计收帆风更急，那容一枕独安眠？"他的挫折，远不是个人的挫折，而是这个民族有个性的出类拔萃者的挫折，同时是整个民族的挫折，是走向现代化的挫折。[3]进而言之，器物—制度—文化之所以会被当作中国人不断"深入"认识西方的三个阶段，其实沿袭着中国人传统"道高于器"的逻辑。郭嵩焘认识到西方同样有自己的"道"，这种眼光也得使中西从"力"的对抗上升为"道"的竞争，开启了从文明竞争的角度来看待中西对抗的眼光，成为后世中西新旧学争之嚆矢。[4]

---

① ［美］史华慈：《寻求富强：严复与西方》，叶凤美译，北京：中信出版社，2016年，第239页。

② 汪荣祖：《走向世界的挫折：郭嵩焘与道咸同光时代》，长沙：岳麓书社，2023年，第385页。

③ 孟泽：《独醒之累：郭嵩焘与晚清大变局》，长沙：岳麓书社，2021年，第345页。

④ 李欣然：《处变观通：郭嵩焘与近代文明竞争思路的开端》，北京：北京大学出版社，2020年。

二、现代化的中国之源：新文化运动再审视

（一）西潮与新潮：回首"古今中西之争"的现代化思索

近代中国在探索走上现代化的征途上，长期处于一种被动状态。历经洋务运动、戊戌变法和辛亥革命，关于现代化的认识和探索，始终以西方技术、西方政体即以西化、西方化为目标和蓝图，视西方化为现代化。[①]在辛亥革命失败之后，许多人相信中国问题的真解决既不限于技术问题，也不单纯是政治问题，而是更深层次的文化问题，寄希望于确立现代化的意识与信念，促进整个国民性的改革。[②]正如鲁迅的总结："说起民元的事来……最要紧的是改革国民性，否则，无论是专制，是共和，是什么什么，招牌虽换，货色照旧，全不行的。"[③]1919 年的五四运动是旧民主主义革命与新民主主义革命分界的标志，其既是一场政治运动，又是一场文化运动。[④]依照事件划分，五四运动前的新文学新思潮、五四运动和新文化运动，呈现相互

---

① 戴木才：《近代中国探寻现代化道路的历史进路》，《贵州省党校学报》，2024 年第 5 期。

② 马勇：《现代中国的展开：以五四运动为基点》，太原：山西人民出版社，2019 年，第 8 页。

③ 鲁迅：《鲁迅全集》（第十一卷），北京：人民文学出版社，1991 年，第 29 页。

④ 谢毅：《五四时期新文化运动的历史评价》，《红旗文稿》，2015 年第 5 期。

联系的递进关系，并形成各自的形式诉求与特征。①而按照更广义的理解，新文化运动的起点是 1915 年《新青年》创刊，五四运动时期相关的思想和活动都可以归入其中。因为从大历史的视角来看，这些都是中国历史的逻辑展开，是传统中国向现代中国、是农业文明向现代文明转型的必然环节。

在新文化运动中，正如俄国诗人亚·勃洛克所言："某些人察觉到风，仿佛坐等风到；一些人吸入这股风，吸饱之后生活与行动；另一些人投入风中，被其裹挟，被风操控着生活与行动。"②这股风自西方而来，前所未有地动摇了中国的"超稳定结构"③，中国文化内部积淀的矛盾也已经相当尖锐。新文化运动的核心口号之一便是"科学与民主"，民主被称为"德先生"引入中国，甚至被视为救苦救难的"德菩萨"，时人认同采取一种"全盘反传统"的现代化路径。④《新青年》创刊号中有文章提道："所谓新者无他，即外来之西洋文化也；所谓旧者无他，即中国固有之文化也……二者根本相违，绝无调和折衷之余地。"⑤此后，陈序经等人更是直接主张"百分之一百的全盘西

---

① 桑兵：《新文化运动的兴起》，成都：四川人民出版社，2024 年，第 12、19 页。

② 转引自〔俄〕M.M.戈鲁布科夫：《路开始的地——1920 年代文学中的革命观（亚·勃洛克、米·布尔加科夫、弗·马雅可夫斯基）》，陈思红译，《中国俄语教学》，2018 年第 4 期。

③ 金观涛、刘青峰：《中国现代思想的起源：超稳定结构与中国政治文化的演变》，北京：法律出版社，2011 年，第 153 页。

④ 任锋、杨光斌、姚中秋等：《民本与民主：当代中国政治学理论的话语重建》，《天府新论》，2015 年第 6 期。

⑤ 汪叔潜：《新旧问题》，《青年杂志》（第 1 卷第 1 号），上海群益书社，1915 年。

化"①。这一时期，中国传统文化与西方文化之间的复杂关系愈发凸显，用梁漱溟的话来讲，就是"新轨未立，旧辙已破"，中国人的精神世界在风雨中飘摇和迷惘。在中国追求现代化的探索过程中，如何既继承中华优秀传统文化，又借鉴西方文化，如何孕育出扎根中国、具有世界视野的新文化，当时暂未找到合理的解决方案。

怎样对待本国历史？怎样对待本国传统文化？这是任何国家在实现现代化过程中都必须解决好的问题。实际上，类似"古今中西"的问题，在中国古代思想史中就有所体现。比如，先秦时期"法先王"还是"法后王"，反映了当时的"古今之争"；佛教传入后与儒道两家的冲突与调和，则是当时"中西之争"的体现。②新文化运动中的"古今中西之争"，是中国的现代化"走什么道路"在文化问题上的具体展开。蒋梦麟便提出："西洋人民自文运复兴时代改变生活态度以后，一向从那方面走——从发展人类的本性和自然科学的方面走。"③"酿成新文化的怒潮，是要把中国腐败社会的污浊，洗得干干净净，成一个光明的世界！"④这种把"西潮"视为"新潮"，将"西学"认定为"新学"的观点，可以追溯到1887年由英美传教士发起的所谓"广学会"，该会主张"以西国之学，广中国之学；以西国

---

① 姜义华编：《中国现代思想史资料简编》（第三卷），浙江人民出版社，1983年，第643页。

② 李勇刚：《何为"古今中西之争"？》，《学习时报》，2023年7月24日。

③ 蒋梦麟：《改变人生的态度》，《新教育》（第1卷第5期），1919年8月，第451~454页。

④ 蒋梦麟：《新文化的怒潮》，《新教育》（第2卷第1期），1919年9月，第19~22页。

之新学，广中国之旧学"①。从今天的视角审视，此类认识无疑是片面的。然而，这也有助于阐发对现代化过程中无法回避的文化关系——如何恰当协调"现代与传统"，如何妥善处理"自我与他者"。

其一，现代化一定要完全剥离传统文化吗？传统是现代化生长的资源，在西方是这样，在中国也是这样，而且应该是这样。②《世界文明史》的作者威尔·杜兰特就直言："文明不能被继承，它必须经由学习而来，而且每代人都会推陈出新……进步仍然是真实的，但这并不是由于我们生下来就比过去的婴儿更健康、更漂亮、更聪明，而是因为我们生来就有更丰富的文化遗产、更高层次的水准、更深厚的知识和艺术根基，这些支撑着我们人类。"③西方现代化本身，在文化上正是由文艺复兴和启蒙运动催生，是对地中海文明的希腊精神、罗马文化传统的"再发现"，而不是对传统文化的彻底消灭。毋庸置疑，厚植于中华民族 5000 多年历史的现代化，更离不开独特的文化传统。新儒家的代表人物贺麟曾说："在思想与文化的范围里，现代不可与古代脱节"，新文化运动也是"促进儒家思想发展的一个大转机"，有助于去除传统文化"僵化部分的躯壳的形式末节"。④传统文化在发展中不仅能够保留自身具有普遍性、恒久

① 武斌：《天下中国：世界文明交流互鉴的中国范式》，广州：广东人民出版社，2023 年，第 424 页。

② 沈湘平：《中国式现代化的传统文化根基》，南京：江苏人民出版社，2024 年，第 5 页。

③［美］威尔·杜兰特、［美］阿里尔·杜兰特：《历史的教训》，倪玉平、张同译，上海：上海三联书店，2024 年，第 199~201 页。

④ 贺麟：《文化与人生》，北京：商务印书馆，2015 年，第 4、5 页。

性的内容，而且能按照新的方式将这些内容再生产出来。面对外来的冲击、器物和制度的革新，可以改造旧文化和创造新文化，但决不能轻易把传统文化同现代化完全割裂开来。①

其二，现代化一定要完全转向西方文化吗？从世界各国的发展经验来看，非西方社会应对现代化转型的策略主要呈现两种极端："拒绝主义"和"基马尔主义"。前者代表完全拒绝现代化和西方化，如日本在 17 世纪中叶曾大肆驱逐西方人，直到 1854 年在美国海军的压力下被迫开放门户，1868 年明治维新后全面学习西方，却走上了畸形现代化和军国主义的不归路；后者则是全盘接受现代化和西方化的路径，类似埃及与其他非洲国家，这些国家在近现代并未实现预期的现代化，反而陷入文化西方化的困境。②中国在五四运动之前，维新志士倡导的"新学"和留洋学生引入的新文化，大都是 19 世纪"维多利亚时代的西欧文明"③。第一次世界大战后，西方资本主义文明暴露了种种问题，就引发了对"西化"信仰的深刻怀疑。梁启超在《欧游心影录》中便向中国人宣布了西方"科学万能"论破产的信息。究其实质，将西方文化简单粗暴地嫁接到东方国家是两种异质体的融合，必然发生"排异"反应，甚至"西方化对于东方化的节节斩伐！到了最后的问题是已将枝叶去掉，要向咽喉去着刀！"④背弃本土文化，单纯以西化取代现代化，最终只

---

① 董彪：《中国式现代化的传统文化根基》，《东北师大学报》（哲学社会科学版），2023 年第 3 期。

② ［美］塞缪尔·亨廷顿：《文明的冲突与世界秩序的重建》，周琪、刘绯等译，北京：新华出版社，2002 年，第 51 页。

③ 胡适：《建国问题引论》，《独立评论》，1933 年第 77 期。

④ 梁漱溟：《东西文化及其哲学》，北京：商务印书馆，2010 年，第 16 页。

能导致"殖民地或半殖民地化"的结果。[1]

"中国式现代化，深深植根于中华优秀传统文化。"[2]新文化运动的反传统主义者虽然看到了中国现代化问题的部分症结，但将中西方文化之间的差异看作"传统"与"现代"的矛盾，这归根到底是"欧洲中心主义"的迷思在作祟。作为"后发"国家，中国自然会将西方"先发"国家的现代化经验作为借鉴。而国情的根本差异决定了，中国不可能完全照搬西方模式，更不可能抛弃自己的文化传统。[3]当然，我们也要对先行者的探索报以理解，"文化救国"以新思想取代旧式的传统思想的主要目标是创建一个新中国。[4]但是20世纪中国社会暴风骤雨般的变迁之复杂、之激烈，使得中国人始终没有充分的条件，以便从容不迫地考虑现代化的文化重建和振兴工作。[5]无论是"中体西用""西体中用"，还是"文化复古主义""全盘西化论"，乃至梁漱溟在《东西文化及其哲学》中提出的"三条路向论"[6]，都未能有效解决在实现现代化进程中，如何保持文化主体性这一难题。正如毛泽东的精准评价："他们反对旧八股、旧教条，主张科学和民主，是很对的。但是他们对于现状，对于历史，对

① 罗荣渠：《从"西化"到现代化》，合肥：黄山书社，2008年，第39页。

②《习近平在学习贯彻党的二十大精神研讨班开班式上发表重要讲话强调正确理解和大力推进中国式现代化》，《人民日报》，2023年2月8日。

③ 马勇：《现代中国的展开：以五四运动为基点》，太原：山西人民出版社，2019年，第398页。

④ 周策纵：《五四运动史：现代中国的知识革命》，陈永明、张静译，成都：四川人民出版社，2019年，第294页。

⑤ 武斌：《天下中国：世界文明交流互鉴的中国范式》，广州：广东人民出版社，2023年，第428页。

⑥ 梁漱溟：《东西文化及其哲学》，北京：商务印书馆，2010年，第82页。

于外国事物，没有历史唯物主义的批判精神……影响了后来这个运动的发展。"[1]

　　早期的新文化运动，是资产阶级民主主义的新文化反对封建阶级的旧文化的斗争。这一时期新文化运动在"破"的方面推进迅猛，但在"立"的方面则显得不足。1914年至1918年的第一次世界大战，以极端的形式暴露了资本主义制度固有的不可克服的矛盾。中国人学习西方的努力屡遭失败的事实，更使他们对资产阶级共和国方案在中国的可行性产生了极大的疑问。新文化运动左翼人士对资产阶级民主主义的这种怀疑，推动着他们去探索挽救危亡的新的途径，成为他们以后接受马克思主义的思想土壤。[2]五四运动以后，社会主义思潮开始注入新文化运动，并且逐步发展成了这场运动的主流。五四新人从追求法兰西文明转向学习苏俄社会主义，莫斯科取代了巴黎，成为人类新文明的希望所在。在陈独秀等人的思想转变中，未来世界新秩序的梦想很快被更为光明、美好的新文明理想所取代。历史已经表明，在西方列强和本国封建统治的双重压制下，靠发展资产阶级民主主义无法实现民族复兴，这条走向现代化的道路是行不通的。告别西方，转向"走俄国人的路"，这标志着中国现代化范式转换的新趋向。[3]

---

　　① 《毛泽东选集》（第三卷），北京：人民出版社，1991年，第832页。

　　② 中共中央党史和文献研究院：《中国共产党的一百年》（第一册），北京：中共党史出版社，2022年，第14页。

　　③ 建红英、刘松涛、薛小平：《从现代化到中国式现代化》，北京：社会科学文献出版社，2024年，第75页。

（二）曙光乍现：马克思主义的真理力量激活中华文明

1917 年，俄国爆发十月社会主义革命，成为人类历史上的划时代事件。十月革命一声炮响，给中国送来了马克思列宁主义。虽然早在 1899 年，在《万国公报》上刊登的《大同学》一文，便是中国最早宣传马克思主义学说的文章。但作为外来传入的思想，马克思主义初期并未引起中国思想界的重视，"在十月革命以前，中国人不但不知道列宁、斯大林，也不知道马克思、恩格斯"[1]。十月革命不仅实现了马克思主义关于无产阶级革命和无产阶级专政的从理论到现实的飞跃，印证了即使是经济文化落后的国家，也有可能在不经过资本主义发展阶段的情况下"跨越卡夫丁峡谷"，走上社会主义道路。它还证明了在落后国家开展社会主义现代化建设的可行性，为羸弱的旧中国摆脱枷锁提供了重要示范，从而彻底改变了世界历史的走向。[2]毛泽东在给蔡和森的信中曾提出："我看俄国式的革命，是无可如何的山穷水尽诸路皆走不通了的一个变计。"[3]在走向现代化"山重水复疑无路"的彷徨困顿中，这一"变计"带来了"柳暗花明"的转机，中国开始涌现出一批赞同俄国十月革命并拥有初步共产主义思想的知识分子。

1919 年五四运动的直接导火线，是中国在巴黎和会上的外交失败。消息传至国内，激起各阶层人民的强烈愤怒，以学生

---

① 《毛泽东选集》（第四卷），北京：人民出版社，1991 年，第 1470~1471 页。

② 毕照卿：《中国式现代化道路的社会主义性质及其逻辑指向》，《科学社会主义》，2022 年第 5 期。

③ 中共中央党史和文献研究院、中央档案馆编：《中国共产党重要文献汇编》（第一卷），北京：人民出版社，2022 年，第 325 页。

斗争为先导的五四运动随即爆发。革命浪潮风起云涌，"异军特起，更有中华长城渤海之间，发生了'五四'运动"①。五四运动促进了马克思主义的传播。中国的先进分子从巴黎和会的教训中，深刻认识到帝国主义列强联合压迫中国的实质。②正是在这种背景下，新文化运动内部发生了分化。以李大钊、陈独秀为代表，接受马克思主义，运用其理论分析中国国情，探讨中国革命问题；而以胡适为代表，则反对通过社会主义革命来解决中国的问题。③这一分裂公开表现为"问题与主义"的论战。论战的真正焦点在于，哪条路径才是中国走向现代化的最切实可行的选择。"问题派"主张在现有体制内进行渐进的社会改良，"主义派"则坚持以社会革命为根本解决手段，主张激进路线。由此，便出现了研究问题与宣传主义之间的不同取向。胡适与李大钊的"问题与主义"之争，不仅是实验主义与马克思主义思想的冲突，更是五四知识分子在学术与政治、启蒙与革命之间角色冲突的体现。④

　　五四运动后，马克思主义为何能够在中国广泛传播，并为中国的先进分子所接受？"是因为中国的社会条件有了这种需要，是因为同中国人民革命的实践发生了联系。"马克思主义作为一种外来思想体系进入中国，必然面临如何与中国传统文化

---

　　① 中共中央文献研究室、中共湖南省委《毛泽东早期文稿》编辑组编：《毛泽东早期文稿》，长沙：湖南人民出版社，2008 年，第 356 页。

　　② 中共中央党史和文献研究院：《中国共产党的一百年》（第一册），北京：中共党史出版社，2022 年，第 20 页。

　　③ 何萍：《新文化运动与中国道路》，《天津社会科学》，2019 年第 5 期。

　　④ 建红英、刘松涛、薛小平：《从现代化到中国式现代化》，北京：社会科学文献出版社，2024 年，第 80 页。

的关系进行调适的问题，因此形成了马克思主义传入中国的文化进路。①一般而言，选择的前提是认同，缺乏认同便不会产生选择。在新文化运动时期，"各色各样的'主义'蜂拥而入中国……化为众多中国人的言谈和文章"②。马克思主义之所以能够从众多"主义"之中脱颖而出，被中国先进分子认同和接受，除了对资本主义的反感和对俄国社会主义的向往等心理因素外，极为重要的是，马克思主义与中国传统文化的高度融合性。中国先进分子往往是通过"中国式"的比附与解读，初识并认同马克思主义。例如，早期中国共产党人会以大同社会理想作比，传播马克思主义。陈独秀认可"将来之世界，必趋于大同"③，毛泽东也提出"大同者，吾人之鹄也"④。正是马克思主义与中华传统文化之间的深刻融合，使得中国先进分子在情感与理性层面愈发趋向马克思主义。

"马克思主义把先进的思想理论带到中国，以真理之光激活了中华文明的基因，引领中国走进现代世界，推动了中华文明的生命更新和现代转型。"⑤在中国的历史实践与理论发展过程中，马克思主义与中国传统文化关系的构建，在本原意义上突

---

① 王刚：《五四前后马克思主义传入中国的多维进路》，《马克思主义与现实》，2019 年第 3 期。

② 陈旭麓：《近代中国社会的新陈代谢》，北京：生活·读书·新知三联书店，2017 年，第 394 页。

③ 任建树主编：《陈独秀著作选编》（第一卷），上海：上海人民出版社，2010 年，第 376 页。

④《毛泽东早期文稿》，长沙：湖南人民出版社，2008 年，第 76 页。

⑤ 习近平：《在文化传承发展座谈会上的讲话》，北京：人民出版社，2023 年，第 6 页。

破了中西体用关系的局限，超越了"非此即彼"式的思维模式，揭示出自晚清以来东西方文化碰撞、博弈与融合的新方向。[1]中国近代思想史中，关于马克思主义与儒家文化关系的讨论，最早出现在郭沫若20世纪20年代所写的寓言式文章《马克思进文庙》。文中，孔子对马克思说道："你这个理想社会和我的大同世界竟是不谋而合。"马克思答道："怎么有人曾说我的思想和你的不合，和你们中国的国情不合，不能施行于中国呢？"[2]郭沫若的这篇文章至今已将近百年，而中国共产党以马克思主义为指导思想，亦已历经百余年。历史已经雄辩地证明，是马克思主义"让中华优秀传统文化成为现代的"——凝结着人类思想精华的马克思主义，激活了古老的华夏文明；历史上唯一一个从未中断的伟大文明，又为马克思主义在中国的发展注入丰富的养分和深厚的动力。

举例来说，经济学概念与文化息息相关。中国经济学是建立在儒家文化基础之上的经济学，不同于建立在基督教文化之上的西方主流经济学。[3]五四运动时期马克思主义经济学在中国的传播，激活了中国经济思想从传统到现代变迁的生命力。毋庸置疑，中华文明蕴含着丰富的经济学元素，例如，《盐铁论》里已经包含了丰富的现代宏观经济学思想，而《管子》里早就提到了迂回生产，可以解决更多的就业人口等。有学者提出，

---

① 何中华：《马克思与孔夫子》，北京：中国人民大学出版社，2021年，第24页。

② 郭沫若：《马克斯进文庙》，《洪水》（第1卷第7期），1925年12月，第212~219页。

③ 周文：《中国经济发展的伟大成就与经济学自主知识体系》，《江汉论坛》，2023年第6期。

"我们祖先的经济思想"放在世界经济思想史中也堪称"一群灿烂的明星"，"足以使那些'言必称希腊'的人惊为奇迹"。[1]但必须承认，中国传统经济思想在很长一个时期内，未能演化出独立的经济科学。1921年至1922年，陈独秀通过《社会主义批评》等文章，详细介绍了《资本论》，这标志着中国开始系统地引进马克思主义经济学。[2]新的经济学术语纷纷传入中国，新的术语构成了新的知识和思想体系。[3]马克思主义经济学所带来的启发是全方位的，从理论框架、研究范式、分析方法、制度设计、政策应用等方面提供了基本参照和激励，极大地推动了近代以来中国经济思想的现代化转型。[4]

　　总之，随着马克思主义在中国的传播和一批确立了马克思主义信仰的先进分子的出现，在中国成立共产党组织的思想和干部条件就具备了。[5]共产党这个词怎么来的？1920年乍暖还寒的春天，29岁的陈望道在老家浙江义乌分水塘的柴房里，废寝忘食两个月，第一次完整译出了《共产党宣言》。第一个提出和使用"中国共产党"名称的是蔡和森，他在1920年写给毛泽东的信中阐述了建立中国共产党的三个步骤，但提出中国共产

---

① 胡寄窗：《中国经济思想史》（上），上海：上海人民出版社，1962年，第8页。

② 高德步：《从"照着讲"到"接着讲"到"自己讲"：中国经济学的历史发展与当代人文构建》，《经济纵横》，2024年第12期。

③ 孙大权：《术语革命：近代经济学主要术语的形成》，北京：社会科学文献出版社，2023年，第6页。

④ 程霖、陈旭东、张申：《从传统到现代：近代以来中国经济思想的变迁路径》，《经济思想史学刊》，2023年第1期。

⑤ 中共中央党史和文献研究院：《中国共产党的一百年》（第一册），北京：中共党史出版社，2022年，第25~26页。

党有两个使命的是李达，即"一是经济的使命，二是政治的使命"①。1921年7月，以马克思主义为指导思想、以共产主义为奋斗目标的政党——中国共产党诞生，胸怀着信念、嘱托和梦想，在上海石库门的旭日里、在嘉兴南湖的碧波中毅然起航。这是开天辟地的大事变，社会主义的火种在东方点燃，曾经困顿无望的中国现代化有了方向。从此，走向现代化的探索"就有了主心骨，中国人民就从精神上由被动转为主动"②。在中国共产党的领导下，"我们的国家才彻底改变积贫积弱的面貌、向着现代化目标迈进，我们的民族才彻底从沉沦中奋起、迎来伟大复兴的光明前景，我们的人民才彻底摆脱备受剥削被压迫的地位、真正掌握自己的命运"③。

马克思说："任务本身，只有在解决它的物质条件已经存在或者至少是在生成过程中的时候，才会产生。"④如今，经过中国共产党和中国人民的长期努力，中华文明已经开始重焕荣光，中华民族比近代以来任何一个时代都更有条件破解"古今中西之争"⑤。作为中国式现代化的担纲者，中国共产党将马克思主义基本原理同中国具体实际相结合、同中华优秀传统文化相结

---

① 周文：《中国共产党百年历程与中国经济发展伟大成就》，《东北财经大学学报》，2021年第4期。

② 习近平：《新时代中国共产党的历史使命》，《求是》，2022年第19期。

③ 中共中央党史和文献研究院编：《习近平关于中国式现代化论述摘编》，北京：中央文献出版社，2023年，第55页。

④《马克思恩格斯文集》（第二卷），北京：人民出版社，2009年，第592页。

⑤ 习近平：《在文化传承发展座谈会上的讲话》，北京：人民出版社，2023年，第11页。

合。"第二个结合"超越文化"激进—保守"的对峙：传承发展中华优秀传统文化，使其成为现代化的精神力量，而不是从视传统文化为现代化的包袱出发，予以抛弃或阻断；立足中华文化立场，推动中西文化在全球现代化进程中交流互鉴、相互汇通，而不是从现代化等同于西方化出发，盲目追随。[①]最后要说明的是，陈独秀等新文化运动的先锋所要"打"的"孔家店"是以"孔教"中的封建意识形态为主要对象的。[②]20 世纪 30 年代张申府曾提出："'打倒孔家店，救出孔夫子'，就是认为中国的真传统遗产，在批判解析地重新估价，拨去蒙翳，剥去渣滓之后，是值得接受承继的。"[③]当前，我们需要做的工作，是理性而非情绪化地认识现代化过程中的思想史嬗变规律，推进中国自秦汉以来的最伟大的历史性变革。[④]

[①] 陈卫平：《深入研究阐释"第二个结合"的重大意义》，《人民论坛·学术前沿》，2024 年第 19 期。

[②] 任剑涛、陈卫平、谭好哲等：《反思"五四"：中西古今关系再平衡》，《文史哲》，2019 年第 6 期。

[③] 张申府：《论中国化》，《战时文化》，1939 年第 2 期。

[④] 中国的现代化，是在现代科学技术不断进步并且对全人类构成前所未有的挑战和机会的条件下，古老的中华文明所经历的一场前所未有的巨大转型过程。这种文明转型，在此前的中国历史上，仅有过两次。第一次约四千年前，华夏先民从石器时代过渡到青铜器时代，结束了小型酋邦时代，开启了夏、商、周等大型王国时代，形成统一的文明体。第二次约两千年前，铁器革命推动了农业、军事和政治的转型，开启了秦朝的大一统时代。参见李怀印：《中国的现代化：1850 年以来的历史轨迹》，桂林：广西师范大学出版社，2025 年，第 1~2 页；黄力之：《"让传统文化成为现代的"：处理马克思主义与儒家文化关系的基本原则》，《思想理论教育》，2024 年第 6 期。

三、换了人间：中国式现代化的新起步

（一）开局与奠基：中国式现代化拉开序幕

中华民族何以能在一百余年里从衰败凋零走向欣欣向荣，书写几千年历史上最恢宏的史诗？答案要从我们党团结带领人民进行的百年奋斗中去找寻，从中华民族对现代化的苦苦求索中去探究。1949 年中华人民共和国的成立，是中国由近代衰落走向强盛的历史转折点，是中国式现代化的真正开局，中华民族的现代化探索由此进入一个崭新的发展阶段，解决了鸦片战争以来，几代志士仁人殚精竭虑，不断奋斗，力图将中国引上现代化道路，但终究未能如愿以偿的问题。[①]早在 1940 年，毛泽东在《新民主主义论》一文中指出："中国是一个封建社会……自外国资本主义侵略中国，中国社会又逐渐地生长了资本主义因素以来，中国已逐渐地变成了一个殖民地、半殖民地、半封建的社会。"[②]而新民主主义革命的胜利，将"长夜难明赤县天"的旧中国变成"换了人间"的新中国，"取得了或者即将取得使我们的农业和手工业逐步地向着现代化发展的可能性"[③]。这是一个革故鼎新、改天换地的时代。站起来的中国人民在中国共产党领导下，创造性地实现了从半殖民地半封建的

---

① 当代中国研究所：《中国式现代化简史》，北京：当代中国出版社，2023年，第 5 页。

②《毛泽东选集》（第二卷），北京：人民出版社，1991年，第 664 页。

③《毛泽东选集》（第四卷），北京：人民出版社，1991年，第 1430 页。

旧社会到民族独立、人民当家作主的新社会，从新民主主义革命到社会主义革命和建设的两个根本转变，为新中国求索现代化道路扫除了障碍，奠定了根本政治前提和制度基础。

新中国成立初期，此时新民主主义革命在政治上已经取得了胜利，但是在经济方面还没有完成任务，倘若没有国民经济基础，现代化建设便是"无米之炊"。由于长期战乱，国民经济受到严重破坏，中国共产党面临的是一个一穷二白、百废待兴的中国。从人均国民收入来看，1949 年的美国是 1453 美元，英国是 773 美元，印度是 57 美元，而中国只有 27 美元，是当时亚洲也是世界上最贫穷的国家之一。①领导中华民族在世界民族之林站起来、改善中国人民的生活水平是我们党在这一历史阶段的首要任务。

一方面，解决农民的土地问题依然是我们党的工作重点。1950 年，中央人民政府颁布了《中华人民共和国土地改革法》，明确规定了土地改革的目的是废除地主阶级封建剥削的土地所有制，实行农民的土地所有制。1952 年底，全国土地改革的任务基本完成，彻底摧毁了半殖民地半封建的经济制度，实现了"耕者有其田"的目标。将封建地主阶级的土地分给农民所有，调动了广大农民的生产积极性，极大地解放了农村的生产力，农业生产得到迅速恢复和发展，农民生活水平有了明显提高，"如以 1949 年粮食和棉花的总收获量各为 100，则三年来增长的百分比为：1950 年粮食 117，棉花 160；1951 年粮食 128，棉花

①　[苏联] 弗·雅·阿瓦林：《殖民体系的瓦解》，北京：世界出版社，1959年，第137~138页。

235；1952 年粮食 145，棉花 291。"[1]

　　另一方面，中国共产党在接管城市时，没收国民党反动政权的官僚垄断资本归新民主主义国家所有。这些官僚垄断资本于是成为新中国初期的国有经济，由国家统一经营，社会主义经济力量迅速壮大，党和国家掌控了国有经济也就掌握了国民经济的命脉。同时，国家保护民族资本主义经济。新民主主义社会时期，我国的经济结构是五大经济成分并存，即国有经济、合作社经济、个体经济、私人资本主义经济和国家资本主义经济分工合作，各得其所。据统计，1952 年底，国有经济在国民收入中占 19.1%，合作社经济占 1.5%，个体经济占 71.8%，国家资本主义经济占 0.7%，私人资本主义经济占 6.9%；全国工农业产值达 810 亿元，比 1949 年增长 77.6%；按可比价格计算，1952 年的国民收入比 1949 年增长 69.8%。[2]简言之，1949—1952 年中国共产党领导全国各族人民全面实施新民主主义经济纲领，没收官僚资本建立社会主义性质的国有经济；基本完成土地制度改革和其他民主改革任务，彻底铲除中国封建剥削制度的根基；开展经济斗争和调整工商业，完成恢复国民经济的任务；同时取得抗美援朝战争的胜利已成定局；为向社会主义过渡及开展社会主义建设奠定了坚实的经济基础。

　　在这段激情燃烧的岁月中，中国共产党进一步意识到没有工业化和现代化便没有国家的富强，而基础是建立社会主义基

---

　　①《中央人民政府国家统计局关于一九五二年国民经济和文化教育恢复与发展情况的公报》，《人民日报》，1953 年 9 月 30 日。
　　② 中共中央党史和文献研究院：《中国共产党的一百年》（第二册），北京：中共党史出版社，2022 年，第 407 页。

本制度，"资本主义道路也可增产，但时间要长，而且是痛苦的道路。我们不搞资本主义，这是定了的"①。鉴于当时现代工业在国民经济中的占比较低，快速推进工业化成为现代化初始阶段的必然选择，而工业化的前提也只能是社会主义。②1952 年底，中国面临的实际情况是个体经济在国民经济中占据优势地位，也是最活跃的经济成分，然而我国的农民和手工业者个体经济具有分散落后、劳动生产率低下等特点，以生产资料私有制为基础的生产关系已经不能适应我国生产力发展的要求，严重束缚了劳动者生活的改善。现实的发展，需要党采取新的方针来解决社会经济中的矛盾问题。这样，就把对国民经济实行系统的社会主义改造的任务提到日程上来。③毛泽东于 1953 年正式提出党在过渡时期的总路线和总任务，要在一个相当长的时期内，基本上实现国家工业化和对农业、手工业、资本主义工商业的社会主义改造，即"一化三改造"。其中，"由私有制到公有制的革命"与"由手工业生产到大规模现代化机器生产的革命"，两者是"结合在一起的"。④

中国这样一个落后的农业大国，工业基础非常薄弱，而苏联的工业化模式能够帮助中国迅速建立起工业化基础，进而转

---

① 中共中央文献研究室编：《毛泽东年谱（一九四九——一九七六）》（第二卷），北京：中央文献出版社，2013 年，第 177 页。

② 郭庆松：《毛泽东对中国现代化的积极探索及其历史贡献》，《科学社会主义》，2024 年第 1 期。

③ 中共中央党史和文献研究院：《中国共产党的一百年》（第二册），北京：中共党史出版社，2022 年，第 410 页。

④ 中共中央文献研究室编：《毛泽东年谱（一九四九——一九七六）》（第二卷），北京：中央文献出版社，2013 年，第 410 页。

变为先进的工业国。因此党中央决定学习苏联高度集中统一的计划经济模式，制定"一五"计划，确定优先发展重工业的战略目标。在 1954 年召开的一届全国人大一次会议上，毛泽东明确了"准备在几个五年计划之内"，将我国"建设成为一个工业化的具有高度现代文化程度的伟大的国家"[1]。会上也首次提出了"现代化的工业、现代化的农业、现代化的交通运输业和现代化的国防"[2]的目标。随着"一五"计划实施，我国最大限度地集中力量建设 156 个苏联援建项目。[3]为了与社会主义工业化相适应，对经济领域的社会主义改造也在加快，在保护和促进生产力的前提下推进社会主义改造。[4]将农民和手工业者的个体经济转变为相互合作的集体经济，将民族资本主义私有制企业转变为社会主义国有企业。到 1956 年底，我国基本完成了三大改造，将五大经济成分并存的经济制度转变成单一的公有制经济，我国初步建立了社会主义经济制度[5]，现代化建设由此迈出了至关重要的一大步。

实施重工业优先战略和计划经济体制，是由当时的多方面

---

① 中共中央文献研究室编：《毛泽东年谱（一九四九——一九七六）》（第二卷），北京：中央文献出版社，2013 年，第 283 页。

② 中共中央文献研究室编：《建国以来重要文献选编》（第五册），北京：中央文献出版社，1993 年，第 584 页。

③ 这 156 个项目是苏联在我国"一五"计划期间（1953—1957 年）对新中国工业领域的援助项目。在最后投入施工的 150 个项目中，包括民用企业 106 个、国防企业 44 个，实际完成投资 196.1 亿元。这一系列项目帮助了中国的工业经济发展，奠定了新中国的工业基础。

④ 洪银兴：《中国共产党百年经济思想述评》，《东南学术》，2021 年第 3 期。

⑤ 中共中央党史和文献研究院：《中国共产党的一百年》（第二册），北京：中共党史出版社，2022 年，第 447 页。

现实因素制约而作出的选择。首先，新中国成立初期的具体国情，与西方工业化国家现代化增长初期相比，是在很低的发展起点下启动工业化的。[1]毛泽东曾感慨道："中国是一个庞然大国，但工业不如荷兰、比利时，汽车制造不如丹麦……坦克、汽车、大口径的大炮、拖拉机都不能造。"[2]优先发展重工业，无论是从当时还是长期来看，对于工业及国民经济发展都是必要的。其次，美国等西方资本主义国家持续施压，迫使中国必须加强国防，而国防力量依赖于强大的军事工业基础。中国此时不具备走先轻工业再重工业逐步发展的国际环境。[3]总之，重工业作为资源密集型产业，初始投资规模大、建设周期长、对设备要求高，这刚好对应新中国成立初期的短板。为了快速适应工业化的需要，迅速积累资金，计划经济体制成为应对当时国内经济矛盾最合适的制度安排，通过压低原材料、农产品和劳动价格来降低重工业资本形成的成本，引导经济剩余更多地流向重工业。[4]因而，中国选择计划经济体制下的重工业优先战略牵引现代化，具有其历史必然性。

1956 年社会主义改造基本完成之后，对于"中国的现代化是什么"，已明确提出以工业化为核心推动现代化的路径，但具体如何走工业化与现代化的道路，则仍处于探索阶段。走西方

---

[1] 胡鞍钢：《中国政治经济史论（1949—1976）》，北京：清华大学出版社，2007 年，第 101 页。

[2]《毛泽东文集》（第六卷），北京：人民出版社，1999 年，第 358 页。

[3] 朱佳木：《由新民主主义向社会主义的提前过渡与优先发展重工业的战略抉择》，《当代中国史研究》，2004 年第 5 期。

[4] 张占斌：《中国优先发展重工业战略的政治经济学解析》，《中共党史研究》，2007 年第 4 期。

通过战争、殖民和掠夺的老路显然不可行。社会主义国家普遍采取了苏联模式的做法——高度集中，优先发展重工业。然而，在实践过程中，中国共产党发现，苏联的经验与中国的国情存在显著差异。[①]例如，在 1956 年的《论十大关系》中，毛泽东肯定了中国在处理产业关系上的政策，"我们没有犯原则性的错误"，同时也指出仍需"适当地调整重工业和农业、轻工业的投资比例"[②]。1957 年，在《关于正确处理人民内部矛盾的问题》中，"中国工业化的道路"专门论述了发展工业应与发展农业并举。[③]可见，一方面，中国的工业化进程具有鲜明的计划经济特征，既有集中力量办大事的效率优势，也有片面性、单一性等不足；另一方面，中国工业化道路同样也是中国式现代化道路探索进程的缩影，经历了从学习和效仿苏联模式，到反思苏联模式，再到逐步开辟"与苏联有所不同的中国工业化道路"[④]的过程，积累了把马克思列宁主义基本原理同中国实际进行"第二次结合"的经验与教训。

(二）歌未竟，东方白：中国式现代化的艰辛探索

1956 年党的第八次全国代表大会针对国内形势和国内主要矛盾的变化作出了科学论断，指出国内主要矛盾已经是"建立先进的工业国的要求同落后的农业国的现实之间""经济文化迅速发展的需要同当前经济文化不能满足人民需要的状况之间"

① 当代中国研究所：《中国式现代化简史》，北京：当代中国出版社，2023年，第 85 页。

②《毛泽东文集》（第七卷），北京：人民出版社，1999 年，第 24 页。

③《毛泽东文集》（第七卷），北京：人民出版社，1999 年，第 240 页。

④《中国共产党简史》编写组：《中国共产党简史》，北京：人民出版社，2021 年，第 186 页。

的矛盾。①这一阶段社会主义基本制度已经建立起来，伴随生产关系的变革，党和国家的主要矛盾已经由解放生产力转变为发展生产力。社会主义现代化如何建设？社会主义现代化经济如何发展？社会主义现代化如何大力发展生产力？马克思主义经典作家没有给出具体的答案，在当时也没有现成的模板可以复制，没有现成的经验可供借鉴。党和国家领导人始终坚信："只要有了人，什么人间奇迹也可以造出来。"②从1956年社会主义改造结束到改革开放之前，中国共产党带领全国各族人民，自力更生、艰苦奋斗发挥社会主义集中力量办大事的优越性，以相对少的资金投入，经过20多年的努力拼搏，就在旧中国一穷二白的基础上建立起独立的比较完整的工业体系和国民经济体系，对适合中国国情的社会主义现代化道路进行了艰辛探索。新中国在探索现代化道路的理论和实践中虽历经严重曲折，"尽管犯过一些错误，但我们还是在三十年间取得了旧中国几百年、几千年所没有取得过的进步"③。

　　神女应无恙，当惊世界殊。1952年，我国GDP为679.1亿元，1978年达到3678.7亿元，虽然这期间有些年份的数值有所下降，但从整体来看，1952—1978年我国GDP平均增长率仍高达6.71%。④就人均水平来说，1952年我国人均GDP为119元，1978年为385元，是1952年的三倍有余。有研究表明，1961—

---

① 中共中央文献研究室编：《建国以来重要文献选编》（第九册），北京：中央文献出版社，1994年，第341页。

②《毛泽东选集》（第四卷），北京：人民出版社，1991年，第1512页。

③《邓小平文选》（第二卷），北京：人民出版社，1994年，第167页。

④ 参见国家统计局发布的相关数据（https://data.stats.gov.cn/easyquery.htm?cn=C01）。

1978年，无论是GDP增长速度还是人均GDP增长速度，中国的发展速度均远远高于美、英、法、澳、加拿大等国。[1]从经济结构来看，新中国成立至改革开放前，我国已经开始了从农业大国向工业大国的转型。1952年，在我国GDP总量中，第一产业占比为50.5%，第二产业占比为20.8%；1978年，第一产业占比下降为27.7%，第二产业的占比上升为47.7%。我国主要工业制成品产出和主要农产品产出在计划经济时期都取得了惊人的增长。[2]到20世纪70年代末，中国实现了"四个现代化"的第一步发展战略，建立起了独立的比较完整的工业体系和国民经济体系，培养出一大批社会主义建设的专门人才，在许多重要科研领域取得诸多突破性成就，如"两弹一星"研制成功等。这一阶段取得的独创性理论成果和巨大成就，为中国现代化建设提供了宝贵经验、理论准备、物质基础。

然而，由于急于求成和犯了"左"的错误，这一时期在探索适合中国国情的现代化道路的过程中走了很多弯路，经历了很多挫折。1958年，社会主义建设总路线、"大跃进"运动和人民公社运动的"三面红旗"是我国探索社会主义现代化道路的重要实践。面对当时中国所处的严峻国际环境及摆脱贫困落后面貌的强烈发展要求，中国共产党人希望以超越客观实际的超高速度和过高要求取得更多更大的现代化建设成果与发展成就。社会主义建设总路线的基本思路是打破常规、突破平衡以

---

[1] 陈波：《应客观评价社会主义前30年的经济成就》，《海派经济学》，2019年第3期。

[2] 江宇：《大国新路：中国道路的历史和未来》，北京：中信出版社，2019年。

高速度地发展社会生产力，调动一切积极因素全力推进社会主义建设。"速度是总路线的灵魂"，"用最高速度发展我国的社会生产力，实现国家工业化和农业现代化，是总路线的基本精神"。[①]"大跃进"运动是以高指标、急要求、浮夸风盲目追求生产力方面的冒进求成。人民公社运动是企图以超越现实的生产关系和社会制度过渡到共产主义。社会主义建设总路线指引下的"大跃进"运动和人民公社运动虽然充分调动了人民群众的积极性和创造性，然而脱离实际，导致了现代化建设的失误和生产力的极大破坏。[②]

　　党在社会主义经济建设方面的现代化探索出现曲折与挫折，首先是由于生产关系的超前发展。意图通过生产关系的变革跨越社会发展阶段，快速到达共产主义社会。人民公社就是生产关系超越生产力发展水平的过渡组织形式，产生了低生产力发展水平上所有制的"大过渡"与"穷过渡"[③]。其次是所有制问题的认识误区。长期的教条主义和僵化模式形成了社会主义公有制问题认识的两大误区：公有制与公有制实现形式的等同及国有制是最理想的公有制实现形式。因此我国社会主义建设时期片面追求扩大公有制的范围和提高公有化程度，急于实现集体所有制向全民所有制的过渡，以及从多种经济成分并存的所有制结构转向建立纯而又纯的单一公有制形式。再次是平均主

---

　　① 《力争高速度》，《人民日报》，1958 年 6 月 21 日。

　　② 中共中央党史和文献研究院：《中国共产党的一百年》（第二册），北京：中共党史出版社，2022 年，第 501 页。

　　③ 胡绳：《毛泽东的新民主主义论再评价》，《中国社会科学》，1999 年第 3 期。

义的分配方式。人民公社实行平均主义分配带有浓厚的乌托邦色彩，极大地影响了生产力发展。最后是高度集中的计划经济运行管理体制。价值法则是一所伟大的学校，只有利用它，才有可能建设社会主义。[1]国家直接运用指令性计划掌控人财物资源，经济权限过分集中于中央，中央对经济掌控得过死，严重束缚地方和企业的手脚。[2]

以实现工农业现代化高指标为主要目标的"大跃进"运动，最终导致国民经济各部门比例严重失调，经济发展和人民生活陷入严重困难。1964年，随着经济调整工作的深入推进，调整工作取得了显著成效，[3]毛泽东再次提出"把我国建设成为一个社会主义的现代化的强国"[4]的号召。同年召开的三届全国人大一次会议明确宣布："要在不太长的历史时期内，把我国建设成为一个具有现代农业、现代工业、现代国防和现代科学技术的社会主义强国，赶上和超过世界先进水平。"[5]当时的规划分为两步：第一步，用三个五年计划，即大约15年的时间，建立独立且比较完整的工业体系和国民经济体系；第二步，在此基础上，用"不太长"的时间实现四个现代化。虽然"不太长"的具体时限未明确，但普遍理解为20世纪内。其背景在于，苏联

① 《毛泽东文集》（第八卷），北京：人民出版社，1999年，第34页。
② 周文、肖玉飞：《中国共产党百年经济实践探索与中国奇迹》，《政治经济学评论》，2021年第12期。
③ 中共中央党史和文献研究院：《中国共产党的一百年》（第二册），北京：中共党史出版社，2022年，第517页。
④ 《毛泽东文集》（第八卷），北京：人民出版社，1999年，第341页。
⑤ 中共中央文献研究室编：《建国以来重要文献选编》（第十九册），北京：中央文献出版社，1998年，第483页。

自 1928 年实施第一个"五年计划"，仅用 10 年便从农业国转变为工业国，建立起独立且比较完整的工业体系。中国已经实施了两个五年计划，预计再用 15 年可完成第一步目标，从而为 20 世纪内实现现代化奠定基础，这是后来提出"在本世纪内实现四个现代化"的由来。①

　　1966 年是"三五"计划的开局之年，由于全国人民建设热情高涨，加之计划制定时留有余地，计划实施后迅速显现出显著成效。1966 年 4 月，国家计委向中央汇报，提出原定的"三五"计划目标有可能提前两年完成。按此发展速度，我国经济建设本有望取得更大的成就。②然而，同年 5 月，"文化大革命"的爆发，打断了"四个现代化"全面展开的进程，使党、国家、人民遭到新中国成立以来最严重的挫折和损失，教训极其惨痛。③其间，1974 年第四届全国人民代表大会第一次会议曾一度重申现代化建设的"两步走"设想。四届人大之后，邓小平主持国务院工作，根据毛泽东提出的关于"安定团结""把国民经济搞上去"的指示，对政治、经济、文化、教育等各条战线进行全面整顿。可是这与当时坚持的以阶级斗争为纲的政治路线存在着明显分歧。1975 年 11 月，全国掀起了"反击右倾翻案风"运动，刚刚好转的经济形势再次急转直下。④在 20 世纪 60

①　罗平汉：《改革开放与中国式现代化》，《历史研究》，2023 年第 6 期。

②　当代中国研究所：《中国式现代化简史》，北京：当代中国出版社，2023 年，第 107 页。

③　《中共中央关于党的百年奋斗重大成就和历史经验的决议》，《人民日报》，2021 年 11 月 17 日。

④　顾海良主编：《中国特色社会主义政治经济学史纲》，北京：高等教育出版社，2019 年，第 48~49 页。

至 70 年代，世界正处于新科技革命的浪潮之中，众多国家纷纷迈入快速发展的时期，我国却处于十年内乱之中，错失了宝贵的现代化赶超机遇。

现代化总是在实践过程中不断调整完善的。"二十四史"是毛泽东读了一生的书，用他 1964 年在《贺新郎·读史》中的自陈来形容，恰似"一篇读罢头飞雪"，他也一直认为"看历史，就会看到前途"。①尽管探索适合中国国情的现代化道路经历了弯路挫折，但中国共产党和中国人民以英勇顽强的奋斗向世界庄严宣告，中国人民不但善于破坏一个旧世界、也善于建设一个新世界，"历史和实践已经并将进一步证明，这条道路，不仅走得对、走得通，而且也一定能够走得稳、走得好"②。正确理解改革开放前和改革开放后两个历史时期的关系，将二者贯通起来，才能回答好"中国式现代化从哪儿来、往哪儿去"的问题。邓小平是改革开放的总设计师，他提出的要"走出一条中国式的现代化道路"，就是对毛泽东"歌未竟"之事业的继续推进。无论是成就还是失误，这都是中国共产党在探索社会主义现代化道路过程中发生的，要正确总结其中的经验与汲取其中的教训，正确认识到该时期的成就远大于问题，没有社会主义革命和建设时期党和人民的艰辛探索，就没有改革开放后中国式现代化的迅速腾飞。

① 陈晋：《"一篇读罢头飞雪"——毛泽东与"二十四史"概议》，《党的文献》，2013 年第 5 期。
②《习近平著作选读》（第二卷），北京：人民出版社，2023 年，第 494 页。

四、打开中国式现代化新路：改革开放

（一）突破与跨越：没有改革开放就没有中国式现代化

作为当代中国最显著的特征、最壮丽的气象，改革开放是当代中国大踏步赶上时代的重要法宝，是决定中国式现代化成败的关键一招。[1]邓小平指出，通过改革开放，"我们打开了一条一心一意搞建设的新路"[2]。"新路"其实就是找到了一条适合自己国情的中国式现代化道路。[3]"文化大革命"结束以后，中国正处于何去何从的重大历史关头，面临着现代化事业和社会主义事业可能被葬送的风险考验[4]：是继续在"以阶级斗争为纲"的框架内"抓纲治国"，还是把党和国家的工作重点转到社会主义现代化建设上来，开辟新道路。1978 年 5 月开始的关于真理标准问题的讨论，破除了"两个凡是"的束缚，使得国家的工作主题转移到加快经济建设的步伐、尽快缩小与先进国家的差距上。[5]自 1977 年下半年起，国务院安排各部委派团出国

---

① 习近平：《在纪念毛泽东同志诞辰 130 周年座谈会上的讲话》，北京：人民出版社，2023 年，第 19 页。

②《邓小平文选》（第三卷），北京：人民出版社，1993 年，第 11 页。

③ 周文：《关键时期重在用好关键一招》，《中国党政干部论坛》，2024 年第 7 期。

④ 中共中央党史和文献研究院：《中国共产党的一百年》（第三册），北京：中共党史出版社，2022 年，第 633、638 页。

⑤ 顾海良主编：《中国特色社会主义政治经济学史纲》，北京：高等教育出版社，2019 年，第 103 页。

访问考察，考察结果令国人警醒。举例来说，当时法国的马赛钢铁厂，从采矿到轧钢，年产量达到 350 万吨，员工人数仅为 7000 人，而武汉钢铁厂虽然年产量为 230 万吨，员工数量却高达 6.7 万人。[①]1978 年 9 月，邓小平谈及这些出访带来的思想震撼时说："最近我们的同志出去看了一下，越看越感到我们落后。什么叫现代化？五十年代一个样，六十年代不一样了，七十年代就更不一样了。"[②]强烈的忧患意识坚定了中国改革开放的决心，中国的现代化建设告别徘徊，迎来了党的十一届三中全会的春风。

党的十一届三中全会是划时代的，犹如春雷唤醒神州大地，标志着党在新的历史条件下的伟大觉醒。1978 年 12 月 13 日，邓小平在中共中央工作会议闭幕会上作了题为"解放思想，实事求是，团结一致向前看"的讲话，强调"如果现在再不实行改革，我们的现代化事业和社会主义事业就会被葬送"[③]。这篇纲领性讲话实际上成为随后党的十一届三中全会的主题报告，成为解放思想、开辟新道路的宣言书。[④]综观改革开放前后的对比，我们党对现代化的理解，既强调"社会主义"的特性，又

[①]《新中国经济简史》编写组：《新中国经济简史》，北京：经济科学出版社，2024 年，第 5 页。

[②] 中共中央文献研究室编：《邓小平年谱（一九七五——一九九七）》（上），北京：中央文献出版社，2004 年，第 372~373 页。

[③] 中共中央文献研究室编：《邓小平年谱（一九七五——一九九七）》（上），北京：中央文献出版社，2004 年，第 451 页。

[④] 当代中国研究所：《中国式现代化简史》，北京：当代中国出版社，2023 年，第 124 页。

强调"国家"的特性，现代化内涵呈现出逐步拓展的趋势。[①]尽管 20 世纪 50 年代就已经形成"四个现代化"的目标，但由于受到严重干扰而没能达到预期。基于这一现实，1979 年邓小平会见外宾时提出，"我们定的目标是在本世纪末实现四个现代化。我们的概念与西方不同，我姑且用个新说法，叫做中国式的四个现代化"[②]。"中国式的现代化"的初始内涵是指现代化建设的经济标准"小康"，并强调"搞现代化就是要加快步伐，搞富的社会主义，不是搞穷的社会主义"[③]。这确立了中国现代化建设实事求是的思想方法和摆脱贫困、提高人民生活水平的根本出发点。而后，"中国式的现代化"拓展为战略命题，确立了温饱、小康、现代化"三步走"的战略步骤，并适时调整。[④]

在回顾和反思过去的基础上，党和国家实施"三步走"战略，全党全国各族人民一心一意投入社会主义现代化建设中来。这一阶段，党对"什么是社会主义"及"如何建设社会主义"的问题有了认识上的突破。邓小平指出，贫穷不是社会主义，更不是共产主义，建设社会主义的中心任务就是发展社会生产

----

① 周文：《建设现代化经济体系的几个重要理论问题》，《中国经济问题》，2019 年第 5 期。

② 中共中央文献研究室编：《邓小平年谱（一九七五——一九九七）》（上），北京：中央文献出版社，2004 年，第 496 页。

③ 中共中央文献研究室编：《邓小平年谱（一九七五——一九九七）》（上），北京：中央文献出版社，2004 年，第 540 页。

④ 赵凌云：《从"中国式的现代化"到"中国式现代化"》，《湖北大学学报》（哲学社会科学版），2024 年第 6 期。

力。[①]同时，明确中国的社会主义制度还是处于初级的阶段。[②]
这意味着：第一，中国的经济体制改革和经济制度创新要坚持
社会主义原则，不能超越社会主义这一根本制度；第二，中国
目前仍处于社会主义的初级阶段，是低级的、未成熟的社会主
义，在制度建设和经济实践中，不能超越初级阶段这一基本国
情，经济建设必须遵循客观经济规律和自然规律，循序渐进，
走出有助于改善人民生活的建设道路；第三，当时中国所要解
决的主要矛盾是人民日益增长的物质文化需要同落后的社会生
产之间的矛盾，要以解放和发展生产力为主要任务，为迈向更
高阶段的社会主义积累物质基础。因此，构建适合中国国情、
适应社会主义初级阶段基本情况、符合经济发展客观规律的经
济体制，是发展生产力的必然要求。[③]

中国经济改革开始的第一条主线就是"所有制结构的调整
和改革，社会主义基本经济制度的建立和完善"[④]。生产资料所
有制问题，为什么说它重要呢？因为所有制关系是社会主义经
济制度的核心内容，社会主义所有制的不断完善与发展，对于
我国市场经济的健康发展具有重大意义。[⑤]1978 年以来，中国

①　中共中央文献研究室编：《邓小平年谱（一九七五—一九九七）》（下），
北京：中央文献出版社，2004 年，第 986 页。
②　中共中央文献研究室编：《改革开放三十年重要文献选编》（上），北京：
中央文献出版社，2008 年，第 212 页。
③　周文、司婧雯：《中国共产党百年经济理论与实践探索》，《长安大学学
报》（社会科学版），2021 年第 4 期。
④　张卓元、房汉廷、程锦锥：《中国经济体制改革 40 年》，北京：经济管理
出版社，2019 年，第 4 页。
⑤　周文：《经济学自主知识体系：中国特色社会主义政治经济学教程》，北
京：商务印书馆，2023 年，第 60 页。

共产党主要围绕非公有制经济与社会主义经济的关系、公平与效率关系、价值规律与社会主义的关系三方面，打破对生产资料公有制、按劳分配和计划经济的传统认识，启动了经济体制改革。以农村改革为起点，解放、活跃、发展社会生产力。我国打破了"大锅饭"的模式，实行包产到户的家庭联产承包责任制，主要生产资料——土地为劳动者集体所有，农民个人获得了直接支配使用权和部分收益所有权。可以说，农村改革成功突破了对传统公有制认识和理解及实现形式。家庭联产承包责任制作为一种新型公有制形式，通过解放、调整生产关系，将两权分离，在集体所有的基础上，赋予个人灵活经营的权利，适应了当时农村的生产力水平，而且还极大地调动了农民的生产积极性，释放了农村经济发展的活力。

改革从农村开始不是偶然的，是由我国基本国情和当时农村的困境决定的，当时有 2.5 亿人吃不饱肚子，吃饭问题成为最紧迫的大事，不改革已经没有出路了。[①]农村改革开启了中国经济发展的新阶段，也为进一步推进经济体制改革提供了经验。此时，相较于农村改革，城市改革还只是初步试水，主要试点扩大国有企业经营管理自主权、实行工业生产责任制、发展多种经济形式等。在这种背景下，1984 年，党的十二届三中全会通过《中共中央关于经济体制改革的决定》（下文简称《决定》）。《决定》突破把计划经济同商品经济对立起来的传统观念，强调我国社会主义计划经济必须自觉依据和运用价值规律，

---

① 《中华人民共和国简史》编写组编：《中华人民共和国简史》，北京：人民出版社、当代中国出版社，2021 年，第 149 页。

是在公有制基础上的有计划的商品经济；商品经济的充分发展，是实现我国经济现代化的必要条件。自此，经济体制改革的重点从农村转向城市，以城市为重点的全面经济改革，围绕进一步增强企业活力、改革价格体制、改革计划管理体制等环节，陆续开展起来。[①]相应地，对所有制结构、分配制度的大胆探索和创新不断推进，社会主义初级阶段的基本经济制度愈发明晰，逐步建立了社会主义市场经济体制，并在改革中不断完善。

经济体制改革与对外开放是不可分割的整体，是相互促进、相辅相成、共同发展的。[②]早在改革开放之初，邓小平就指出："三十几年的经验教训告诉我们，关起门来搞建设是不行的，发展不起来。"[③]"经验证明，关起门来搞建设是不能成功的，中国的发展离不开世界。"[④]20 世纪 70 年代末，新一轮产业革命逐渐兴起，中国迎来了在开放中走向现代化的重大历史机遇，具备了对外开放的内在动力和外部条件。我国在深圳、珠海、汕头、厦门先后设置经济特区，抓住新一轮科技革命和国际产业结构调整与产业链分工演化的机遇，积极融入全球化，坚持"引进来"和"走出去"相结合，积极引进外资和先进的技术，加快经济建设，将对外开放确立为基本国策。可以说，我们党正是坚持用改革开放的方法推进现代化建设。"改革"反映了党对社会主义建设经验的深刻总结和对建设规律的深刻把握，彰

---

① 当代中国研究所：《中国式现代化简史》，北京：当代中国出版社，2023年，第 133 页。

②《中国经济改革简史》编写组：《中国经济改革简史》，北京：经济科学出版社，2023 年，第 9 页。

③《邓小平文选》（第三卷），北京：人民出版社，1993 年，第 64 页。

④《邓小平文选》（第三卷），北京：人民出版社，1993 年，第 78 页。

显了我们党在坚持社会主义制度的前提下解放和发展社会生产力的决心；"开放"反映了党和国家主动融入世界、学习国外先进经验的积极心态，表明我们党主张向先进国家学习，学习人类一切优秀文明成果来发展自己。①

改革开放的历史性决策"开启了中国式现代化的新长征。如何缩小我国同西方发达国家在经济科技发展水平上的巨大差距？如何赶上时代、加快实现现代化？我们党一开始就保持着清醒的头脑，并没有像一些发展中国家那样亦步亦趋地跟在西方国家后面简单模仿，而是强调从中国实际出发，走自己的现代化道路"②。任何讲述中国奇迹的故事，离开了改革开放，都是不完整的。没有改革开放提供与释放的强大动力与生机活力，就没有中国式现代化的成功开创。也正是基于这种动力与活力，中国大踏步追赶时代的步伐，用 70 多年的时间走过了西方发达国家 200 多年的现代化历程，经济社会发展实现了从生产力相对落后的状况到经济总量跃居世界第二的历史性突破，实现了人民生活从温饱不足到总体小康、奔向全面小康的历史性跨越。"站在 20 世纪 70 年代末的起点上，谁也没有也不可能预料中国的改革能走这么远……中国的改革和社会转型尚未完成，但它的趋向是确定的，就是超越传统社会主义，追寻中国自己的现代文明秩序，建设中国特色社会主义。"③改革开放只有进行时

---

① 王立胜主编：《中国式现代化的经济探索历程》（第一卷），南昌：江西高校出版社，2023 年，总论第 5 页。

② 中共中央党史和文献研究院编：《习近平关于中国式现代化论述摘编》，北京：中央文献出版社，2023 年，第 29 页。

③ 萧冬连：《筚路维艰：中国社会主义路径的五次选择》，北京：社会科学文献出版社，2014 年，第 175 页。

没有完成时，在新起点上进一步全面深化改革，必将开辟让世界刮目相看的中国式现代化新境界。

（二）破解世界性难题：建立社会主义市场经济的现代化体制

1992 年，《深圳特区报》头版头条刊登长篇通讯《东方风来满眼春——邓小平同志在深圳纪实》，犹如平地春雷，向世界传递了中国改革开放的信号。这篇通讯被誉为"历史关头的雄文"，而其发表意义重大。当时国内外形势复杂，国际上苏联解体、东欧剧变，国内对姓"社"姓"资"问题争议不断。[①]就在这一关键时刻，1992 年 1 月 18 日至 2 月 21 日，邓小平到武昌、深圳、珠海、上海等地视察，明确指出"计划多一点还是市场多一点，不是社会主义与资本主义的本质区别"[②]。南方谈话后，党中央围绕把经济建设和改革开放搞得更快更好，进行了深入思考，形成了"社会主义市场经济体制"初步构想。[③]"在社会主义条件下发展市场经济，是我们党的一个伟大创举。我国经济发展获得巨大成功的一个关键因素，就是我们既发挥了市场经济的长处，又发挥了社会主义制度的优越性。"[④]正是社会主义市场经济体制奠定了经济快速发展奇迹和社会长期稳定奇迹，也正是社会主义市场经济体制开创了人类社会现代化的新动力与新路径，防范了资本主义市场经济的弊端，彰显了中

[①]《历史关头的雄文》，《深圳特区报》，2022 年 4 月 13 日。

[②]《邓小平文选》（第三卷），北京：人民出版社，1993 年，第 373 页。

[③]《改革开放简史》编写组：《改革开放简史》，北京：人民出版社、中国社会科学出版社，2021 年，第 92 页。

[④] 中央文献研究室编：《习近平关于社会主义经济建设论述摘编》，北京：中央文献出版社，2017 年，第 64 页。

国式现代化的巨大优越性。①

　　现代化的过程要求实现制度现代化与经济现代化的统一。②同一社会制度的国家可以依据自身情况选择不同的经济体制，不同社会制度的国家也可以依据自身发展状况实行相近的经济体制。③经济体制改革确定什么样的目标和模式，是关系到整个社会主义现代化建设全局的重大问题，其核心在于"正确认识和处理计划与市场的关系"④。为此，必须准确把握经济制度与经济体制的关系，既从相对独立的分离关系维度出发，离析计划经济与社会主义、市场经济与资本主义的捆绑依附关系，澄清经济制度与经济体制的相对独立关系；又准确把握两者之间的统一关系，即经济体制必须与具体的社会基本制度结合才能现实存在。⑤"计划和市场都是经济手段，只要对发展生产力有好处，就可以利用。"⑥将作为优越社会制度的社会主义与高效资源配置方式的市场经济体制有机结合，中国共产党成功地利用社会制度与经济体制的辩证关系，打破"社会主义与市场经

---

　　① 周文、肖玉飞：《中国式现代化道路的独特内涵、鲜明特征与世界意义》，《马克思主义与现实》，2022 年第 5 期。

　　② 尹俊：《经济学理论与中国式现代化：重读厉以宁》，北京：社会科学文献出版社，2022 年，第 235 页。

　　③ 周文、肖玉飞：《中国共产党百年经济实践探索与中国奇迹》，《政治经济学评论》，2021 年第 4 期。

　　④《全面建成小康社会重要文献选编（上）》，北京：人民出版社、新华出版社，2022 年，第 278 页。

　　⑤ 张雷声、董正平：《中国共产党经济思想史》，郑州：河南人民出版社，2006 年，第 411 页。

　　⑥ 习近平：《在纪念邓小平同志诞辰 120 周年座谈会上的讲话》，北京：人民出版社，2024 年，第 9 页。

济不可能兼容""市场经济必须实行资本主义制度"的谬误，[①]
是对传统社会主义模式的突破，实现了社会主义现代化道路和
政治经济学理论的超越。

放眼全球，如何让"看不见的手"和"看得见的手"协同
发力，堪称"经济学上的世界性难题"[②]。当今西方现代化出现
种种治理乱象的重要原因就在于市场与政府关系的错乱，市场
机制占据主导地位，政府作用乏力失灵，始终局限于在市场机
制的束缚和限制下发挥作用。[③]新古典经济学认为政府才是市场
失灵的根源。基于这种观点，一旦控制了失灵的源头——打破
垄断、补贴公共产品、对负外部性征税，市场力量便会有效配
置资源，促进经济沿着增长轨迹前行。可是，这种观点忽略了
一个事实——市场盲目性，市场可能会忽略社会或环境问题。[④]
事实上，政府在创造和塑造市场中发挥着关键作用，人类社会
绝大多数的技术革命都需要政府的大力推动。政府是创新驱动
的管理者，还是关键的参与者，通常通过资助基础研究和应用
研究项目直接推动突破性与开拓性最强的创新。西方的现代化
历程显示，自工业革命以来的西方产业革命和科技创新，走的
并非完全市场化的道路，而是政府与市场有机结合、协同作用

---

① 《中国经济改革简史》编写组：《中国经济改革简史》，北京：经济科学出
版社，2023 年，第 123 页。
② 习近平：《不断开拓当代中国马克思主义政治经济学新境界》，《求是》，
2020 年第 16 期。
③ 周文、肖玉飞：《中国共产党为什么能的政治经济学密码》，《天府新论》，
2023 年第 1 期。
④ 周文：《强国经济学：中国理论与当代政治经济学》，北京：中信出版社，
2023 年，第 4~5 页。

的道路，甚至很多关键性、原创性的重大技术突破，都是通过政府的资助研发和产业政策推动实现的。

改革开放以来，党对政府与市场关系的认识不断深化，一直不断依据实践拓展和认识深化寻找新的科学定位。1984年党的十二届三中全会通过《中共中央关于经济体制改革的决定》，突破计划经济与商品经济的对立观点，邓小平对此评价说道："写出了一个政治经济学的初稿，是马克思主义基本原理和中国社会主义实践相结合的政治经济学。"[1]党的十四大将社会主义市场经济确立为我国经济体制改革的目标，党的十五大报告提出"使市场在国家宏观调控下对资源配置起基础性作用"，党的十八届三中全会提出"使市场在资源配置中起决定性作用和更好发挥政府作用"。党的十九届四中全会将社会主义市场经济体制上升到"基本经济制度"的高度，标志着具有中国特色的社会主义市场经济道路的成功，这是党对政府与市场关系认识的重大突破，代表着以习近平同志为主要代表的中国共产党人对政府与市场关系的认识上升到新高度，对中国特色社会主义建设的规律实现新突破。"在市场作用和政府作用的问题上，要讲辩证法、两点论，'看不见的手'和'看得见的手'都要用好，努力形成市场作用和政府作用有机统一、相互补充、互相协调、相互促进的格局，推动经济社会持续健康发展。"[2]

党的二十大报告提出："坚持和完善社会主义基本经济制度，毫不动摇巩固和发展公有制经济，毫不动摇鼓励、支持、

---

[1]《邓小平文选》（第三卷），北京：人民出版社，1993年，第83页。
[2] 中共中央文献研究室编：《习近平关于社会主义经济建设论述摘编》，北京：中央文献出版社，2017年，第58页。

引导非公有制经济发展，充分发挥市场在资源配置中的决定性作用，更好发挥政府作用。"[1]充分发挥市场作用和更好发挥政府作用，推动有效市场和有为政府更好结合，是高质量发展的内在要求，更是中国式现代化的成功经验。当前，高质量发展面临的突出问题依然是发展不平衡不充分。归结起来，是社会主要矛盾变化的反映，是发展中的问题，必须进一步全面深化改革，从体制机制上推动解决。通过的党的二十届三中全会《中共中央关于进一步深化改革 推进中国式现代化的决定》将"以经济体制改革为牵引"列入指导思想，制定了"到二〇三五年，全面建成高水平社会主义市场经济体制"的时间表和系列部署，强调着力实施关键性改革举措，推动社会主义市场经济体制更加成熟定型，为中国式现代化提供重要制度保障。进一步围绕处理好政府和市场关系这个核心问题，把构建高水平社会主义市场经济体制摆在突出位置，提出"实现资源配置效率最优化和效益最大化，既'放得活'又'管得住'"，是对政府和市场关系认识的理论创新与拓展。[2]

推动有效市场与有为政府的更好结合，中国实践成功探索形成党—政府—市场三维谱系的经济治理架构。在传统"市场+政府"的二元结构中，政府是作为"市场失灵"的替代性工具出现的，但是政府同样会因为信息不完备等原因造成决策失误

---

[1] 习近平：《高举中国特色社会主义伟大旗帜 为全面建设社会主义现代化国家而团结奋斗——在中国共产党第二十次全国代表大会上的报告》，北京：人民出版社，2022年，第29页。

[2] 周文：《处理好政府和市场关系这个核心问题》，《经济日报》，2024年10月10日。

从而导致"政府失败"。^①通过党发挥总揽全局、协调各方的领导核心作用，推动形成有效市场与有为政府有机统一、相互补充、相互协调、相互促进的格局，既突破了传统僵化的计划经济模式，也超越了人类社会长期以来困囿于政府失灵与市场失灵左右摇摆的矛盾处境，实现了微观领域市场高效配置资源、宏观领域政府调控有度、市场经济体制高效公平运行、基本经济制度充满生机活力。^②正是得益于始终坚持市场有效、政府有为，由此推动中国不断创新发展理念、破解发展难题，从而创造出震撼世界的巨大发展成就。因此，中国创造经济奇迹的核心在于始终坚持有效市场与有为政府的有机结合。没有对政府与市场关系的西方理论突破和实践超越，就不可能造就中国式现代化的巨大成就。与此同时，中国式现代化的成功实践也实现了政府与市场关系的变革与重构。

1985 年，邓小平在会见美国高级企业家代表团时就指出，"社会主义和市场经济之间不存在根本矛盾。问题是用什么方法才能更有力地发展社会生产力"^③。中国改革开放的最大实践成功是走出政府和市场关系的对立，破解了政府和市场关系的世界性难题。不改革开放就是死路一条，不坚持社会主义方向的

①　周文、司婧雯：《全面认识和正确理解社会主义市场经济》，《上海经济研究》，2022 年第 1 期。

②　周文：《中国道路：现代化与世界意义》，杭州：浙江大学出版社，2021年，第 71 页。

③　中共中央文献研究室编：《邓小平年谱（一九七五——一九九七）》（下卷），北京：中央文献出版社，2004 年，第 1090 页。

改革同样是死路一条。[①]中国的经济改革并不是简单的市场化改革，而是对西方经济学教科书中的政府与市场关系的重构。改革开放的40多年，正是在市场与政府关系上不断作出开拓性探索的40多年。改革开放以来，我国始终立足国情实际，大力探索社会主义市场经济体制，在处理政府与市场关系方面走出了一条既符合中国国情，同时又具有世界意义的发展道路。经过持续推进改革深化，我国成功地实现了从高度集中的计划经济体制到充满活力的社会主义市场经济体制、从封闭半封闭到全方位开放的历史性转变。[②]努力将市场的作用和政府的作用结合得更好一些，这是一个止于至善的过程。当前，我国正面临由"富"到"强"的历史性转变，坚持不懈地在中国式现代化实践中正确处理市场与政府关系，是推动我国经济沿着社会主义市场经济方向破浪前行、再建新功的应有之义。[③]

五、拉美模式：发展中国家的现代化之问

（一）拉丁美洲的"百年"与"孤独"：依附型现代化的教训

20世纪50至70年代，拉丁美洲的文学蓬勃发展，文坛群

---

① 刘国光：《中国经济体制改革的方向问题》，北京：社会科学文献出版社，2015年，第9页。
② 周文：《围绕处理好政府和市场关系推进全面深化改革》，《经济研究》，2024年第7期。
③ 周文：《强国经济学：中国理论与当代政治经济学》，北京：中信出版社，2023年，第2页。

星闪耀，形成了在全球广为流传的"拉丁美洲小说热"。^①其中，哥伦比亚作家加西亚·马尔克斯的《百年孤独》于 1967 年首次出版，成为其代表作，也是拉丁美洲魔幻现实主义文学的巅峰之作。"具有神秘色彩的现实的客观存在，是魔幻现实主义文学创作的源泉。"^②马尔克斯用"多年以后"这一经典句式，展开讲述"拉丁美洲现代化历史的寓言"^③。作品标题中的"百年"并非指具体年数，而是象征拉丁美洲人民在殖民压迫与剥削下，经历了漫长而痛苦的岁月。"孤独"则是对拉丁美洲在遭受殖民入侵和西方思潮侵蚀后的精神写照。马尔克斯希望拉美人民意识到，"孤独的反义词是团结"，并通过团结共同努力，摆脱长期以来的殖民压迫与束缚，进而表达了拉美人民不屈不挠的精神，以及对西方文明的歧视与排斥的强烈愤慨与抗议。^④羊皮纸手稿所载一切——"自永远至永远不会再重复，因为注定经受百年孤独的家族不会有第二次机会在大地上出现"^⑤。马尔克斯表达了自己真诚而深沉的期待，然而现实中现代化的困境却在拉丁美洲反复上演。

在发展中国家追求现代化的过程中，以阿根廷、巴西、智

---

① 韦建国：《第三世界文坛的魔幻化倾向是否具有规律意义?》，《陕西师范大学学报》（哲学社会科学版），2005 年第 5 期。

② 陈光孚：《魔幻现实主义》，广州：花城出版社，1986 年，第 196 页。

③ 滕威：《"边境"之南：拉丁美洲文学汉译与中国当代文学（1949—1999）》，北京：北京大学出版社，2011 年。

④ 张立群：《从布恩地亚家族七代人的命运读懂〈百年孤独〉》，《人民论坛》，2023 年第 16 期。

⑤ ［哥伦比亚］马尔克斯：《百年孤独》，范晔译，海口：南海出版公司，2011 年，第 360 页。

利、委内瑞拉等国为代表的"拉美模式"曾引起广泛的关注。拉美国家自 19 世纪 20 年代开始摆脱西方殖民统治，一直致力实现现代化，并取得了显著的进展。其后，拉美国家现代化的势头却遭遇极大遏制，甚至出现倒退现象。根本原因在于"依附型现代化"难以处理现代化的一般规律与本国特色，外源现代化与内生现代化之间的矛盾与关系。[①]20 世纪 80 年代以前，拉美主要国家采取"进口替代型工业化"发展策略，从 1950 年到 1980 年人均收入翻了一倍多，取得较好发展。20 世纪 80 年代末拉美成为推行新自由主义的试验场后，失业率剧增、贫困化问题凸显，尤其是民族工业遭受重创，陷入举步维艰的境地。因此，拉美新自由主义改革方案推行的 10 年成为"失去的 10 年"。长期以来，"西方中心主义"主导了现代化理论，西方模式成为现代化的样本，复制西方经验被认为是现代化的必然选择。然而，当新自由主义演变成改革方案在发展中国家实践和推行时，对发达国家路径依赖的危害性暴露无遗——经济衰退，社会动荡，最终落入发展的"陷阱"。[②]

从危害的结果看，"一个又一个的所谓启动经济增长的'灵丹妙药'……事实证明它们大多在现实中是无效的"[③]，那些接受新自由主义经济调整方案的发展中国家非但经济增长减速，甚至陷入衰退。以阿根廷为例，20 世纪 90 年代的经济快速增长

---

① 兰洋：《中国式现代化对拉美现代化困境的克服》，《浙江工商大学学报》，2023 年第 6 期。

② 周文、包炜杰：《从新自由主义的全球性危害看中国道路的当代价值》，《紫光阁》，2017 年第 10 期。

③ ［美］威廉·伊斯特利：《经济增长的迷雾：经济学家的发展政策为何失败》，姜世明译，北京：中信出版社，2016 年，序言第 15 页。

使其一度成为美国和国际货币基金组织推行新自由主义方案的样板，甚至有"南方国家中的富人"一说。为了摆脱 1982 年以来的债务危机，阿根廷采取了放松经济管制和开放外国资本的措施，实行了本国货币比索盯住美元的固定汇率制度。2001年，阿根廷出现了严重的金融崩溃和经济危机，在几经挣扎后依然受困于巨额内外债而不能自拔。[①]为什么新自由主义使得阿根廷最终走向了危机呢？因为一国的经济实践与他国经济基础的本质差异，造成所谓可复制的"模式"的失效。一个国家对于一种经济理论的接受和适应程度取决于包括经济、政治制度等在内的整体环境。奉行新自由主义政策的发展中国家，在不成熟的市场化过程中，饱受市场调节的自发性、盲目性和滞后性等不完备性之苦，再加之缺乏有效的国家宏观调控机制，势必深刻影响发展中国家的经济稳定。[②]

从危害的过程来看，私有化削弱发展中国家的经济主权，造成国有资产大量流失。新自由主义改革方案要求出售国有企业、放松政府管理。在国际货币基金组织赞许的目光下，政治家宣誓忠于这些原则。[③]在国有企业快速私有化的过程中，成千上万的雇员失去了他们在石油、铁路和电话业的工作，人们"只看到了失业与贫困，而且外债在不断上升而国家却束手无

---

① 林红：《困于民粹主义与新自由主义之间：拉丁美洲的发展选择问题》，《江苏行政学院学报》，2022 年第 2 期。

② 周文、包炜杰：《中国方案：一种对新自由主义理论的当代回应》，《经济社会体制比较》，2017 年第 3 期。

③ ［美］布朗：《阿根廷史》，左晓园译，上海：东方出版中心，2010 年，第240 页。

策"①。与此同时，由于缺乏有效的制约和监督，拉美私有化成为官僚、寡头和外国资本瓜分国有资产的盛宴，国家财富迅速集中在少数权贵和跨国公司手中。②拉美国家推行改革，寄望于私有化能够发挥私有产权的激励作用，③反而引起了严重的社会公平问题。联合国拉美经委会统计显示，在 13 个拉美国家中，9 个国家在 20 世纪 90 年代私有化浪潮后，20% 最贫困和最富裕人群的国民收入占比差距扩大。④公允地看，国有企业的效率问题一直是困扰着广大发展中国家的重要难题，但这与有无国有企业、国有企业是否占主导地位是两个层面的问题，前者关乎经济社会的运行效率，后者更关乎国民经济的稳定秩序。没有稳定秩序的奠基则仍将是畸形的市场竞争格局。

从危害的实质来看，发展中国家对标西方，误以为西方化就是全球化、现代化的本质，对西方陷入制度崇拜，盲目西化，丧失国家自主性，结果给本国经济与社会造成巨大伤害。⑤一是在国内建设上，发展中国家盲目按照根据西方现代化发展经验归纳的现代产业结构理论，刻意降低制造业产业比重，不顾自身实际大力发展服务业和虚拟经济，不仅无法解决自身面临的

---

① ［美］布朗：《阿根廷史》，左晓园译，上海：东方出版中心，2010 年，第 256~257 页。

② 高泽华、邓永波：《国外公有经济百年演变历程的比较研究和启示》，《政治经济学评论》，2022 年第 6 期。

③ ［美］威廉·伊斯特利：《经济增长的迷雾：经济学家的发展政策为何失败》，姜世明译，北京：中信出版社，2016 年，第 273 页。

④ 苏振兴：《对拉美国家经济改革的回顾与评估》，《拉丁美洲研究》，2008 年第 4 期。

⑤ 周文、包炜杰：《经济全球化辨析与中国道路的世界意义》，《复旦学报》（社会科学版），2019 年第 3 期。

发展动能激发、国内消费提振、产业转型升级等问题，而且导致经济"脱实向虚"愈发严重。[①]二是在对外开放上，政府的国界性与市场的跨国性一直是全球化的最大悖论，在生产要素全球自由流动的背景下实现一国生产关系与生产力的有效互动时必须充分考虑本土化和适应性问题。有说法叫作"资本走遍全球，利润流回西方"[②]，描述的就是这一现象。贸易投资自由化要求发展中国家取消对国内外经济主体的"不平等"待遇，为资本、劳动、技术等生产要素在全球范围的自由流动扫除国家政策障碍，但由于发展中国家自身的发展劣势，在国际竞争中的不利地位更加凸显。

现代化的先发国家与后发国家所面临的国际环境截然不同，不仅差异明显，而且国际关系的影响通常展现出正反两面的特性。前者更多地享受"正外部性"的好处，后者则更多地受到"负外部性"的制约和影响。[③]作为发展中国家中最早获得独立，并最早开启现代化历程的拉美地区，自 19 世纪 70 年代起，先后经历了初级产品出口模式、进口替代工业化模式以及新自由主义模式三种现代化阶段。[④]然而，正如斯塔夫里阿诺斯所言：

---

①　周文、杨正源：《新质生产力与国家竞争优势：内在逻辑与战略重点》，《教学与研究》，2024 年第 6 期。

②　吴易风：《西方"重新发现"马克思述评》，《政治经济学评论》，2014 年第 5 卷第 2 期。

③　[法] 菲利普·阿吉翁、[法] 塞利娜·安托南、[法] 西蒙·比内尔：《创造性破坏的力量：经济剧变与国民财富》，余江、赵建航译，北京：中信出版社，2021 年，第 235 页。

④　赵可金、佟德志、高程等：《中国式现代化对世界现代化的创新与超越》，《国际论坛》，2023 年第 5 期。

"来自外缘地区的利润投入宗主国中心的发展中，反过来又影响了外缘地区的增长。因此，第三世界并不是一个凝固不变的实体……从外缘地区来看，第三世界的范围和依附程度也在随之加深。"①进入21世纪后，尽管拉美一些左翼政府通过掌控国家自然资源推动经济发展、改善民生，但其经济发展依然依赖于自然资源的开发与出口。这种模式必然使得拉美与国际资本市场的依附关系更加密切，导致政府与资本的结盟，进而削弱了群众基础。可见，在发展中国家的现代化进程中，必须建立起自主的经济体系，摆脱对国际市场和资本的依赖，唯有走上自主、可持续的现代化之路。②

美国人类学家埃里克·R.沃尔夫曾以《欧洲与没有历史的人》为题，撰写了关于1400年以来整体世界历史的著作。沃尔夫的书名是为了反讽，他想要说明的是：欧洲的扩张不仅改变了非欧洲社会的历史进程，还重新塑造了这些社会的历史叙述，人为地划分出了历史中的"胜利者"和"失败者"。然而，非西方地区并非人类历史的旁观者，也非依赖西方拯救才能脱离停滞或蒙昧状态，它们同样是当今世界历史的建设者。③"一个典型的西方便与一个典型的东方对立起来。到后来，当其他地方的许多民族想要有别于西方和东方时，我们称这些想要申请新历史身份的民族为未开发的'第三世界'……西方是'现代'

---

① [美] 斯塔夫里阿诺斯：《全球分裂：第三世界的历史进程（上卷）》，王红生等译，北京：北京大学出版社，2017年，第31页。

② 董经胜：《外部因素与拉丁美洲的现代化》，《上海师范大学学报》（哲学社会科学版），2024年第4期。

③ [美] 埃里克·R.沃尔夫：《欧洲与没有历史的人》，贾世蘅译，北京：民主与建设出版社，2018年，第3~15页。

的世界。东方则沦为'现代化的疾病'的世界。最后还有一个'第三世界'，它仍然埋首于'传统'，其现代化的努力受到压抑。"① 由此看来，在原发性现代化国家形成了以霸权国家为首的世界体系之后，发展中国家若选择走资本主义现代化道路，独立自主的现代化则停留在"非不愿也，实不能也"，由于无法沿袭殖民扩张的旧路，只能被动地踏上"依附型现代化"的不归路，沦为霸权国家的附庸。

（二）现代化的迷途："中等收入陷阱"为何阴云不散

之所以说"依附型现代化"注定是死路一条，是因为资本主义现代化的总体容量已触及上限。自冷战结束以来，那些后进国家如果仍旧固守"现代化"等同于"西方化"的观念，即便他们愿意承担依附的代价和风险，实现现代化的可能性也已微乎其微。从现象上观察，这些国家在经济起飞后，将遭遇"中等收入陷阱"，有些甚至会陷入"低收入陷阱"，仿佛被"现代化的诅咒"所困。② 但实际上，中等收入陷阱并不是发展中国家步入中等收入阶段难以逃脱的宿命，这其实是一个伪命题，也是一个遮掩新自由主义经济改革失败真相的理论陷阱。③ 所谓"中等收入陷阱"是在 2007 年世界银行发布的《东亚经济发展报告》中提出的。对此，世界银行并未给出清晰的定义，只是提出东亚中等收入国家所面临的困难，即东亚国家缺乏规模经

---

① ［美］埃里克·R.沃尔夫：《欧洲与没有历史的人》，贾世蘅译，北京：民主与建设出版社，2018 年，第 25 页。

② 鲁品越：《中国式现代化：破解当代现代化世界难题的中国方案》，《马克思主义研究》，2024 年第 1 期。

③ 周文、肖玉飞：《中等收入陷阱：命题真伪与问题实质》，《江汉论坛》，2022 年第 10 期。

济、依赖要素积累战略可能会导致稳步恶化的结果，拉丁美洲和中东的中等收入国家持续几十年都无法逃脱中等收入陷阱。[1]正如世界经济合作与发展组织（OCED）秘书长安赫尔·古里亚所描述的："拉美地区由中等收入向高收入行列的可持续转变的案例很少见，这与其他地区相比则成为鲜明对比。"[2]

然而，无论是绝对收入标准还是相对收入标准，历史数据都难以支持中等收入陷阱这一命题的存在。而且中等收入阶段国家的人均 GDP 增长率也并非显著低于低收入阶段国家和高收入阶段国家。1980—2000 年由于拉美国家及非洲国家的经济增长停滞，中等收入国家的人均 GDP 增长率显著低于高收入国家，但依然高于低收入国家。2000 年以后，以中国等新兴国家为代表的中等收入国家人均 GDP 增长率普遍高于高收入国家。[3]长期的历史数据也证明：中等收入国家未表现出比低收入国家更低的增长率；高收入国家也并未表现出比中等收入国家更高的增长率。[4]可以说，中等收入阶段的长期停留时间及超出低收入阶段和高收入阶段的增长率，都难以支撑经济学意义上存在的中等收入陷阱。作为中等收入陷阱概念的原创者，世界银行首席经济学家英德米特·吉尔在反思中等收入陷阱概念时

---

[1] Gill I.S., Kharas H., An East Asian Renaissance: Ideas for Economic Growth, Washingtion, DC: *World Bank Publications*,2007,22(2),pp.17–18.

[2] 郑秉文主编：《中等收入陷阱：来自拉丁美洲的案例研究》，北京：当代世界出版社，2012 年，序言第 8 页。

[3] 郭熙保、朱兰：《"中等收入陷阱"存在吗？——基于统一增长理论与转移概率矩阵的考察》，《经济学动态》，2016 年第 10 期。

[4] 华生、汲铮：《中等收入陷阱还是中等收入阶段》，《经济学动态》，2015 年第 7 期。

承认：中等收入陷阱不是中等收入阶段国家注定低速增长的宿命，而只是引发中等收入国家讨论经济政策的手段和用以警醒东亚国家切勿自满的风险提示。[①]因此，中等收入陷阱已经成为中等收入阶段的同义词，关于中等收入陷阱问题的讨论已经转化为脱离中等收入阶段的问题。[②]

从理论来源来看，"陷阱"概念最早出现于马尔萨斯的人口危机理论，这也成为发展经济学的最基础问题。但是，发展经济学最初关注的是"贫困陷阱"。与一些贫困经济体在很长一段时间内没能够克服贫困问题类似，中等收入经济体也出现了增速下降并在很长一段时间未能突破中等收入水平的情况。在经济发展效率上，"中等收入陷阱"的本质是经济发展方式转型的问题。[③]"陷阱"概念的问题在于，一国遇到发展问题是正常现象，只要转型成功，经济依旧可以持续发展，把增速下降的情况与收入阶段挂钩显得非常不合理。例如当前高收入国家的经济也出现了停滞甚至倒退，那么是否也可以提出"高收入陷阱"这一概念呢？并且对人口基数大的国家而言，人均收入的变化更加缓慢，不能因其未在规定年限达到某一收入水平而将其视作陷入"陷阱"。全社会整体收入水平冲上一个新台阶都需要相当长时间来积聚能量，以推动制度变迁和技术革命。出现增速下降的国家的确都需要转型以寻求新的增长动力，但不能因为

---

① Gill I.S., Kharas H., The Middle-Income Trap Turns Ten, *Policy Research Working Paper*, No.7403, Washington, DC: World Bank, 2015.

② 华生、汲铮：《中等收入陷阱还是中等收入阶段》，《经济学动态》，2015年第7期。

③ 周文、孙懿：《中国面对"中等收入陷阱"问题的解构：本质、挑战与对策》，《经济学动态》，2012年第7期。

一国需要转型就认为其要掉入"陷阱"，"中等收入陷阱"实际上是转型失败的结果。

从现实情况来看，一个国家的经济发展都是从低收入阶段上升至中等收入阶段，再上升为高收入阶段，每个国家的经济增长都会有高速增长的阶段，也存在中低速增长的阶段。早在19世纪末20世纪初，美国在经济起飞过程中被称为"进步时代"，同时也是"最坏的时代"，曾经出现过经济危机周期性爆发、社会贫富两极分化、阶级矛盾冲突的现象，但美国最终还是跨越了中等收入阶段。①其他发达国家在现代化过程中也有类似的过程。②因此，无论是低收入、中等收入还是高收入，收入水平都与经济增长陷阱没有必然联系，世界上不存在所谓收入陷阱，而是道路陷阱③，不是所谓的中等收入陷阱，而是"中等收入阶段发展陷阱"。中等收入陷阱单纯地将收入水平与增长陷阱关联，产生只要进入中等收入阶段就会注定经济低速增长的理论导向，草率断定广大发展中国家进入中等收入阶段就会遭遇经济增长陷阱，制造理论迷惑效果。④事实上，中等收入陷阱并非一种普遍的客观现象，而只是一种未能采取有效政策促进中等收入国家增长的理论，中等收入陷阱是一个无法解释中等

---

① ［美］安东尼·阿特金森、［美］弗兰科伊斯·布吉尼翁：《收入分配经济学手册》，贾世蕾译，北京：经济科学出版社，2009年，第190页。

② 胡鞍钢：《"中等收入陷阱"逼近中国?》，《人民论坛》，2010年第19期。

③ 刘福垣：《中等收入陷阱是一个伪命题》，《南风窗》，2011年第16期。

④ 周文、肖玉飞：《中等收入陷阱：命题真伪与问题实质》，《江汉论坛》，2022年第10期。

收入国家经济增长的陷阱。[①]

如前提及，与"中等收入陷阱"概念类似的还有"低收入陷阱"，哈罗德-多马经济增长模型[②]说明在经济增长的早期阶段，增加资本投资对经济的快速增长的促进作用。也即经济增长早期阶段的"贫困陷阱"需要资本的介入以突破恶性循环的稳定状态，但在后期，依靠资本投入的增长模式会带来诸多弊端，若不转型，就会在中等收入阶段再次进入恶性循环。从成功转型的后发国家的经验来看，想要跳出"中等收入陷阱"就需要国家的引导以实现经济上质的突破。总之，应从经济转型来理解两类"陷阱"。如果说"贫困陷阱"的解决方案是引入资本，那么"中等收入陷阱"的解决方案就是发挥国家的作用。尽管强政府有可能带来因专制或独裁而恶化经济的风险，但弱政府一定无法促进经济发展方式的转变。因此，强政府作为一国成功实现转型发展的必要条件，对于转型国家而言是至关重要的。然而，诸多后发国家自接受新自由主义改革后，政府作用不断削弱，经济发展受制于国内、国外诸多利益集团的博弈，以致众多后发国家在转型之中束手无策，任由社会问题不断恶化，这又进一步阻碍了其经济的转型。[③]

[①] Gill I.S., Kharas H., The Middle-Income Trap Turns Ten, *Policy Research Working Paper*, No.7403, Washington DC: World Bank, 2015.

[②] 哈罗德-多马（Harrod-Domar）经济增长模型已成为西方经济增长理论中最基本的模型，后续的经济增长模型均为或少或多地针对哈罗德-多马经济增长模型的修正和完善。参见［美］罗伯特·索洛等：《经济增长因素分析》，史清琪等选译，北京：商务印书馆，2003 年，第 98~100 页。

[③] 周文、李思思：《"中等收入陷阱"还是"新自由主义陷阱"？》，《理论月刊》，2021 年第 5 期。

理论与实践都足以证明：拉美国家掉入的不是中等收入陷阱，而是新自由主义经济学陷阱。世界银行高级经理戴维森·巴德霍道出了新自由主义经济学的目的："不惜一切代价将南方国家私有化，为了实现这个目的，我们卑鄙地将拉丁美洲和非洲变成经济上的疯人院。"[1]20世纪80年代以来，新自由主义经济学的全球扩张，不仅使得中等收入国家无法突破"瓶颈"，低收入国家难以实现经济起飞来摆脱绝对贫困，甚至高收入国家也难免遭遇发展陷阱、大步倒退。当前，对于中等收入陷阱的过分强调，恰恰没有充分认识到以拉美为代表的中等收入国家落入发展陷阱的本质。中等收入陷阱这一概念的真实目的就是遮掩西方国家新自由主义经济政策在广大发展中国家推行失败的真相。[2]中等收入陷阱还极易将错误的经济政策合理化，成为错误发展道路、错误经济政策的替罪羊。作为中等收入陷阱典型的"拉美陷阱"，正是由于盲目追求西方化，实行错误的发展政策，导致拉美国家至今深陷发展陷阱的泥潭。拉美新自由主义经济学的陷阱被堂而皇之地冠以中等收入陷阱，成为糟糕的新自由主义经济学陷阱的遮羞布。[3]

历史上，在为拉美殖民地独立和国家建构奋战了20年之后，"解放者"玻利瓦尔曾失望地说：拉丁美洲是"难以统治

---

[1]［美］阿兰·G.纳塞尔、徐洋：《资本主义的发展趋势与新自由主义的私有化浪潮》，《国外理论动态》，2003年第9期。

[2] 周文、李思思：《"中等收入陷阱"还是"新自由主义陷阱"？》，《理论月刊》，2021年第5期。

[3] 周文、肖玉飞：《中等收入陷阱：命题真伪与问题实质》，《江汉论坛》，2022年第10期。

的"①，并预言："将有许多暴君从我的坟墓上崛起……把内战打得血流成河。"②保罗·哈里森在《第三世界：苦难·曲折·希望》一书中认为：由于"殖民统治者的撤离，造成了地位真空。而填补这些真空，又为西方化提供了新的动力"③。拉丁美洲的历史教训是：它在社会变革的过程中匆匆忙忙抛弃了旧权威，却未能让一个合理的新权威及时出现。④在没有立足国家主体性，且缺乏先进政治力量领导的情况下，拉美走上了一条由外国资本主宰的、由独裁政府把控的、自身作为欧美中心国家的原料产地和产品市场的现代化迷途。⑤因此，曾任美国拉美史学会主席的布拉德福德·伯恩斯指出，拉美的现代化"只是一层虚饰，为顽固的机制加上装饰性的点缀……缺乏真正的实质"⑥。遥相呼应的拉美与北美，在现代化进程中却呈现出两种截然不同的经济增长表现，似乎在提醒我们，1800 年以后，世界范围内的经济体离"共同贫穷"的记忆越来越远。历史几多变幻，今天我们知道，它们没有奔向"共同富裕"，而是桥归

---

① ［美］托马斯·E.斯基德莫尔、［美］彼得·H.史密斯：《现代拉丁美洲》，北京：世界知识出版社，1996 年，第 40 页。

② ［委］J.L.萨尔塞多-巴斯塔多：《博利瓦尔：一个大陆和一种前途》，北京：商务印书馆，1983 年，第 260 页。

③ ［英］保罗·哈里森：《第三世界：苦难·曲折·希望》，钟菲译，北京：新华出版社，1984 年，第 42 页。

④ 钱乘旦、刘金源：《现代化的迷途》，南京：江苏人民出版社，2024 年，第 100 页。

⑤ 曾昭耀：《拉丁美洲发展问题论纲》，北京：当代世界出版社，2011 年，第 86 页。

⑥ ［美］E.布拉德福德·伯恩斯、［美］朱莉·阿·查利普：《简明拉丁美洲史：拉丁美洲现代化进程的诠释》，王宁坤译，北京：世界图书出版公司，2009 年，第 14 页。

桥、路归路，各自收敛到不同的时空里。[①]

小结

　　人类历史上没有一个民族、一个国家可以通过依赖外部力量、照搬外国模式，跟在他人后面亦步亦趋实现强大和振兴。那样做的结果，不是必然遭遇失败，就是必然成为他人的附庸。[②]历史是现实的根源和出发点，任何国家的现代化都深深根植于本国的国情和文化传统。必须承认，由于各国通向现代化的道路不同，实现现代化的方式不同，因而各国之间现代化的变革顺序与发展模式也各有差异。[③]独特的文化传统、独特的历史命运、独特的国情，注定了"我们推进的现代化，是中国共产党领导的社会主义现代化，必须坚持以中国式现代化推进中华民族伟大复兴，既不走封闭僵化的老路，也不走改旗易帜的邪路"[④]。中国的伟大变革必然要走适合自己特点的中国式现代化道路，要把实现中华民族伟大复兴立于自身基点之上。这不仅是发

---

　　① 李梦凡：《跨越中等收入陷阱：基于政治经济学的路径》，北京：社会科学文献出版社，2019年，第1~2页。

　　② 《中共中央关于党的百年奋斗重大成就和历史经验的决议》，《人民日报》，2021年11月17日。

　　③ 周文、白佶：《中国式现代化的共同特征与中国特色》，《教学与研究》，2023年第9期。

　　④ 中共中央党史和文献研究院编：《习近平关于中国式现代化论述摘编》，北京：中央文献出版社，2023年，第55页。

展上的独立自主，更是精神上的自信自立。唯其艰巨，所以伟大；唯其艰巨，更显荣光。[1]

"中国的现代化，在根本的意义上，是要构建一个中国的现代性，或者换一种说法，即是要建构一个中国现代文明的新秩序。这是中国人 20 世纪未竟之事，也是中国人 21 世纪最根本的大业……中国现代化是中国唯一的出路，并且它也逐渐汇成一个日益强大的潮流。"[2]从拯救民族危亡到建立社会主义制度、扫清现代化的根本障碍，从国家工业化到四个现代化、中国式现代化，从"一穷二白"、温饱不足到总体小康、全面小康，从全面建成小康社会到开启全面建设社会主义现代化国家新征程，中国共产党领导中国人民探索、开创和不断拓展了中国式现代化道路，走完了西方资本主义国家用几百年才走完的现代化路程，创造了人类现代化史上的奇迹。历史证明，中国式现代化符合中国实际、反映中国人民意愿、适应时代发展要求，是实现中华民族伟大复兴的唯一正确道路。[3]

---

[1]《中国式现代化解码》编写组：《中国式现代化解码》，北京：新华出版社，2022 年，第 46 页。

[2] 金耀基：《从传统到现代》，北京：法律出版社，2017 年，第 6、158 页。

[3] 当代中国研究所：《中国式现代化简史》，北京：当代中国出版社，2023 年，第 9~10 页。

第七章
中国式现代化：
强国建设与民族复兴

在新中国成立特别是改革开放以来的长期探索和实践基础上，经过党的十八大以来在理论和实践上的创新突破，我们党成功推进和拓展了中国式现代化。^①从改革开放和社会主义现代化建设新时期的"中国式的现代化"，到中国特色社会主义新时代的"中国式现代化"，体现着一个新的现代化理论、新的现代化模式，也是新的现代化实践的确立。^②世界各国都要走向现代化，但"走法"是不一样的。中国走向现代化，其初心是用"现代化""化"中国，在这一历史进程中，中国的现代化也越来越具有主体性和创造性，因而便出现了"中国式"现代化的问题。^③中国式现代化创造了人类文明新形态，展现出现代化的新图景，以伟大实践证明人类社会走向现代化的道路是多线式

① 中共中央党史和文献研究院编：《习近平关于中国式现代化论述摘编》，北京：中央文献出版社，2023 年，第 1 页。

② 从"中国式的现代化"到"中国式现代化"，这一转变不仅仅是词义上的差异，更体现了词性的转变。例如，"有中国特色的社会主义"构成了一个由定语和中心词组成的短语，"有中国特色的"作为定语修饰"社会主义"，而"中国特色社会主义"则是一个统一的专有名词。同样，"中国式的现代化"也是一个由定语和中心词构成的短语，"中国式的"作为定语修饰"现代化"，但"中国式现代化"已经演变成一个不可分割的专有名词。参见赵凌云：《从"中国式的现代化"到"中国式现代化"》，《湖北大学学报》（哲学社会科学版），2024 年第 6 期。

③ 韩庆祥：《中国式现代化开创人类文明新形态》，杭州：浙江人民出版社，2024 年，第 161 页。

的，现代化不等于"工业化"，更不等于"西方化"。[①]中国以后要变成一个强国，各方面都要强，当前中国正在以中国式现代化全面推进强国建设、民族复兴伟业，更好运用当代政治经济学理论指引现代化国家建设、探索强国之路，是时代赋予我们的历史使命。

一、超越工业化

（一）超越西方现代化工业文明范式："五位一体"总体布局

自近代以来，现代化就是世界发展不可阻挡的大趋势、大潮流，西方现代化更是被冠以追求现代化的"标准模板"，引得很多国家竞相追仿，但正确认识和全面把握现代化，理应全面审视西方现代化，以避免误入资本主义意识形态陷阱。基于资本逻辑的"西方中心论"话语体系认为现代化肇始于工业化，工业革命越激烈、彻底，工业化程度越高，现代化程度也就越高，并在国家经济实践中把工业化扩大与现代化发展简单等同，将现代化逻辑简单归因于工业化逻辑，以至于在理论上形成了内有"现代化等于工业化"倾向的西方现代化思想。[②]而在马克思的语境中，现代化思想与工业化思想虽密不可分，但未有明

---

① 周文：《习近平经济思想的实践逻辑、理论逻辑与历史逻辑》，《马克思主义理论学科研究》，2022 年第 5 期。

② 周文、唐教成：《西方现代化的问题呈现与中国式现代化的创新发展》，《中国高校社会科学》，2023 年第 6 期。

确论述表示两者等同。实际上，马克思注重剥离两者之间的易混淆特征，力求厘清两者的关系，指出人类社会发展内在遵循历史唯物主义基本规律，并科学描绘出"封建的或行会的工业经营方式"已被"工场手工业"所代替、正被"现代大工业"所代替、最终会被"自由人的联合体"生产方式所代替的历史图景。①这也意指要通过工业化推动现代化，但现代化并不是仅靠工业化就能实现。

可以说，工业化是现代化的必经之路，但现代化不完全等同于工业化，它还有其他结构要素和表现形式。工业化是一个国家或地区人均收入的提高和经济结构高级化的经济发展，其本质是国民经济中一系列重要的生产函数（或生产要素组合方式）连续发生由低级到高级的突破性变化（或变革）。②从产业划分上，一般表现为"制造业活动和第二产业在国民经济中的占比会稳步提升，随之制造业和第二产业的就业人口会呈现出增长态势，如此整个社会的人口收入会实现增长"③。而现代化"是世界历史的形成过程……大工业及工业文明的全球普及和现代社会发展机制的全球扩散最终把世界各个区域联结成为一个相互依存、不可分割的整体……进入了全球性现代化的世界历史新阶段"④。直接将工业化与现代化画等号的结论显然是错误

①《马克思恩格斯文集》（第二卷），北京：人民出版社，2009年，第32~53页。

② 张培刚：《农业与工业化》，北京：商务印书馆，2019年。

③ Eatwell J., Milgate, M., Newman, P., *The New Palgrave: A Dictionary of Economics*, London: Macmillan Press Ltd,1987,p. 861.

④ 王斯德主编：《世界通史（第三版）第二编 工业文明的兴盛：16—19世纪的世界史》，上海：华东师范大学出版社，2009年，第2~3页。

的。两者关系应为：工业化是现代化的共性，是走向现代化的核心，是实现现代化的重要组成部分；现代化不仅仅是实现工业化，更是"集大成"的一个发展过程，即"全社会范围内一系列现代要素及其组合方式连续发生的从低级到高级的突破性的变化或变革"①。

随着工业革命的开启，资本主义生产方式在现代化的浪潮下推动完成以自然经济为基础的农业文明向以商品经济为基础的工业文明的跃迁。在工业文明发展范式下得以创造极大的生产力、缔造雄厚物质文明基础及开拓世界市场，都源自其物质中心主义的内核。托夫勒将其形容为"垂死的工业文明"，第三次浪潮将带来新的文明，"这一新文明在很多方面和传统的工业文明相冲突。它既包含了高科技，又包含了反工业化"②。300多年的工业文明史创造和积累了前所未有的社会财富，但同时，工业文明的生产和生活方式也暴露了惊人的破坏力，西方式现代化过程中对地球资源的掠夺性使用造成了环境污染和生态破坏、资源与能源消耗过度、气候变暖等难以逆转的后果。位于全球分工产业链上游的发达国家又将环境及能源代价转嫁至发展中国家。③进一步说，以物质中心主义发展生产力的资本主义文明所形成的庞大物质财富，也是以牺牲其他文明、精神文化衰落、人与自然关系高度紧张为代价的。现代化一直向前发展，

①　周文：《中国道路：现代化与世界意义》，杭州：浙江大学出版社，2021年，第122页。

②　[美]阿尔文·托夫勒：《第三次浪潮》，黄明坚译，北京：中信出版社，2018年，第4页。

③　周文、施炫伶：《中国式现代化与人类文明新形态》，《广东社会科学》，2023年第1期。

传统工业文明范式只能是单一、片面、残缺、畸形的文明，也必将被社会主义新文明所取代。

现代化是全面系统的现代化，不是单一领域或单一内容的现代化。在马克思看来，后发现代化国家迈入工业现代化的历史进程是不会改变的，唯一能改变的是，它是必须走资本主义工业现代化的老路还是能够开辟社会主义工业现代化的新路。"一切都取决于它所处的历史环境。"①所谓"历史环境"具体到中国来说，就是中国式现代化坚持"改造工业和社会结构"②相结合的工业化和现代化道路。③在这种意义上，生产力的高度发展是现代文明的基础，工业文明是现代文明的根基，但不能以简单的生产力及物质财富总量作为衡量现代化的唯一标准。中国式现代化突破西方资本主义现代化的发展悖论，紧紧围绕以人民为中心的现代化发展理念，通过经济建设、政治建设、文化建设、社会建设、生态文明建设"五位一体"总体布局，推动物质文明、政治文明、精神文明、社会文明、生态文明协调发展，致力实现社会的全面进步和人的自由全面发展。从物质文明与精神文明的简单二分法，到"五位一体"的社会主义文明观，中国式现代化克服了西方式现代化的片面性和残缺性，体现出人类文明新形态的全面性，实现了工业文明与生态文明

---

① 《马克思恩格斯文集》（第三卷），北京：人民出版社，2009年，第586页。

② 《马克思恩格斯文集》（第一卷），北京：人民出版社，2009年，第530页。

③ 刘荣军：《马克思工业化理论视阈中的中国式现代化及其叙事》，《马克思主义研究》，2024年第4期。

的有机统一。[①]

"五位一体"总体布局体现了中国式现代化的整体协同性。"现在的社会不是坚实的结晶体，而是一个能够变化并且经常处于变化过程中的有机体。"[②]《1844 年经济学哲学手稿》阐释了人的生产在本质上区别于动物的生产，就在于人的生产是社会全面生产，即按照美的规律再生产整个自然界。[③]中国式现代化体现了对马克思社会发展理论的继承和发展。党的十八大报告提出"全面落实经济建设、政治建设、文化建设、社会建设、生态文明建设五位一体总体布局，促进现代化建设各方面相协调"。需要注意的是，"五位一体"总体布局系统内部是相互独立又相互联系、相辅相成、互为补充的子系统。经济现代化作为国家现代化的基础，为全面现代化提供物质基础；政治现代化作为制度支持和法治保障；文化现代化作为精神动力和思想引领；社会现代化提供良好秩序和运行空间；生态现代化是可持续现代化的基础条件。[④]只有在相互协调中全面推进各个子系统的建设，才能推动我国现代化由局部的、不太协调的现代化进入全面协同的现代化。总之，整体协同性是中国式现代化的题中应有之义。

---

① 周文、施炫伶：《中国式现代化与人类文明新形态》，《广东社会科学》，2023 年第 1 期。

②《马克思恩格斯文集》（第五卷），北京：人民出版社，2009 年，第 10~13 页。

③《马克思恩格斯文集》（第一卷），北京：人民出版社，2009 年，第 162~163 页。

④ 颜晓峰：《全面建设社会主义现代化国家的系统布局》，《马克思主义理论学科研究》，2020 年第 6 期。

"五位一体"总体布局体现了中国式现代化的动态发展性。世界各国推进现代化的经验教训表明，经济建设在现代化进程中不可替代。但以经济建设为中心并不意味着其他方面建设不重要，经济建设带动其他方面建设，其他方面建设助推经济建设，进而实现良性互动，这是我国逐渐形成"五位一体"总体布局的逻辑依据。[1]中国式现代化建设的总体布局并不是一蹴而就形成的，而是经历了一个动态发展过程。从1978年党的十一届三中全会明确"以经济建设为中心"，党的十二大报告提出社会主义物质文明与精神文明建设"两个文明一起抓"，到1986年党的十二届六中全会提出包含政治文明、物质文明和精神文明建设的"总体布局"的概念，标志着我国社会主义现代化建设"三位一体"总体布局的初步形成。其后，由党的十六届四中全会提出"构建社会主义和谐社会"命题到党的十七大报告将"社会建设"正式纳入，并形成中国特色社会主义事业的"四位一体"总体布局。党的十八大报告正式把"社会主义生态文明建设"提高到"五位一体"总体布局的战略高度，成为我国社会主义现代化建设的系统布局。[2]

从中国式现代化的文明意蕴来看。一方面，中国式现代化是以人民为中心的现代化，是全面协调均衡发展的现代化，是五大文明协调发展的文明新形态，是实现社会全面进步和人的自由全面发展的现代化道路。中国式现代化打破了西方现代化

---

[1] 张占斌、王学凯：《中国式现代化：特征、优势、难点及对策》，《新疆师范大学学报》（哲学社会科学版），2022年第6期。

[2] 周文、施炫伶：《中国式现代化与人类文明新形态》，《广东社会科学》，2023年第1期。

的单一线性发展逻辑，在高度复杂的社会现实条件下探索破解复杂现代化的发展难题，实现了现代化的跨越式发展。中国式现代化坚持人与自然和谐共生的现代化道路，坚决摒弃控制自然、征服自然、支配自然的资本主义现代化方案，坚定不移走绿色低碳循环发展之路，致力实现人与自然和谐共生、推动全球绿色可持续发展。中国式现代化是实现全体人民共同富裕的现代化，始终把持续增进民生福祉、促进人的自由全面发展、朝着共同富裕稳步前进作为经济发展的出发点和落脚点，不断满足人民对美好生活的向往。中国式现代化坚持物质文明和精神文明协调发展，坚持"以辩证的、全面的、平衡的观点正确处理物质文明和精神文明的关系"①，人民物质生活水平和精神文化生活实现均衡发展、同步提高、相互促进。中国式现代化破解了人类文明失衡发展的核心难题，彰显了人类文明体系的协调性，创造了全面协调发展的现代文明形态。②

另一方面，中国式现代化是促进社会全面进步与人的自由全面发展的全方位系统性现代化，是实现社会文明与人的解放的崭新文明形态。资本主义商品生产"在产生出个人同自己和同别人相异化的普遍性的同时，也产生出个人关系和个人能力的普遍性和全面性"③。诚然，资本主义文明形态通过资本主义制度和市场经济实现社会成员之间全面的相互依赖，人与人之间被卷入依赖交换价值纽带链接的普遍的物化社会联系，获得

---

① 《习近平谈治国理政》（第二卷），北京：外文出版社，2017年，第324页。
② 周文：《再论中国式现代化与人类文明新形态》，《求索》2023年第5期。
③ 《马克思恩格斯文集》（第八卷），北京：人民出版社，2009年，第56页。

了打破传统封建人身依附关系的形式解放。然而，人在获得表面的形式自由的同时，又陷入实质的剥削奴役是资本主义文明的固有缺陷。"现代化的最终目标是实现人自由而全面的发展。"①中国式现代化旨在通过实现"两个和解"，致力探索出一条通往"自由王国"的路径，实现人类社会发展的根本性跃迁，②创造了以物质文明为基础、政治文明为保障、精神文明为支撑、社会文明为依托、生态文明为前提的总体性文明体系。五大文明之间良性互动、协调发展、整体推进，人的自由全面发展的条件、手段和内容逐步得到充实提高完善，人类解放的趋势与程度不断彰显，面向人的自由全面发展的崭新文明形态正在中国式现代化中不断标注着人类文明新高度。

（二）建设现代化经济体系

新中国成立初期，受当时苏联社会主义工业化模式的影响，中国共产党提出了过渡时期总路线，实现国家工业化，为加快完成向社会主义的过渡提供物质基础。1957 年，毛泽东讲到了中国工业化道路的问题，主要是关于工业、轻工业、农业之间的发展关系，"我国的经济建设是以重工业为中心，……但是同时必须充分注意发展农业和轻工业"③。这在一定程度上突破了苏联片面重视重工业发展的模式。工业化不等于现代化，社会主义现代化是一个内涵丰富的整体。1964 年，周恩来在《政府工作报告》中，提出了完整的四个现代化，即现代农业、现代

---

① 习近平：《必须坚持人民至上》，《求是》，2024 年第 7 期。

② 严文波：《中国式现代化理论对深化人类社会发展规律认识的创新贡献》，《马克思主义研究》，2024 年第 8 期。

③《毛泽东文集》（第七卷），北京：人民出版社，1999 年，第 241 页。

工业、现代国防和现代科学技术。党的十八大报告将"四化"的内容进一步发展，明确提出促进工业化、信息化、城镇化、农业现代化同步发展。党的十九大报告再次强调推动新型四个现代化同步发展，并首次提出"建设现代化经济体系"命题。从最初源自模仿的、但同时也是最为紧迫的工业化，发展到综合考虑工业、农业、国防、科技的四个现代化，进而到强调中国式发展、强调物质文明与精神文明协调可持续发展的小康社会，再到关注高质量发展、关注经济社会全系统有机协同发展的现代化经济体系，中国的现代化之路越走越宽阔。①

　　在西方经济学话语体系中，以欧美国家为代表的工业化或者现代化道路是唯一的，可以称之为"工业化一般"。新中国成立后，中国共产党在不断推进中国式现代化进程中，最为重要的措施便是不断推进工业化发展，实现了从"工业化一般"到"社会主义工业化"的跃升。②我国的社会主义工业化道路在重工业优先增长理论、比较优势理论、后发优势理论、现代化经济体系理论的理论逻辑基础上，经历了依靠援建没有完整工业化、引进吸收没有独立自主创新、跨越式没有足够积累的过程和重构中国工业体系的历史发展逻辑。③如今，我国"正处在转变发展方式、优化经济结构、转换增长动力的攻关期，建设现代化经济体系是跨越关口的迫切要求和我国发展的战略目

---

① 张申、程霖：《中国共产党经济现代化思想的演进：逻辑体系与理论创新》，《中国经济问题》，2021 年第 5 期。

② 谢俊如、尚庆飞：《从"工业化一般"到"社会主义工业化"——毛泽东社会主义工业化思想之于中国式现代化的启示》，《学海》，2024 年第 4 期。

③ 方凤玲：《新中国 70 年经济理论与实践探讨——"首都经济学家论坛第 16 次学术讨论会"综述》，《教学与研究》，2019 年第 7 期。

标"[1]。现代化经济体系命题，既是对西方经济发展实践的经验与教训的深刻总结，也是对现代化经济发展的理论命题的重新思考和中国化提炼，[2]成为党的十九届五中全会正式提出的中国式现代化的思想基础之一，更是党的二十大报告提出的"加快建设现代化经济体系"、党的二十届三中全会提出的"建成现代化经济体系"的理论先声。[3]

　　什么是现代经济？长期以来，西方现代化产业理论的误导贻害无穷。一方面，西方发达国家一直致力推行比较优势的国际贸易理论。依照该理论逻辑，发展中国家应该利用自身丰富的自然资源大力发展农业而非工业，趋向"去工业化"。比较优势理论只宣扬各国通过分工生产效率最高的商品参与世界市场交换，却避而不谈动态的交易过程将会加剧弱者的弱势地位形成依附型经济。[4]根本目的是使得后发国家永远无法利用现有的比较优势条件，实现对发达国家的赶超，更难以实现自身的跨越式发展。[5]世界经济史已充分证明，"500多年来还没有哪个国家发生过没有国家对市场强有力的干预下，穷国可以从不对

---

　　①《习近平著作选读》（第二卷），北京：人民出版社，2023年，第24~25页。

　　② 周文、肖玉飞：《中国式现代化道路的独特内涵、鲜明特征与世界意义》，《马克思主义与现实》，2022年第5期。

　　③ 顾海良：《现代化经济体系与中国式现代化的系统集成》，《马克思主义与现实》，2024年第6期。

　　④ 周文：《国家何以兴衰：历史与世界视野中的中国道路》，北京：中国人民大学出版社，2021年，第144~145页。

　　⑤ 周文：《"中国奇迹"背后的密码——来自中国改革开放40年的经验与总结》，《东北财经大学学报》，2018年第4期。

称的自由贸易中摆脱贫困的国际分工"[1]。另一方面，西方经典产业结构理论片面强调服务业比重越大、现代化程度越高的错误认识。发展中国家盲目按照西方现代化发展经验归纳的现代产业结构理论，刻意降低制造业产业比重，不顾自身实际大力发展服务业和虚拟经济，不仅无法解决自身面临的发展动能激发、国内消费提振、产业转型升级等问题，而且会陷入经济不断"脱实向虚"的陷阱难以自拔。

国家强，经济体系必须强。现代化经济体系包含创新引领、协同发展的产业体系，统一开放、竞争有序的市场体系，体现效率、促进公平的收入分配体系，彰显优势、协调联动的城乡区域发展体系，资源节约、环境友好的绿色发展体系，多元平衡、安全高效的全面开放体系及充分发挥市场作用、更好发挥政府作用的经济体制。[2]我国现代化经济"体系论"对经济活动的各领域、各层面与各环节，以及现代化生产各要素及要素之间内在组合关系进行整体考察，实现了对于西方主流经济学产业划分和现代化经济发展二元论的理论突破与实践超越，是现代化经济发展的中国理论。[3]在这种意义上，现代化经济体系可以视为当代中国马克思主义政治经济学的"崭新话语"，既是对现代化社会大生产的系统把握，也是科学总结中外现代化发展

---

① ［美］埃里克·S.赖纳特：《富国为什么富 穷国为什么穷》，杨虎涛译，北京：中国人民大学出版社，2013 年，第 92 页。

② 中共中央宣传部、国家发展和改革委员会编：《习近平经济思想学习纲要》，北京：人民出版社、学习出版社，2022 年，第 69~71 页。

③ 周文：《中国道路：现代化与世界意义》，杭州：浙江大学出版社，2021 年，第 157 页。

道路的经验所得出的理论成果。[①]"只有形成现代化经济体系，才能更好顺应现代化发展潮流和赢得国际竞争主动，也才能为其他领域现代化提供有力支撑。"[②]立足新发展阶段，开启新征程，必须加快建设现代化经济体系深入推进中国式现代化，全面建设社会主义现代化国家。

现代化经济体系突破西方主流经济学的产业理论误导。作为"由社会经济活动各个环节、各个层面、各个领域的相互关系和内在联系构成的一个有机整体"[③]，现代化经济体系以实体经济为发展着力点，搭建"实体经济、科技创新、现代金融、人力资源协同发展的产业体系"[④]。强调国家繁荣富强需要强大、多样和富于创新的制造业。西方经济学所谓后工业社会、自由贸易、进口工业产品或产品外包，结果导致经济体虚化和弱化。[⑤]现代化经济体系基于新中国 70 多年社会主义经济建设特别是改革开放 40 多年的伟大实践，源自中国共产党对现代化建设实践的经验总结与理论升华，是对新时代全面建设社会主义现代化国家的战略谋划。因此，我国的现代化经济体系本质上不同于西方国家，评估其成效主要应看是否有助于推动现代

---

① 周文、肖玉飞：《深刻把握习近平经济思想的三重逻辑要义》，《经济问题探索》，2022 年第 6 期。

② 《习近平谈治国理政》（第三卷），北京：外文出版社，2020 年，第240 页。

③ 《习近平谈治国理政》（第三卷），北京：外文出版社，2020 年，第 240~241 页。

④ 《习近平著作选读》（第二卷），北京：人民出版社，2023 年，第 68 页。

⑤ 周文：《习近平经济思想与中国经济学建设》，《中国经济问题》，2022 年第 3 期。

化经济的发展，不能用所谓"先进与否""领先与否"进行判断，现代化经济体系的关键是经济系统协调、产业结构最优。中国式现代化经济体系是在发展过程中不断完善、强大起来的、面向现代化或现代化导向的经济体系，是一种适应性很强、充满活力、面向世界的经济体系。①

现代化经济体系强调新发展理念。西方主流经济理论正是抽掉曾经帮助自己繁荣富强的"梯子"，竭力制造发展中国家现代化的"天花板"。新时代以来，我国经济发展目标和约束条件发生深刻变化，转变生产方式需要树立新的发展理念，而贯彻新发展理念就需要构建现代化经济体系。②新发展理念更加注重经济高质量发展、产业结构优化升级、经济体制改革完善和经济发展成果分配共享。坚持创新在现代化建设全局中的核心地位，加快建设创新型国家和世界科技强国，以创新发展解决发展动力问题；推动区域、城乡、行业协调发展缩小发展差距，以协调发展解决发展不平衡问题；推进经济社会发展全面绿色低碳转型，以绿色发展实现人与自然和谐共生；以更高水平开放加快构建双循环新发展格局，形成全面对外开放新局面，以开放发展实现内外发展联动；扎实推动全体人民共同富裕，以共享发展彰显社会公平正义。新发展理念是建设现代化经济体系、破解经济发展难题的整体方案，是指导新时代中国经济实现高质量发展的根本方略，也是引领中国经济从经济大国迈向

---

① 周文：《建设现代化经济体系的几个重要理论问题》，《中国经济问题》，2019年第5期。
② 刘伟：《加快培育新质生产力推进实现高质量发展》，《经济理论与经济管理》，2024年第4期。

经济强国的根本遵循。[①]

现代化经济体系强调生产力与生产关系协调互动。现代化经济体系是现代化生产力发展和现代化生产关系变革的统一体，[②]更是生产力与生产关系协调互动的现代化，是两者良性互动的经济体系。[③]生产力内容体现为高质量的要素资源、更加合理的产业结构与系统完备的产业体系等，生产关系内容表现为所有制、收入分配制度与经济运行体制。现代化经济体系需要生产力与生产关系的良性互动、协调发展。建设现代化经济体系的关键在于以供给侧结构性改革为主线，建设现代产业体系和构建现代经济体制。面对我国全面建成社会主义现代化强国的发展要求，以及世界新一轮科技革命和产业变革机遇。一方面，建设现代化经济体系要不断深化经济体制改革，加快高水平社会主义市场经济体制建设，着力构建市场体制有效、微观主体有活力、宏观调控有度的经济体制，使经济体系不断适应我国全面建设社会主义现代化国家的要求。另一方面，建设现代化经济体系要健全社会主义市场经济条件下新型举国体制，增加高质量科技供给，依靠科技创新掌握关键核心技术，推动经济发展的质量变革、效率变革、动力变革。

现代化经济体系标注现代物质文明新高度。西方国家从传统社会到现代社会的转换过程，存在明显的二元对立矛盾与线

---

① 周文：《再论中国式现代化与人类文明新形态》，《求索》，2023 年第 5 期。

② 李琼、贾点点、叶青等：《纪念改革开放 40 周年》，《政治经济学评论》，2019 年第 3 期。

③ 周文、代红豆：《中国特色社会主义政治经济学研究对象探析——基于马克思生产方式理论的当代借鉴》，《河北经贸大学学报》，2020 年第 5 期。

性历史思维。德国学者乌尔里希·贝克就指出："在发达现代性中，财富的社会化生产与风险的社会化生产系统相伴"①，西方现代化经济发展过程往往出现量与质的失调、规模与结构的失衡等问题。不同于西方国家的经济体系，我国紧密联系、有机统一的现代化经济体系，是系统化指向发展水平、发展质量、发展结构、发展空间布局及发展体制机制等多方面的现代化水平和状态。从 20 世纪 50 年代的社会主义工业化，到如今建设现代化经济体系，新中国经济建设的历史，始终贯彻着通过经济赶超而实现现代化的目标、任务和路线。②当前人类社会正经历新一轮科技革命和产业变革，这一巨大历史变革必将推动全球生产关系的重大调整，推动人类社会生产力跃升发展。我国现代化经济体系坚持将创新作为引领发展的第一动力，并以全球视野谋划和推动科技创新，从全人类文明发展的历史高度推动科技创新与生产力发展。因此现代化经济体系是实现社会生产力高质量发展的制度体系，正以物质生产力的坚实基础重塑现代物质文明结构，不断刷新现代物质文明新高度。③

（三）新型工业化

现代化不是工业化，并不意味着现代化不要工业化，必须理顺两者间的关系。基本实现工业化，是中国共产党领导中国人民百年奋斗取得的辉煌成就，具有伟大的历史意义和世界意

---

① ［德］乌尔里希·贝克：《风险社会：新的现代性之路》，张文杰、何博闻译，南京：译林出版社，2022 年，第 3 页。

② 郑超愚：《中国式现代化的发展经济学意义》，《理论探索》，2024 年第 3 期。

③ 周文：《再论中国式现代化与人类文明新形态》，《求索》，2023 年第 5 期。

义。但是踏上现代化的新征程，中国式现代化还面临着全面实现工业化、实现新型工业化、实现工业现代化和实现"新四化"的重大任务。[1]党的十八大以来，习近平就新型工业化的重大理论和实践问题作出一系列重要论述，丰富和发展了对工业化的规律性认识。"新时代新征程，以中国式现代化全面推进强国建设、民族复兴伟业，实现新型工业化是关键任务。要完整、准确、全面贯彻新发展理念，统筹发展和安全，深刻把握新时代新征程推进新型工业化的基本规律，积极主动适应和引领新一轮科技革命和产业变革，把高质量发展的要求贯穿新型工业化全过程，把建设制造强国同发展数字经济、产业信息化等有机结合，为中国式现代化构筑强大物质技术基础。"[2]这一重要指示深刻阐释了新时代新征程推进新型工业化的重大意义、重要原则和重点任务，为扎实推进新型工业化、加快建设制造强国、构筑中国式现代化的坚实物质技术基础指明了前进方向、提供了行动指南。

历史和现实都表明，在一个有着14亿多人口的发展中大国推进工业化，既要遵循世界工业化的一般规律，更要立足国情，走有中国特色的新型工业化道路。

其一，新型工业化是从以赶超跨越为导向的高速度工业化，

---

① 黄群慧：《论新型工业化与中国式现代化》，《世界社会科学》，2023年第2期。

② 《习近平就推进新型工业化作出重要批示强调 把高质量发展的要求贯穿新型工业化全过程 为中国式现代化构筑强大物质技术基础》，《人民日报》，2023年9月24日。

转向由技术创新驱动的高质量工业化。[①]深入推进新型工业化，必须贯彻新发展理念和高质量发展要求，以推进制造业高质量发展为重心，加快推动我国从制造大国向制造强国转变。创新是新型工业化的根本动力，要实现从依靠传统的要素投入所形成的规模性扩张转向创新驱动所引领的高质量发展，就必须走新型工业化道路。新型工业化有助于解决工业化进程中区域发展不平衡、产业发展结构不平衡、实体经济与虚拟经济发展不平衡等问题。新型工业化将绿色发展理念贯穿于工业化的全链条、全过程和各领域，推动实现生产生活方式的绿色转型，加快建立健全绿色低碳循环发展的经济体系。新型工业化要坚持"引进来"与"走出去"并重，统筹国内国际两个市场、用好国内国际两种资源，加快构建以国内大循环为主体、国内国际双循环相互促进的新发展格局。新型工业化要坚持共享发展理念，以全体人民共同富裕为目标，让工业化发展成果更多更公平惠及全体人民。

其二，新型工业化是更好统筹发展和安全、加快构建新发展格局的工业化。我国现代化发展面对的外部环境复杂严峻，全球产业链、供应链不确定性和不稳定性加大，"断链""脱钩"风险增大。扎实推进新型工业化，必须更好统筹发展和安全，增强风险意识，坚持底线思维，增强自主创新能力，推进关键核心技术攻关突破，加快解决"卡脖子"问题，实现高水平科技自立自强；加快提升我国产业链、供应链现代化水平，不断

---

① 周文：《新型工业化与新质生产力》，《国家现代化建设研究》，2024 年第 2 期。

提升产业链、供应链稳定性和竞争力，着力构建自主可控、安全高效的产业链和供应链，以新型工业化逐步化解"卡脖子""掉链子"风险，增强我国发展的独立性、自主性和安全性，实现高质量发展和高水平安全良性互动。新型工业化不走过度强调出口导向的外向型发展老路，更不走脱离世界的封闭之路。[1]面对保护主义抬头和经济全球化逆流，我国新型工业化顺应经济全球化浪潮，立足全球经济分工合作的客观基础，坚持充分发挥超大规模市场优势和强大生产能力优势，统筹国内国际两个市场、两种资源，推动国内国际双循环互促互进，加快构建新发展格局。

其三，新型工业化是准确把握工业化发展阶段特征、顺应现代化发展规律的工业化。科学技术正在以前所未有的力量改变着人类社会的生产生活，制造业数字化、智能化、绿色化转型趋势明显。数字领域出现大量关键性颠覆性技术，大数据、区块链、量子信息、人工智能等新技术深入发展，促使全球要素资源配置、生产方式和生活方式加速变革。新型工业化的优势和特点在于以打造科技转型引擎、依靠创新驱动发展为核心要义，通过对生产要素、资源环境及生产方式的系统性、整体性变革[2]，特别是，数据作为当前驱动经济增长与生产方式变革的关键要素，其核心价值已为新型工业化所率先捕捉，在企业

① 中国社会科学院工业经济研究所课题组：《新型工业化内涵特征、体系构建与实施路径》，《中国工业经济》，2023年第3期。

② 唐浩：《中国特色新型工业化的新认识》，《中国工业经济》，2014年第6期。

研发设计、生产流通、经营管理等各环节得到应用。[①]推进新型工业化必须加快促进信息化和工业化的深度融合，利用数字技术对传统制造业进行全方位、全角度、全链条的改造，推动工业技术变革，赋能传统产业转型升级，大力发展数字经济，有效推动数字化转型与智能化融合，推进战略性新兴产业融合集群发展，瞄准重大前沿科技成果科学布局未来产业，积极主动适应和引领新一轮科技革命和产业变革。

现阶段，扎实推进新型工业化是实现高水平科技自立自强、塑造竞争新优势的迫切需要，是建设现代化经济体系、着力推进高质量发展的必然选择，是全面建成社会主义现代化强国、实现中华民族伟大复兴的内在要求。

首先，实现高水平科技自立自强、塑造竞争新优势的迫切需要。我国拥有门类齐全、独立完整的工业体系和最为完整的产业链、供应链，然而工业大而不强，关键核心技术受制于人的局面尚未根本改变，产业链创新能力和自主可控能力较弱。当今全球经济衰退风险增大，贸易保护主义抬头，逆全球化趋势增强，全球产业链重组、供应链重塑、价值链重构不断深化，产业链安全性和供应链弹性愈益受到关注和重视，产业安全、经济安全和国防安全问题日益凸显。"关键核心技术是要不来、买不来、讨不来的。只有把关键核心技术掌握在自己手中，才能从根本上保障国家经济安全、国防安全和其他安全。"[②]新型

---

① 黄群慧、李芳芳：《中国式现代化语境下推进新型工业化的逻辑与路径》，《财贸经济》，2024 年第 1 期。

② 《习近平谈治国理政》（第三卷），北京：外文出版社，2020 年，第248 页。

工业化是坚持创新驱动发展、推动实现高水平科技自立自强的工业化，其首要任务就是坚持创新引领，加快实现技术突破，构建高水平自主可控的科技创新和产业创新体系。

其次，建设现代化经济体系、着力推进高质量发展的必然选择。从内部发展来看，我国正处于从工业大国向工业强国迈进的关键时期，工业仍处于全球价值链中低端，传统产业体量大、占比高。从外部环境来看，新一轮科技革命和产业变革的发展势头迅猛，世界主要工业大国纷纷发布高端制造业发展战略，参与科技创新博弈，抢占竞争制高点；面对全球产业结构和产业布局深度调整，发达国家试图以"再工业化"推动高端制造业回流，新兴经济体则凭借成本优势积极承接国际产业转移。与此同时，西方发达国家不断升级对我国先进制造业的遏制和打压。新时代新征程，建设现代化经济体系、实现高质量发展，就必须以科技创新推动产业创新，特别是以颠覆性技术和前沿技术催生新产业、新模式、新动能，发展新质生产力；大力推进新型工业化，积极发展数字经济，加快推动人工智能发展；打造生物制造、商业航天、低空经济等战略性新兴产业，开辟量子计算、生命科学等未来产业新赛道，广泛应用数智技术、绿色技术，加快传统产业转型升级。

最后，全面建成社会主义现代化强国、实现中华民族伟大复兴的内在要求。"中国梦具体到工业战线就是加快推进新型工业化。"①现代化不等同于工业化，工业化不是现代化的全部内容，然而现代化却离不开工业化，工业化是现代化的核心内容，

---

① 《为中国式现代化构筑强大物质技术基础》，《求是》，2023 年第 19 期。

也是经济增长的重要引擎、技术创新的主要阵地。迈向全面建设社会主义现代化国家新征程，以中国式现代化全面推进中华民族伟大复兴，关键就在于扎实推进新型工业化，加快形成新质生产力，创造丰富的物质文明和精神文明，为全面建成社会主义现代化强国奠定坚实的物质基础、提供强大的技术支撑，推动实现全体人民共同富裕的现代化、物质文明和精神文明协调发展的现代化、人与自然和谐共生的现代化、走和平发展道路的现代化。"我们能不能如期全面建成社会主义现代化强国，关键看科技自立自强。"[1]扎实推进新型工业化、加快形成新质生产力的重点就在于坚持创新驱动发展战略，实现高水平科技自立自强。因此，扎实推进新型工业化，加快形成新质生产力，在我们这样一个拥有 14 亿多人口的大国，无论怎么强调都不为过。[2]

马克思曾说："工业以至于整个财富领域对政治领域的关系，是现代主要问题之一。"[3]不同时期的现代化和工业化都有着不同的内涵，中国的实践不断丰富着现代化和工业化的理论意蕴与实践经验。没有强大的工业，就不可能有现代化的经济体系，国家就会在竞争中处于被动地位。新型工业化既不同于西方国家后工业化的发展道路，也不同于我国以往工业化的发展任务。一方面，加快推进新型工业化是夯实国家发展根基的战略选择，是实现中国式现代化的必然要求，是振兴实体经济

---

① 《习近平在参加江苏代表团审议时强调 牢牢把握高质量发展这个首要任务》，《人民日报》，2023 年 3 月 6 日。

② 周文：《抓住新型工业化重要机遇》，《经济日报》，2023 年 11 月 27 日。

③ 《马克思恩格斯文集》（第一卷），北京：人民出版社，2009 年，第 8 页。

的客观需要，是实现经济高质量发展的根本途径；另一方面，加快推进新型工业化是塑造大国竞争新优势的迫切需要，新一轮科技革命和产业变革、加快发展新质生产力、全球产业结构和布局深度调整，对我国新型工业化建设提出了新要求。[①]"没有坚实的物质技术基础，就不可能全面建成社会主义现代化强国。"[②]培育和形成新质生产力的目的之一，就是推进新型工业化实现经济高质量发展。[③]新质生产力必将释放更为发达的社会生产力、创造更为雄厚的物质财富，新型工业化注重把握技术先进性、战略协同性、产业体系完整性、过程包容性与产业安全性，[④]必将为中国式现代化构筑强大的物质技术基础。

二、打破西方化"迷思"

（一）文明贡献：中国式现代化创造人类文明新形态

《德法年鉴》时期是马克思从革命民主主义者成长为共产主义者的标志性阶段，然而，这一变化的历史背景往往没有得到

---

① 许先春：《新时代加快推进新型工业化的战略考量和实践要求》，《党的文献》，2024年第3期。

② 习近平：《高举中国特色社会主义伟大旗帜　为全面建设社会主义现代化国家而团结奋斗——在中国共产党第二十次全国代表大会上的报告》，北京：人民出版社，2022年，第28页。

③ 余东华、马路萌：《新质生产力与新型工业化：理论阐释和互动路径》，《天津社会科学》，2023年第6期。

④ 黄群慧、李芳芳：《中国工业化进程报告（2023）：以新型工业化推动中国式现代化》，北京：社会科学文献出版社，2024年。

应有的关注，那就是：在现代化的"赛程"中，处于滞后地位的德国，怎样赶超作为现代化领先者的英法。而上述德意志民族的忧虑在马克思这里则成为《〈黑格尔法哲学批判〉导言》的要旨：德国人的解放。他所聚焦的是，德国将如何"一个筋斗"就从自身的阻碍突围，并且跨越现代各国面临的阻碍呢？[①]不管是"德国式的现代问题"，抑或马克思同阶段关注的"犹太人问题"，都不应被视为特殊的民族问题，而应是后发国家现代化是否一定要走先发国家道路的问题，是一个具有深厚文明底蕴的民族如何走向现代化的"当代普遍问题"。[②]随着政治经济学批判的深入，在《给〈祖国纪事〉杂志编辑部的信》中，马克思明确反对现代化的"一元论"观点，强调不能将《资本论》"关于西欧资本主义起源的历史概述彻底变成一般发展道路的历史哲学理论，一切民族，不管它们所处的历史环境如何，都注定要走这条道路"[③]。这表明，西方现代化道路及其开创的资本主义文明，并不是人类社会的唯一发展道路和唯一文明形态，理应存在着其他的现代文明道路。

一个国家走向现代化，既要遵循现代化一般规律，更要符合本国实际，具有本国特色。[④]中国式现代化既有发展变革、制

---

① 《马克思恩格斯文集》（第一卷），北京：人民出版社，2009年，第13页。

② 叶龙祥、钟锦宸：《从"资本的文明"到"文明新形态"：马克思文明观的政治经济学向度及当代价值》，《理论导刊》，2024年第11期。

③ 《马克思恩格斯文集》（第三卷），北京：人民出版社，2009年，第466页。

④ 习近平：《以中国式现代化全面推进强国建设、民族复兴伟业》，《求是》，2025年第1期。

度创新、观念引导、动能转换、全球开放等现代化共同特征，[①]
更有基于自己国情的鲜明特色。回望历史烟云，当西方国家率
先登上现代化列车，开启现代化的序幕，引领人类现代化的浪
潮，当欧美列强用坚船利炮打开别国大门，所谓"先进文明"
"落后文明"的论调、"现代化就是西方化"的迷思，就开始笼
罩在地球上空。过去200多年来，西方主宰世界的历史格局使
得非西方国家难以探索非西方化的现代化道路。现代化逐步固
化为西方模式的单向输入，产生"现代化等于西方化"的迷
思。[②]然而自20世纪以来，很多发展中国家照搬西方模式，不
仅没有实现现代化，反而失去了发展自主性，落入经济发展停
滞、社会矛盾丛生政治局势动荡的"怪圈"。发展中国家现代化
的迷失与中国式现代化的成功以雄辩的事实说明，西方国家只
是现代化的先行者，并不是现代化的范本，更不是衡量其他国
家现代化的标准。当前西方国家的尖锐矛盾冲突与经济社会乱
象，已经揭示出西方现代化正在步入穷途末路。

　　方向决定道路，道路决定命运。西方现代化是一条狭隘的、
片面的现代化道路，注定前途暗淡。人类社会现代化进程正面
临两极分化还是共同富裕？物质至上还是物质精神协调发展？
竭泽而渔还是人与自然和谐共生？零和博弈还是合作共赢？等
现代化之问。[③]回答好这些关乎人类前途命运的问题，打破"现

---

　　① 刘守英、范欣、刘瑞明：《中国式现代化》，北京：中国人民大学出版社，
2022年，第7~9页。

　　② 周文、方茜：《中国特色社会主义拓展了发展中国家走向现代化的途径》，
《求是》，2018年第6期。

　　③ 习近平：《携手同行现代化之路——在中国共产党与世界政党高层对话会
上的主旨讲话》，北京：人民出版社，2023年，第2页。

代化等于西方化"迷思，必须历史地、现实地呈现出能够超越西方现代化新图景、创造人类文明新形态的现代化新道路。①中国式现代化新道路的独特优势和伟大成就，展现出发展中国家走非西方现代化道路的可能性和必要性，宣告各国依据自己国情独立自主地探索现代化道路的重要性和可行性。随着中国特色社会主义进入新时代，我们党通过理论和实践的创新突破，"成功推进和拓展了中国式现代化"②，中国的现代化进程开启了"从低位追赶到高位引领"的根本性、关键性转变，真正完成了从"现代化在中国"到"中国式现代化"的历史性超越，这里的"超越"不仅是超越了自身在萌发、探索和建构阶段的历史，更是超越了历史上的已有现代化范式，具备了人类文明新形态的内涵和特征。③

第一，中国式现代化是人口规模巨大的现代化。中国的人口规模已经超过了现有各发达国家人口总和，这就意味着中国式现代化不同于西方现代化。中国式现代化以人口规模巨大作为发展的逻辑前提，并把人的发展置于现代化的核心地位，进而带领14亿多人口迈入现代化进程，这不仅是中华民族伟大复兴的重大历史跨越，也是人类历史前所未有的重大社会变革，必将深刻地改写人类社会的现代化版图。从本质上看，现代化

---

① 孟庆龙：《中国式现代化对"现代化=西方化"迷思的祛魅与超越》，《马克思主义理论学科研究》，2024年第6期。

② 习近平：《高举中国特色社会主义伟大旗帜　为全面建设社会主义现代化国家而团结奋斗——在中国共产党第二十次全国代表大会上的报告》，北京：人民出版社，2022年，第22页。

③ 张亚光、毕悦：《中国式现代化的百年探索与实践经验》，《管理世界》，2023年第1期。

的核心是人的现代化，实现现代化的关键也在于人。①立足大局，要辩证地看待人口要素对于中国式现代化进程的重要作用。一方面，拥有超大规模人口，也就拥有了富足的人力资源、超大规模的国内市场等，这能为中国式现代化提供蓬勃动力，激发出中国式现代化的巨大发展潜力，进而将人口优势转化为现代化全局优势；另一方面，人口规模巨大也意味着难度前所未有，推动中国式现代化需要积极处理好人口老龄化、生育率持续低迷、人口结构失衡等众多人口问题，并防范化解基于人口要素的风险挑战。

第二，中国式现代化是全体人民共同富裕的现代化。相较于西方两极分化的资本主义现代化，中国式现代化在追求富裕的现代化共同目标基础上，进一步将"全体人民共同富裕"作为其现代化独特目标，超越了西方现代化的一般性目标范畴。中国式现代化立足人民立场，超越了发展资本的西方逻辑，强调全面审视剩余价值规律及其两面性，防止资本无序扩张、野蛮生长，避免资本脱实向虚、过度投资于金融资产，并积极引导和规范资本，将更多资本引入生产性和创新性领域，让资本投资回归实体经济，从而为全体人民创造更多社会物质财富。同时，中国共产党将发展资本与社会主义相结合的理论认识和政策实践，始终置于为人民服务、推进中国式现代化、实现共同富裕的前提和目标之下，更好统筹了生产与分配、公平与效率、政府与市场之间的发展关系，进而在构建高水平社会主义

---

① 沈江平：《比较视野下的中国式现代化道路》，《中国高校社会科学》，2022 年第 3 期。

市场经济体制中，能够更好汇聚"有效市场+有为政府+有力政党"的合力，推动实现全体人民共同富裕的中国式现代化。[①]

第三，中国式现代化是物质文明和精神文明相协调的现代化。党的二十大报告指出："物质富足、精神富有是社会主义现代化的根本要求。物质贫困不是社会主义，精神贫乏也不是社会主义。"[②]西方现代化发展受困于资本逐利本性，片面强调追求物质富裕，忽略了人的自由而全面发展问题，继而使其物质文明与精神文明在发展过程中失衡，进一步引发了社会的道德滑坡和价值失序等问题。不同于西方现代化的单向度文明，中国式现代化在发展进程中始终坚持"两手都要抓、两手都要硬"，不仅强调"家家仓廪实、衣食足"，而且注重"人人知礼节、明荣辱"，将物质文明与精神文明有效协调统一起来，促进了物的全面丰富和人的全面发展。由此可见，中国式现代化超越了西方单向度的文明发展模式，走上了科学社会主义的发展道路，即"通过社会化生产，不仅可能保证一切社会成员有富足的和一天比一天充裕的物质生活，而且还可能保证他们的体力和智力获得充分的自由的发展和运用"[③]。

第四，中国式现代化是人与自然和谐共生的现代化。恩格斯指出："不要过分陶醉于我们人类对自然界的胜利。对于每一

---

① 周文、唐教成：《深刻理解和领悟共同富裕的三重逻辑》，《经济纵横》，2023 年第 5 期。

② 习近平：《高举中国特色社会主义伟大旗帜 为全面建设社会主义现代化国家而团结奋斗——在中国共产党第二十次全国代表大会上的报告》，北京：人民出版社，2022 年，第 22~23 页。

③《马克思恩格斯文集》（第三卷），北京：人民出版社，2009 年，第 563~564 页。

次这样的胜利，自然界都对我们进行报复。"①只有实现"人与自然的和解"和"人与自身的和解"，才能消除人与自然关系的不和谐状态。西方现代化由资本逻辑主导，"使自然界的一切领域都服从于生产"②，在发展中强调"先污染后治理"，由此造成"自然的异化"，并最终演化为生态危机。事实上，生态危机的根源就在于资本逻辑，资本的"效用原则"使自然界成为工具，资本的"增殖原则"决定了对自然界的利用和破坏是永无止境的，可以说，资本本性就是反生态的，生态问题归根到底是一个社会制度问题。③不同于西方现代化的工业文明范式，中国式现代化强调工业文明与生态文明的有机统一，坚持"人是自然界的一部分"④，人与自然具有内在统一的辩证关系，进而将坚持人与自然和谐共生作为发展理念，把生态化纳入现代化范畴，开创出"绿水青山就是金山银山"的绿色发展道路。

　　第五，中国式现代化是走和平发展道路的现代化。近代西方在崛起过程中，依靠殖民扩张与侵略战争，以牺牲落后国家和民族为代价，推动了现代化世界进程。⑤时过境迁，西方现代化对外扩张手段已然发生改变，当前主要以单边主义的政治敲

①《马克思恩格斯全集》（第二十六卷），北京：人民出版社，2014年，第769页。

②《马克思恩格斯全集》（第三十七卷），北京：人民出版社，2019年，第188页。

③ 陈学明：《资本逻辑与生态危机》，《中国社会科学》，2012年第11期。

④《马克思恩格斯文集》（第一卷），北京：人民出版社，2009年，第161页。

⑤ 周文：《人类命运共同体的政治经济学意蕴》，《马克思主义研究》，2021年第4期。

诈、以邻为壑的经济战争、转嫁矛盾的逆全球化浪潮为动向，但其实质仍是霸权主义行径，走基于资本逻辑的剥削、侵略、掠夺道路。区别于西方现代化的霸权性、殖民性、排他性，中国式现代化秉持和平发展理念，坚持和平发展道路，努力推动构建人类命运共同体，超越了西方现代化的"从属"发展方式，突破了"中心－外围"的世界发展体系结构，改变了东方从属于西方的国际发展格局，成功开创出一条相互尊重、平等协商、对话而不对抗、结伴而不结盟的国与国交往新路。中国在推进现代化进程中"既通过维护世界和平发展自己，又通过自身发展维护世界和平"，始终是"世界和平的建设者、全球发展的贡献者、国际秩序的维护者"[①]，为世界和平发展注入强大的稳定性。

从"落后时代"到"赶上时代"，再到"引领时代"，今天的中国已经走出一条通往现代化的全新道路，不仅突破以计划经济模式为代表的传统社会主义现代化道路，也超越了西方资本主义现代化道路。[②]从一个遭受外国殖民侵略积贫积弱的落后农业国家短短几十年时间就一跃成为世界最大工业国家、世界第二大经济体，"党的领导直接关系中国式现代化的根本方向、前途命运、最终成败"[③]。在中国走向现代化的复兴征途上，科学制定和调整短期、中期目标，坚持长期目标不动摇，实现经

---

① 《习近平著作选读》（第二卷），北京：人民出版社，2023 年，第 143 页。

② 周文、肖玉飞：《论习近平经济思想的实践前景》，《求是学刊》，2024 年第 5 期。

③ 习近平：《以中国式现代化全面推进强国建设、民族复兴伟业》，《求是》，2025 年第 1 期。

济快速发展和社会长期稳定两大奇迹，既需要具有远见卓识的、强有力的党的领导凝聚社会共识，完成社会组织与动员，也需要极为高超的政治经济智慧和坚强、团结、稳定等特质，更需要"咬定青山不放松"的目标理念和自我革命、自我纠错的强大能力。正是中国共产党的特质和优势，才使中国在现代化进程中能够避免出现典型的后发国家的失败症，如裙带资本主义、财阀制度等"东亚病"，或是经济停滞、社会动荡、去工业化等拉美化特征。[①]中国共产党领导中国人民，以中国式现代化的伟大实践和巨大成就敲响了西方现代化霸权的"丧钟"，开辟了值得广大发展中国家学习借鉴的现代化新道路。

（二）优势比较：中国式现代化对西方现代化的三重超越

1933 年 7 月，《申报月刊》设立"中国现代化问题"特辑，这是中国思想界第一次以"中国现代化"为主题进行的集中讨论。[②]百年来，中国现代化探索没有停留在抽象层次的讨论，而是在实践中不断寻求出路和方位。毛泽东带领中国共产党人开辟新民主主义革命道路，新中国的建立是"开天辟地"，真正实现了民族独立与人民解放。生产资料的社会主义改造是"改天换地"，实现了中国现代化道路的决定性转变，从依附于资本主义世界体系的资本主义现代化，转向独立自主的社会主义现代化。[③]改革开放以来，我们党成功地开辟出具有中国特色的社会

① 杨虎涛：《国家发展的道路》，北京：社会科学文献出版社，2024 年，第219~220 页。

② 顾海良：《20 世纪 30 年代"中国现代化"问题论争及其思想史意义》，《经济思想史学刊》，2023 年第 2 期。

③ 赵士发：《中国道路：走向现代化的全新选择》，武汉：湖北人民出版社，2018 年，第 31 页。

主义现代化道路是"翻天覆地"，实现了从高度集中的计划经济体制向社会主义市场经济体制的创造性转变。中国特色社会主义进入新时代，党和国家事业发生历史性变革、取得历史性成就是"惊天动地"，全面建成小康社会，为开启全面建设社会主义现代化国家新征程奠定坚实基础，中华民族伟大复兴向前迈出关键一步。党的二十大明确了第二个百年奋斗目标的"两步走"战略安排，系统描绘了实现民族复兴的战略蓝图，在全面建成社会主义现代化强国之时，中华民族将以更加昂扬的姿态屹立于世界民族之林。

相较而言，西方发达国家的现代化是 200 多年间工业化、城镇化、农业现代化、信息化顺序发展的"串联式"过程，中国式现代化则是几十年间协调推进"四化"叠加发展的"并联式"进程。目前全世界仅有不到 30 个国家实现现代化，占据世界人口总数 3/4 的发展中国家一直未能实现现代化，非洲大陆更是长期沦为世界现代化版图的空白。这足以证明西方现代化是一条范围有限、速度缓慢、效率不高、质量不优的现代化道路。[①]如果一个国家机械挪用、照搬西方现代化，不仅会"失去当时历史所能提供给一个民族的最好的机会"[②]，享受不到现代化的文明成果，而且"遭受资本主义制度所带来的一切灾难性的波折"[③]。面对发展环境的高度严苛、发展进程的高度压缩与

[①] 周文、肖玉飞：《论习近平经济思想的实践前景》，《求是学刊》，2024 年第 5 期。

[②]《马克思恩格斯文集》（第三卷），北京：人民出版社，2009 年，第 464 页。

[③]《马克思恩格斯文集》（第三卷），北京：人民出版社，2009 年，第 464 页。

发展任务的高度叠加，中国式现代化道路所取得的成功，无疑宣告了"现代化等于西方化"的传统现代化理论、"现代化等于私有制加自由市场经济"的狭隘现代化理论的苍白与失败。中国式现代化道路的成功，说明只要道路正确，不仅短期内的叠加式、并联式的现代化赶超是可行的，而且起点低、资源禀赋并不占优的超大型经济体也可以实现，并且更好地实现现代化。[①]概言之，中国式现代化成功跨越了"两极分化""资本至上""国强必霸"的发展陷阱，实现了对西方现代化的三重超越。[②]

其一，制度性超越：反对"两极分化"，推动全体人民迈向共同富裕。西方现代化的重要特征是两极分化，中国式现代化的重要特征是共同富裕，两者存在显著区别的根本原因在于社会制度不同。"社会主义与资本主义不同的特点就是共同富裕，不搞两极分化"[③]，"社会主义的本质……最终达到共同富裕"[④]。一个国家的富裕可以分为两种情况：一种是建立在生产资料私有制基础上的少数人富裕，多数人贫穷；另一种是建立在公有制基础上的全体人民共同富裕。前者遵循物质利益至上的发展逻辑，将理论与制度都用于服务少数资本家的发展，维护少数资本家的私有利益，特定的社会群体将被永远锁定在特定的收入分配格局中，整个资本主义社会的发展过程就是贫富

---

① 杨虎涛：《国家发展的道路》，北京：社会科学文献出版社，2024 年，第 209 页。

② 周文、唐教成：《西方现代化的问题呈现与中国式现代化的创新发展》，《中国高校社会科学》，2023 年第 6 期。

③《邓小平文选》（第三卷），北京：人民出版社，1993 年，第 123 页。

④《邓小平文选》（第三卷），北京：人民出版社，1993 年，第 373 页。

差距的扩大化。"辛勤劳动的单纯工人，除了能够把他的劳动卖给别人以外，就一无所有"，其"工资只限于为维持他的生活所必需的东西"。[①]后者遵循人民至上的发展逻辑，强调"民生本位"，以资本为手段，以人民为中心，以发展社会生产力并改善人民生活水平为目的，注重社会各群体间经济利益的协调，将收入差距控制在合理范围内。

不同于资本主义制度下西方现代化的两极分化，中国式现代化由中国共产党领导，走中国特色社会主义道路，从制度层面反对两极分化，内在要求扎实推动全体人民共同富裕。在理论上，"三位一体"的社会主义基本经济制度架构，致力从所有制、分配方式、市场体制等层面调整与生产力不相适应的生产关系，进而有效促进、有力保障了共同富裕的实现；在实践上，脱贫攻坚战的全面胜利、全面小康社会的如期建成、乡村振兴战略的全面推进，有利于缩小城乡之间的发展差距，进而推动实现全体人民共同富裕。由此可见，"我们必须坚持发展为了人民、发展依靠人民、发展成果由人民共享，作出更有效的制度安排，使全体人民朝着共同富裕方向稳步前进，绝不能出现'富者累巨万，而贫者食糟糠'的现象"[②]。中国式现代化建立在社会主义制度之上，其社会主义生产方式使得经济"蛋糕"不仅实现了"质""量"突破，而且还以合理化分配推进了民生

---

① ［法］杜阁：《关于财富的形成和分配的考察》，南开大学经济系经济学说史教研组译，北京：商务印书馆，1961年，第16页。

② 习近平：《论把握新发展阶段、贯彻新发展理念、构建新发展格局》，北京：中央文献出版社，2021年，第42页。

建设，[①]从而有效解决了资本主义社会化大生产与生产资料私人占有之间的矛盾，成功开创出一条以"共同富裕"超越"两极分化"的社会主义现代化新道路。

其二，价值性超越：抑制"资本至上"，开创驾驭资本的文明新形态。西方国家在资本积累和扩张的过程中拉开了现代化的序幕，但同时也陷入"自我扩张悖论"，在现代化过程中市场从社会中"脱嵌"导致经济危机和社会失序。[②]不同于西方现代化的资本至上逻辑，中国式现代化的基本特征是驾驭资本，即一方面承认和利用资本，从而解放和发展生产力；另一方面是把握资本运行规律和特性，从而防止资本无序扩张。[③]究其根本，中国特色社会主义开辟了一条驾驭资本、扬弃资本逻辑与吸收借鉴资本主义文明发展成果的全新现代化道路。社会主义制度与市场经济的有机结合，既通过市场经济体制激发作为生产要素的资本的自然属性，激活"资本的文明面"，发挥资本发展生产力、创造社会财富的作用；又以生产资料的社会主义制度基础扬弃了资本的社会属性，剥离了资本剥削性的社会制度基础与前提条件。社会主义市场经济通过调整生产关系，用公有制及其资本形态驾驭传统的资本逻辑，逐步实现对资本主义

---

① 周文、肖玉飞：《共同富裕：基于中国式现代化道路与基本经济制度视角》，《兰州大学学报》（社会科学版），2021 年第 6 期。

② ［英］卡尔·波兰尼：《巨变：当代政治与经济的起源》，黄树民译，北京：社会科学文献出版社，2013 年。

③ 周文、施炫伶：《中国式现代化与人类文明新形态》，《广东社会科学》，2023 年第 1 期。

生产方式的内在性超越[①]，为开拓现代化新道路、创造人类文明新形态奠定了基石。

"在社会主义市场经济条件下规范和引导资本发展，既是一个重大经济问题、也是一个重大政治问题，既是一个重大实践问题、也是一个重大理论问题，关系坚持社会主义基本经济制度，关系改革开放基本国策，关系高质量发展和共同富裕，关系国家安全和社会稳定。"[②]新自由主义全球化浪潮就是资本特别是金融资本的全球自由流动与无序扩张[③]，叠加新兴数字资本浪潮，资本增殖呈现出更为复杂多样的形式、更加深入彻底的程度与更加隐蔽复杂的链条。迈上全面建设社会主义现代化国家新征程，坚持党的领导是驾驭资本、约束资本、规范和引导资本健康发展的根本政治保证，社会主义制度优势是发挥资本积极作用、使之始终服从和服务于人民和国家利益的根本制度保障。要正确认识和把握资本的特性和运行规律，依法加强对资本的有效监管，防止资本野蛮生长。充分发挥社会主义制度优势，坚持社会主义基本经济制度，坚持"两个毫不动摇"，发挥资本的积极作用、抑制资本的消极作用，依法规范和引导资本健康发展，切实引导各类资本在促进我国经济社会高质量发展中发挥更大作用。[④]

① 周丹：《社会主义市场经济条件下的资本价值》，《中国社会科学》，2021年第4期。

② 《习近平谈治国理政》（第四卷），北京：外文出版社，2022年，第217页。

③ ［法］多米尼克·莱维、［法］热拉尔·迪梅尼：《资本复活：新自由主义改革的根源》，徐则荣译，北京：中国社会科学出版社，2017年，第11页。

④ 周文：《再论中国式现代化与人类文明新形态》，《求索》，2023年第5期。

其三，实践性超越：破除"国强必霸"，坚持走和平发展的人间正道。纵观古今历史，西方现代化奉行"国强必霸"的实践逻辑，是一部充斥奴役、压榨、暴力和战争的发展史，是用血与火的文字编入人类史册的。与此不同，中国式现代化"走和平发展道路，是中国对国际社会关注中国发展走向的回应，更是中国人民对实现自身发展目标的自信和自觉。这种自信和自觉，来源于中华文明的深厚渊源，来源于对实现中国发展目标条件的认知，来源于对世界发展大势的把握"①。中华文化素有"协和万邦""国虽大，好战必亡""强不执弱，富不侮贫"等浓厚和平元素。可以说，中国式现代化中的和平发展理念是中国共产党立足中国发展大历史、世界发展大格局、人类发展大潮流，科学应对自身与外部发展关系的问题的答卷，才能为中国人民谋幸福、为中华民族谋复兴、为人类谋进步、为世界谋大同。②

中国式现代化以"和平发展"破除"国强必霸"，其实践性超越主要体现在以下方面：一是共建"一带一路"，打造和平、繁荣、开放、绿色、创新、文明的现代化共同之路，为全球和平发展注入了更多稳定性。二是倡导构建新型国际关系，打通合作共赢、增进福祉的现代化发展之路。面对不确定性和不稳定性明显增加的复杂国际环境，中国共产党坚持推进相互尊重、公平正义、合作共赢的新型国际关系，要和平不要战争、要公

---

① 《习近平外交演讲集》（第一卷），北京：中央文献出版社，2022 年，第116 页。

② 周文、唐教成：《西方现代化的问题呈现与中国式现代化的创新发展》，《中国高校社会科学》，2023 年第 6 期。

平不要霸凌、要开放不要封闭、要共赢不要独占，积极主动参与推动上海合作组织、亚投行、金砖国家合作机制等国际合作发展平台建设，以"包容性增长"等新方案为世界各国处理国家间关系及和平发展注入新动力。三是推动构建人类命运共同体，搭建世界人民共建共享美好生活的现代化命运之路。"中国始终坚持维护世界和平、促进共同发展的外交政策宗旨，致力于推动构建人类命运共同体。"[①]这一全球发展理念的倡导与实践，有力回答了"世界怎么了、我们怎么办"的时代之问，并正在越来越多的国家中形成共识，为科学应对人类现代化发展的共同挑战提供了新方案。

（三）理论的自主知识体系：中国式现代化的标识性概念形成

过去人们认为，工业化、现代化都率先发生在西方，落后国家要实现赶超就要向西方学习，因而西方有一种天然优越感。100多年前，严复也深刻感受到近代中国的衰落，希望通过翻译《天演论》以"笔醒山河"，引介"物竞天择、适者生存"的法则，鼓舞国人在竞争的世界中自立自强。[②]后来他又翻译了《国富论》，但受到时代的局限和整个国家政治制度的约束，严复最终没有找到一条能够实现中国现代化的道路。曾一度时期，中国知识分子深受西方文化和理论的影响，寄希望于从西方著作中找到实现中国现代化的方法。然而，西方理论存在最大的问题就是用"西方中心论"书写历史，而忽视了各个国家的国

---

① 《习近平著作选读》（第一卷），北京：人民出版社，2023年，第49页。
② 黄克武：《笔醒山河：中国近代启蒙人严复》，桂林：广西师范大学出版社，2022年。

情和历史。例如"哥伦布发现新大陆"，这样的叙事就是典型的"欧洲中心论"的表达方式。[1]在西方的强势文化压制下，公众甚至没有意识到，这种叙事存在的逻辑问题和历史性偏见：美洲跟欧洲是平等的，美洲是自然的存在，新大陆何来让西方人发现。戴蒙德认为，哥伦布征服新大陆、欧洲人征服美洲不是靠枪炮，而是靠病菌。正是欧洲送给其他大陆的"不祥礼物"——病菌发挥了侵略这些地区的关键作用。[2]

　　尽管20世纪的全球史学家，如汤因比和斯塔夫里阿诺斯等为打破西方中心主义史观，以及梳理人类历史上的文明多样性作出了很多努力。但由于缺乏非西方文明的重新崛起，相关论著难逃西方文明优越性的陋见，也无力客观地审视人类文明多样性的根源，当然也就无法跳出以西方发达国家作为参照系的现代化框架。[3]不同于西方发达国家的内源性现代化，也不同于其他欠发达国家的外源性现代化，中国式现代化开辟了一条自主性现代化道路[4]，从而极大地解放和发展了社会生产力，创造出经济快速发展的奇迹，经济总量和人均收入水平大幅跃升，各项事业得到飞跃性发展。自1986年GDP突破1万亿元以来，我国经济持续增长，2023年达到126万亿元以上，稳居世界第

　　① 周文：《西方霸权话语步入黄昏：哥伦布发现新大陆及其西方话语陷阱》，《经济导刊》，2022年第9期。
　　② ［美］贾雷德·戴蒙德：《枪炮、病菌与钢铁：人类社会的命运》，王道还、廖月娟译，北京：中信出版社，2022年。
　　③ 林毅夫等：《读懂中国式现代化：科学内涵与发展路径》，北京：中信出版社，2023年，第5页。
　　④ 周文、白佶：《中国式现代化的共同特征与中国特色》，《教学与研究》，2023年第9期。

二大经济体。从 1979 年到 2023 年，我国 GDP 年均增长率为 8.9%，远超世界经济平均增速。人均 GDP 在 2019 年首次超过 1 万美元，2023 年进一步增至 12681 美元，连续三年保持在 1.2 万美元以上。[①]中国式现代化的实践是自主的，理论也应是自主的，其取得举世瞩目的伟大成就，为世人重新审视现代化的参照系提供了最佳论据——不仅由于中国的规模，更因为这是历史上第一次基于本土经济模式而非西方道路的成功。

从历史来看，每一个时代占据主要话语权的经济学话语体系就是受到普遍认同的主流经济学，并且拥有经济学话语权的国家往往就是世界经济的中心。[②]劳埃德·雷诺兹表示："现代经济学主要是在西欧和美国培育出来的，尽管它渴望具有普遍性，它却带有这些地区特有的制度和问题的印记。"[③]完全以西方理论解决发展中国家的问题，就会出现"水土不服"与"无能为力"的情况。随着中国经济的快速发展、国际地位的迅速提升以及世界政治经济格局的调整与重组，世界经济研究的重心也逐渐发生转移，建立经济学自主知识体系已经成为中国式现代化的时代诉求。林毅夫曾提出："21 世纪将会是中国经济

① 国家统计局：《七十五载长歌奋进 赓续前行再奏华章——新中国 75 年经济社会发展成就系列报告之一》，https://www.stats.gov.cn/zt_18555/ztfx/xzg75njjsh-fzcj/202409/t20240911_1956384.html。

② 周文、何雨晴：《西方经济学话语特征与中国经济学话语体系建设》，《山东大学学报》（哲学社会科学版），2022 年第 1 期。

③ ［美］劳埃德·雷诺兹：《经济学的第三个世界》，朱泱等译，北京：商务印书馆，1990 年，第 1 页。

学家的世纪。"[1]然而，中国经济学成长和发展的轨迹，似乎并未与中国经济和社会的强势发展同步。[2]中国经济学的"路径依赖"具体表现为在研究宏观经济政策、产业政策、金融政策时，往往采用西方经济学理论和方法进行分析。"每一个时代每一个国家都有它们自己的问题，并且每一次社会条件的变化都很可能需要经济学学说有一个新的发展。"[3]缺乏自己的经济学体系和经济学话语，不仅难以解决现实问题，同时也无法掌握发展的主动权，捍卫自己国家的核心利益。

当下，我国在自主知识体系建设上的能力与水平同我国综合国力与国际地位并不匹配，"我国哲学社会科学在国际上的声音还比较小，还处于有理说不出、说了传不开的境地"[4]。习近平强调："加快构建中国特色哲学社会科学，归根结底是建构中国自主的知识体系。"[5]没有自主知识体系这一基础，学科体系、

---

① 30 年来中国和世界发生了翻天覆地的变化，林毅夫对中国改革发展进程和成效的诸多预测得到证实，2024 年他再次表达了"世界经济中心就是世界经济学的研究中心，寄望中国经济学界抓住中国发展的机遇推动理论创新，引领世界思潮"的期望。参见林毅夫：《本土化、规范化、国际化——庆祝〈经济研究〉创刊 40 周年》，《经济研究》，1995 年第 10 期；林毅夫：《中国的发展奇迹与中国经济学自主理论创新》，《经济学（季刊）》，2024 年第 6 期。

② 权衡：《中国经济学：话语权、范式转换及其他》，《探索与争鸣》，2006年第 3 期。

③ ［英］阿尔弗雷德·马歇尔：《经济学原理》（上册），朱攀峰、徐宏伟译，北京：北京出版社，2012 年，第 31 页。

④ 《习近平谈治国理政》（第二卷），北京：外文出版社，2017 年，第346 页。

⑤ 《习近平在中国人民大学考察时强调 坚持党的领导传承红色基因扎根中国大地 走出一条建设中国特色世界一流大学新路》，《人民日报》，2022 年 4 月26 日。

学术体系、话语体系就会变成无源之水、无本之木。中国经济学既不是西方经济学的中文版，也不是中西方经济思想的"混合杂拌物"。[①]我们要构建的中国经济学体系，是一个新的理论体系，不是《资本论》的改写，也不是原来的以苏联范式为基础的传统社会主义政治经济学的修修补补，当然更不是对西方主流经济学的照搬照抄。[②]建构中国自主的经济学知识体系，关键在于杜绝以西方概念裁剪中国的实践，不能简单地套用西方经济学理论和方法，过度追求数学推理和模型化，而是要立足中国国情，以马克思主义基本原理为指导，同中华优秀传统文化相结合，深入研究中国的经济特点、发展需求，以及中国经济发展的阶段性特征和结构性问题，从而提出符合中国实际的经济学理论和方法体系。

总之，"中国奇迹"不能仅停留在经验层面，要通过经济学理论体系和话语体系表达出来，更好地将发展优势转化为理论优势和话语优势。一方面，要注重发掘中国本土经济学的特色和优势，立足中国自身经验的总结和提炼，实现"实践—经验—理论"的实践逻辑与理论逻辑的统一，在第二个百年实现"化中国"的发展目标。[③]另一方面，要主动将中国经济学与世界知识体系对接，既保持本土特色，又积极参与全球知识市场竞争，为中国经济和全球经济的繁荣作出积极贡献。党的十八

---

① 周文：《中国道路与中国经济学》，《经济学家》，2018 年第 7 期。

② 邱海平：《对新时代中国经济学定位的思考》，《经济纵横》，2018 年第 1 期。

③ 周文、司婧雯：《中国自主的经济学知识体系：渊源、新议题与新方向》，《河北经贸大学学报》，2023 年第 2 期。

大以来，用中国式现代化经验丰富中国自主的经济学知识体系，坚持以习近平经济思想为指导，坚持从中华优秀传统文化中汲取养分，坚持主体性，坚持融通中外，我们党在发展理念、所有制、分配体制、政府职能、市场机制、宏观调控、产业结构、企业治理结构等重大问题上提出了许多重要论断，深化了对社会主义经济建设规律的认识，不仅有力指导我国经济发展实践，也开拓了马克思主义政治经济学新境界。[①]经济学理论的丰富和发展，总是率先以术语革命的新范畴、新概念形式展开。恩格斯曾指出："一门科学提出的每一种新见解都包含这门科学的术语的革命。"[②]一系列具有中国特色的现代化新概念、新理论和新方法的提炼，为建构中国自主的经济学知识体系奠定了基础。[③]

其一，从资本主义市场经济到社会主义市场经济。在私有制条件下，资本主义制度既无法弥补"市场失灵"的缺陷，也无法解决市场经济带来的分配不公，更无法克服资本主义基本矛盾引发的金融危机与经济危机。"导致大萧条的经济崩溃乃是以市场自由主义为基础组织全球经济这种企图的直接后果。"[④]相较之下，社会主义市场经济既发挥了市场经济的长处，又发

---

① 周文：《用中国式现代化经验丰富中国自主的经济学知识体系》，《人民日报》，2024 年 6 月 3 日。

②《马克思恩格斯文集》（第五卷），北京：人民出版社，2009 年，第 32 页。

③ 周文、白佶：《中国式现代化与经济学自主知识体系：根本遵循与理论再造》，《社会科学》，2024 年第 7 期。

④ ［英］卡尔·波兰尼：《大转型：我们时代的政治与经济起源》，冯刚、刘阳译，杭州：浙江人民出版社，2007 年，导言第 14 页。

挥了社会主义制度的优越性。[1]我们党通过长期艰辛实践探索和与时俱进创造创新，摆脱僵化思维观念束缚和体制机制制约，建立了社会主义市场经济体制。习近平经济思想更加科学深入地认识和把握政府与市场关系，首次将社会主义市场经济体制纳入我国社会主义基本经济制度，聚焦构建高水平社会主义市场经济体制，创造性提出"充分发挥市场在资源配置中的决定性作用"和"更好发挥政府作用"的重大论断，以巨大的实践智慧创造性地处理新时代中国经济的政府与市场关系问题，以巨大的理论智慧创造性地解答人类社会政府与市场的经济学世界性难题。这标志着中国共产党人对社会主义经济建设规律、人类社会发展规律的认识到达新高度。[2]

其二，从需求管理到供给侧结构性改革。不管是古典经济学派的"供给管理理论"，还是凯恩斯的"需求管理理论"，本质上都是通过对市场供给与需求关系的调整来实现资源配置的

---

[1] 国外理论界曾围绕"社会主义能否发展市场经济"这一问题展开过设想和探索，例如20世纪20年代到30年代以弗雷德·泰勒、奥斯卡·兰格、阿巴·勒纳为代表的经济学家，提出了计划模拟市场配置资源的"兰格模式"，认为"社会主义完全可以解决合理配置资源的问题"。20世纪70年代到80年代，匈牙利经济学家亚诺什·科尔内提出了"行政协调"和"市场协调"相结合的社会主义经济模式。同一阶段，捷克经济学家奥塔·希克提出了"计划性市场经济模式"，认为"单靠市场或单靠没有市场的国民经济计划都不能保证经济的有效和符合社会长远利益的发展"。20世纪80年代末，W.布鲁斯和K.拉斯基提出了"含市场机制的计划经济"。国外学者对于社会主义与市场经济相结合的道路的探索，强调了市场与社会主义的兼容性，为我国社会主义市场经济的建设提供了一定启示。但由于历史与国情的差异及所要实现目标的差异，中国"需要根据本国特有情况和目标"来建设具有中国特色的市场经济。

[2] 周文、肖玉飞：《论习近平经济思想的实践前景》，《求是学刊》，2024年第5期。

有效性，从而促进经济增长、增加就业。在"萨伊定律"的基本观点，即"供给创造需求"①的影响下，西方国家始终无法解决生产过剩的问题。尤其面对 20 世纪七八十年代世界范围的经济衰退，需求管理理论显得力不从心。即便如此，萨缪尔森仍声称，"总需求理论仍然不失为一种解释经济周期现象的最好方法"②。随着中国经济发展进入新常态，我国面临着企业成本攀升、供需不匹配、资本边际效率下降等多重问题。在吸收借鉴西方市场经济中供给与需求关系调整经验的基础上，我国提出了供给侧结构性改革，既强调供给又关注需求，既突出发展社会生产力又注重完善生产关系，既发挥市场在资源配置中的决定性作用又更好发挥政府作用，既着眼当前又立足长远。习近平指出："我们讲的供给侧结构性改革，同西方经济学的供给学派不是一回事，不能把供给侧结构性改革看成是西方供给学派的翻版。"③

其三，从市场均衡到共同富裕。西方主流经济学通过对消费者"效用最大化"和生产者"利润最大化"原则的分析，提出了"市场均衡"理论。④事实上，不管是一般均衡还是局部均衡，都建立在"理性经济人"假设的基础上，其核心观点是，

---

① ［美］乔治·吉尔德：《财富与贫困》，蒋宗强译，北京：中信出版社，2019 年，第 79 页。

② ［美］保罗·萨缪尔森、［美］威廉·诺德豪斯：《经济学》，萧琛译，北京：人民邮电出版社，2008 年，第 404 页。

③ 《习近平著作选读》（第一卷），北京：人民出版社，2023 年，第 441 页。

④ 该理论认为，当消费者和生产者都在追求自己的最大效用和最大利润时，市场会自动调整供求关系以达到市场经济的最优状态，从而实现资源的最优配置和社会福利的最大化。

"只要有良好的法律和制度的保证，经济人追求个人利益最大化的自由行动会无意识地、卓有成效地增进社会的公共利益"[1]。但是这一方面忽略了现实的人会受社会环境、政策制度、道德情感等综合因素的影响；另一方面忽略了市场交易中的人无法实现信息的完全对称。"理性经济人"本质上是为私有制条件下的劳资对立和两极分化披上了一层合理的外衣。[2]就现实而言，共同富裕"以人民为中心"的经济理性代替了西方"个体利益最大化"的经济理性，以劳动逻辑代替了西方的资本逻辑，以长期的公平性和可持续性代替了西方经济短期的效率和利益。从范围和领域来看，共同富裕是全民富裕和全面富裕，既强调"一个都不能掉队"，也追求人的全面发展与社会的全面进步，有效提高了人民生活水平，避免了社会两极分化，推动了经济可持续发展。

其四，从个体主义到系统观念。个体主义方法论一直是西方主流经济学的一个方法论原则。无论是以完全信息和完全理性，还是以信息不对称和有限理性为假设前提的西方经济学家，大都采用以"个体行为"为基本分析单元的个体主义方法论。[3]

---

① 杨春学：《经济人与社会秩序分析》，上海：上海三联书店，1998 年，第 11 页。

② 在马克思主义政治经济学看来，经济人假设存在严重问题，西方经济学中的"经济人"是"完全自私经济人论"，而经济实践中的"经济人"是"利己利他双性经济人论"，当"经济人"假设被否定之后，就否定了西方经济学指导下干预市场的理论基础。参见程恩富：《改革开放以来新马克思经济学综合学派的若干理论创新》，《政治经济学评论》，2018 年第 6 期。

③ 何大安：《西方经济学个体主义方法论边界拓宽及局限性》，《中国社会科学》，2016 年第 2 期。

但是个体主义方法论在现实中并不总是成立，它的缺陷决定了其适用性必然受到限制。[①] 为更好地把握经济发展规律，应坚持系统观念，"从整体着眼，从个体着手"，强调事物之间的相互联系和相互作用。在深刻总结我国社会主义革命、建设、改革的成功经验基础上，习近平提出，"系统观念是具有基础性的思想和工作方法"[②]。党的二十大再次强调，"必须坚持系统观念"[③]。这深刻揭示了改革开放以来我国取得历史性成就、发生历史性变革的重要原因。当前，我国已进入新发展阶段，开启了全面建设社会主义现代化国家新征程，应对各种风险挑战，更需要强化系统观念，协调各方关系和利益，坚持问题导向、协同发展、整体推进、利益共享、开放包容，增强改革的系统性、整体性和协同性，从而赢得发展主动权，推动现代化建设取得更大成就。

---

① 首先，个体主义将个体视为经济行为的决策者和承担者，忽略了群体行为和社会规律的存在，容易导致对社会现象的解释不够全面和准确。其次，个体主义将经济行为简单地看作个体自我利益的追求，忽略了历史变迁、社会结构和文化背景对个体行为和决策的影响。最后，个体主义偏重于短期和局部效应，忽视了长期和整体效应。事实证明，个体脱离不了整体。但如果片面强调整体，就容易忽视个体的多样性和创造性，限制个体的认知能力和行为能力。参见周文、白佶：《构建中国式现代化经济学标识性概念》，《北京日报》，2024 年 8 月 12 日。

② 《习近平谈治国理政》（第四卷），北京：外文出版社，2022 年，第 117 页。

③ 习近平：《高举中国特色社会主义伟大旗帜 为全面建设社会主义现代化国家而团结奋斗——在中国共产党第二十次全国代表大会上的报告》，北京：人民出版社，2022 年，第 20 页。

三、现代化与强国之路

（一）强国的治理之路：中国式现代化与国家治理现代化

18 世纪工业革命以来，西方与其他地区之间产生了巨大的、至今仍未消弭的鸿沟，这被以加州学派为代表的学者称为"大分流"。关于这一议题争议不断，各种理论解释竞相争鸣。学者们关注到地理自然优势、既有经济基础以及历史制度的长期影响等各类因素的作用。彭慕兰认为，英国摆脱生态约束的困境并率先实现向近代工业社会成功转型的主要原因是海外殖民掠夺和易于开采运输的煤矿这两个外部因素。[①]随着新古典经济学的发展，以道格拉斯·诺斯为代表的制度学派的学者们认为，自由竞争的市场、保护私人产权、有限政府是经济增长的关键。[②]因此，西欧国家和近代中国最为突出的一点是西欧众多相互竞争的小国的并立和近代中国大一统的帝国之间的对比。信奉新制度主义的经济学家们在本质上只是将国家视为一种功能性存在，是给工业化带来好秩序或坏制度的外生因素，其作用仅在于为私人资本搭建了适宜的活动舞台。在"西方中心论"的影响下，自由主义经济学的主流"共识"认为：相对于欧洲，近代中国处于政府的集权管制之下，封建专制统治阻断了市场

---

① ［美］彭慕兰：《大分流：中国、欧洲与现代世界经济的形成》，黄中宪译，北京：北京日报出版社，2021 年，第 53 页。

② ［美］道格拉斯·诺斯、［美］罗伯特·托马斯：《西方世界的兴起》，厉以平、蔡磊译，北京：华夏出版社，2015 年，第 13 页。

的自然发展，进而扼杀了资本主义的萌芽，[①]似乎是两者的差异造成了东西方发展的差异。

然而，这样的解释似乎低估了西欧国家之外的其他地区之间的竞争，同时忽视了近代中国早期市场经济发展的成就。事实上，在市场方面，整个 18 世纪，中国的贸易和市场发展水平与自由贸易程度即使不是优于欧洲，也至少和欧洲大致相当。[②]仅以苏、松二府为限，江南每年进入长程贸易的商品棉布约为7000 万匹。[③]江南棉布的销路不仅覆盖全国，而且还开拓了海外市场，向日本、朝鲜和南洋等周边国家和地区运销。珠三角、长三角桑蚕丝业专业化水平、运行效率很高，比同期的法国、英国、美国市场更为有效。[④]历史的真相是：开放而无管制的自由市场并不会带来国家崛起。[⑤]例如，经济史学家理查德·蒂利等在其著作《从旧制度到工业国：从 18 世纪到 1914 年的德国工业化史》中指出："阿西莫格鲁等人将西方的自由民主体制构成经济增长的制度前提……他们没有考虑到，正是在 18 世纪，

---

① 周文、李超：《中国奇迹何以发生：基于政治经济学解释框架》，《经济学动态》，2022 年第 11 期。

② ［意］乔万尼·阿里吉：《亚当·斯密在北京：21 世纪的谱系》，路爱国等译，北京：社会科学文献出版社，2009 年，第 117 页。

③ 范金民：《明清江南商业的发展》，南京：南京大学出版社，1998 年，第29 页。

④ ［美］王国斌：《转变的中国：历史变迁与欧洲经验的局限》，李伯重、连玲玲译，南京：江苏人民出版社，2010 年，第 62 页。

⑤ 周文、杨正源：《中国式现代化与西方现代化：基于比较视角的政治经济学考察》，《学习与探索》，2023 年第 11 期。

普鲁士出现了一个卓有成效的政府。"①打造国内大市场是通往良性自由贸易的第一步。18世纪末与19世纪初恰恰是普鲁士这样有强大中央官僚机构的国家，扫清了建立国内大市场的各种障碍，推进了市场的统一与自由，为资本主义工业化搭建了有利的制度框架。

综观历史可以发现，国家的发展也有一个"托尔斯泰定律"，就是成功的国家都是相似的，失败的国家各有各的失败。大凡成功的国家，政府都能更好地发挥作用。②当前，西方发达国家仍然在对后发国家鼓吹"华盛顿共识"的通用性，并以自身为市场经济的标准模型。然而，当我们仔细审视各国发展经验时，就不得不承认国家对经济和市场的介入广泛存在于过去与现在、新兴工业化国家与发达国家。实际上，自由市场并不会天然实现经济增长和百姓富裕，其背后是国家在推动工业化和现代化方面起到了关键的推动作用。在缺乏规制的市场中往往会出现巨大的两极分化和不公平交易。③没有哪个国家仅靠开放对外贸易和投资就得以发展，贸易只是一个工具而已。成功国家的秘诀在于，把国际市场所提供的机会同国内投资及制度

---

① ［德］理查德·蒂利、［德］米夏埃尔·科普西迪斯：《从旧制度到工业国：从18世纪到1914年的德国工业化史》，王浩强译，上海：格致出版社，2022年，第146页。

② 周文：《国家何以兴衰：历史与世界视野中的中国道路》，北京：中国人民大学出版社，2021年，第3页。

③ ［美］威廉·伊斯特利：《经济增长的迷雾：经济学家的发展政策为何失败》，姜世明译，北京：中信出版社，2016年，第161页。

建设结合起来，从而激发本国企业家的创新创业活力。[1]新古典经济学家们忽略了自由市场的两块最重要的基石：政治稳定和社会信任。两者都需要国家力量来建设、保护、培育和强化，但这正是落后农业国家所欠缺的。只有在充分的监管之下，市场才能良好地发挥其创造性的作用。

"中国之所以成为中国，是因为它最早开始了国家建构的进程。"[2]从横向来看，弗里斯认为，国家建构往往与国家经济的发展齐头并进。中国清代时期，即使存在某些形式的国家建构和民族建构，建设力度也相当薄弱。欧洲国家的崛起依靠的是政府主导下进口替代与出口导向战略的相机抉择或合理混用。[3]而从纵向来看，中国封建社会的国家能力锁定，明显不适应新的产业与技术和新的财政与司法制度对传统农业社会的冲击，也不能很好地吸收工业国家的技术扩散。[4]因此，近代中国的落后并不是因为商品经济不充分，主要是清政府既不能兑现民众的福利，也无力抵御外来的侵扰，更没有引导变革的力量，是在国家建构方面出现了大的问题，这才是中华民族到了近代逐步衰弱的致命原因。[5]国家建构是为了保障经济发展所进行的上

---

[1]〔美〕丹尼·罗德里克：《一种经济学，多种药方：全球化、制度建设和经济增长》，张军扩、侯永志译，北京：中信出版社，2016年，第203页。

[2]〔美〕弗朗西斯·福山：《政治秩序的起源：从前人类时代到法国大革命》，郭大力等译，桂林：广西师范大学出版社，2014年，第4页。

[3]〔荷〕皮尔·弗里斯：《国家、经济与大分流：17世纪80年代到19世纪50年代的英国和中国》，郭金兴译，北京：中信出版社，2018年，第533页。

[4]付敏杰：《国家能力与经济发展：理论假说和中国事实》，《学习与探索》，2018年第11期。

[5]周文：《党的十九届四中全会决议是中华民族伟大复兴的行动纲领——学习贯彻党的十九届四中全会精神的体会》，《邓小平研究》，2020年第2期。

层建筑构造的过程。为了长期有效地进行国家建构，就必须持
续推动国家治理现代化，而现代化的本质是推动上层建筑与经
济基础同方向运动的过程。现代化的目的是弥合经济发展过程
中，不断产生和淘汰的生产关系造成的经济基础与上层建筑的
矛盾。所以国家治理现代化是伴随着国家经济发展水平提高而
长期存在的要求。[1]

中国在 19 世纪和 20 世纪上半叶的全球经济竞赛中表现得
如此糟糕，现在又如此突出，较为令人信服的解释是国家治理
体系的完善和国家治理能力的提升。众多学者在总结中国改革
开放 40 多年以来经济发展的成功经验时，认为中国道路的成功
建立在一系列特殊而重要的制度基础上，而中国政府在某种程
度上寻找到了积极发挥"帮助之手"作用而尽量避免"攫取之
手"影响的方法。[2]事实上，国家治理体系与治理能力的兴衰永
远是经济发展变动的主线。以史为鉴，单纯的市场和全然的政
府计划都无法将国家经济发展引入正途，如何使市场在资源配
置中起决定性作用、更好发挥政府作用并实现市场与政府的有
机结合，才应是当代经济学研究的主题。缪尔达尔在《亚洲的
戏剧：南亚国家贫困问题研究》中曾指出，国家贫穷大多源于
"软政府"。[3]今天的中国式现代化，不但创造了经济发展奇迹，
而且创造了社会长期稳定的治理奇迹。而西方现代化面临的危

---

① 周文、冯文韬：《中国奇迹与国家建构——中国改革开放 40 年经验总结》，《社会科学战线》，2018 年第 5 期。

② 周文：《国家何以兴衰：历史与世界视野中的中国道路》，北京：中国人民大学出版社，2021 年，第 4 页。

③ ［瑞典］冈纳·缪尔达尔、［美］赛思·金：《亚洲的戏剧：南亚国家贫困问题研究》，方福前译，北京：商务印书馆，2015 年。

机不仅仅是发展的危机，更是治理体系和治理能力的危机。[1]无数事实揭示出一个真理：没有国家治理体系和治理能力的超越，就不可能有经济发展的超越。

具体来看，国家治理现代化包括国家治理体系和治理能力现代化两个方面。国家治理体系现代化旨在根据不同时期经济发展的新情况、新特点，在政府结构、政府功能、干部制度、人事制度、管理方法、权力关系等都作出适应性的变革，使各类体制机制更好地服务于经济基础，而不是成为阻碍经济发展的因素。国家治理能力现代化则是促进改革稳定进行、维护国家安全利益、应对重大突发事件、处理各种复杂国际事务等方面能力的现代化，也是增强制度的执行能力。"古今中外，由于政治发展道路选择错误而导致社会动荡、国家分裂、人亡政息的例子比比皆是。"[2]经过300多年的现代化探索，全球治理的失灵、全球市场的动荡，以及西方国家的"国家建构与民主"间的矛盾愈演愈烈。在美国，三权分立部门横向阻滞、联邦政府与州政府间权力失衡，发展不平衡问题导致发达经济体长期处于"分裂"状态，精英与民众的脱离、民主的外壳不断受到侵蚀、严重贫困、生态失衡等，反映出西方治理"疾在骨髓，无奈何也"的问题，打破了将治理现代化局限于西方民主模式的"普世价值"神话。

中国式现代化的发展奇迹，不仅是在市场经济体制上实现

---

① 陈进华：《治理体系现代化的国家逻辑》，《中国社会科学》，2019 年第 5 期。

② 《习近平著作选读》（第一卷），北京：人民出版社，2023 年，第 261 页。

对西方的超越，更是国家治理体系和治理能力对西方的超越。[①]
推进国家治理体系和治理能力现代化，不断把我国制度优势更
好地转化为国家治理效能，既是坚持和发展新时代中国特色社
会主义制度的必然要求，也是推动经济高质量发展、全面建成
社会主义现代化强国的根本遵循。"我国国家治理一切工作和活
动都依照中国特色社会主义制度展开，我国国家治理体系和治
理能力是中国特色社会主义制度及其执行能力的集中体现。"[②]
基本经济制度作为社会经济在生产关系中最基本的规定，是一
国社会制度在经济制度层面的性质特征和经济体制机制安排。[③]
本质上，社会主义基本经济制度与国家治理体系、治理能力现
代化的关系，就是经济基础与上层建筑之间的关系。一方面，
基本经济制度是治理现代化的根本制度安排，奠定治理现代化
的经济基础，规定治理现代化的根本性质和方向；另一方面，
国家治理体系和治理能力是制度及其执行能力的集中体现，制
度优势只有通过治理体系和治理能力才能转化为治理效能，二
者辩证统一。

　　治理国家，制度起着根本性、全局性和长远性作用。制度
优势是一个国家的最大优势，制度竞争是国家间最根本的竞
争。[④]当生产关系（现存制度）不再满足持续增长的生产力需要

---

　　① 周文：《用中国经验丰富和发展市场经济理论内涵》，《中国工业经济》，
2021 年第 12 期。

　　② 中共中央党史和文献研究院编：《十九大以来重要文献选编》（中），北
京：中央文献出版社，2021 年，第 269 页。

　　③ 周文、刘少阳：《社会主义基本经济制度、治理效能与国家治理现代化》，
《中国经济问题》，2020 年第 5 期。

　　④《习近平著作选读》（第二卷），北京：人民出版社，2023 年，第 277 页。

（著名的"阻碍"生产力论断）时，就会发生制度变革，产生新的制度关系来更好地适应持续的经济增长。[1]任何制度的优势最终都是通过治理效能来展现的，从国家建构和国家治理角度来看中国式现代化，具体则看制度执行能力、资源动员能力和高效应对能力三个方面。[2]区别于西方资本主义的经济制度，中国基本经济制度实现了政府和市场的深度有机融合，克服了市场的外部性、宏观性失衡，避免了社会两极分化，突破了西方经济学政府与市场"此消彼长"、相互替代的"零和关系"，证明了两者可以是互补的"正和关系"，为提升"中国之治"的水平与效率提供了制度保障。推动中国式现代化的制度优势更好转化为治理效能，不能生搬硬套他国模式，要坚持从国情和实际出发，充分认识基本经济制度和国家治理体系在长期实践中积累的经验形成的原则，把握经济制度的顶层设计，及时把成功的实践经验转化为制度成果，以形成更高效率、更强竞争力和更具生命力的制度体系，推进国家治理现代化。

　　同时，制度优势是动态的，而不是静止的。现代化是一个发展的过程，国家制度也必须紧跟现代化的步伐，与时俱进，不断完善。[3]把中国式现代化的战略部署落到实处，关键在于围

---

　　① ［美］杰克·奈特：《制度与社会冲突》，周伟林译，上海：上海人民出版社，2017年，第8页。

　　② 周文：《国家何以兴衰：历史与世界视野中的中国道路》，北京：中国人民大学出版社，2021年，第166页。

　　③ 周文、司婧雯、何雨晴：《繁荣与富强：大国治理的政治经济学》，上海：复旦大学出版社，2022年，第27页。

绕处理好政府和市场关系进一步全面深化改革。[①]一方面，充分发挥市场在资源配置中的决定性作用有利于激发各类企业活力。要更好发挥市场机制作用，创造更加公平、更有活力的市场环境，使资源依据市场规则、市场价格、市场竞争进行更为有效的配置，最大限度激发企业等各类经营主体的创业创新活力，实现资源配置效率最优化和效益最大化，既"放得活"又"管得住"，更好维护市场秩序、弥补市场失灵，畅通国民经济循环，激发全社会内生动力和创新活力。另一方面，"科学的宏观调控、有效的政府治理是发挥社会主义市场经济体制优势的内在要求"[②]。要健全宏观经济治理体系，提升宏观经济治理能力水平，强化宏观政策统筹协调。处理好政府和市场关系，将不断推动社会主义基本经济制度更加系统完备、成熟定型，国家治理体系和治理能力现代化水平不断提高，"推动生产关系和生产力、上层建筑和经济基础、国家治理和社会发展更好相适应，为中国式现代化提供强大动力和制度保障"[③]。

进一步地，当我们将中国式现代化的伟大成就置身于世界视野来观察时，可以看到各式各样的市场化改革并不鲜见，但唯有中国的现代化奇迹更为世所罕见。我国通过国家构建与更好发挥政府作用，形成了"党、政府、市场"的稳定治理结构，更加印证了我国国家治理体系的科学性与有效性，为国家竞争

---

① 周文：《围绕处理好政府和市场关系推进全面深化改革》，《经济研究》，2024 年第 7 期。

②《中共中央关于进一步全面深化改革 推进中国式现代化的决定》，北京：人民出版社，2024 年，第 17 页。

③《中共中央关于进一步全面深化改革 推进中国式现代化的决定》，北京：人民出版社，2024 年，第 4 页。

优势的培育提供了制度保障。中国经济学走向世界的理论贡献，可能在于促进国家体系的建构和政府效能的提升。相比于西方主流经济学 200 多年来形成"政府与市场"二元对立的分析范式①，中国在经济发展实践过程中，充分发挥社会主义市场经济制度的优越性，探索出了一条以中国共产党总揽全局、协调各方，让市场在资源配置中起决定性作用，同时更好发挥政府作用，形成了当代中国马克思主义政治经济学的"党、政府、市场"的"三维"分析构架，拓展了经济学的理论核心框架。②这种"三维谱系"，既有效发挥市场在微观领域配置资源的高效率，又保证政府发挥作用以弥补市场失灵。因此，坚持和加强党对经济工作的全面领导，尤其是党中央的集中统一领导，更好实现市场与政府有机结合，不仅可以有效避免市场失灵，更可以有效加快市场建设速度，促使市场机制更快发育成熟。

坚持党对经济工作的集中统一领导，这是西方主流经济学

---

① 自经济学成为系统性学说以来，政府与市场的关系一直是争论的焦点，主要分为"市场派"和"政府派"。西方主流经济学的理论研究往往把政府与市场关系看作两分框架及两者的板块结合，各个理论流派在大政府或大市场之间争论不休，甚至有些学者信奉"市场失灵论"或"政府失效论"，要么主张国家干预主义，要么恪守市场自由主义原则。其错误的根本原因在于他们固守政府与市场非此即彼、此消彼长的机械性思维逻辑与范式，从各自的规定出发寻找所谓的"大小""强弱""进退"的最优组合。这样的理论对政府与市场的关系采取一个二元对立的分析框架，认为两者之间呈现出此消彼长的态势。参见周文：《中国经济发展的伟大成就与经济学自主知识体系》，《江汉论坛》，2023 年第 6 期。

② 周文：《中国奇迹何以发生：基于政治经济学阐释框架》，《中国社会科学报》，2022 年 8 月 29 日。

理论中所没有的[①]，却又是在深刻总结中国经济发展实践经验所形成的经济发展理论中必不可少的一个理论前提和发展基础。西方经济学的主流理论强调个体的理性、自由放任和私有化，然而个体理性会导致集体非理性，这一现象在经济学上被定义为合成推理谬误，经济理性人缺乏为集体的共同利益采取行动的动力。与西方不同，中国强调中国特色社会主义制度，协作是一种生产力，[②]而且是更大的生产力，因为分工和协作的效率远远大于个人单干的效率，这就是领导的作用。中国有"三个和尚没水吃"的典故。为什么有这样的结果呢？毛泽东在井冈山时期总结出中国革命的最大经验就是把支部建立在连队，发挥组织的重要性，三个人就要建立支部。"支部一建立，连队立刻有了灵魂，各种工作迅速地开展起来。"三个和尚之所以面临无水可饮的困境，就在于缺乏领导者，无法实现领导职能的有效发挥，更无法形成协作的效率。马克思在《资本论》里也讲了一个非常经典的例子，"一个单独的提琴手是自己指挥自己，一个乐队就需要一个乐队指挥"[③]。

---

① 西方主流经济学里有一个团队生产理论，这一理论认为：如果团队产出大于独自产出之和而且能消化将团队成员组织起来并加以约束的管理成本，人们就会选择团队生产；由于企业最终的产出物是由团队成员共同努力的结果，不可能精确地对每个人的贡献进行分解，不可能按每个人的真实贡献支付报酬，这就导致了"搭便车"的问题，即信息不对称带来的道德风险问题，进而导致非效率。参见［美］哈罗德·德姆塞茨：《所有权、控制与企业——论经济活动的组织》，段毅才等译，北京：经济科学出版社，1999年，第149~150页。

②《马克思恩格斯文集》（第五卷），北京：人民出版社，2009年，第378页。

③《马克思恩格斯文集》（第五卷），北京：人民出版社，2009年，第384页。

　　由此，国家治理现代化为什么能，归根到底要回答的是中国共产党为什么能。值得强调的是，将党的领导作为经济制度纳入生产关系中来加以学理化研究，目前还处于起步阶段。[①]从"大分流"的历史来看，国家建构应该是以人民为中心的立场和国家治理能力及治理体系建设的统一。前者的主要目的是建立一个国家民族共同体，后者的主要目的是维护政权稳定，而"强政权、弱国家"的模式则是导致古代中国治乱兴衰的根源。[②]中国历代封建王朝，没有找到建立一个以人民为中心的国家民族共同体的方法。正基于此，孙中山才会形容近代中国经济为一盘散沙，黄炎培则将这种弱国家强政权的社会经济发展模式总结为"其兴也勃焉，其亡也忽焉"的历史周期率。同样在西方国家，尽管强制和资本在连绵战火中催生出欧洲早期的民族共同体，但以生产资料私人占有制为主要特征的资本主义社会难以真正完成民族共同体的建设，马克思形容资产阶级的政府为"管理资本家事务的委员会"，甚至西方的公共选择理论自身也认为，其政府的行为决策模式更多基于自身阶级利益的收益成本分析而非指向共同体的利益。

　　办好中国的事情，关键在党。党的领导之所以是中国能够创造现代化奇迹的最根本原因，是实现经济社会持续健康发展的根本政治保证，也正体现在其真正把民族共同体建设和政权

---

①　周文、李超：《中国奇迹何以发生：基于政治经济学解释框架》，《经济学动态》，2022 年第 11 期。

②　曹正汉：《"强政权、弱国家"：中国历史上一种国家强弱观》，《开放时代》，2019 年第 2 期。

建设统一起来。①中国共产党秉持着为中国人民谋幸福、为中华民族谋复兴的初心和使命，代表最广大人民的根本利益，"坚决防止领导干部成为利益集团和权势团体的代言人、代理人"②，坚持人民至上而不是资本至上，由此塑造核心价值、构建起国家民族共同体。要言之，中国共产党的领导作为中国特色社会主义最本质的特征，体现在现代化建设的方方面面；同时，由于党"总揽全局、协调各方"的特点，使得其现代化建设过程中可以做到协调各方，调动各方力量形成合力，这是中国式现代化成功的奥秘所在。"中国式现代化，是中国共产党领导的社会主义现代化。"③党的性质宗旨、初心使命、信仰信念、政策主张决定了中国式现代化是社会主义现代化，而不是别的什么现代化。④中国共产党用伟大治理成果雄辩地证明，只有毫不动摇地坚持和完善党的领导，笃定自信地走中国式现代化道路，才能够把全国各族人民紧密团结起来，形成万众一心、无坚不摧的磅礴力量，才能取得举世瞩目的伟大成就。⑤

治国必先治党，党兴才能国强。中国现代化的历史独创道路与中国共产党作为现代化领导力量的政党建设，构成了鲜明的中国特色，展示了现代国家建设与强大政党建设的中国逻

---

① 周文、李超：《中国奇迹何以发生：基于政治经济学解释框架》，《经济学动态》，2022 年第 11 期。

② 《习近平著作选读》（第一卷），北京：人民出版社，2023 年，第 56~57 页。

③ 《习近平著作选读》（第一卷），北京：人民出版社，2023 年，第 18 页。

④ 习近平：《以中国式现代化全面推进强国建设、民族复兴伟业》，《求是》，2025 年第 1 期。

⑤ 周文：《中国式现代化成功的密码》，《治理研究》，2024 年 3 月 25 日。

辑。①中国共产党带领古老的中国实现现代化的目标，不断开辟治国理政的新境界，以"中国共产党之治"成就"中国之治"，是国家治理体系和治理能力现代化的关键引领和重要内涵。②中国共产党是世界上最大的政党。大党之"大"，绝不只是人数规模之大，而是思想伟大、胸怀博大、肌体强大。"我们只有勇于自我革命才能赢得历史主动"③，"我们党要搞好自身建设，真正成为世界上最强大的一个政党"④。由大向强，不仅是量的积累，更是质的飞跃。如何实现这"关键一跃"，是我们党治国理政的必须解决，也正在解决的时代命题。"革命是历史的火车头"⑤，而真正的革命者永远年轻。"放眼全世界，没有任何一个政党能像中国共产党如此严肃认真地对待自身建设，如此高度自觉地以科学的态度、体系化的方式推进自我革命，这是我们党的显著优势，也是引领时代的制胜之道。"⑥一个真正想达到这个目的，并且具有达到这个目的所必不可缺的自我革命精

①　王韶兴：《现代化国家与强大政党建设逻辑》，《中国社会科学》，2021年第3期。

②　周文：《国家何以兴衰：历史与世界视野中的中国道路》，北京：中国人民大学出版社，2021年，第233页。

③《国家主席习近平发表二〇二二年新年贺词》，《人民日报》，2022年1月1日。

④　中共中央党史和文献研究院编：《十八大以来重要文献选编》（下），北京：中央文献出版社，2018年，第177页。

⑤《马克思恩格斯文集》（第二卷），北京：人民出版社，2009年，第161页。

⑥　习近平：《健全全面从严治党体系　推动新时代党的建设新的伟大工程向纵深发展》，《求是》，2023年第12期。

神和自我革命能力的政党，将是不可战胜的。[①]

（二）强国的产业之路：中国式现代化与现代化产业体系

现代化产业体系是现代化国家的物质支撑。成功实现现代化的国家，都经历过产业体系现代化的过程，在某个或某些产业领域形成位居世界前列的制造或服务能力，成为支撑高效率社会生产和高水平国民收入的基石。例如，美国的电子信息、生物医药、航空航天、金融和法律服务业，德国的汽车和先进装备制造产业，日本和韩国的电子产品、半导体、造船、汽车产业，新西兰和澳大利亚的现代农业、采矿业，都是支撑这些国家实现现代化的物质基础。[②]后发国家则吸取先发国家的有益经验，通过模仿、引进、自主探索等方式，在本国建立起成熟且富有竞争力的产业体系，以期迅速赶上先发国家。反之，一些曾经的强国走向衰落，一些国家掉入所谓"中等收入陷阱"，重要的教训也是没有实现产业体系的不断升级和现代化。由于资源禀赋、地理条件、文化传统、外部环境等因素的差别，各国选择的发展路径不尽相同，但不同的发展路径中蕴含着世界各国现代化的共同特征，其一是生产力的不断解放与极大发展，其二是与生产力相匹配相适应的产业体系的建设。[③]因此，没有产业体系的现代化，就没有经济的现代化；没有坚实的物质技术基础，就不可能全面建成社会主义现代化强国。

---

① 《"真正成为世界上最强大的一个政党"——写在二十届中央纪委四次全会召开之际》，新华网，https://www.news.cn/politics/20250105/f590f3a7aa614bd898525f9f489b0861/c.html。

② 周文：《厚植中国式现代化产业根基》，《经济日报》，2023年4月26日。

③ 周文、张奕涵：《中国式现代化与现代化产业体系》，《上海经济研究》，2024年第4期。

　　率先开启现代化进程的西方国家的学者们很早就意识到产业发展与经济增长之间的内在关联，如威廉·配第在《政治算术》中描述了产业间收入存在相对差异的规律，即"制造业的收益比农业多得多，而商业的收益又比制造业多得多"[①]。亚当·斯密同样指出，"进步社会的资本，首先是大部分投在农业上，其次投在工业上，最后投在国外贸易上"[②]。随后的几个世纪中，诸多学者就一国或某个区域经济发展，主导和支柱产业的选择及更替规律、产业结构的演变趋势与调整方式、产业之间的技术经济关联等问题进行了探讨，提出了丰富多样的理论，如"克拉克法则"、"库兹涅茨产业结构论"、罗斯托的"主导产业扩散效应理论"与"经济成长阶段理论"、"刘易斯–费–拉尼斯模式"、日本学者赤松要、小岛清等学者提出的"雁形态论"等。总体而言，传统产业结构理论认为，随着经济发展程度的提高，一国的产业中心会沿着"第一产业—第二产业—第三产业"的路径循序渐进地发生转换。在这一理论的指导下，许多国家借由工业化的力量成功实现了经济高速增长，一部分国家成功跻身发达国家与世界强国之列。

　　但近年来，传统产业结构理论愈发暴露出固有的局限性，以至于受这种理论的影响，许多国家出现了现代化发展的困境。其一，传统产业结构理论将第三产业占据经济中心作为经济发达的标志，认为随着经济发展的深化，一国的产业结构也应相

[①]〔英〕威廉·配第：《政治算术》，陈冬野译，北京：商务印书馆，1960年，第22页。

[②]〔英〕亚当·斯密：《国富论》（上卷），郭大力、王亚南译，北京：商务印书馆，2014年，第363页。

应进行调整，最终达到以服务业为核心。部分发达国家在调整经济重心时会将大部分物质生产部门转向欠发达国家与地区，导致国内制造业体系衰退，出现产业空心化、经济"脱实向虚"、贸易收支逆差、财政状况恶化等情况。事实上，制造业始终是国家经济发展的基石，是国家竞争力的命脉所在，经历了"去工业化"之殇的美国在近年来大力提倡"再工业化"，以期重振国内制造业就是最好的证明。[1]其二，传统产业结构理论强调产业中心的顺序转换，是一种"串联式"的线性发展路径，这并不完全适用于后发国家。其三，随着科技革命和产业革命的发展，传统产业结构理论对于一国未来产业结构调整与国家竞争力塑造的指导作用愈发有限。各国必须立足自身国情，以经济发展的实践成果丰富和改造传统产业结构理论，从而更好地指导国家现代化建设。

当前，对于一国的经济发展而言，"生产力是社会发展的最终力量，是一切社会进步的根本动力"[2]；对于一国参与国际竞争而言，国家之争归根结底是实力之争，根本是生产力之争。[3]生产力或经济的现代化是中国式现代化的首要表现[4]，建设与先进生产力发展的客观要求相适应的现代化产业体系，是解放与

① 贾根良、楚珊珊：《制造业对创新的重要性：美国再工业化的新解读》，《江西社会科学》，2019年第6期。
② 习近平：《干在实处 走在前列——推进浙江新发展的思考与实践》，北京：中共中央党校出版社，2006年，第18页。
③ 中共科学技术部党组：《以科技强国引领现代化强国建设》，《求是》，2022年第9期。
④ 孙绍勇、张林忆：《建设现代化经济体系与拓展中国式现代化：战略定位、逻辑机理与路径优化》，《经济纵横》，2023年第11期。

发展生产力的关键。现代化产业体系可被定义为一个现代知识密集、技术创新能力强、安全开放程度高，且随技术进步而不断动态化调整的产业系统，[①]其以实体经济为基石，以科技创新为引领，以资金、人才等关键要素为保障，形成农业基础牢靠、工业技术和装备制造业发达、服务业知识技术人力资本密度大的现代化产业。[②]在这一过程中必须促进高新技术产业、现代农业、先进制造业、现代服务业等多元产业协调发展。[③]在推进中国式现代化过程中，建设现代化产业体系的发展路径，将科技创新置于引领产业发展的核心地位，对传统产业体系的生产模式和技术经济范式进行颠覆性重构，[④]打造新的经济增长点，从而在各产业间形成稳定可靠的协同机制，以构建具备强大生产力与全球竞争力的新型产业体系。

党的十八大以来，党中央高度重视建设制造强国，要求把推动制造业高质量发展作为构建现代化经济体系的重要一环。经过多年努力，我国产业体系更加健全，产业链更加完整，产业整体实力和质量效益不断提高，产业创新力、竞争力、抗风险能力显著提升，现代化产业体系建设步伐显著加快。目前，我国制造业规模居全球首位，我国能够生产的产品覆盖原材料、

① 凌永辉、刘志彪：《现代化产业体系的多维解构与战略重构研究》，《南通大学学报》（社会科学版），2023 年第 6 期。

② 刘志彪：《理解现代化产业体系：战略地位、建设内容、主要挑战与对策》，《福建论坛》（人文社会科学版），2023 年第 5 期。

③ 陈英武、孙文杰、张睿：《"结构—特征—支撑"：一个分析现代化产业体系的新框架》，《经济学家》，2023 年第 4 期。

④ 王薇、任保平：《"新基建"促进现代化产业体系构建：作用机制、约束条件与优化路径》，《改革与战略》，2023 年第 1 期。

消费品、中高端装备等各个领域，在 500 种主要工业产品中，有 220 多种产品产量位居全球第一，在一些领域产业技术水平已经进入世界前列。[①]但是同发达国家相比，同实现高质量发展的要求相比，我国产业体系现代化水平还不高，突出表现为产业基础还比较薄弱，产业链稳定性和抗冲击能力不足，现代服务业不够发达。随着全球产业链重组、供应链重塑、价值链重构不断深化，面对前所未有的产业竞争，不进则退、慢进亦退，必须充分发挥我国全球最完整产业体系供给优势和超大规模市场需求优势，抓紧补短板、锻长板，提升产业基础高级化和产业链现代化水平，增强产业体系自主可控能力，保障国民经济循环畅通，加快形成全球竞争新优势。[②]

其一，提升产业链供应链韧性和安全水平。产业链供应链韧性和安全是现代化产业体系建设的内在要求与重要保障，其内涵可理解为遭遇外部风险冲击或所处发展环境深刻变化时能确保安全稳定发展、能自我调节与恢复、能迅速适应外部变化的能力。中国自然资源丰富，工业基础雄厚，创新实力不断提升，产业链供应链整体来看较为稳定与坚韧。但随着中国经济进入"三期叠加"阶段，部分领域面临的关键核心技术受制于人、供应链部分环节对外依赖度高且较为脆弱、成本上升致使产业链部分环节外迁等问题日益突出。[③]对产业链供应链关键节

---

① 《国务院新闻办举行"推动高质量发展"系列主题发布会（工业和信息化部）》，https：//www.gov.cn/lianbo/fabu/202407/content_6962079.htm。

② 周文：《厚植中国式现代化产业根基》，《经济日报》，2023 年 4 月 26 日。

③ 李燕：《在加快构建新发展格局中提高我国产业链供应链韧性和安全水平》，《经济纵横》，2023 年第 11 期。

点控制能力不足所导致的对国外先进材料和技术的高度依赖，是威胁我国产业链供应链安全的主要因素。[①] 当前，全球产业体系和产业链供应链呈现多元化布局、区域化合作、绿色化转型与数字化加速态势，[②] 中国必须抓住这一世界范围生产体系重构重塑的重大机遇，提升产业链供应链韧性与安全水平，为建设自主可控、安全可靠、竞争力强的现代化产业体系提供保障。

一是全面提升产业链供应链现代化水平。要瞄准"卡脖子"技术的困境与中国受到外部"断链""脱钩"影响较大的脆弱部位加强攻关，推动短板产业补链。要积极推动产业基础再造与重大技术装备攻关工程，突破产业转移与高技术环节迁出而加剧的产业发展"高不成低不就"的"夹心层"困境，[③] 通过传统产业升链、优势产业延链提高自身的产业核心竞争力。要瞄准战略性新兴产业优化布局，推动新兴产业建链，以此为契机实现向全球价值链中高端攀升，努力成为新生全球价值链的"链主"，抢占未来发展制高点。二是顺应数字时代发展趋势，推动工业互联网与数字化供应链建设，以数字化赋能产业链供应链"优势再造"。必须加快物联网、大数据、区块链、人工智能等产业链供应链新技术集成应用，加速培育产业互联网平台，提升产业链供应链核心环节数字化水平，打造以全供应链数据采

---

① 中国人民大学经济安全研究课题组：《提升产业链供应链韧性和安全水平研究——基于马克思资本循环理论》，《中国高校社会科学》，2023 年第 2 期。

② 习近平：《加快构建新发展格局 把握未来发展主动权》，《求是》，2023 年第 8 期。

③ 沈尤佳、陈若芳：《中美竞争背景下中国产业链供应链安全：困境与出路》，《福建论坛》（人文社会科学版），2023 年第 8 期。

集—流动—集成—分析—应用为核心的综合服务体系。[①]三是加强对产业链供应链的安全评估与风险管理，确保关键节点安全可靠。必须对产业链供应链进行定期、动态评估，强化对重大领域的风险审查与关键环节的弱点分析，进一步完善风险研判与处置机制，增强产业链供应链的抗风险与恢复能力。

其二，完善现代化基础设施体系。基础设施是经济活动开展的支撑条件，其投资规模与结构对资源要素的配置方式与效率起重大作用，对于产业的成长、转型与更替影响重大。[②]随着产业体系的发展，基础设施建设也应当与时俱进，以便加速新产业发展，推动旧产业转型升级，淘汰落后产能。当前中国基础设施部分环节与领域同国家经济社会发展需求不相适应，必须强化顶层设计，兼顾短期稳定增长和长期结构调整的要求，推动传统基础设施布局优化、结构调整、功能升级、系统集成，推进新型基础设施建设，以现代化基础设施为产业体系提供重要保障。在这一过程中，既要加强网络型基础设施建设，服务构建全国统一大市场，也要加快形成综合交通体系；既要加快新型基础设施建设，形成万物互联、人机交互、天地一体的网络空间，也要加强国家安全基础设施建设，加快提升产业安全应对能力；既要加强城市基础设施建设，打造高品质生活空间，也要加强农业农村基础设施建设，以基础设施现代化促进农业农村现代化。

---

① 徐金海、夏杰长：《全力提升产业链供应链现代化水平：基于全球价值链视角》，《中国社会科学院大学学报》，2023 年第 11 期。

② 潘雅茹、高红贵：《基础设施投资的资源错配效应研究》，《改革》，2019年第 7 期。

一是提升传统基础设施水平，服务产业发展与转型目标。必须加强交通、能源、水利等网络型基础设施建设，加快推进国家综合立体交通网主骨架、分布式智能电网、国家水网主骨架和大动脉等重大工程建设，着力强化"联网""补网"与"强链"工作，提升网络效益。必须加快信息、科技、物流等产业升级基础设施建设，加强综合交通枢纽与集疏运体系建设，布局建设一批支线机场、通用机场与货运机场。[1]二是适度超前推进数字基础设施建设，引领产业现代化发展。例如，着力推动5G、工业互联网、大数据、人工智能、物联网、区块链等技术创新，加快发展卫星互联网、物联网等新型通信基础设施，加快构建数据中心、超算中心等算力基础设施。[2]三是统筹各类基础设施布局，强化城乡基础设施建设。一方面，要完善城市基础设施建设，加快智能道路、智能电源、智能公交等智慧基础设施建设，使之服务于产业发展、居民生活的需要；另一方面，要加强农业农村基础设施建设，完善农田水利设施、农村道路、交通运输、城乡冷链物流等设施，促进农业农村现代化。四是加强国家安全基础设施建设。提升应对风险冲击与极端情况的能力，从而实现高质量发展和高水平安全动态平衡。

其三，促进数字经济和实体经济深度融合。数字经济是第四次科技革命与产业革命的先机，数字化发展具有广泛的赋能

---

[1]《习近平主持召开中央财经委员会第十一次会议强调　全面加强基础设施建设　构建现代化基础设施体系　为全面建设社会主义现代化国家打下坚实基础》，《人民日报》，2022年4月27日。

[2] 李晓华：《面向智慧社会的"新基建"及其政策取向》，《改革》，2020年第5期。

效应，有助于传统产业转型升级，促进新兴产业茁壮成长，日益融入经济社会发展全过程各领域。数字经济和实体经济融合发展的本质，是数字经济部门提供的数据要素、数字技术对实体企业要素投入与生产经营各环节进行改造、升级与管理变革的过程。[①]党的十八大以来，我国数字经济取得了举世瞩目的发展成就，总体规模连续多年位居世界前列，对经济社会发展的引领支撑作用日益凸显。我国数字经济发展具有独特优势，面临难得的历史机遇，要加快以数字化转型整体驱动实体经济质量变革、效率变革、动力变革和生产方式变革。既有助于以数字经济牵引实体经济高质量发展，为现代化产业体系建设提供重要支撑；又有助于以实体经济为数字经济蓬勃发展提供坚实的基础。从而通过产业数字化转型与数字产业化发展，以"数实融合"助力现代化产业体系"提质增效"，不断构筑国家竞争新优势。

一是把握数字化、网络化、智能化发展方向，以数字经济赋能传统产业全面转型升级。推动技术研发、软件设计与平台运营等生产性服务业健康发展，[②]使服务业与制造业、农业实现互促、协调发展。在优化经济结构，拓展国民经济增长空间的同时，构筑起良性循环的数字生态系统，防止经济"脱实向虚"。二是强化数字技术创新，建设数字创新高地。面对以人工智能大模型为代表的颠覆式创新，在全球数字创新高地掀起的

---

① 王定祥、吴炜华、李伶俐：《数字经济和实体经济融合发展的模式及机制分析》，《改革》，2023 年第 7 期。

② 董香书、王晋梅、肖翔：《数字经济如何影响制造业企业技术创新——基于"数字鸿沟"的视角》，《经济学家》，2022 年第 11 期。

新一轮角逐浪潮，[①]必须充分发挥国家、区域科研机构、高水平大学等对数字创新的支撑能力，构筑自立自强的数字创新体系，突破美西方国家在核心技术上对中国的封锁打压；打造富有国际竞争力的数字产业集群，要加快新一代信息技术领域的战略性新兴产业发展，在未来网络、量子科技、脑机接口、自动驾驶等未来产业提前布局。三是强化数据要素市场建设，不断拓宽数字化应用场景。在数据市场培育、数据统筹管理、数据确权与数据安全立法等方面强化建设；强化高质量数据要素供给，加快数据要素流通交易，促进数据资源价值的释放。[②]持续优化数字应用发展环境，使数字技术与国家治理、经济运行、社会发展的诸多方面密切结合，持续推动数字中国建设。

　　总的来说，以现代化产业体系建设推进中国式现代化发展，必须充分结合"有效市场"与"有为政府"力量。推动建设现代化产业体系是一项系统庞大且复杂的工程，需要使重点项目提前布局、多项任务同步推进、关联项目间彼此嵌合、前后环节有机衔接。政府必须承担起"指挥塔"的角色，制定切实可行的工作计划，有效调动各方力量的积极性，同时避免市场主体在生产与经营时可能出现的无组织与混乱。市场在资源配置中起决定性作用，能以价格信号的调控促进原材料、技术、资金、人才、信息等要素资源的流动与最优配置，提升企业生产

---

　　① 中国信息通信研究院：《全球产业创新生态发展报告（2023年）——数字创新高地全球图景与中国位势》，http://www.caict.ac.cn/kxyj/qwfb/bps/202401/P020240119488772206298.pdf。

　　② 陈雨露：《数字经济与实体经济融合发展的理论探索》，《经济研究》，2023年第9期。

经营效率，确保社会再生产四个环节的有序衔接、周而复始。特别需要说明的是，围绕中国经济发展是否需要产业政策，学界一直争论不休。所谓"市场经济没有产业政策"，不是历史的真相。西方指责中国的社会主义市场经济不是真正的市场经济，市场经济不应该有产业政策。事实上，没有所谓的标准"市场经济"的定义。从语义上讲，如果说社会主义市场经济不是市场经济，犯了逻辑学的错误，就好像白马非马论，是典型的强盗逻辑。[①]走向未来，我们需要使政府与市场充分发挥各自优势，形成推动现代化产业体系建设的强大合力。

一方面，强化对现代化产业体系建设的战略性领域顶层设计与产业政策支持。政府要坚持系统观念，发挥战略规划与统筹协调功能，把握全局和局部的关系，统筹当前和长远的目标，前瞻性思考、全局性谋划、整体性推进现代化产业体系各项任务的建设。政府是产业政策的制定者，要提升产业政策的有效性、针对性、协同性，不仅需要与时俱进创新与完善产业政策，也需要依据国家发展战略与企业发展需求制定分层分类、更为精准的产业政策，还需用好各种政策工具组合，增强政策间的联动性与互补性，使多条政策发挥出叠加与倍增的效果，对产业发展形成更为有力的支持。政府需要把维护产业安全作为重中之重，加强关键核心技术攻关和战略性资源支撑，[②]加快补齐发展短板，突破关键核心技术"卡脖子"，确保中国粮食、能源

---

① 周文：《赶超：产业政策与强国之路》，天津：天津人民出版社，2023 年，第 1~3 页。
② 《加快建设以实体经济为支撑的现代化产业体系 以人口高质量发展支撑中国式现代化》，《人民日报》，2023 年 5 月 6 日。

资源、重要产业链供应链安全，[1]以高水平安全促进高质量发展。市场是交换的场所，为政府制定产业政策与检验产业政策的效果提供重要的信息反馈。市场经营主体（企业）需与政府间建立起稳定通畅的交流渠道，使政府更了解产业动态、行业发展动向与企业的切实需求，使企业增进对政府规划与安排的了解，稳定发展信心，以此确保政策制定精准、落实有效。

另一方面，加快建设全国统一大市场，为现代化产业体系建设提供重要的市场支撑。建设全国统一大市场是加快构建新发展格局的基础支撑和内在要求，也是推进国家治理现代化的战略任务。党的十八大以来，党中央高度重视全国统一大市场建设工作，出台了一系列相关的政策法规和规范性文件，在消除区域壁垒、优化资源配置效率、畅通商品和要素流动、推动经济发展等方面取得了显著成就。然而由于历史和现实的多种原因，目前我国依然存在着区域壁垒、规制不一、地方保护主义和平台经济垄断等市场分割问题，对推动构建新发展格局和推动经济高质量发展形成了体制机制障碍。实现我国从大市场到强市场的转变升级，需要破立并举，推进建设全国统一大市场。为此，要实现有效市场和有为政府更好结合；清除地方保护和市场壁垒，实现要素自由流动；营造市场主体公平竞争环境，激发各类市场主体活力；促进国家治理现代化，把握好中央和地方关系、政府和市场关系、国内市场和国际市场关系以

---

① 中国人民大学经济安全研究课题组：《提升产业链供应链韧性和安全水平研究——基于马克思资本循环理论》，《中国高校社会科学》，2023 年第 2 期。

及整体和局部关系。①以全国统一大市场的高质量建设引导生产、提升消费、畅通流通、优化资源配置，着力形成更加良好健康的市场环境与富有活力、创新力与竞争力的产业生态。

（三）强国的科技之路：中国式现代化与高水平科技自立自强

"中国式现代化要靠科技现代化作支撑，实现高质量发展要靠科技创新培育新动能。"②新中国成立后，党中央高度重视科技事业，团结带领广大科技工作者和全国各族人民自力更生、艰苦奋斗，建立起全面独立的科研体系，形成了规模宏大的科学技术队伍，取得了一个又一个举世瞩目的科技成就。随着中国式现代化进入了新型工业化、信息化、城镇化、农业现代化同步发展、并联发展、叠加发展的关键时期，给自主创新带来了广阔空间、提供了强劲动力。新时代以来，我国坚持实施创新驱动发展战略，经过多年努力，科技整体水平大幅度提升，一些重要领域跻身世界先进行列，某些领域正由"跟跑者"向"并行者""领跑者"转变。2012 年至 2023 年，全社会研发经费从 1.03 万亿元增长到 3.3 万亿元，投入强度（R&D 经费与 GDP 之比）从 1.91% 提高到 2.65%；③高被引论文占全球总量的 27.3%，研发人员总量稳居世界首位，入选世界高被引科学家数

---

① 周文、李亚男：《建设全国统一大市场：从分割到高质量发展》，《马克思主义与现实》，2024 年第 2 期。

② 习近平：《在全国科技大会、国家科学技术奖励大会、两院院士大会上的讲话》，北京：人民出版社，2024 年，第 5 页。

③ 国家统计局、科学技术部、财政部：《2023 年全国科技经费投入统计公报》，https://www.gov.cn/lianbo/bumen/202410/content_6978191.htm。

量持续增加；[①]中国创新指数（GII）从 2010 年的第 43 位升至 2023 年的第 12 位，也首次成为科技集群数量最多的国家[②]······创新驱动发展能力持续提升，科技赋能成为高质量发展的显著标志，科技创新成为社会主义现代化强国建设的重要动力。

竞争和创新是经济全球化新趋势的主题。随着工业化的持续推进，单纯依靠资源禀赋与技术模仿学习的"不对称赶超"已难以维持竞争优势。各国要进一步维持本国产业的国际竞争优势存在两条路径：一是打压竞争对手，凭借技术与资本垄断地位实施"断链""脱钩"，实现产业回流以达到短期竞争目的；二是依靠自主创新推动技术进步，实现关键核心技术突破与生产效率提升以获取长期竞争优势。[③]在全球经济遭遇"逆全球化"潮流时，经济增长动能亟待转换，依靠国际循环的外延型经济增长路径的动力已显不足，以追求生产力高质量发展为目标的内涵式增长，成为新型经济全球化下各国实现现代化发展的新路径。"综合国力竞争说到底是创新的竞争。"[④]一方面，科学技术、制度、体制等方面的创新能有效推进生产方式变革，提升国家竞争力，进而推进现代化进程；另一方面，全球大国竞争格局也迫使我国进一步解放和发展生产力、调整生产关系，

---

① 《数读中国这十年：研发经费超 3 万亿元 创新引领显成效》，新华网，http：//www.news.cn/2023-12/22/c_1130041499.htm。

② 世界知识产权组织：《2023 年全球创新指数》，https：//www.wipo.int/publications/zh/details.jsp？id=4679&plang=ZH。

③ 周文、李吉良：《国家竞争优势与中国式现代化》，《东南学术》，2024 年第 3 期。

④ 中共中央文献研究室编：《习近平关于科技创新论述摘编》，北京：中央文献出版社，2016 年，第 7 页。

不断促进创新发展。以创新发展驱动生产力发展实现内涵式增长，既是培育国家竞争优势的关键因素，更是实现中国式现代化的必然发展路径。

"实现高水平科技自立自强，是中国式现代化建设的关键。"[①]自力更生是中华民族屹立于世界民族之林的奋斗基点，自主创新是我们攀登世界科技高峰的必由之路。当今世界，科技创新是国际战略博弈无可置疑的"主战场"，围绕科技制高点的竞争空前激烈，特别是美国为遏制我国科技事业快速发展势头，实施"小院高墙"战略，以实体清单、出口管制、限制投资、切断科技人员交流等方式对我国进行技术封锁。无数事实反复告诉我们，"发达国家处在技术领先地位之后，便采取了一系列政策，以超越事实的和潜在的竞争对手"[②]。关键核心技术是要不来、买不来、讨不来的，只有自立自主，才能自信自强，只有把关键核心技术掌握在自己手中，才能从根本上保障国家经济安全、国防安全和其他安全。实现高水平科技自立自强，关键是要发挥好中央和地方、政府和市场、科技和应用、国内和国际等各个方面的积极性，使得关键核心技术能够快速突破，并源源不断产生大量原创性技术，科技竞争能力与发展水平能够持续居于全球领先水平，能够与技术领先国家开展技术市场与产品市场竞争，并带动提升全社会创新驱动发展水平，实现

① 《习近平在广东考察时强调 坚定不移全面深化改革扩大高水平对外开放 在推进中国式现代化建设中走在前列》，《人民日报》，2023 年 4 月 14 日。

② ［英］张夏准：《富国陷阱：发达国家为何踢开梯子?》，肖炼等译，北京：社会科学文献出版社，2009 年，第 19 页。

自主性、先进性与领先性的统一。[①]

现阶段，我国仍然面临着关键核心技术受制于人、科技成果转化机制不畅等突出问题，要"健全新型举国体制，强化国家战略科技力量，优化配置创新资源，使我国在重要科技领域成为全球领跑者，在前沿交叉领域成为开拓者，力争尽早成为世界主要科学中心和创新高地"[②]。一是打好关键核心技术攻坚战。一方面，要坚持面向世界科技前沿、面向经济主战场、面向国家重大需求、面向人民生命健康的基本原则，努力实现更多"从0到1"的突破。另一方面，要加快建设"卡脖子"技术攻关的战略人才队伍，以人才赋能打赢关键核心技术攻坚战。[③]二是打造促成科技成果转化的全链条服务支撑体系。一方面，要真正打通"政、产、学、研、用"一体化全链条，推动创新链、产业链、资金链、人才链深度耦合。另一方面，要创新各类资金、基金投入科技成果转化的渠道方式，优化国家科技成

① 盛朝迅：《高水平科技自立自强的内涵特征、评价指标与实现路径》，《改革》，2024年第1期。

② 习近平：《加快构建新发展格局　把握未来发展主动权》，《求是》，2023年第8期；新型举国体制作为中国特色社会主义市场经济下资源配置的创新形式，既不同于中国过去现代化进程中单纯依靠行政命令在全国范围内统一调配各类资源的举国体制，也不同于西方现代化道路依靠放任自流的自由市场实现资源配置的体制。中国式现代化的独特性与优越性造就了我国集中力量办大事的制度优势，为新型举国体制的实施提供了有利的制度环境。新型举国体制切实将制度优势转化为治理效能，着力提升国家科技自主创新能力，推动构建新发展格局，以经济高质量发展全面推进中国式现代化。参见周文、李吉良：《新型举国体制与中国式现代化》，《经济问题探索》，2023年第6期。

③ 周文、杨正源：《曙光：新质生产力改变世界》，天津：天津人民出版社，2024年，第308页。

果转化引导基金的使用，[①]探索社会资金支持科技成果转化的体制机制，形成"科技—产业—金融"的良性互动。三是积极融入全球创新网络。自主创新不是闭门造车，要实施更加开放包容、互惠共享的国际科技合作战略，积极参与和构建多边科技合作机制，在更高的起点上推进自主创新。[②]

从更根本的层面来看，生产力发展决定着国家兴衰，而创新是生产力发展的最强推动力。加快实现高水平科技自立自强，必须通过在生产过程中的应用和对生产力诸要素的渗透，将科学技术转化为实际生产能力，引发生产力的深刻变革和巨大发展。[③]迈克尔·波特在《国家竞争优势》中强调"竞争力"的核心意义就是国家生产力。[④]为了抓住创新驱动发展的重大机遇，在国际竞争中赢得主动权，党中央提出要整合科技创新资源以加快形成新质生产力[⑤]，将先进科技视为新质生产力生成的内在

① 王天友：《以高质量科技成果转化推进高水平科技自立自强》，《红旗文稿》，2023 年第 23 期。

② 刘冬梅：《科技现代化支撑和引领中国式现代化》，《红旗文稿》，2023 年第 21 期。

③ 周文：《加快发展新质生产力的时代内涵》，《延边大学学报》（社会科学版），2024 年第 4 期。

④ ［美］迈克尔·波特：《国家竞争优势》（上），李明轩等译，北京：中信出版社，2012 年，第 1 页。

⑤ 新质生产力是创新起主导作用、摆脱传统经济增长方式、生产力发展路径，具有高科技、高效能、高质量特征，符合新发展理念的先进生产力质态。它由技术革命性突破、生产要素创新性配置、产业深度转型升级而催生，以劳动者、劳动资料、劳动对象及其优化组合的跃升为基本内涵，以全要素生产率大幅提升为核心标志，特点是创新，关键在质优，本质是先进生产力。参见习近平：《发展新质生产力是推动高质量发展的内在要求和重要着力点》，《求是》，2024 年第 11 期。

动力。一方面，肯定了科学技术在生产力形成和发展中的重要作用；另一方面，将这种科学技术上升为更高层次上的关键性、颠覆性技术，突出科技创新在生产力发展中的主导作用。[①]新质生产力的提出和发展贯彻了新发展理念和高质量发展要求，其既是以先进生产发展形态驱动产业结构等经济实践、进而推动理论创新而取得的重要理论成果，也是回应我国尽快实现中国式现代化的实践指引。[②]历史的教训、现实的趋势都启示我们，在强国建设、民族复兴的新征程中，必须坚定不移推动高质量发展，加快形成新质生产力，提高自主创新能力。唯有如此才能在激烈的国际竞争中真正掌握发展主动权。

　　生产力发展的不同形式，即存量扩张与增量重构，是确立国家竞争优势中的两个重要方向。存量扩张主要关注于现有生产要素的优化和提升，而增量重构则侧重于新产业、新技术的

---

　　① 周文、许凌云：《论新质生产力：内涵特征与重要着力点》，《改革》，2023 年第 10 期。

　　② 党的二十大报告明确指出："高质量发展是全面建设社会主义现代化国家的首要任务。"党的二十届三中全会再次强调"高质量发展是全面建设社会主义现代化国家的首要任务"，并提出要"健全因地制宜发展新质生产力体制机制"。新质生产力这一概念，作为对马克思主义生产力理论的深化与拓展，彰显了习近平经济思想的理论精髓。这一理论成果不仅与高质量发展理念相互促进、相互强化，而且正加速成为推动高质量发展的核心驱动力。高质量发展以科技创新、绿色发展和人的全面发展为核心理念，亟待关键性、颠覆性的技术创新来提供强大的物质技术支撑，而新质生产力的培育与发展正是实现这一目标的重要路径。新质生产力的形成有助于抢占发展制高点、培育竞争新优势、蓄积发展新动能，更好地推动高质量发展。推动高质量发展不断取得新进展、新成效，离不开新质生产力理论的科学指引。参见周文：《新质生产力的时代内涵和核心要义》，《毛泽东研究》，2024 年第 6 期。

引入和应用，以颠覆性科技创新形成新的增长点。①马特·里德利在《创新的起源：一部科学技术进步史》中认为，传统生产力提高更多的是依靠渐进式的创新，"在前进的过程中，每一个关键的发明都是建立于前一个发明之上的，并且让下一个发明成为可能。这是一种演化，而非一系列革命"②。而颠覆性创新是具有基于科学原理重大突破和技术的交叉融合，即通过技术的根本性改变带来新的产业和市场，是从无到有的，对世界有新理解的重大发现。颠覆式创新是推动社会发展最活跃最革命的因素，在熊彼特看来是一种"生产要素的重新组合"，即创新活动应该是经济实体内部的一种"自我革新"。从传统生产力到新质生产力，发展的核心动力是创新驱动，而这种创新驱动的关键不在于一般的技术创新，而是关键性技术和颠覆性技术的突破，这也正是新质生产力这一范畴中"质"的体现——强调把创新驱动作为生产力的关键要素，以实现自立自强的关键性、颠覆性技术突破为龙头的生产力跃升。③

"科技创新能够催生新产业、新模式、新动能，是发展新质生产力的核心要素。这就要求我们加强科技创新特别是原创性、颠覆性科技创新，加快实现高水平科技自立自强。"④渐进式创

① 周文、杨正源：《新质生产力与国家竞争优势：内在逻辑与战略重点》，《教学与研究》，2024年第6期。
② ［英］马特·里德利：《创新的起源：一部科学技术进步史》，王大鹏等译，北京：机械工业出版社，2021年，第117页。
③ 周文：《加快发展新质生产力的时代内涵》，《延边大学学报》（社会科学版），2024年第4期。
④ 习近平：《发展新质生产力是推动高质量发展的内在要求和重要着力点》，《求是》，2024年第11期。

新通常更加稳定、风险较低，并且更容易被市场接受。颠覆式创新虽然可能带来巨大的市场颠覆和经济效益，但它的不确定性和风险也相对更大。然而，在全球数字技术竞争背景下，发达国家企图进一步固化中国在全球分工中的位置，使中国陷入与其他发展中国家在制造业的中下游环节"逐底竞争"的恶性循环。这也限制了发展中国家与发达国家合作实现可持续发展的空间，唯有通过颠覆式创新才能实现技术赶超，在白热化的国际竞争中占有一席之地。新质生产力作为生产力的跃升，是突破发展制约点、引领经济高质量发展的重要力量。"跃升"不是概念上的假设，而是新发展阶段中国式现代化进程的基本事实。可以说，中国式现代化是以新质生产力的发展为基础和动力的，新质生产力的发展和跃升也是中国式现代化全面推进的标识。[1]面对新一轮科技革命和产业变革，要遵循生产力形成和发展的规律，以科技创新为主导加快发展新质生产力，培育竞争新优势，为中国式现代化提供不竭动力。[2]

宏观上，坚持市场与政府有机结合，协力推动科技创新。"发展新质生产力，必须进一步全面深化改革，形成与之相适应的新型生产关系。"[3]因此，在培育和发展新质生产力的过程中，宏观上必须处理好市场与政府的关系，使市场在资源配置中发挥决定性作用，并更好地发挥政府作用，使市场与政府协同助

---

① 顾海良：《新质生产力是全面推进中国式现代化的根本力量》，《北京日报》，2024 年 11 月 4 日。

② 周文、何雨晴：《新质生产力：中国式现代化的新动能与新路径》，《财经问题研究》，2024 年第 4 期。

③ 习近平：《发展新质生产力是推动高质量发展的内在要求和重要着力点》，《求是》，2024 年第 11 期。

力科技创新，推动中国式现代化。一方面，新质生产力的形成和发展必须尊重市场规律，使企业在公平竞争的市场环境下不断迸发活力和创造力。在原始创新的初始阶段，重大的原创性认识突破主要依靠"自由探索"式的科研活动。[①]这类科研活动处于具有较强不确定性的前沿技术领域，需要大量企业在市场的激励下不断试错、相互竞争，难以通过政府作用进行规划设计，而市场依靠价格、供求、竞争机制，在资源配置、促进效率方面具有不可比拟的优势，能够激发企业的创新活力。因此，加快形成和发展新质生产力需要充分发挥市场的决定性作用，动员各类市场主体自由、公平地参与竞争和探索，在市场规律中实现科技创新的优胜劣汰。在原始创新的初始阶段，政府的主要作用应是为各种创新资源的结合及市场主体的竞争提供良好的制度环境，更多地发挥倡导、保护和鼓励的作用。

另一方面，新质生产力的形成和发展必须依靠政府引领，推动重大基础性、关键性技术的研发攻关。在新领域、新赛道上进行重大技术攻关需要巨额资金投入，具有研发周期长、收益见效慢、风险大和不确定性高的特点。这使得新质生产力的发展离不开发挥新型举国体制在资源配置、创新主体、支撑载体上的协同创新作用。[②]一是要加强顶层设计，引导科研方向。政府在组织协调方面具有显著的优势，加快形成和发展新质生产力必须加强原创性研究和基础研究的顶层设计和统筹协调，

---

① 周绍东、胡华杰：《新质生产力推动创新发展的政治经济学研究》，《新疆师范大学学报》（哲学社会科学版），2024 年第 5 期。

② 周文、李吉良：《新质生产力与新型举国体制》，《广东社会科学》，2024 年第 3 期。

通过制定有针对性的政策引导企业的科研方向。尤其是对于原创性研究的重点领域和重点方向，政府需要通过财政补贴、税收优惠、资源倾斜等方式加大力度予以支持。二是要加大研发人才的培养力度，保障人才供给。人才是第一资源，是培育新质生产力最关键的要素。因此，在人才培养方面，政府需要根据科技发展新趋势，优化高等学校学科设置、人才培养模式，为发展新质生产力、推动高质量发展培养急需人才。[1]同时，也要建立和完善人才激励机制，对承担基础性、关键性、战略性重大攻关项目研发的科技人才予以充分的物质和精神奖励，这样才能保障创新型人才队伍的持续壮大。

中观上，积极培育战略性新兴产业和未来产业，增强发展新动能。战略性新兴产业和未来产业是新质生产力形成和发展的主要载体，要"扎实推动科技创新和产业创新深度融合，助力发展新质生产力"[2]。一方面，发展壮大战略性新兴产业，打造国际竞争新优势。战略性新兴产业以重大前沿技术突破为核心，以国家重大发展需求为导向，是加快形成新质生产力的关键。发展壮大战略性新兴产业，一是要加快自主创新体系建设，推动关键核心技术的创新和应用。促进战略性新兴产业与移动互联网、大数据、人工智能等前沿技术深度融合，培育新技术、新产品、新业态、新模式。二是加快培育战略性新兴产业集群，推动先进制造业集群发展。坚持把发展经济的着力点放在实体

---

① 习近平：《发展新质生产力是推动高质量发展的内在要求和重要着力点》，《求是》，2024 年第 11 期。

② 习近平：《在全国科技大会、国家科学技术奖励大会、两院院士大会上的讲话》，北京：人民出版社，2024 年，第 7 页。

经济上，健全产业集群组织、管理和规制，培育产业特色鲜明、产业链条完备、具有国际竞争力的战略性新兴产业集群，推动战略性新兴产业跨领域、跨产业、跨集群深度融合。三是构建新型平台基础设施，防止低水平重复建设。加快数据中心、工业互联网等新型平台基础设施建设，以更快的速度、更低的成本、更便利的方式将科技创新成果扩散并应用于相关产业，避免因信息不畅通而造成低水平的重复建设。

另一方面，前瞻谋划未来产业，开辟新领域新赛道。目前，中国传统产业面临诸多困境，市场竞争激烈、资源消耗大、环境污染严重等问题制约了中国式现代化的发展，亟须发掘新的增长动力，开辟新领域和新赛道，抢占未来竞争的制高点。"十四五"规划纲要提出，要"在类脑智能、量子信息、基因技术、未来网络、深海空天开发、氢能与储能等前沿科技和产业变革领域，组织实施未来产业孵化与加速计划，谋划布局一批未来产业"[①]。数字时代的科技创新迭代迅速，对当下而言是未来产业的产业，其可能在几十年后会成为经济发展的支柱产业，谋划未来产业就是在为新质生产力的发展储备源源不断的动能。与战略性新兴产业相比，未来产业发展成熟度相对较低，产业成长不确定性更大，培育周期也更长。因此，布局未来产业更加需要政府前瞻性地统筹规划和正确引导。尽管培育未来产业难度高、风险大，但是在未来产业这条新赛道上，世界各国都处于同一起跑线，未来产业既是挑战也是机遇。谁能抓住未来

---

① 《中华人民共和国国民经济和社会发展第十四个五年规划和 2035 年远景目标纲要》，北京：人民出版社，2021 年，第 28 页。

产业的发展机遇，谁就能掌握发展的主动权，成为世界现代化的领跑者。因此，未来产业将是中国在现代化道路上实现"换道超车"的主阵地。

微观上，坚持"两个毫不动摇"，激发各类创新主体活力。新质生产力是以科技创新为主导的生产力，而企业是创新的重要微观主体。加快发展新质生产力也必须坚持"两个毫不动摇"，使国有企业与民营企业在产业链、科研攻关等领域分工协作，充分激发各类企业在科技创新和产业创新中的活力。一方面，国有企业占据国民经济的关键行业，应当发挥创新引领的示范作用。国有企业是建设现代化经济体系的主力军，近年来，在航空航天、深海探测、5G 网络、高速铁路、集成电路等领域取得了一系列重大创新成果，为新质生产力的形成奠定了良好基础，但仍然面临"卡脖子"的问题。加快发展新质生产力对国有企业提出了更高的要求。一是要立足国家战略的功能定位与使命要求，推动国有企业向战略性新兴产业和未来产业的关键领域集中，集中优质资源开展原始创新，在前沿技术、颠覆性技术方面发挥创新引领的作用，跨越科学研究向现实生产力转化的"魔川—死谷—达尔文海"①。二是要深化创新体制机制

---

① 在"研究—开发—商业化—产业化"过程中，技术从萌发到成熟往往会遇到从科学研究到技术开发的"魔川"、从小试到中试的"死谷"、从中试到产业化的"达尔文海"等障碍。理论上，技术发展通常经历一个 S 型曲线发展周期，包含萌发期、成长期、成熟期和衰退期，但不同领域和新技术的出现会导致曲线形状和数量的变化，技术创新因此具有动态和间断性特征。当技术发展接近极限时，可能出现技术间断点，导致科技创新陷入瓶颈期。参见刘志彪、王兵：《中国制造业"内卷式"恶性竞争的发生机制与破解路径》，《财经问题研究》，2024 年第 12 期。

改革，在加大研发投入的基础上，提高投资和创新的有效性，充分发挥国有企业资金实力强大、研发基础雄厚、技术人才聚集等优势，加强基础研究和应用基础研究。

另一方面，民营企业是科技创新和技术变革的重要力量，要充分释放创新活力。民营企业具有较强的创新能力和市场敏感性，能够更好地促进产业技术进步和商业模式创新，为经济发展注入新动力。[1]近年来，民营企业在高新技术企业中的先锋作用越发突出。[2]不断激发民营企业的创新活力将是加快发展新质生产力的重要支撑。一是应破除制约民营企业形成新质生产力的各类制度障碍，激发民营企业的创新动力。加强对民营企业创新的风险投资等金融支持，建立完善的政策协调机制，降低企业创新的风险，从而提升企业创新的意愿。进一步优化民营企业营商环境，使民营企业能够公平参与市场竞争。二是引导民营企业围绕国家需求开展技术创新，推动关键领域的产业升级。民营企业具有较高的创新性和敏捷性，反应速度快，决策链条短，能够更快地适应市场需求和技术变革。集中民营企业的创新力量投入关键技术攻关，能够更加有效地推动产业转型升级。三是鼓励民营企业数字化转型，提升民营企业的科技创新能力。数字经济的发展拓展了科技创新的发展空间、提高了科技创新成果的转化效率。[3]推动民营企业数字化转型有利于

---

① 周文、白佶：《民营经济发展与中国式现代化》，《社会科学研究》，2023年第6期。
② 王海兵、杨蕙馨：《中国民营经济改革与发展40年：回顾与展望》，《经济与管理研究》，2018年第4期。
③ 周文、施炫伶：《中国式现代化与数字经济发展》，《财经问题研究》，2023年第6期。

企业间的信息交流与合作，加快发展新质生产力。

万水千山，道不远人。当代中国正在进行着人类历史上最为宏大而独特的实践创新。如何回答"中国能否实现现代化强国目标"？可行的做法是让数据来说话，让事实来证明，让实践来检验。根据世界银行等国际组织提供的历史数据，在33个总量指标中，1978年中国只有4项指标全球第一，而2021年增至26项，仅7项落后于美国等国。预计到2035年，中国将有30个总量指标居世界第一，而且将成为名副其实的世界一流强国。[①]中国式现代化向世人展示了中国共产党团结带领中国人民，通过不懈探索和艰苦奋斗，把一个积贫积弱、一穷二白的国家建设成为全面小康、繁荣富强国家的壮美画卷。如今，中国的面貌、中国人民的面貌发生了翻天覆地的变化，中华民族迎来了从站起来、富起来到强起来的伟大飞跃，社会主义中国巍然屹立于世界东方，向世界展现了一派欣欣向荣的气象，彰显了中国式现代化的强大生机和活力。[②]中国理论不仅要解释过去的成就和经验，还要构建"面向未来的"中国特色社会主义政治经济学，加强中国式现代化理论体系的构建与提升，对实践中不断涌现的新鲜经验与困难挑战进行学理阐释和哲理提炼，展现强国建设的政治经济学逻辑，在世界百年未有之大变局中回答好"国家何以能够强大""人类向何处去"的时代之题。

---

① 胡鞍钢、王洪川：《强国道路：中国式现代化的创新发展》，北京：清华大学出版社，2024年，第277~278页。

② 周文：《理解中国式现代化的三个维度》，《中国社会科学报》，2023年2月13日。

小结

一个国家走向现代化，既要遵循现代化一般规律，更要符合本国实际，具有本国特色。国外曾有汉学家编著《作为方法的中国》一书，希望在研究中国历史时实现方法论的转变，即"以世界为方法"转变为"以中国为方法"。当然，这绝不是一种排斥世界先进国家和地区的"世界"，也不是建构"以中国为中心"的"世界标尺"，[1]而是"把中国作为方法，就是要迈向原理的创造——同时也是世界本身的创造"[2]。中国式现代化，是我们为如何唤醒"睡狮"、实现民族复兴这个重大历史课题所给出的答案，是选择自己的道路、做自己的事情。[3]在全世界最大的发展中国家推进现代化建设，中国式现代化超越了西方现代化的"范本"，以及"东方从属于西方"的既有框架，打破了各国最终都要以西方制度模式为归宿的单线式历史观，用实践宣告了"历史终结论"的破产，重新定义了现代化的内涵和特征，丰富和发展了现代化理论。

中国式现代化是自主原创性的现代化，也是具有世界

---

① 杨英杰：《中国式现代化道路创造人类文明新形态》，北京：人民日报出版社，2023年，第2页。

② ［日］沟口雄三：《作为方法的中国》，孙军悦译，北京：生活·读书·新知三联书店，2011年，第133页。

③ 习近平：《以中国式现代化全面推进强国建设、民族复兴伟业》，《求是》，2025年第1期。

意义的现代化。^①"当代中国的伟大社会变革，不是简单延续我国历史文化的母版，不是简单套用马克思主义经典作家设想的模板，不是其他国家社会主义实践的再版，也不是国外现代化发展的翻版。"^②中国走的是一条现代化的新道路，谱写了人类社会发展史上惊天动地的崭新篇章，攻克了一个又一个看似不可攻克的难关，创造了一个又一个彪炳史册的人间奇迹，其所取得的举世瞩目的成功，是发展中国家追寻独立自主符合国情的现代化的成功。从这个角度来看，中国式现代化的世界意义，并不在于它提供了现代化的"国际标准"，而在于它代表了一种信念，那就是坚持从国情出发、以解决现实问题为导向，同时以世界眼光和开放心态积极吸收借鉴一切有益经验，走出了一条让世界瞩目的成功的现代化道路，从而不断开辟现代化的新境界，不断刷新和确立了现代化的新坐标。^③

---

① 辛向阳：《中国式现代化》，南昌：江西教育出版社，2022 年，第 85 页。
②《习近平谈治国理政》（第三卷），北京：外文出版社，2020 年，第 76 页。
③ 周文：《习近平经济思想的实践逻辑、理论逻辑与历史逻辑》，《马克思主义理论学科研究》，2022 年第 5 期。

第八章

现代化的宏大图景
与未来展望

世界现代化的进程诞生于世界历史的展开。人类历史发展为世界历史，经历了一个漫长的过程。这个过程分为两条线：纵线是社会形态构成一个由低级到高级发展的纵向序列，但它并不是一个机械的程序，"不同民族国家或地区在历史上的多样性，和世界历史的统一性并非互不相容的矛盾"，如今人工智能浪潮对生产方式的改造，将带来一种不同于既有工业文明的新文明形态。而横线是"历史由各地区间的相互闭塞到逐步开放，由彼此分散到逐步联系密切，终于发展成为整体的世界历史"①，当前世界各国相互联系、相互依存的程度空前加深，任何"逆全球化"思潮和行径都是与现代化背道而驰。全球休戚相关，人类福祸相依。处于现代化的十字路口，遇到的难题会比以往任何一个时期都会多、都要大。解决这些难题，只有一个途径，那就是全世界人民团结起来，用共同的智慧来凝聚起最大力量，实现最美好的人类共有的现代化。②由此，对资本主

---

① 吴于廑：《世界历史》，北京：中国大百科全书出版社，2010年，第27、28、30页。

② 辛向阳：《人类现代化之问的世界普遍意义》，《国家现代化建设研究》，2024年第4期。

义世界体系的阶段性扬弃，开启了通向新的世界体系的道路，①
世界历史的纵横线相交织，前所未有地统一于现代化的世界蓝
图——构建人类命运共同体。

一、现代化的人工智能时代

（一）文明转换关口的世界：现代化仍在路上

作为社会发展的特定阶段与特殊结构，现代化并非一个完
美符合人类理想的社会机制，它仅是人类社会演进过程中一个
阶段性而非永久性的安排。现代化要求人类务实地解决在此之
前未曾解决的问题，前现代化向现代化过渡的原因亦在于此。
现代化并未穷尽人类的发展前景，相反，正是因为现代化在诸
多方面突破了人类在前现代化阶段的想象力与行动力，才开拓
出一个让人类有希望逼近理想境界的发展新阶段。②人类努力的
意义在于，要让现代化的这种理想境界尽快成为现实，而不是
走向它的反面。相较以往，马克思所处的时代发生了众多令人
吃惊的现代化改变，呈现出"一切等级的和固定的东西都烟消

---

① "历史向世界历史转变"，实际上包括两个阶段，其一是"资本主义开创
的世界历史阶段"；其二是从资本主义的世界历史阶段向"共产主义的世界历史阶
段"的转变。后者又可以细分为，世界体系发展出"命运共同体"的阶段、
"真正的共同体"形成的阶段。参见于沛：《马克思"世界历史"理论与十九世
纪》，《史学理论研究》，2019 年第 3 期；郗戈：《〈共产党宣言〉世界历史理论与
人类命运共同体建构》，《湖南科技大学学报》（社会科学版），2018 年第 4 期。
② 任剑涛：《现代化的两种方案及其得失》，《四川师范大学学报》（社会科
学版），2024 年第 3 期。

云散了"①的景象。对此，伯曼认为："19 世纪现代性的主旋律和主音色……一个不断扩展的包容一切的世界市场，既容许最为壮观的成长，也容许骇人的浪费和破坏，除了不容许坚固不变，它容许任何事物。"②《资本论》的经典表述："工业较发达的国家向工业较不发达的国家所显示的，只是后者未来的景象"③，这里所"显示"，同样包括西方工业文明的"现代灾难"④，即"资本主义生产的自然规律所引起的社会对抗"，以及"这些以铁的必然性发生作用并且正在实现的趋势"。⑤

当今世界面临的不稳定性、不确定性突出，世界经济增长动能不足，贫富分化日益严重，地区热点问题此起彼伏，恐怖主义、网络安全、重大传染性疾病、气候变化等非传统安全威胁持续蔓延，人类面临许多共同挑战。西方现代化的生命力受到广泛质疑，越来越多的国家对西方资本主义经济制度、发展模式和民主政治制度开始动摇，西方标榜的现代化优越性黯然失色。今天的西方世界，沉迷于自己的理念而无法自拔，并把这种理念当成衡量现实和实践的标准，从而丧失了解决问题和

---

① 《马克思恩格斯文集》（第二卷），北京：人民出版社，2009 年，第 34~35 页。

② ［美］马歇尔·伯曼：《一切坚固的东西都烟消云散了：现代性体验》，徐大建、张辑译，北京：商务印书馆，2013 年，第 19~20 页。

③ 《马克思恩格斯文集》（第五卷），北京：人民出版社，2009 年，第 8 页。

④ 一些国外学者引用"只是后者未来的景象"这段表述来说明现代化的内涵，试图告诉人们：后发国家现代化的理想目标就是"西方化"，世界现代化的美好前景，就是达到（而不是超越）工业发达国家已有的"景象"。这完全是对马克思的一种误解。参见董正华：《科学技术、生产力、现代化的本质特征与"未来景象"》，《理论与现代化》，2012 年第 1 期。

⑤ 《马克思恩格斯文集》（第五卷），北京：人民出版社，2009 年，第 8 页。

推进国家发展的能力，决策效率低下，治理绩效越来越差。[①]西方现代化所展现的发展困境，实则是人类生存总体危机的体现。历史与现实均证明，与资本主义制度相绑定的西方现代化，并未能兑现现代化的承诺，即引领人类走向一个开放、持续繁荣的未来。在这种意义上，中国式现代化提供了一种解决西方现代化困境的有效方案。[②]正如马克思对当时德国状况的批判不仅限于特定的批判，其目标也不仅是将德国提升至现代化水平，而是旨在推动世界范围内实现人的全面发展的革命；同理，中国式现代化的实践也超越单一国家的特殊性，而提升至世界现代化进程和人类文明形态创新的原则高度与普遍性。[③]

"预期中的大灾难已经变成事实"[④]，这是保罗·埃利希的著作《人口爆炸》的开篇语。消除贫困是全人类的夙愿，现代化发展史一开始就是"反贫困"的历史。然而，在西方主导的现代世界体系中，世界现代化举步维艰，众多发展中国家在贫穷落后中沉沦的命运似乎难以改变，据预计，如果到 2030 年消除极端贫困的全球目标无法实现，世界上近 50% 的人口会生活在各种形式的贫困中。[⑤]"现实世界并不像人们希望的那么美

---

① 周文：《中国道路：现代化与世界意义》，杭州：浙江大学出版社，2021年，第 254 页。

② 李志、黄曼：《西方现代性的质询与现代化的中国式探索》，《理论探索》，2023 年第 6 期。

③ 刘伟：《中国式现代化的本质特征与内在逻辑》，《中国人民大学学报》，2023 年第 1 期。

④ ［美］保罗·埃利希：《人口爆炸》，钱力、张建中译，北京：新华出版社，2000 年，第 2 页。

⑤ 联合国：《全球议题 消除贫困》，https://www.un.org/zh/global-issues/ending-poverty。

好，局部战争依然此起彼伏，贫困饥饿依然广泛发生，连绵战火、极度贫困依然在威胁着众多人们的生命和生存，特别是许多妇女儿童依然在战争和贫困的阴影下苦苦挣扎。"①建设什么样的世界、人类文明走向何方，攸关每个国家、每个人的前途和命运。"在某种程度上，我们大家都是这场戏剧的参与者。在戏剧的古典概念中，就像在科学研究的理论阶段一样，演员的意愿是受决定论的枷锁束缚的。戏剧开场的第一幕预先决定了最后一幕的结局，并说明了后来剧情发展的全部条件和原因。尽管主角试图改变自己的命运，但是他心里清楚自己的最终归宿。"历史不是预先决定了的。相反，"正是在人类力量的作用下形成历史。因此，这样表现出来的戏剧不一定是悲剧"。②

斯宾格勒在《西方的没落》最后一句话说：有力量的领着命运走，没有力量的被命运拖着走。③中国式现代化不仅成功使数亿人摆脱贫困，而且使中国一跃成为世界第二大经济体。中国在现代化道路上的成功实践，使得渴望摆脱贫困和实现现代化的后发国家非常希望了解、学习和借鉴中国的成功经验。④西方观点时常预测"中国的崩溃"，预言当然没有实现，相反，西方自身频繁遭遇危机。在过去的 10 多年里，中国经济增速在世

①《习近平外交演讲集》（第一卷），北京：中央文献出版社，2022 年，第186 页。

② ［瑞典］冈纳·缪尔达尔、［美］赛思·金：《亚洲的戏剧：南亚国家贫困问题研究》，方福前译，北京：商务印书馆，2015 年，第 22 页。

③ ［德］奥斯瓦尔德·斯宾格勒：《西方的没落》（第二卷），吴琼译，上海：上海三联书店，2006 年，第 471 页。

④ 贺文萍：《以深化中非合作引领"全球南方"现代化》，《人民论坛》，2024 年第 17 期。

界主要经济体中名列前茅，是世界经济增长的主要源泉。中国现实中每天发生的变化远比故事更精彩。这是人类历史上最不寻常的发展故事，中国式现代化的场景已成为世界上最大的"情景剧场"。[①]但如果不能为 500 年前自西方延续而来的现代文明拓展新意，富强的中国"充其量不过是一个大西洋和地中海文明的模范生，合格的毕业生而已"[②]。中国式现代化道路的展开，其标志性成果就是成功创造了人类文明新形态——现代文明的中国形态，这是自启蒙时期以来现代文明演化进程中的里程碑事件，是迄今为止现代文明的思想高峰。当代中国将沿着中国式现代化道路走下去，走向"更现代"的未来，创造更加健康、更为厚重、更可持续的人类新文明。[③]

实现现代化是世界各国人民的共同期待，不是狭隘的"美国梦"，也不仅仅是"中国梦"，而是"世界梦"。迄今为止，全球实现现代化的国家和地区不超过 30 个、总人口不超过 10 亿人，仅占地球 80 多亿总人口中的一成多，且主要集中在西方国家，广袤的亚非拉地区至今仍在走向现代化的道路上曲折前行。西方现代化的过程充斥着剥削与压迫，从源头上就只是少数人的现代化。正如美国历史学家罗伯特·哈姆斯指出，殖民者利用奴役、欺诈和掠夺等手段，将非洲从西方视角的"未闻之地"变成了但丁《神曲·地狱篇》中的"泪之地"，西方国家完成了

---

① 周文：《国家何以兴衰：历史与世界视野中的中国道路》，北京：中国人民大学出版社，2021 年，第 374 页。

② 高全喜等：《世界历史的中国时刻》，《开放时代》，2023 年第 2 期。

③ 陈曙光：《现代文明的西方逻辑与中国重撰——现代化的视角》，《哲学研究》，2024 年第 3 期。

资本的原始积累，却使非洲变得面目全非。①现代化当然不是西方经典模式的单选题，而是世界各国共同探索的开放题；现代化也不是资本主义模式的单行道，而是人类文明争相绽放的百花园。如果"把世界人类看成有机生物……在一处吸收到的养分，立刻又循环到别的部分……用长远的历史眼光去看，这个营养再次成为新的活力，向世界重新分配的日子当会再来"②。人类文明的发展成就需要更公正、合理地分配。问题在于，如何更好地使后发国家迎来马克思所说的现代化"未来的景象"，同时又尽可能避免西方工业文明带来的灾难呢？

在这个意义上，"创造人类文明新形态"体现着中国式现代化胸怀天下的高远追求、为人类实现现代化提供新选择的使命担当，是对中国式现代化从世界文明发展的角度所作的历史定位。当代中国，正在进行着人类历史上最为宏大而独特的实践创新，这是一个有着5000多年历史的古老文明阔步迈向现代化的伟大征程，堪称这个蓝色星球上最精彩、最恢宏的奋斗故事、最引人注目的文明史诗。我国在14亿多人口规模的基础上实现现代化，这意味着比现在所有发达国家人口总和还要多的中国人民将进入现代化行列，彻底改写现代化的世界版图。近年来，经过不懈努力奋斗，以新兴市场国家和发展中国家为代表的"全球南方"群体性崛起，声势卓然壮大，过去20年对世界经

---

① ［美］罗伯特·哈姆斯：《泪之地：殖民、贸易与非洲全球化的残酷历史》，冯筱媛译，广州：广东人民出版社，2022年。
② ［日］宫崎市定：《东洋的近世》，刘俊文主编：《日本学者研究中国史论著选译》（第一卷），北京：中华书局，1992年，第241页。

济增长的贡献率高达80%。①当今世界百年变局加速演进，南方国家实现现代化面临着前所未有的机遇和挑战。"中国始终是全球南方的一员。"②同广大南方国家一样，中国也曾是现代化的后来者。相较于西方发展路径，中国式现代化更契合发展中国家的现实需要。实现现代化，中国不追求一枝独秀，更希望百花齐放，真心实意为"全球南方"提供更多智慧和力量，致力于同广大南方国家携手共创人类现代化美好未来。③

归根结底，人类文明新形态之所以是"新"的，主要在于中国式现代化为全球提供了一种全新的现代化模式、是对西方现代化理论和实践的重大超越、为广大发展中国家提供了全新选择。世界现代化历史长期局限于西方文明一家的历史、故事和叙述，充斥着西方对东方的傲慢与偏见，后者不是被无意地误读，就是被蓄意地歪曲和贬低。④"社会上占统治地位的物质

---

① 随着近年来在世界范围内南方国家的整体性崛起，南南合作已经成为全球经济合作的重要组成部分，并且开始重新塑造世界经济发展的秩序和结构。不论从经济规模和对全球经济增长的贡献率，还是从日益深化的南南合作关系来看，南方国家在世界发展中占据的分量越来越大，已经逐渐成长为影响世界经济格局的强大力量。中国作为南方国家中经济规模最大、发展水平最高的一员，在推动南方国家进一步发展的过程中，正扮演着十分重要的角色。参见周文、冯文韬：《在全面对外开放中推进新型南南合作》，《开放导报》，2018年第3期。

② 《习近平向"全球南方"媒体智库高端论坛致贺信》，《人民日报》，2024年11月12日。

③ 谢春涛：《为"全球南方"共同迈向现代化贡献中国智慧和力量》，《人民日报》，2024年12月26日。

④ 顾明栋、陈晓明、张法等：《重写文明史：为何重写，如何重写？（笔谈）》，《四川大学学报》（哲学社会科学版），2023年第3期。

力量，同时也是社会上占统治地位的精神力量。"①马克思这段论述具有历久弥新的价值，西方文明和全球化标准之所以能在所谓的"文明的冲突"中占据上风，主要是因为西方一度占据国际社会的统治地位。②当前，世界正处于文明转换的关口，中国式现代化开创的人类文明新形态，成功践行了马克思晚年的"跨越论"设想，前所未有地打破了西方文明的"现代化霸权"，必将扮演举足轻重乃至决定人类文明全局的角色。在这个过程中，既要解决西方现代化面临的"经典难题"，又要破解在新的历史条件下的现代化"新命题"，如人工智能潜在的失控问题，等等。③唯有在中国共产党的领导下发扬历史主动精神，同国内外一切阻滞、破坏中国式现代化的力量作斗争，并取得决定性胜利，才能把中国式现代化推向新的高度。④

　　时代给出新的命题，继往开来的关键时刻，呼唤再启新局的关键担当。中国走什么样的现代化道路？这一道路探索和选择的世纪之问已得到解答。唯物辩证法认为，发展的实质是事物的前进和上升，是新事物的产生和旧事物的灭亡。西方现代化只能通向自我毁灭，远远不是"历史的终结"，无法带领人类

①《马克思恩格斯文集》（第一卷），北京：人民出版社，2009 年，第550 页。

②［澳］布雷特·鲍登：《文明的帝国：帝国观念的演化》，杜富祥、季澄、王程译，北京：社会科学文献出版社，2020 年，第 289 页。

③ 当前，人工智能占据了人类文明发展的重要生态位。如果说，曾经的"轴心时代"诞生的人类智慧，至今仍是我们赖以思考的主要通道，当下的这波人工智能浪潮，将在某种程度上决定人类的前途命运。参见许倬云：《天下格局：文明转换关口的世界》，长沙：岳麓书社，2024 年。

④ 陈松友、孟晓东：《从大历史观看中国式现代化的价值意蕴和未来趋势》，《科学社会主义》，2023 年第 6 期。

开创出新文明形态。如今，可以自豪地说，我们走出了一条现代化新道路。但康庄大道并不等于一马平川。中国式现代化经历了漫长而曲折的发展过程，已经创造了辉煌成就，现在仍然在路上、在前行。当历史掀开新的一页，壮阔行进的中国式现代化迸发出新的动力。党的二十大报告明确了新时代新征程党和国家的中心任务："从现在起，中国共产党的中心任务就是团结带领全国各族人民全面建成社会主义现代化强国、实现第二个百年奋斗目标，以中国式现代化全面推进中华民族伟大复兴。"[1]总的战略安排是分两步走：从二〇二〇年到二〇三五年基本实现社会主义现代化；从二〇三五年到本世纪中叶把我国建成富强民主文明和谐美丽的社会主义现代化强国。这擘画了以中国式现代化全面推进强国建设、民族复兴伟业的时间表、路线图，展现出无比光明的远大前景，令人鼓舞、催人奋进。

当前和今后一个时期，是以中国式现代化全面推进强国建设、民族复兴伟业的关键时期。中国式现代化的下一步，将迈向何处？党的二十届三中全会进一步提出："到二〇三五年，全面建成高水平社会主义市场经济体制，中国特色社会主义制度更加完善，基本实现国家治理体系和治理能力现代化，基本实现社会主义现代化，为到本世纪中叶全面建成社会主义现代化强国奠定坚实基础。"[2]历史已经证明，围绕党的中心任务谋划

---

[1] 习近平：《高举中国特色社会主义伟大旗帜　为全面建设社会主义现代化国家而团结奋斗——在中国共产党第二十次全国代表大会上的报告》，北京：人民出版社，2022年，第21页。

[2] 《中共中央关于进一步全面深化改革　推进中国式现代化的决定》，北京：人民出版社，2024年，第4页。

和部署改革，是党领导改革开放的成功经验。作为系统工程，推进中国式现代化需要正确处理好顶层设计与实践探索、战略与策略、守正与创新、效率与公平、活力与秩序、自立自强与对外开放等一系列重大关系。①"中国式现代化的内涵十分丰富，进一步全面深化改革也必然是全方位的。"②党的二十届三中全会重点部署未来五年的重大改革举措，绘就进一步全面深化改革的全景图。进一步全面深化改革为中国式现代化注入强劲动力、提供制度保障，也为中国式现代化破解深层障碍，既要不断推进经济体制改革，以此为牵引，着力破解深层次体制机制障碍和结构性矛盾，又要强调利用马克思主义生产力发展规律，以加快发展新质生产力全面推进中国式现代化。③

征途漫漫，唯有奋斗；破局开路，唯有改革。"我们应当坚定一种信念，中国的改革开放之路一定可以成功。"④全面建设社会主义现代化国家，是一项伟大而艰巨的事业，前途光明，任重道远。积极的心态、坚定的信心、主动的作为，是实现发展的有力支撑，是战胜困难的重要力量。英国作家狄更斯写过《远大前程》，也写过《艰难时世》，这两个概念看似相距遥远，但现实中它们往往就是统一体。不同的发展阶段有不同的困难，

---

① 习近平：《推进中国式现代化需要处理好若干重大关系》，《求是》，2023年第19期。

② 习近平：《进一步全面深化改革中的几个重大理论和实践问题》，《求是》，2025年第2期。

③ 周文：《关键时期重在用好关键一招》，《中国党政干部论坛》，2024年第7期。

④ 任平：《锚定改革总目标，书写时代新篇章》，《人民日报》，2024年8月7日。

要从艰难时世走向远大前程，归根结底，必须靠信心和奋斗。①
"把中国式现代化蓝图变为现实，根本在于进一步全面深化改
革。"②站在中国式现代化"关键一跃"历史与未来的交汇点，
过去的辉煌对中国近代历史而言是一个感叹号，对强国建设、
民族复兴伟业而言则是一个逗号。我们走在大路上，脚踏人间
正道、何惧世事沧桑。新时代新征程，牢牢把握进一步全面深
化改革的新要求、总目标和首要任务，扎实推进各项举措落实。
"始终朝着总目标指引的方向前进，该改的坚决改，不该改的不
改"③，继续完善和发展中国特色社会主义制度、推进国家治理
体系和治理能力现代化，我们就一定能领略到现代化未来的大
美苍穹，迈向充满光荣与梦想的远方。

（二）人工智能时代：现代化的毁灭还是重生？

"密纳发的猫头鹰要等黄昏到来时，才会起飞。"④对现代化
的思索不仅需要回溯总结，更需要"高卢雄鸡的高鸣"⑤式的前
瞻展望。1980 年，在国家科委等部门的支持下，"全国科学学、
人才学、未来学联合学术讨论会"成功举办。同年，托夫勒的
《第三次浪潮》出版，书中提出的由科学技术进步引发社会变革

---

① 周文：《坚定信心 迎难而上 真抓实干》，《中国纪检监察报》，2023 年 1 月
10 日。
② 习近平：《关于〈中共中央关于进一步全面深化改革、推进中国式现代化
的决定〉的说明》，《求是》，2024 年第 16 期。
③ 习近平：《进一步全面深化改革中的几个重大理论和实践问题》，《求是》，
2025 年第 2 期。
④ ［德］黑格尔：《法哲学原理》，范扬、张企泰译，北京：商务印书馆，
2021 年，序言第 16 页。
⑤《马克思恩格斯文集》（第一卷），北京：人民出版社，2009 年，第 18 页。

的思想，在中国掀起了前所未有的"托夫勒热"。这股热潮促使各界更加关注科技现代化对未来社会的深远影响。同年 10 月，邓小平为北京景山学校题词："教育要面向现代化，面向世界，面向未来。"1984 年，在浙江莫干山召开的"全国中青年经济科学工作者学术讨论会"，推动了这一共识在全国知识分子群体中的扩散。在这样的背景下，"走向未来"丛书应运而生。[①]编委会对其宗旨的描述饱含热情："记录这一代人对祖国命运和人类未来的思考。"值得注意的是，"走向未来"丛书以探索中国如何在全球现代化中寻找定位为目标，在展现日新月异的全球科技动态时，也较早引介人工智能这一新兴领域，如美国著名认知科学家侯世达[②]的《GEB——一条永恒的金带》（又译《哥德尔、艾舍尔、巴赫——集异璧之大成》）[③]，以科普的形式让读者初步理解人工智能的原理和潜力。很多今天从事人工智能的人，当年都受到了它的一些启发和召唤，奉其为圭臬。[④]

　　创造一台与人类同样聪明，甚至更为智能的机器的梦想，已有数个世纪的历史。随着数字计算机的兴起，这一梦想已融入现代科学的进程。可编程计算机的构想，源于数学家尝试将

---

① 朱嘉明：《思想：走向未来的驱动力——纪念〈走向未来〉丛书出版四十周年》，《二十一世纪双月刊》，2024 年第 12 期。

② 道格拉斯·理查·郝夫斯台特（Douglas Richard Hofstadter），中文名侯世达。1977 年，侯世达原本属于印第安纳大学的计算机科学系，然后他开始了自己的研究项目，研究心理活动的计算机建模（他称为"人工智能研究"，不久就改称为"认知科学研究"）。

③ ［美］侯世达：《GEB——一条永恒的金带》，乐秀成编译，成都：四川人民出版社，1984 年。

④ 《侯世达：为人类智能辩护》，《三联生活周刊》，https://www.lifeweek.com.cn/article/65282。

人类思维，特别是逻辑推理，视为一种"符号操纵"的机械过程。数字计算机本质上便是操纵符号"0"和"1"的装置，通过各种组合完成复杂运算。[①]1950年，英国科学家图灵在其论文中提出了判断机器是否具备智能的方法，即后来的"图灵测试"[②]。1955年，美国科学家麦卡锡创造了"人工智能（AI）"这一术语。1956年，首届人工智能研讨会在美国新罕布什尔州的达特茅斯学院召开，人工智能作为一门科学正式获得学界的承认。1997年，IBM研发的"深蓝"计算机在六盘棋局中战胜国际象棋世界冠军卡斯帕罗夫。进入21世纪第二个十年，人工智能技术的研究和开发步伐显著加快，并逐渐在生产和生活的诸多领域得到广泛应用。[③]200多年前，工业革命开启了人类社会的现代化进程，推动了工业化时代的到来。而今，无论人们是否主观接受，信息化浪潮、数字化技术和智能化趋势正以革命性的力量改变社会运行方式。可以说，人类正加速迈入一个

---

① ［美］梅拉妮·米歇尔：《AI 3.0》，王飞跃等译，成都：四川科学技术出版社，2021年。

② 现代计算机的出现引发了关于机器是否能思考、拥有智能或智慧的问题。1950年，图灵提出通过"模仿游戏"来判断机器是否智能，即如果机器在游戏中的表现让观察者无法区分其与人类，那么这台机器就应被认为是智能的。图灵认为，智能的真正检验在于其表现而非内在机制，从而绕开了关于智力本质的哲学争论。参见［美］亨利·基辛格、［美］埃里克·施密特、［美］丹尼尔·胡滕洛赫：《人工智能时代与人类未来》，胡利平、风君译，北京：中信出版社，2023年，第64~65页。

③ 清华大学战略与安全研究中心编：《人工智能与治理》，北京：中国社会科学出版社，2022年。

以人工智能技术为驱动力的现代化人工智能时代。[①]

　　"任何足够先进的技术，初看都与魔法无异"，这是英国科幻作家亚瑟·克拉克提出的科学文化"三定律"之一。人工智能作为引领未来的新兴战略技术，已成为驱动新一轮科技革命和产业变革的核心力量。全球主要国家竞相升级人工智能战略，争相抢抓其发展机遇。近年来，以 OpenAI 公司推出的 GPT-4.0 为代表，生成式人工智能（AIGC）[②]技术不断突破，其集成性应用不断拓展，多模态性能持续提升，展现出在推理、科学、数学和编程等方面的强大创造力[③]，让人们切身体会到"魔法般的科技"。从马克思主义政治经济学的角度来考察，在工业化时代，"一般智力"[④]被物化为自动化的机器体系；而今天，生成

---

① 从现代化的生产力变革角度，如果要用"某某时代"来描述今时今日，"时代"之前用哪个词才最合适呢？我们可以称自己处于 AI 时代的初级阶段。在未来 50 年，AI 将成为比自动化和产业革命影响更深远的趋势。参见〔美〕凯文·凯利：《5000 天后的世界：AI 扩展人类无限的可能性》，潘小多译，北京：中信出版社，2023 年。

② 生成式人工智能（AI Generated Content），英文缩写为 AIGC，是人工智能领域的重要分支，指通过算法和模型生成文本、图片、声音、视频、代码等内容的技术。目前，尽管人工智能在语言生成上取得成功，在许多其他任务上还不能实现领域的通用性。具身智能（Embodied Artificial Intelligence），英文缩写为 EAI，则强调物理身体、环境感知与反馈的重要性，并通过它们实现与外部世界的交互，在一定程度上与生成式人工智能形成互补，两者都是目前的前沿技术。

③ 国务院发展研究中心国际技术经济研究所编：《世界前沿技术发展报告 2024》，北京：电子工业出版社，2024 年。

④ "一般智力"是马克思机器大生产理论的重要范畴，指人类已获得的知识总和，即社会总体智力。"一般社会知识，已经在多么大的程度上变成了直接的生产力，从而社会生活过程的条件本身在多么大的程度上受到一般智力的控制并按照这种智力得到改造。"参见《马克思恩格斯文集》（第八卷），北京：人民出版社，2009 年，第 198 页。

式人工智能正引发深刻变革，重塑数字内容的生产和消费模式，展现出推动社会生产力发展的"文明效应"，即"一般智力"的数字化与精神生产力的快速提升。然而，新技术在资本主义条件下的应用，也可能导致"数字异化"与"解放矛盾"的"野蛮效应"①。毋庸置疑，人工智能正重新塑造社会和经济模式，为现代化带来全新面貌。未来，中国式现代化新征程与人类社会迈入人工智能时代的叠加融合，意味着推进中国式现代化必须高度重视人工智能驱动的人类社会现代化大趋势。②

　　戏剧《哈姆雷特》中有一句经典独白："生存还是毁灭，这是一个值得考虑的问题。"人工智能时代将带来现代化的毁灭还是重生，这也是一个值得考虑的问题。"人工智能教父"杰弗里·辛顿直言：生成式人工智能革命在规模上可以与工业革命或电的发明相提并论。③如果将历史视作一系列技术创新浪潮的集合，人们经常会提及相继涌现并具有颠覆性影响的技术集群。例如，卡洛塔·佩雷斯讨论了"技术经济范式"在技术革命中的快速转变。④正是历次工业革命带来的蒸汽机、电力、互联网"通用技术"革新浪潮奠定了我们所知的工业文明的基石，融入

---

① 张旭、张彦泽：《GPT 系列生成式人工智能技术的政治经济学分析——基于马克思机器大生产理论》，《马克思主义与现实》，2024 年第 4 期。

② 黄群慧：《人工智能时代与中国式现代化》，[美]亨利·基辛格、[美]埃里克·施密特、[美]丹尼尔·胡滕洛赫尔：《人工智能时代与人类未来》，胡利平、风君译，北京：中信出版社，2023 年，推荐序。

③ CBS NEWS,(2023), "Godfather of Artificial Intelligence" Talks Impact and Potential of New AI, https://www.cbsnews.com/video/godfather-of-artificial-intelligence-talks-impact-and-potential-of-new-ai/.

④ [英]卡萝塔·佩蕾丝：《技术革命与金融资本：泡沫与黄金时代的动力学》，田方萌译，北京：中国人民大学出版社，2007 年。

社会的每一个角落，变得无处不在。①这也是为什么人们至今仍使用诸如"蒸汽时代"和"电气时代"这样的词来描述重要的历史时期。归根到底，生产力是撬动人类社会发展的杠杆，在人类物质生产实践中不断向前发展，不同历史阶段有不同的生产力形态。人工智能时代来临，人的活劳动作为价值唯一源泉没有改变。②但是人工智能技术整合了机械化、自动化、信息化以来的所有科技创新成果，推动社会生产力实现整体跃升，③其深度发展将打破传统工业文明生产方式的桎梏，引领发展方式的根本性突破，助力人类文明新形态的丰富和发展。

"手推磨产生的是封建主的社会，蒸汽磨产生的是工业资本家的社会。"④从狩猎文化、农耕文明、工业文明到信息文明的过渡，体现了人类通过不断的生产工具革新和生产力发展。⑤在世界现代化历史上，资本主义现代化引领的新的工业文明使旧的文明难以招架，一度在人类社会转型的历史进程中起到过革命性和进步性的作用。"大工业创造了交通工具和现代的世界市

---

① ［英］穆斯塔法·苏莱曼、［英］迈克尔·巴斯卡尔：《浪潮将至：技术、权力与未来的冲击》，贾海波译，北京：中信出版社，2024 年，第 24~29 页。

② 王水兴：《人工智能的马克思劳动价值论审思》，《马克思主义研究》，2021 年第 5 期。

③ 洪永森、史九领：《人工智能的政治经济学分析》，《学术月刊》，2024 年第 1 期。

④《马克思恩格斯文集》（第一卷），北京：人民出版社，2009 年，第 602 页。

⑤ 周文、余琦：《新质生产力与人类文明新形态：理论逻辑和实践路径》，《经济纵横》，2024 年第 5 期。

场……它首次开创了世界历史"①，资本主义工业文明极大地推动了全球化浪潮，极大地解放了生产力。"资本的文明面之一是，它榨取这种剩余劳动的方式和条件，同以前的奴隶制、农奴制等形式相比，都更有利于生产力的发展，有利于社会关系的发展，有利于更高级的新形态的各种要素的创造。"②但正如工业文明的兴起得益于生产力发展一样，工业文明的衰落也源于生产力难以进一步发展。生产力的内部矛盾及其解决是生产力发展的动力源泉，③包括人与自然、劳动者与劳动资料等生产力诸要素之间的矛盾。由生产力决定的生产关系也会反作用于生产力，促进或阻碍生产力的发展。从现代大工业的土壤中，必将孕育出一种扬弃资本主义工业文明的文明新形态，它能够突破资本逻辑的束缚，有效解决生产力的内部矛盾。

当前，科技创新是中国式现代化的重要支柱，作为新一代通用技术，人工智能是新兴科技重大革新的成果，其发展在很大程度上标注了现代化发展的进程。④正如习近平指出："人工智能是新一轮科技革命和产业变革的重要驱动力量，将对全球经济社会发展和人类文明进步产生深远影响。"⑤达到"质变"

① 《马克思恩格斯文集》（第一卷），北京：人民出版社，2009年，第566页。
② 《马克思恩格斯文集》（第七卷），北京：人民出版社，2009年，第927~928页。
③ 马昀、卫兴华：《用唯物史观科学把握生产力的历史作用》，《中国社会科学》，2013年第11期。
④ 杨秀君：《习近平关于人工智能重要论述的形成逻辑、核心要义及实践方略》，《马克思主义研究》，2024年第9期。
⑤ 《习近平向2024世界智能产业博览会致贺信》，《人民日报》，2024年6月21日。

级别的生产力一定是经历了动摇产业底层基础性逻辑的技术革命，人工智能就是最具变革性的技术力量，[1]随着人工智能技术上的突破层出不穷，逐渐深入地赋能千行百业，其已经成为新质生产力的典型代表。[2]不同于资本逻辑下生产力发展的动力是对剩余价值的无限追求，结果是人与自然关系的恶化、人的片面发展以及产能过剩、产业空心化等产业结构问题，新质生产力强调发展的动力来自科技创新，以创新驱动高质量发展，以人工智能等新兴产业为主要阵地推动整个产业体系优化升级。新质生产力的形成必将带来竞争新优势，是一种动态的、持续演进的竞争力。在全球化浪潮和未来的国家竞争中，要超越西方工业文明，引领潮流、引领经济的发展、引领全球化、引领人类文明的进程，必须培育这种动态的竞争优势，而这种优势的核心基点必然是持续不断地发展新质生产力。[3]

尽管人工智能时代提供了重塑工业文明的美好愿景，但也必须加强人工智能发展的潜在风险研判和防范，防止"AI将成为未来人类文明最大的风险之一"[4]。鉴于新科技可以毁灭整个人类文明的惊人破坏力，很多思想家都开始关切当下的文明是

---

[1] 刘志彪：《新质生产力的产业特征与驱动机制》，《探索与争鸣》，2024年第3期。

[2] 孙凝晖：《十四届全国人大常委会专题讲座第十讲讲稿 人工智能与智能计算的发展》，http://www.npc.gov.cn/c2/c30834/202404/t20240430_436915.html。

[3] 周文、余琦：《新质生产力与人类文明新形态：理论逻辑和实践路径》，《经济纵横》，2024年第5期。

[4] CNN, (2023), Elon Musk Warns AI Could Cause "Civilization Destruction" Even as He Invests in IT, https://edition.cnn.com/2023/04/17/tech/elon-musk-ai-warning-tucker-carlson/index.html.

否存在全局性的崩溃，突然陷入黑暗甚至永夜之中？这便是全球广为讨论的"文明危崖问题"。[①]如法国人工智能专家保罗·若里翁，认为人类没有准备好面对"AI危崖"，不可能避免自身的灭绝。[②]对此，因《人类简史》三部曲而受到广泛关注的以色列历史学家尤瓦尔·赫拉利，在新作《智人之上：从石器时代到AI时代的信息网络简史》中提出了"非生物网络"概念。传统上，信息的生产、传播和处理依赖于人类智力和社会结构，受限于人类生物局限。然而，随着计算机技术和人工智能的发展，信息网络正从"碳基"向"硅基"转变，导致人类社会结构和运作方式的根本变化。与纯粹的"悲观论者"不同，赫拉利虽然反复引用希腊神话中法厄同驾驭天马金车坠落的故事，隐喻人类驾驭人工智能的未来，但他也明确强调人类在人工智能时代不是只能随波逐流，"我们所有人在未来几年所做的选择，将决定召唤这种非人类智能究竟是个致命的错误，还是会让生命的演化翻开一个充满希望的新篇章"[③]。

19世纪，一些工人将自己的贫苦生活和悲惨命运归咎于机器的发明与使用，认为这些"恶魔般的机器"主宰了他们的命运。他们采取破坏行动，甚至砸毁机器。1811年，英国纺织工人掀起了一场声势浩大的抗议浪潮，烧毁工厂，捣毁新发明的机械织布机。这些反对生产机械化的工人被称为卢德分子（得

---

① 刘永谋：《面对"AI危崖"，人类应有所作为》，《中国科学报》，2024年7月18日。

② ［法］保罗·若里翁：《最后走的人关灯：论人类的灭绝》，颜建晔等译，北京：中国人民大学出版社，2023年。

③ ［以色列］尤瓦尔·赫拉利：《智人之上：从石器时代到AI时代的信息网络简史》，林俊宏译，北京：中信出版社，2024年，第263页。

名于内德·卢德）。然而，这些频繁且破坏力极强的暴乱最终以英国军队镇压告终。数十名暴乱者被绞刑，1813 年后，运动逐渐平息，卢德分子未能阻止纺织制造业机械化的进程。[1]马克思曾批判卢德分子没有认清，真正主宰工人命运的并非机器本身而是资本机制。如今，新一代"卢德分子"将对社会的担忧转向人工智能技术，错误地将其视为控制人类命运的罪魁祸首。[2]这一次，我们有机会改写历史，避免重蹈覆辙。在拥抱人工智能技术的同时对其进行必要的规制与治理，使人工智能技术的应用既能助力中国经济转型升级和实现中国式现代化，又能规避其对生产关系产生的不利影响，从而构建共享、美好、和谐的社会生产关系。[3]正如阿尔伯特·爱因斯坦所言："科学是一种强有力的工具，怎样用它，究竟是给人带来幸福还是带来灾难，全取决于人自己，而不取决于工具。"[4]

（三）合作与携手并进：现代化的未来展望

电影《启示录》以玛雅部落间的战争为背景，主人公历经血腥复仇后抵达象征自由的大海，却在薄雾中看到西班牙殖民者的船只，宣告玛雅文明的终结。人工智能或许正如远方初现的大船，预示着物种的命运转折，人类正沉浸于彼此争斗，很

---

[1] ［美］达龙·阿西莫格鲁、［美］戴维·莱布森、［美］约翰·A.李斯特：《宏观经济学（第三版）》，崔传刚译，北京：中信出版社，2024 年。

[2] 蓝江：《从技术治理到数字技术乌托邦——当代数字技术的控制机制和解放潜能》，《山东社会科学》，2023 年第 11 期。

[3] 洪永森、史九领：《人工智能的政治经济学分析》，《学术月刊》，2024 年第 1 期。

[4] Einstein, A., On Peace, In Out of My Later Years, New York: Philosophical Library,1950.

多人并未意识到我们正处在决定未来的关口。当前，"奇点爆炸""超级智能""数字永生"等概念如雨后春笋般涌现，人工智能成为几乎所有大型前沿科技论坛必设的主题，从生成式人工智能向"通用人工智能"①的进化仿佛指日可待。②常常被提及的技术奇点③，拥有超越人类智力神经网络的计算机，可能主宰人类未来的命运，引发失控的技术增长，开启后人类时代（Post-human Era）。④这是科幻小说，还是近在眼前的现实？赫拉利警示，未来社会或将面临"硅幕"威胁——由代码和算法构建的数字屏障，将人类分裂为敌对阵营。"在人工智能时代，人类就像是住在卡普里岛庄园里的提比略，虽然掌握着巨大的权力，享受着罕有的奢华，却很容易被自己创造出来的事物所操纵，而且等我们意识到危险，可能为时已晚。"⑤"人类永远

---

① 通用人工智能（artificial general intelligence），英文缩写 AGI，通用人工智能是指具有高效的学习和泛化能力、能够根据所处的复杂动态环境自主产生并完成任务的通用人工智能体，具备自主的感知、认知、决策、学习、执行和社会协作等能力，且符合人类情感、伦理与道德观念。一般认为目前人工智能技术尚处于从 AIGC 到 AGI 的过渡阶段。参见［美］查鲁·C.阿加沃尔：《人工智能 原理与实践》，杜博、刘友发译，北京：机械工业出版社，2023 年；［美］Stuart Russell、［美］Peter Norvig：《人工智能（第 4 版）：现代方法》，张博雅等译，北京：人民邮电出版社，2022 年。

② ［美］梅拉妮·米歇尔：《AI 3.0》，王飞跃等译，成都：四川科学技术出版社，2021 年。

③ ［美］雷·库兹韦尔：《奇点临近：当计算机智能超越人类》，董振华、李庆成译，北京：机械工业出版社，2011 年。

④ ［英］帕特里克·迪克松：《未来的真相》，杨鹏等译，北京：社会科学文献出版社，2022 年，第 31 页。

⑤ ［以色列］尤瓦尔·赫拉利：《智人之上：从石器时代到 AI 时代的信息网络简史》，林俊宏译，北京：中信出版社，2024 年，第 347~348 页。

都有'合作'这个选项"①，《智人之上：从石器时代到 AI 时代的信息网络简史》呼吁国际社会强化自我修复机制和全球规范，以防技术进步破坏人类社会基础。

世界经济论坛 2025 年年会的主题正是"智能时代的合作"。论坛总裁博尔格·布伦德表示，人工智能若得当应用，未来十年可提升全球生产力 10%。面对人工智能时代的诸多挑战，例如智能技术鸿沟加剧，发达国家凭借科技研发和人才优势领先，而发展中国家由于资源限制，技术创新和应用相对滞后；西方国家依靠贸易保护主义手段，阻碍技术共享与全球发展；等等。合作，意味着将更多发展中国家纳入全球智能产业链，确保智能技术在全球范围内的应用能够造福更多人群。论坛执行董事米雷克·杜谢克认为，"尽管对关键技术的开发目前主要集中在科技中心，但我们必须确保这些技术带来的益处是公平可及的"。如果能够实现技术的公平可及性，新兴经济体可以在多个关键领域实现跨越式发展，因为这些技术将提供实现指数级扩展解决方案所需的工具。②合作，也意味着各方摒弃零和博弈思维，加强在智能技术研发、人才培养、标准制定等方面的合作。通过建立多边合作机制，分享技术经验与数据资源，让智能技术更好地服务全人类。正如世界经济论坛创始人克劳斯·施瓦布所说："要发扬合作精神，秉承建设性的乐观主义态度，寻求

---

① ［以色列］尤瓦尔·赫拉利：《智人之上：从石器时代到 AI 时代的信息网络简史》，林俊宏译，北京：中信出版社，2024 年，第 332 页。
② 《米雷克·杜谢克：如何推动智能时代的东西方合作？》，中国新闻网，https://www.chinanews.com/gn/2025/01-19/10356152.shtml。

以更可持续、更加包容的方式塑造即将到来的智能时代。"[①]

接下来，我们该如何应对呢？1955 年，冯·诺依曼在生命晚期撰写论文《我们能在技术中幸存吗?》[②]，人类仿佛即将置身于"蘑菇云"阴霾中。当前，大国竞争加剧，人工智能治理不仅关乎技术发展方向，更影响国际战略稳定。2023 年 11 月 1 日，首届全球人工智能安全峰会在英国布莱切利庄园召开，28 个国家和地区签署《布莱切利宣言》，承诺通过多边合作推进人工智能安全治理。[③]然而，人类重建"巴别塔"式的努力不会一帆风顺。中美作为人工智能领域的两大关键行为体，在治理理念和方式上分歧显著。美国的核心关切是赢得大国竞争维护技术霸权，大国战略稳定与国际安全合作议程本质是这一目标的"附属品"。[④]一方面，美国将人工智能视其为战略竞争的前沿，利用技术优势推行单边主导型治理，试图以绝对安全为核心构建以美国为中心的人工智能产业生态和数据流动秩序。[⑤]另一方面，美国以"安全化"为幌子，通过协调盟友政策、单边技术封锁和制裁等手段，孤立竞争对手，强化对人工智能领域的技

---

① 《智能时代，合作才能应对挑战》，新华网，https://www.news.cn/world/20250121/7a6062bd39f044c584404d717ff5c958/c.html。

② John Von Neumann, F. Bródy:The Neumann Compendium, Singapore: World Scientific Publishing Company,1995,p.658.

③ Reuters, (2023), Britain Publishes "Bletchley Declaration" on AI Safety, https://www.reuters.com/technology/britain-publishes-bletchley-declaration-ai-safety-2023-11-01/.

④ 丁迪：《大国竞争、战略稳定与治理合作——美国人工智能多元安全议程的特征、逻辑与战略影响》，《国际观察》，2024 年第 4 期。

⑤ 沈逸、高瑜：《大国竞争背景下的人工智能安全治理与战略稳定》，《国际展望》，2024 年第 3 期。

术垄断。① 上述对抗性和零和性策略可能导致全球技术体系分裂，迫使其他国家在中美之间选边站队，从而削弱全球人工智能治理合作的基础，威胁国际社会战略信任与安全共识。

实践证明，任何一个国家都不可能孤立依靠自己的力量解决所有创新难题，人类社会比以往任何时候都更需要国际合作和开放共享。中国始终是人工智能全球治理的倡导者和贡献者，坚定推动人工智能健康有序发展与高效合理应用。近年来，中国以总体国家安全观为指引，相继出台系列政策法规与国际立场文件，为人工智能全球治理贡献了中国智慧。② 2019 年发布的《新一代人工智能治理原则——发展负责任的人工智能》，围绕负责任的人工智能目标，提出了涵盖治理框架与行动指南的系统方案。2021 年，中国出台《新一代人工智能伦理规范》，强调将伦理道德贯穿人工智能全生命周期，以积极应对技术带来的风险挑战。2023 年，习近平主席在第三届"一带一路"国际合作高峰论坛开幕式上首次提出《全球人工智能治理倡议》（以下简称《倡议》），以应对人工智能发展面临的新形势、新机遇和新挑战。《倡议》系统阐述了人工智能治理的中国方案，从发展、安全和治理三方面提出建设性解决思路，回应了国际社会对人工智能治理的普遍关切，为全球相关规则制定与国际合作提供了重要蓝本。中国通过推动《倡议》落实，致力实现

---

① 丁迪：《美国人工智能价值优先安全叙事的形成与影响》，《国际关系研究》，2024 年第 6 期。

② 陈向阳、张旭、黄政：《总体国家安全观视角下的人工智能安全治理之道》，《当代中国与世界》，2024 年第 4 期。

人工智能技术更广泛、更公平地造福全人类。①

归根结底，人工智能是具有划时代意义的关键核心技术，而关键核心技术是要不来、买不来、讨不来的。美国之所以能够依托人工智能塑造"强者愈强，赢者通吃"的地缘政治格局，将算力、算法、数据资源作为巩固霸权和重塑全球领导力的关键变量，严格限制相关软硬件的国际贸易流通，是因为其人工智能的核心技术依然占据全球领先地位。②这也使得破解美西方在人工智能全球治理中的霸权，必须与破解人工智能技术领域的垄断同步推进。由此，"加快发展新一代人工智能是我们赢得全球科技竞争主动权的重要战略抓手"③，以人工智能技术为代表的新工业革命也正孕育着人类文明新形态变革的时代契机。随着以5G、人工智能等为代表的新技术与算力、算法、数据为代表的新要素的广泛应用，中国在新一轮技术变革中要实现从"跟跑""并跑"到"领跑"的赶超，重点在于以关键性颠覆性技术创新推动生产力的高质量发展，进一步重塑国家竞争优

---

① 2024年7月，第78届联合国大会协商一致通过中国主提的加强人工智能能力建设国际合作决议，140多个国家参加决议联署。该决议作为联合国首份关于人工智能能力建设国际合作的决议，充分反映了《全球人工智能治理倡议》和全球发展倡议的核心要义，充分彰显出中国对人工智能发展和治理的负责任态度和重要引领作用。参见《联大通过中国提出的加强人工智能能力建设国际合作决议》，https://www.gov.cn/yaowen/liebiao/202407/content_6960524.htm。

② 杨明杰：《从人工智能治理看总体国家安全观的理论贡献》，《世界经济与政治》，2024年第3期。

③《习近平关于网络强国论述摘编》，北京：中央文献出版社，2021年，第120页。

势。[①]令人欣慰的是，中国的创新发动机已经点火，并正在加快形成新质生产力，并且这一过程不是独善其身的"专车"，而是世界生产力共同发展的"顺风车"，其将从整体上调节全球生产力发展失衡的状况，推动世界生产力发展再上新台阶。[②]

"国际科技合作是大趋势。我们要更加主动地融入全球创新网络，在开放合作中提升自身科技创新能力。"[③]中国提出《国际科技合作倡议》，倡导开放、公平、公正、非歧视的理念，致力与各方共同探索互利共赢的全球科技创新合作新模式。中国已与160多个国家和地区建立科技合作关系，签署118个政府间科技合作协定。[④]在合作平台上，积极构建国际科技合作网络，包括科技园区、研究中心、合作基地和技术转移中心，以促进资源共享和优势互补，共同解决重大挑战，提升科技创新能力。在合作方式上，从被动到主动，从政府主导到多元参与，从飞地研发到本土合作，从技术并购到网络融合，激发合作动能，加速人才流动，提高科技和金融服务水平。在合作渠道上，设立全球科研基金，支持外籍科学家参与国家计划，启动"一带一路"科技组织合作项目，推动创新要素开放流动。[⑤]例如，

① 周文、李吉良：《新质生产力引领人类文明新形态：生成逻辑与文明超越》，《中国人民大学学报》，2024年第4期。

② 周文：《新质生产力改变世界》，《公共治理研究》，2024年第4期。

③ 习近平：《论把握新发展阶段、贯彻新发展理念、构建新发展格局》，北京：中央文献出版社，2021年，第394~395页。

④ 外交部：《愿与各方通过科技创新推动共同发展》，https://www.gov.cn/li-anbo/bumen/202408/content_6969974.htm。

⑤ 周长峰、董晓辉：《以全球视野谋划和推进科技创新》，《红旗文稿》，2023年第23期。

连续举办多届世界人工智能大会、签署《中欧科技协定》、启动"中国—中东欧国家科技创新伙伴计划"、制定《金砖国家科技创新框架计划》等，在平方千米阵列射电望远镜（SKA）、大亚湾核反应堆中微子实验、黑洞探测等重大国际科技合作项目中作出重要贡献，创新开放的"科技朋友圈"越来越大。①

时代大潮势不可挡，改革大旗高高举起。党的二十届三中全会对于人工智能等战略性新兴产业健康有序发展，进一步提出"健全因地制宜发展新质生产力体制机制"②的要求。为此，实现因地制宜发展新质生产力的战略目标，需要完善高水平对外开放体制机制，形成世界一流的开放创新生态，深化与创新大国和关键小国的科技交流与合作，吸引全球创新资源，为因地制宜发展新质生产力营造良好国际环境。③在现有基础上，优化区域开放布局，形成优势互补、错位发展、协同联动推进因地制宜发展新质生产力的生动局面。巩固东部沿海地区开放先导地位，依托其在资金、技术、人才、产业发展等方面的良好基础，率先在制度型开放、服务贸易创新发展等方面大胆探索，打造因地制宜发展新质生产力的前沿阵地；发挥中部地区连南接北、承东启西的地缘优势，最大限度地实现要素资源顺畅流动，打造内陆型开放创新发展高地；深入实施"一带一路"科技创新行动计划，通过与参与建设国家（地区）开展科技人文

---

① 周文、杨正源：《曙光：新质生产力改变世界》，天津：天津人民出版社，2024年，第403页。

② 《中共中央关于进一步全面深化改革 推进中国式现代化的决定》，北京：人民出版社，2024年，第10页。

③ 周文：《全面深化改革为因地制宜发展新质生产力提供体制保障》，《经济纵横》，2024年第8期。

交流、共建联合实验室、加强科技园区合作、促进技术转移，不断提升西部地区科技创新能力；加大东北地区与深远腹地的开放合作力度，重点聚焦东北亚地区的国际科技和产业合作。

总之，如库兹涅茨所说："经济史的变迁或许可以被划分为不同的经济纪元。而划时代的创新以及它们所产生的独特的经济增长模式是每一个纪元的特征。"[1]世界现代化进程来到第四次工业革命的窗口期，如果失去这次机会，我们未必像前三次工业革命一样有再学习、再追赶的机会，这也是中国加大力度、加快速度发展新质生产力的战略意义所在。[2]苏联天文学家尼古拉·卡尔达舍夫曾提出一个分类先进文明的方法，依据其规模和能量输出，他定义了三个等级：行星、太阳系和星系，又细分为 K0 到 K4。每级提升，文明控制的能量增加 10 亿倍。人类文明相当于 K0.55 水平，仅发挥出地球全部能力的万分之一。[3]在可预期的未来，人工智能的影响将超过蒸汽机、电力、互联网，极有可能突破文明的"瓶颈"，为人类现代化水平带来前所未有的革命性跃升。在这一过程中，繁荣与希望并存，同时也伴随着不确定性和挑战。技术变革的关键词是"不确定性"，而中国在崛起的同时，既有能力也有意愿应对第四次工业革命带

---

① Kuznets, Simon Smith, *Population, Capital, and Growth: Selected Essays*, New York: Norton,1973,p.166.

② 林毅夫等：《新质生产力：中国创新发展的着力点与内在逻辑》，北京：中信出版社，2024 年，第 79 页。

③ ［澳］托比·奥德：《危崖：生存性风险与人类的未来》，黄丽晓译，北京：中信出版社，2021 年，第 269~270 页。

来的不确定性，寻求不确定世界中的新秩序。[1]通过积极参与人工智能国际治理与技术合作，以"人工智能+"[2]驱动科技革命，加速技术能级跃升，迈向世界科技强国的中国定能引领新一轮世界科技革命，与世界各国一同携手迎接人工智能时代现代化的光明前景。

二、现代化的新图景：发展与开放一体

（一）相违的事实：打破西方"自由贸易"守护者的神话

从人类近现代历史发展来看，现代化始终与全球化密切相关。中国面临的现代化课题从一开始便与西方资本主义的全球扩张联系在一起。如果说民族独立的主题在当时具有迫切性，那么国家富强即现代化的任务则具有长期性，而两者均是在经济全球化背景下被历史地提出。[3]经济全球化的形成并非一蹴而

---

[1] 黄琪轩：《大国权力转移与技术变迁》上海：上海三联书店，2024 年，第 269 页。

[2] 2024 年《政府工作报告》首次提出开展"人工智能+"行动，其核心在于将人工智能技术与各行各业紧密结合，促进人工智能技术在制造、教育、医疗、养老等领域的应用突破，同时加快超大型智算中心、无人驾驶、未来生物等战略性新兴产业的布局，强化技术与市场的深度融合，从而提高生产率以及促进产业升级。开展"人工智能+"行动打造具有国际竞争力的数字产业集群，可从政策协同与机制创新、资源配置与创新能力提升、长期规划与战略愿景三方面入手。参见刘典：《人工智能驱动新质生产力发展：国际竞争下的中国选择》，《学术论坛》，2024 年第 5 期。

[3] 杨学功：《从"现代化在中国"到"中国式现代化"——重思全球化背景下的中国现代化道路》，《中国文化研究》，2021 年第 3 期。

就，有观点认为，其先决条件可追溯至 1571 年，该年马尼拉成为西班牙的贸易中转站，跨大西洋贸易与跨太平洋贸易连接为统一体系花费了三个世纪，标志着"世界市场"的实际成形。[①]经济全球化的特征可通过两本书的书名得以提炼：彭慕兰与托皮克的《贸易打造的世界》，以及布朗的《没有国界的世界》。前者聚焦历史，后者关注当下，这里借用两者的书名以突显经济全球化的核心特征——贸易网络突破国界限制，将世界越来越多的区域紧密联系在一起。早期的经济全球化时代便是一个由贸易塑造的世界，贸易网络的扩展与融合促使区域间的联系日益深化。[②]在这种意义上，以往西方常常自我标榜是"自由贸易"的守护者，用"闭关锁国"[③]责难近代中国时，自然而然设置了一个自身的开放形象，甚至认为这种角色与西方文明有本质的关联。[④]然而，历史证明此类论断是不成立的。

---

① ［美］杰里・H. 本特利主编：《牛津世界历史研究指南》，陈恒等译，上海：上海三联书店，2024 年，第 96 页。

② 李伯重：《火枪与账簿：早期经济全球化时代的中国与东亚世界》，北京：生活・读书・新知三联书店，2017 年。

③ "闭关锁国"往往成为诠释清朝落后的标准范式，但这不是中国古代既有概念，也不是对明清时期对外政策的客观描述。面对咄咄逼人的倭寇海患及西方殖民势力，明清时期的中国当政者采取了以"自主限关"为主要特征的限制性政策。这一政策造成了消极防御和漠视西方先进科技的负面影响，在一定程度上为近代中国陷入被动挨打局面埋下了伏笔。今天使用"闭关锁国"这一概念，更多是指晚清的政治保守主义，而不能将军事、经济、文化等不同层面都以一言蔽之。参见中国历史研究院课题组、高翔：《明清时期"闭关锁国"问题新探》，《历史研究》，2022 年第 3 期。

④ 正如历史学家玛格丽特・麦克米伦指出："滥用历史，创造一个对自己有利的甚至是虚假的历史，以便使我们错误对待他人的行径合理化，例如侵占他人的土地或是杀害他们。"参见［加拿大］玛格丽特・麦克米伦：《历史的运用与滥用》，孙唯瀚译，桂林：广西师范大学出版社，2021 年，第 3 页。

一个前提性的问题是：西方不是经济全球化的首创者，或者说至少不是经济全球化的独创者。①正如杰弗里·C.冈恩在《全球化的黎明：亚洲大航海时代》一书中所指出，15世纪初，中国郑和船队七下西洋，"完成了伟大的海上航行，在维持古老亚洲海上贸易网络的同时，将朝贡贸易网络扩展至斯里兰卡、印度马拉巴尔海岸、波斯湾以及非洲斯瓦希里海岸等印度洋地区"。东方的洲际大航海明显早于欧洲，由东方人开辟的航线有力地连接了东亚、东南亚、南亚、西亚、波斯湾、阿拉伯半岛和非洲东部地区，成为世界上最早且最繁忙的国际航线之一。②基于上述事实，应进一步明确，西方不是经济全球化中"自由贸易"的守护者，而是偷猎者。1840年发生的鸦片战争是中国历史中一个绕不开的重大事件，鸦片战争爆发的主要原因就在于英国无法忍受持续的贸易逆差。从鸦片战争以前中国对外贸易的经济史料考察中，可以发现中国自16世纪以来，就是东亚贸易的中心，既与周边国家保持着密切的贸易往来，也与陆续

---

① 全球化既是一个宏大课题，也是一个经典课题。1972年，美国学者乔治·莫代尔斯基提出"Globalization"一词，最初主要是指欧洲通过殖民扩张对世界其他地区取得控制进而将之纳入全球贸易体系。而后，其内涵不断扩大到国际间所有往来，可以说已经囊括了所有领域，如费正清所说已经"成为一只方便的篮子"。这里的"经济全球化"主要是指"全球贸易"，随着商业资本主义兴起（在布罗代尔式的感觉中），海运贸易管理的改善，以及日益全球化的帝国愿景，世界联系不断加强，大西洋成为最重要的区域。但对于现代早期的前全球化时期，我们不能理所当然地认为它是一个对过去的根本性突破，而不是一个缓和的扩张与收缩的持续趋势。参见〔美〕杰里·H.本特利主编：《牛津世界历史研究指南》，陈恒等译，上海：上海三联书店，2024年，第128页。

② 〔澳〕杰弗里·C.冈恩：《全球化的黎明：亚洲大航海时代》，孔昱译，北京：中国科学技术出版社，2024年。

到来的西方国家都一直存在着日益密切的商业和投资联系。伴随着 17 世纪中期开始的世界商业扩张时代，中国商人（如广州豪商①）更是走向世界，前往欧美进行商业扩张。②

根据严中平等编《中国近代经济史统计资料选辑》所展示的数据，到 18 世纪中期，欧美各国与中国的贸易已经非常大，且一直在增长。从 1764 年至 1806 年的半个世纪中，英国输入中国的贸易额增加了 9 倍，中国输入英国的增加了 4 倍；美国输入中国的贸易额增加了 4 倍，中国输入美国的增加了 90 多倍。③海外贸易离不开航运，中外之间日益繁盛的商船往来，同样可以证明中国在鸦片战争以前与外界密切的联系。黄启臣从史料中整理的数据显示，自 1685 年（康熙二十四年）以来，日本、南洋、欧美等地区来往于中国的商船数量均有大幅增加。1685 年到 1757 年，到中国贸易的欧美各国商船有 312 艘，而 1758 年至 1838 年的 81 年间到粤海关贸易的商船共 5107 艘，增加了 16 倍。类似地，在此 73 年期间从中国开往日本的商船总数达到 3017 艘，而去往南洋的中国船只仅在 1717 年的一年中，就"多至千余"。④伴随着全球贸易的日渐繁荣，西欧和日本对中国产品的需求与日俱增，这就意味着只有能够从中国获取足够的商品，并且有利可图，才可以支撑起早期全球贸易的发展。

---

① 叶显恩：《世界商业扩张时代的广州贸易（1750—1840 年）》，《广东社会科学》，2005 年第 2 期。

② 周文、冯文韬：《贸易顺差、闭关锁国与西方话语批判——基于鸦片战争的经济学再审视》，《上海经济研究》，2023 年第 2 期。

③ 严中平等编：《中国近代经济史统计资料选辑》，北京：中国社会科学出版社，2012 年。

④ 黄启臣：《清代前期海外贸易的发展》，《历史研究》，1986 年第 4 期。

反之，站在事后的角度来看，如果中国对外界的交流与沟通彻底敬而远之，那么就不可能有 17 世纪至 18 世纪繁荣的东亚市场及从全球源源不断进入这个地区的白银流动。①

　　无论是引进来还是走出去，清代中国与世界各国的贸易已经达到一定规模，而英国又是中国最大贸易伙伴，那么林则徐在虎门的禁烟行为，为什么会成为战争的导火索呢？原因并不复杂，就是因为鸦片贸易是英国用来平衡长期以来对华贸易逆差的唯一选择。自从中国同西方直接开展贸易以来一直到鸦片战争之前，中国绝大多数时间在世界贸易中保持顺差。中国输出大量茶叶，并从西方国家换来白银，这使得西方国家的白银大量流失，英国学者维克托·布赛尔在《东南亚的中国人》一文中记载，1560 年至 1820 年，光西班牙从美洲运往马尼拉用以换取中国商品的白银总量约 4 亿银圆。②中国对南洋其他各岛的贸易，无疑也有大量的白银入超。单看英国，在 1760 年至 1833 年的对华合法贸易中，始终保持着逆差，并且在数据所反映的 70 多年中，逆差水平逐年递增，从一开始的约 145 万两白银大幅增加至后来的 1728.5 万两白银，规模扩大近 12 倍。③在合法

---

①［德］贡德·弗兰克：《白银资本：重视经济全球化中的东方》，刘北成译，成都：四川人民出版社，2017 年。对于 17 世纪之前的中国，耶鲁大学历史学家芮乐伟·韩森在《开放的帝国：1600 年前的中国》一书中，将之描述为："它在形成之时便融合了不同的地区和民族，并在漫长的历史中保持对外来影响的开放，而不是一个拒绝外来影响的中央王国。"［美］韩森：《开放的帝国：1600 年前的中国》，南京：江苏人民出版社，2009 年，序言第 2 页。

②［英］布赛尔：《东南亚的中国人（连载之三）》，《南洋问题资料译丛》，1958 年增刊第 1 期。

③ 严中平等编：《中国近代经济史统计资料选辑》，北京：中国社会科学出版社，2012 年。

贸易中所产生的逐年递增且数量如此庞大的白银流失，理所当然地会对英国的国际收支产生巨大的压力。长期以来，英国的王牌货物是毛织品，但在当时中国人的眼中，这种货物既不够精美，又不够便宜，无法同本土织物进行竞争。

从数字上来看，1800 年以前东印度公司[①]向中国贩卖毛织品一直是亏本的，而这种亏损即使由可以盈利的另外两项重要商品（金属品和印度棉花）所带来的利润，也仍然无法弥补。东印度公司只有通过向英国输出常年占比超过80%的茶叶，才可以扭亏为盈，实现 26% 以上的利润率。[②]高额利润驱使东印度公司持续茶叶贸易，由于缺乏适合交换的商品，在 17 世纪至 18 世纪初，英国商人不得不携带大量白银（主要是西班牙和墨西哥银圆）到中国购买货物，东印度公司的船只装载中，白银通常超过90%，而其他商品不到10%。从前面的分析中，我们知道中国在 19 世纪初以前的很长时间里，对欧美各国整个的海上贸易经常是维持顺差（出超）状态的，这也就意味着世界范

---

① 英国东印度公司，亦称约翰公司，于 1600 年获英格兰女王伊丽莎白一世授予皇家许可状，获得印度贸易垄断权。尽管有观点认为垄断权的废除促进了英国在亚洲的商业成功，但事实表明，东印度公司得以崛起并维持长期影响力，正是因为其享有国家授予的贸易垄断权及其他特许权力。从世界经济史的视野出发，不难看出，东印度公司是构建"日不落帝国"的"国家经济机器"，该公司的背后是强大的英国国家力量，无论是其创建还是发展，都服务于英国的殖民扩张目标。因此，国际经济并不是简单的跨国经贸活动，国家在其中扮演着重要的角色。参见［美］埃米莉·埃里克松：《垄断与自由贸易之间：英国东印度公司（1600—1757）》，王利莘译，上海：上海人民出版社，2024 年；周文、司婧雯：《审视主流国际经济学：话语、问题与新建构》，《学习与探索》，2020 年第 12 期。

② 严中平等编：《中国近代经济史统计资料选辑》，北京：中国社会科学出版社，2012 年。

围内白银都在流向中国，英国东印度公司很难利用其他国家对中国贸易的收支余额来解决自己的平衡问题。另外，18 世纪 70 年代以后，从东印度公司运至中国的白银数量在锐减，而进口商品的数量的节节升高也证明贸易并未陷入萧条，反而是愈加繁盛。那么是什么货物取代了白银这种作为货币而存在的特殊商品呢？答案十分明显，就是鸦片。同一时期，中国鸦片的消费量和英属印度政府的鸦片收入节节攀升。

正是东印度公司从印度种植的鸦片，通过非法走私进入中国，逐渐取代了白银成为交换中国出口商品的主要货物。具体而言，1837 年至 1838 年，中国对英国主要出口茶叶、生丝及其他产品，总计 3147481 磅，而英国则向中国输出鸦片、金属和棉织品等，其中单是鸦片就累计输出 3376157 磅，总出口合计5637052 磅。[1]不难发现，中英之间这样的贸易结构，也表明一旦失去鸦片贸易，英国对华贸易将立刻从顺差转变为逆差，那种令英国难以承受的白银出超将再次出现。反过来，英国对华日益兴旺的鸦片走私贸易，还导致白银大量从中国流出，并最终导致中国境内金融恐慌，致使清政府下定决心禁烟。据相关资料，流动于广州的白银，自 1827 年开始由净输入转为净输出，1827 年至 1834 年总计流出 21715075 两。[2]到道光十六年（1836 年）后中国甚至每年净流出上千万两白银，这直接导致

---

① 列岛编：《鸦片战争史论文专集》，北京：生活·读书·新知三联书店，1958 年。

② 严中平等编：《中国近代经济史统计资料选辑》，北京：中国社会科学出版社，2012 年。

中国国内银价暴涨。[①]由于清朝百姓交税一般采用白银，故而这种银价上涨意味着伴随鸦片走私贸易的日益扩张，鸦片战争前清政府治理下中国百姓的实际税率至少保持着每年11%以上的增长率，这对于封建时期的国家而言，税率的这种增幅远超人均GDP的增长速度，长此以往必然引发社会动荡。毫无疑问，清政府为了维护自身统治的稳定，对此种现象采用了强硬的手段。[②]

马克思感慨，"英国用大炮强迫中国输入名叫鸦片的麻醉剂"[③]，"这真是任何诗人想也不敢想的一种奇异的对联式悲歌"[④]。将鸦片战争发动的原因归结为清朝政府"闭关锁国"破坏了自由贸易规则，更多是英国人为了掩饰自己的罪恶而寻找

---

① 根据汤象龙考证，道光十六年银价已经激增至每两易制钱一千两三百文，而两年后的道光十八年（1838年）又增至1600余文。参见汤象龙研究室编：《中国经济史学科主要奠基人汤象龙先生百年诞辰文集》，成都：西南财经大学出版社，2010年。

② ［美］彭慕兰、［美］史蒂文·托皮克：《贸易打造的世界：1400年至今的社会、文化与世界经济》，黄中宪、吴莉苇译，上海：上海人民出版社，2018年；汤象龙研究室：《中国经济史学科主要奠基人汤象龙先生百年诞辰文集》，成都：西南财经大学出版社，2010年。

③《马克思恩格斯文集》（第二卷），北京：人民出版社，2009年，第607~608页。

④《马克思恩格斯文集》（第二卷），北京：人民出版社，2009年，第632页。

的借口。[①]英国人用武力打开中国的大门后，第一件事情就是利用大量的鸦片走私贸易，企图用最快的速度，用最罪恶的手段来平衡贸易逆差。但是"中国市场所特有的现象是：自从1842年的条约使它开放以来，中国出产的茶叶和丝向英国的出口一直不断增长，而英国工业品输入中国的数额，整个说来却停滞不变……可是中国的进口税却比任何一个同英国通商的国家都低"[②]。经济史数据显示，五口开放后，经历三十年的光阴，外国棉纱棉布的入侵还在原地徘徊。[③]所以，"以为天朝帝国'大门被冲开'一定会大大促进美国和英国的商业……这些奢望是没有可靠根据的"[④]。到此，我们终于明白，"惯于吹嘘自己道德高尚的约翰牛，却宁愿隔一定的时候就用海盗式的借口向中国勒索军事赔款，来弥补自己的贸易逆差。只是他忘记了：如

---

① 马克思和恩格斯强调指出，中国人民强烈反对鸦片贸易，这是天经地义的行动；而英国政府面对中国的禁烟举措，竟用"海盗式的借口"对中国采取"海盗式的敌对行动"，进而以"海盗式掠夺精神"对中国悍然发动"海盗式的战争"。"海盗"一词，在马克思和恩格斯的文章中屡次出现。他们认为只有用这个词来形容道貌岸然的英国政府才最准确、最贴切。参见中共中央马克思恩格斯列宁斯大林著作编译局编译：《马克思恩格斯论中国》，北京：人民出版社，2015年，第5页。

② 《马克思恩格斯文集》（第二卷），北京：人民出版社，2009年，第639页。

③ 单就英国棉纺织品而言，在1845—1855年的11年中，英国输华的棉纱由260万磅上升到290万磅，增加仅11%多，棉布则由310万匹下降到200万匹，减少30%以上。从1856年起，再过10年到1867年，棉纱的全国进口量仍不过360万磅，棉布不过420万匹。和战前的1838年比较，棉布进口略有上升，棉纱进口则反而减少了25万磅。参见严中平等编：《中国近代经济史统计资料选辑》，北京：中国社会科学出版社，2012年。

④ 《马克思恩格斯文集》（第二卷），北京：人民出版社，2009年，第672页。

果兼施并用迦太基式的和罗马式的方法去榨取外国人民的金钱，那么这两种方法必然会相互冲突、相互消灭"①。

以子之矛，攻子之盾。如果说当年清朝政府的对外贸易政策是闭关锁国，那么，英国人自己同样也可以算是闭关锁国。荷兰曾是崛起的大国，但英国通过《航海法》要求货物必须用英国或原产国船只运输，削弱了荷兰的贸易地位。荷兰未能有效应对，迅速失去了其作为世界贸易中介的地位。再来看看英国国门的真实情况。自 19 世纪以来直到鸦片战争前，英国的平均关税税率②从未达到所谓自由贸易的水平：英国在 1840 年以前对进口商品征收的关税税率从未低于 30%，甚至在 19 世纪 20 年代中期进口税率一度超过 50%。③远高于学者们估算的鸦片战争前中国对外征收 2%～5% 的关税税率。④而英国自 18 世纪起就对来自中国的茶叶征收高关税，税率时常达到 100%。⑤马克思说："任何时候只要我们仔细地研究一下英国的自由贸易的性质，我们大都会发现：它的'自由'说到底就是垄断。"⑥西方

---

① 《马克思恩格斯文集》（第二卷），北京：人民出版社，2009 年，第 641～642 页。

② 关税平均税率指一段时间内国家对所有进口商品征收的关税税率平均后得到的税率，反映整体税收负担。计算方法为关税总额除以进口商品总价值。

③ ［美］彼得·林德特、［美］查尔斯·金德尔伯格：《国际经济学》，上海：上海译文出版社，1985 年。

④ 张晓宁：《天子南库：清前期广州制度下的中西贸易（下）》，南昌：江西高校出版社，1999 年。

⑤ 仲伟民：《茶叶和鸦片在早期经济全球化中的作用——观察 19 世纪中国危机的一个视角》，《中国经济史研究》，2009 年第 1 期。

⑥ 《马克思恩格斯文集》（第二卷），北京：人民出版社，2009 年，第 636 页。

自由贸易话语所塑造的神话，本质上是为了掩盖它们在国际交往中采取的种种扶强抑弱的战略。①只允许自己做对贸易有利的事，不允许别人保护自己的利益，否则就指责为"闭关锁国"。这是当年英国借"自由贸易"大旗掩护之下的一种强盗逻辑。对西方所谓"自由贸易"话语背后真相的再认识，有助于从历史中汲取经验和智慧，更好地应对当今现代化与全球化的现实问题。

（二）环球何时同此凉热："逆全球化"与现代化背道而驰

现代化必然要求开放型经济。在世界现代化进程中，生产力发展历程与全球开放水平提升是高度吻合、高度同步的，并且伴随世界交流交融深度、广度、强度等方面的不断深化拓展，生产力传导延伸的场域得以拓展，生产力演变迭代的周期得以缩短。②不难看到这样一种规律：孤立、封闭、隔绝，总是和落后的社会生产力水平联系在一起，反之也如此，即交流、交往、开放，往往是和先进的社会生产力水平联系在一起的。③正如马克思所言："生产本身又是以个人彼此之间的交往［Verkehr］为前提的。这种交往的形式又是由生产决定的。"④近年来，经济全球化遭遇了逆向潮流，单边主义、保护主义明显上升，全

---

① 梅俊杰：《自由贸易的神话：英美富强之道考辨》，北京：新华出版社，2014年。
② 周文：《全面深化改革为因地制宜发展新质生产力提供体制保障》，《经济纵横》，2024年第8期。
③ 钱乘旦主编：《新世界史纲要》，北京：北京大学出版社，2023年，第27页。
④ 《马克思恩格斯文集》（第一卷），北京：人民出版社，2009年，第520页。

球供应链出现被动断裂和主动脱钩，相应地，西方发达国家的极端政治倾向加剧，民粹主义和狭隘民族主义愈发难以抑制。可见，与现代化背道而驰的"逆全球化"思潮和行径，已经从"暗流涌动"膨胀到"浊浪滔天"。[1]历史经验告诉我们，全球化发展既有高潮亦有低潮，但如此规模巨大的全球化分裂在人类历史上尚属首次。[2]贸易不确定性及全球制造业活动的大幅放缓只是停留于现象表面的解释，更深层次的原因则是经济全球化正面临"旧力已尽"而"新力不足"的困境。[3]

世界各国早已形成了"一荣俱荣、一损俱损"的共生关系。但是部分西方国家将自身发展的结构性矛盾问题归结于全球化，殊不知经济全球化是西方崛起而不是西方衰落的原因。[4]"资本

---

[1] 全球化的一个主要衡量指标就是贸易总额占据全球经济总量的比重，世界银行的研究数据显示，世界贸易总额占世界经济（世界生产总值）比重自20世纪90年代新一轮全球化以来不断提高，1990年为31%，2008年为51.86%，金融危机后各国贸易政策收紧，2015年这个数字降至44.9%。2025年1月，联合国发布《2025年世界经济形势与展望》，报告中指出贸易紧张局势、保护主义政策及地缘政治的不确定性仍然是影响前景的重大风险，全球贸易增速由2017年的5.3%降至2024年的3.4%。

[2] 现阶段的全球化分裂主要表现在三个方面：一是经济全球化的"规则分层化"；二是经济全球化的"范围区域化"；三是经济全球化的"内涵分裂化"。参见李晓：《双重冲击：大国博弈的未来与未来的世界经济》，北京：机械工业出版社，2022年，第181~182页。

[3] 在过去几十年的"超级全球化"（hyper-globalization）过程中，新自由主义思潮与比较优势理论相结合形成了强大的动员、席卷和渗透的力量，成功地把全球绝大部分经济体都吸纳进来，世界市场规模与覆盖范围迅速扩大到远超历史上任何时期的水平。所谓"旧力"主要是指利用外延型扩大再生产模式创造的全球经济规模扩张与生产力快速提升。旧增长模式受到世界市场潜在可拓展规模的限制，显然不可持续，迫切需要转变增长模式。

[4] 周文：《中国道路：现代化与世界意义》，杭州：浙江大学出版社，2021年，第171页。

主义过程的诞生取决于全球扩张，此后便习惯于扩张。中世纪欧洲的贸易城市是全球扩张的'幼卵'，16 世纪的殖民地是'助产士'，这令人回想起马克思的论断：这一切标志着资本主义生产时代的曙光。这些田园诗式的过程是原始积累的主要因素。"①随着资本主义进入帝国主义发展阶段，面对经济危机的周期性爆发，主要资本主义国家或通过发动战争或施行新政以缓解矛盾。20 世纪 80 年代以来西方资本主义出现的新一轮全球化高潮，又在一定程度上推动整个西方世界的回光返照。当资本主义的固有矛盾造成资本过度积累危机时，"资本总是要通过地理扩张和时间重配来解决"②。从这个意义上来讲，西方主导的全球化是一种"帝国主义"，存在着多次"掠夺式积累"，而这种积累归根到底推动了西方的兴起。斯蒂格利茨也认为，西方国家尤其是美国出现问题的根源不是全球化，而是其全球化的路径和全球治理模式出现了问题——只给少数人带来了福音，大部分人并没有受益。③

在此基础上，是什么造成了传统经济全球化的问题呢？究其缘由，主要是世界市场上潜在的外延型扩大再生产空间受限而创新动能不足。而新自由主义经济学过度市场化、比较优势学说主导的全球经济治理模式，又阻碍了世界经济转向内涵型

---

① ［美］道格拉斯·多德：《资本主义及其经济学》，熊婴译，南京：江苏人民出版社，2013 年，第 250 页。

② ［美］大卫·哈维：《世界的逻辑》，周大昕译，北京：中信出版社，2017 年，第 299 页。

③ ［美］约瑟夫·E.斯蒂格利茨：《美国真相》，刘斌等译，北京：机械工业出版社，2020 年，第 20 页。

增长模式，新的经济增长点难以开辟。[①]从根本上说，经济全球化是源于社会化大生产超出国界的限制，越来越需要寻求需求与供给两方面的国际市场，从世界范围内进行资源优化配置，这是经济发展的客观需要。以往经济全球化指导思想在于以资本作为开路先锋，使资本主义生产方式超越国界蔓延至世界的每一个角落，将全球零散的经济体整合。[②]然而，世界市场范围和边界的扩展存在物理空间的极限，而全球对生产力增长的需求则永无止境。传统国际贸易理论的经济政策是最大程度放松管制并纵容资本流动，从而各个国家间的经济与贸易往来和相互间的联系在达到前所未有的高度后，导致世界市场上的外延型经济增长空间不再充裕并受到极大限制。受上述局限性的影响，传统国际贸易理论支配下的国际秩序推动者无力再兑现其理论上的增长承诺，尤其是其过度市场化的理论和政策导向早已弊大于利，反而朝着"零和博弈"的理论困局方向跌落。[③]

贸易是承载资本流动的物质条件，殖民地贸易对于欧洲现

---

① 周文、冯文韬：《经济全球化新趋势与传统国际贸易理论的局限性——基于比较优势的政治经济学分析》，《经济学动态》，2021年第4期。

② 丰子义、杨学功：《马克思"世界历史"理论与全球化》，北京：人民出版社，2002年。

③ 陈玲：《新自由主义的风行与国际贸易失衡：经济全球化导致发展中国家的灾变》，太原：山西经济出版社，2017年。

代化至关重要。①从大卫·李嘉图到伊·菲·赫克歇尔和贝蒂·俄林，比较优势理论及其变体一直在国际贸易理论中处于核心地位，同样服从于资本积累的客观规律，为强化资产阶级的工业化力量并不断为开辟世界市场提供便利条件。待到新兴贸易理论出现以后，虽然提出了利用规模效应等因素开展国际分工的新方式，但在新兴贸易理论开创者保罗·克鲁格曼主编的《国际经济学：理论与政策》中，比较优势理论仍然是基准的贸易理论模型。②正是因为比较优势有利于先发国家的资本积累，故而一直被用来描述与指导生产的国际分工与构建世界经济格局。发达国家对发展中国家的示例作用导致发达国家对工业化道路的"强制最终解释权"，加上新自由主义与比较优势理论共同构造的后发优势与经济趋同的"幻觉"，使得广大后发国家纷纷基于比较优势开展国际贸易并融入世界经济，与先发国家的需求一拍即合。然而，这种最初从几百年商业殖民主义实践基础上发展出来的贸易理论是一个循环往复的"贫穷的理论"，后发国家一旦服从安排就只能专注于生产力增长缓慢的行业，从

---

① 在很长一段时间内，地中海、印度洋和南中国海的贸易往来频繁，以至于历史地理学家里德将东南亚18世纪之前的300年称为"商业时代"。贸易的影响可以通过城镇化水平来衡量。随着工业革命的兴起，大西洋贸易开始显著增长。在这一时期，贸易活动的中心开始转移到大西洋。反过来，英国、法国、荷兰、葡萄牙和西班牙等欧洲国家的城镇化率也大幅上升。到19世纪中叶时，这些国家的城镇化水平已经超过亚洲。参见〔美〕方碧云、〔美〕戴维·罗宾：《解读国际贸易：得与失？》，杨宇、李小云译，北京：社会科学文献出版社，2021年，第12~13页。

② 〔美〕保罗·R.克鲁格曼、〔美〕茅瑞斯·奥伯斯法尔德：《国际经济学：理论与政策》（第十一版），北京：中国人民大学出版社，2021年。

而被锁定在幼稚状态，专业化于贫困。[1]

毕竟，在殖民时代，宗主国永远不会比殖民地发展得更为缓慢。从现实来看，仅有的几个后发国家实现经济赶超的案例，都是未严格遵守比较优势理论参与国际分工与贸易的经济体。[2]时至今日，当发达国家即使保持着不对称国际贸易格局中的优势地位，却仍面临经济发展减速下行的困境，更遑论继续引领世界生产力的发展。与此同时，广大发展中国家仍然被比较优势理论所构筑的国际分工与经济格局所束缚，落入"比较优势陷阱"不能自拔，无力从根本上突破发展的瓶颈。传统国际贸易理论的局限性已越来越凸显，其不但在合理性与正义性方面受到挑战，并且在实践上影响和制约了经济全球化的健康发展。[3]正如戴维·麦克纳利指出，传统国际贸易理论具有明显的缺陷，其扩张规模不是以民族国家为中心，而是由资本主义的积累动力转向第三世界国家。在它的影响下，第三世界国家市场被迫开放，公共资产被迫私有化，必然引发一场新型的圈地运动，使无数农民失去土地。与此同时，它还导致了一波新的移民潮，为资本主义剥削提供了大量廉价的劳动力，同时也损害了发达资本主义国家工人的收入。这种国际贸易发展模式不

---

① ［美］迈克尔·赫德森：《国际贸易与金融经济学：国际经济中有关分化与趋同问题的理论史》，丁为民、张同龙译，北京：中央编译出版社，2014年。

② ［英］张夏准、［美］艾琳·格拉贝尔：《重诉发展：替代性经济政策指南》，袁辉译，北京：商务印书馆，2023年。

③ 周文、冯文韬：《经济全球化新趋势与传统国际贸易理论的局限性——基于比较优势的政治经济学分析》，《经济学动态》，2021年第4期。

可持续，必然导致全球经济走向衰退和不稳定。[①]

更进一步，为什么传统经济全球化的弊端难以根除呢？在世界市场原有发展空间缩小的背景下，离岸与外包成为经济全球化的流行趋势，从而导致经济"脱实向虚"，既无力更好实现新旧动能转换，也难以扭转增速不断下滑"颓势"。强调以竞争优势[②]替代比较优势开展国际贸易，进而促进技术与组织形式创新及劳动者素质的提升，才能推动全球经济向更高质量、更加可持续发展迈进。事实上，美国早已深知国家竞争优势对于国家发展的重要性，竞争优势概念的提出者迈克尔·波特就曾服务于里根政府。但是在保持自身国家竞争优势的方式和手段上，美国已经逐渐偏离正常轨道，常规竞争依靠科学研发与技术创新，来保持更高的生产效率的动力相对减弱，反而更加倚重于削弱竞争对手乃至整个世界其他国家整体的竞争能力来维持自身优势。[③]特别是特朗普高喊"美国优先"的口号当选总统后，在世界经济大舞台上美国"霸凌"手段频出，到处挑起摩擦与

---

① McNALLY, D., *Global Slump: The Economics and Politics of Crisis and Resistance*, Merlin Press, 2011.

② 以竞争优势为基础的国际贸易政治经济学，强调在开放的环境中利用国际贸易获取资源，然后以此为基础，利用技术创新形成生产能力并塑造独有的产业竞争优势，从而在国际贸易中获取更多收益，实现可持续增长。同时，单个国家可以通过提高竞争力的途径，借助世界市场和国际贸易实现国内经济增长方式从以外延型为主向以内涵型为主转变，从而迈向更加可持续和稳健的国家发展道路。对发展中国家而言，这不但可以挣脱传统世界体系的"藩篱"，而且可以更好地实现发展的可持续性。类似地，将视野放大到世界经济层面则可以带来全球生产力的持续提高，使国际贸易与投资超越零和博弈，达致全球经济包容性增长。

③ 陈翔：《美国"混合战争"战略的理论与实践》，《国际论坛》，2024年第1期。

争端，试图以一种"我生病，你吃药"的办法，在自身经济衰退的时候将整个世界经济一同拉下水，从而借此保持自身的经济霸权与产业优势。中国经济的平稳快速发展和经济总量不断实现超越，理所当然让美国感受到挑战和"威胁"。[①]

　　问题正在累积，世界正在改变，但如何改变仍取决于我们的选择。不阐明"未来资本主义的无限危机将产生越来越致命的结果"的解决方案，就无法完全回答世界范围内"怎么办"的问题。我们需要理解，问题的根源是系统性和结构性的，"而不是特殊的和局部的"。[②]从探讨各国实现增长的具体模式，到管理经济生活与一体化世界的办法，都需要新的理念。[③]美国历史学家哈罗德·詹姆斯在《七次崩溃：下一次大规模全球化何时到来》一书中介绍了近代以来历次全球化危机的来龙去脉，认为"历史经验表明，某种全球化的危机会导致更高程度的全球化"，应当"从悲惨的过去中学习借以展望未来……在当下这个最令人沮丧的时候，我们学到的东西也最多"[④]。发展是现代化的追求，更是人类文明永恒的主题，为了避免"复活节岛"的历史悲剧在全球重演，必须打破传统国际贸易对世界生产力发展的束缚，使创新驱动的内涵式增长成为世界经济最主要的

---

　　① 周文、冯文韬：《贸易顺差、闭关锁国与西方话语批判——基于鸦片战争的经济学再审视》，《上海经济研究》，2023 年第 2 期。

　　② ［英］大卫·哈维：《反资本世界简史》，陈诺译，广州：广东人民出版社，2023 年。

　　③ ［英］戈登·布朗等：《长期危机：重塑全球经济之路》，余江、傅雨、蒋琢译，北京：中信出版社，2024 年，第 4 页。

　　④ ［英］哈罗德·詹姆斯：《七次崩溃：下一次大规模全球化何时到来》，祁长保译，北京：中译出版社，2024 年。

动力来源。这既是包容性全球化的实现路径，也是缓解世界不平等问题、解除后发国家的低端锁定状态，以及扭转各国过度市场化倾向的出路所在。因此，以竞争优势替代比较优势作为指导国家发展和参与国际贸易的基本准则，不仅有利于帮助世界各国实现经济发展方式的转变，而且更有助于克服发展过程中不断出现的"逆全球化"因素。

（三）点亮一盏明灯：开放何以成为中国式现代化的鲜明标识

开放是国家繁荣发展的必由之路，只有开放的中国，才会成为现代化的中国。中国的世界与世界的中国，不是相互冲突、相互排斥的关系，而是相互融合、相互促进的关系。英国学者马丁·雅克曾预言："中国兴起会重新塑造现代的意涵与模式"[①]，而中国与西方可以合作共赢，"用一盏灯点燃另一盏灯"[②]。以开放促改革、促发展是我国现代化建设不断取得新成就的重要法宝。党的十一届三中全会确定了经济体制改革和对外开放的总方针，我国的对外开放经历了从局部开放到全方位开放阶段、加入世界贸易组织后的阶段、新时代开放型经济发展的新阶段，[③]走出了一条具有中国特色的新型开放发展之路，给世界上那些既希望加快发展又希望保持自身独立性的国家和民族提供了全新选择。以习近平同志为核心的党中央积极推进

---

① ［英］马丁·雅克：《当中国统治世界：中国的崛起和西方世界的衰落》，张莉、刘曲译，北京：中信出版社，2010年，中文版自序第25页。

② ［德］G.G.莱布尼茨：《中国近事：为了照亮我们这个时代的历史》，梅谦立等译，郑州：大象出版社，2005年。

③ 周文：《构建中国开放型经济学》，《财贸经济》，2022年第2期。

对外开放理论创新和实践创新，确立开放发展新理念，实施共建"一带一路"倡议，加快构建开放型经济新体制，倡导发展开放型世界经济，积极参与全球经济治理，更高水平的开放格局正在形成。[①]党的二十届三中全会提出"开放是中国式现代化的鲜明标识"[②]，这一重要论断具有深刻意蕴，把我们党对开放与中国式现代化关系的认识提升到了新的高度。

黑格尔说过：一切伟大的世界历史事变和人物，可以说都出现两次。马克思进一步补充道：第一次是作为悲剧出现，第二次是作为笑剧出现。[③]鸦片战争是近代中国的悲剧，但是这样的悲剧不可能在中国再次重演，因为今日的中国早已不再是过去的中国。当前，世界百年未有之大变局加速演进，西方国家发展失衡、治理困境、公平赤字等问题也更加突出，新一轮科技革命和产业变革方兴未艾，国际力量"东升西降"[④]的态势更加明显，部分西方国家推行保护主义政策，全球面临开放与保守、"全球化"和"逆全球化"、变革与守旧的重要抉择。[⑤]面对

---

① 周文：《发展更高层次开放型经济 推动我国经济持续快速发展》，《金融时报》，2024年12月23日。

②《中共中央关于进一步全面深化改革 推进中国式现代化的决定》，北京：人民出版社，2024年，第25页。

③《马克思恩格斯全集》（第八卷），北京：人民出版社，1961年，第121页。

④ 国际经济新格局趋向为"东升西降"（与"西强东弱"的格局并存），即表现为以七国集团为代表的美西方经济的重要性及其对全球GDP贡献的占比下降，而以中国等金砖国家为代表的发展中国家的经济重要性和全球贡献GDP的占比上升。参见程恩富：《"东升西降"国际新格局与全球经济治理》，《世界社会主义研究》，2024年第11期。

⑤ 周文：《强国经济学：中国理论与当代政治经济学》，北京：中信出版社，2023年，第296页。

"世界进入新的动荡变革期"，机遇前所未有，挑战前所未有，机遇大于挑战，中国日益成为世界乱局中的"稳定器"、变局中的正能量。抓住机遇以中国式现代化全面推进强国建设、民族复兴伟业，是我国对外开放工作的重要任务。因此，我们要以更加开放的心态推动经济全球化向纵深发展，在以高质量发展全面推进中国式现代化的同时，也为全球经济增长贡献中国力量，正如习近平指出："从长远看，经济全球化仍是历史潮流，各国分工合作、互利共赢是长期趋势。我们要站在历史正确的一边，坚持深化改革、扩大开放。"①

"开放型经济"是中国自己的术语，它的创造者是中国共产党。②建设更高水平开放型经济新体制，实施更大范围、更宽领域、更深层次的全面开放，既是推进高水平对外开放的目标，也是全面推进中国式现代化的标识。③首先，要坚持全方位对外开放，加快建设自由贸易试验区、海南自由贸易港，促进我国不同地区间优势互补，扩大面向全球的高标准自由贸易区网络，共同构建陆海内外联动、东西双向互济的开放格局。发挥开放平台先行先试作用，有序扩大自主开放和单边开放，以自身开放促进全球共同开放，实现良性互动。其次，要推动"一带一路"高质量发展，深度挖掘沿线国家经济发展战略导向和关键诉求，加强外商投资的促进和保护，继续缩减外商投资负面清

①《习近平著作选读》（第二卷），北京：人民出版社，2023 年，第 324 页。
② 裴长洪：《中国开放型经济学》，北京：中国社会科学出版社，2022 年，序言第 2 页。
③ 顾海良：《开放是中国式现代化的鲜明标识》，《学术界》，2024 年第 11 期。

单，促进国内国际要素有序自由流动、资源合理高效配置、市场深度有机融合、规则稳步有效对接，开拓互利共赢新局面。再次，要推动由商品和要素流动型开放向规则、管理等制度型开放转变，推动世界经济平衡、可持续、包容性增长。最后，要加快构建互利共赢多元平衡、安全高效的开放型经济新体制，以创新驱动为导向，更好参与全球分工和产业协作，提升在国际分工体系和经济贸易规则制定中的话语权。[①]

　　支撑经济全球化的经济基础在本质上是生产力的发展。[②]在当下时代，生产力包含的要素更为广泛，生产力"发展的根据首先在生产力内部"[③]，生产要素彼此之间的矛盾运动规律决定了生产力的发展方向。开放作为中国式现代化的"鲜明标识"，在总体上是"依托我国超大规模市场优势，在扩大国际合作中提升开放能力，建设更高水平开放型经济新体制"[④]。相应地，"中国将坚定不移奉行互利共赢的开放战略，从世界汲取发展动力，也让中国发展更好惠及世界"[⑤]。这就是中国式现代化进程中"建设更高水平开放型经济新体制"的战略意义，[⑥]在自身发

---

① 周文、白佶：《论新发展格局与高质量发展》，《兰州大学学报》（社会科学版），2023年第1期。

② 周文、冯文韬：《经济全球化新趋势与传统国际贸易理论的局限性——基于比较优势到竞争优势的政治经济学分析》，《经济学动态》，2021年第4期。

③《卫兴华选集》，太原：山西人民出版社，1988年。

④《中共中央关于进一步全面深化改革 推进中国式现代化的决定》，北京：人民出版社，2024年，第25页。

⑤《习近平外交演讲集》（第二卷），北京：中央文献出版社，2022年，第282页。

⑥ 顾海良：《开放是中国式现代化的鲜明标识》，《学术界》，2024年第11期。

展的同时也带动世界经济增长，从而推动全球生产力提高。当前，实现人类历史上规模最大、难度最大的现代化，立足发挥超大规模市场优势吸引全球资源要素，增强国内国际两个市场两种资源联动效应，"拓展中国式现代化的发展空间"[1]。为此，必须提高统筹"两个市场两种资源联动"的能力，提高对外开放的质量和水平，既引进一切有利于发展生产力的资源和要素，为生产力进一步发展创造物质基础，也充分借鉴发达国家现代化进程所取得的有益文明成果，破除阻碍生产力发展的一切障碍，为生产力进一步发展创造制度基础。[2]

推进中国式现代化"要加快构建新发展格局，实现内部可循环，并依托我国超大规模市场优势吸引全球资源要素，增强国内国际两个市场两种资源联动效应"[3]。国内大循环以国内市场的分工体系为载体，并以国际的分工体系为补充，其以满足国内人民日益增长的美好生活需要为根本出发点和落脚点，不断促进国内分工，深化畅通国民经济大循环，是国民经济发展进步的内源动力。国际循环以国际市场为基础，以全球产业链和价值链分工为依托，各经济主体相互竞争、相互依存。经济外部循环和内部循环相互影响，必然要求实现两个市场和两种

---

[1] 习近平：《以中国式现代化全面推进强国建设、民族复兴伟业》，《求是》，2025 年第 1 期。

[2] 周文：《强国经济学：中国理论与当代政治经济学》，北京：中信出版社，2023 年，第 316 页。

[3] 习近平：《进一步全面深化改革中的几个重大理论和实践问题》，《求是》，2025 年第 1 期。

资源的更好联动。①

其一，国际经济大循环是统筹发展和安全的更高水平的开放循环。一是继续做好国际循环，以扩大开放倒逼国内行业企业创新和产业结构升级，提升我国在区域产业链供应链中的地位，为国民经济良性循环提供有力支撑。同时，促进"双循环"发展战略与创新驱动发展战略、区域发展战略、产业发展战略形成有效整合和对接。二是稳步扩大制度型开放，创造更加开放、透明、稳定、可预期的制度环境，进一步推动区域贸易投资自由化与便利化，不断与国际高标准贸易投资规则接轨，构建更高水平的开放型经济新体制。②

其二，国内经济大循环是国内统一和畅通的循环。其实，内循环为主体的内需体系是以创新为核心的内生性经济增长，更需要发挥开放型经济的引擎作用，从资源禀赋的比较优势转向以核心技术为基础的竞争优势，促进我国产业嵌入全球价值链的中高端。③一是国内经济大循环为主体必须坚持全国市场统一、全国一盘棋，不是各地的自我小循环，坚持破除制约要素自由流动的体制机制障碍。二是国内经济大循环不搞闭门造车，发展内循环也不会加剧"内卷化"。双循环有内有外，发展内循环是为了与域外经济体进行更高水平的经济循环，更好地协调对外开放和独立自主的关系，既满足国内需求，又为世界经济

---

① 周文：《强国经济学：中国理论与当代政治经济学》，北京：中信出版社，2023 年，第 318 页。

② 周文、刘少阳：《新发展格局的政治经济学要义：理论创新与世界意义》，《经济纵横》，2021 年第 7 期。

③ 周文：《经济学自主知识体系：中国特色社会主义政治经济学教程》，北京：商务印书馆，2023 年，第 362 页。

发展增添动力。三是以内循环为主可以更好地支撑国际循环，内循环与国际循环相互促进、相得益彰。国内国际双循环是一个相互联系、更高水平的互动，应辩证地认识双循环主次关系的新定位。在当前全球市场萎缩的外部环境下，我们必须立足国内经济大循环的基础性主体地位，进一步扩大内需，降低经济发展对外部需求的依赖，以内循环的强劲内生动力为基础，把握发展主动权；通过更高层次的开放，更加主动地深化对外合作，最大限度地吸纳全球创新资源。①

　　一方面，中国式现代化以开放为鲜明标识，为世界经济复苏和发展注入新的活力和动力。近年来，我国经济总量占世界经济的比重由 11.3% 上升到 18% 左右，稳居世界第二位，对世界经济增长的贡献率平均在 30%，是全球经济发展的最大增长源。我国拥有的 14 亿多人口的超大规模市场蕴含着巨大的消费和投资潜力，全国统一大市场正在逐步形成，将成为全球最大消费者市场。②中国式现代化不仅为本国内涵式增长提供动能来源，也为世界经济复苏和增长作出重大贡献。以国内经济大循环为主体，从"以外促内"转为"以内促外"，积极带动国际市场复苏、繁荣，通过海南自由贸易港建设、中国国际进口博览会等平台积极主动扩大开放，更好地分享中国巨大的市场空间

①　周文、刘少阳：《新发展格局的政治经济学要义：理论创新与世界意义》，《经济纵横》，2021 年第 7 期。

②　李稻葵、郭美新、郎昆等：《世界经济增长引擎、新型全球化引领者、政府与市场经济学：中国式现代化对世界经济的贡献》，《中国经济学人》（英文版），2023 年第 2 期。

和发展机遇。[①]在投资方面，中国是世界第二大对外直接投资和外资流入国，更好地促进了世界经济良性循环。2024 年，在全球贸易增长乏力的背景下，我国货物贸易进出口总值 43.85 万亿元，同比增长 5%。我国对传统欧美市场保持增长，与"一带一路"共建国家的贸易额首次超过一半。对拉美、非洲、中亚五国、中东欧的进出口对我国外贸增长贡献率接近 60%。[②]中国作为贸易和投资大国复苏和繁荣国际经济，彰显大国担当。

另一方面，中国式现代化以开放为鲜明标识，为发展中国家崛起提供中国智慧和中国方案。中国式现代化坚持自立自强与对外开放的统一，既要融入现代世界体系，又要做到开放不依附，做到国家竞争优势与比较优势统一，将使中国经济成为新型全球化的引领者。[③]一是揭示经济相对落后的发展中国家现代化经济建设的一般规律。现代化进程伴随着生产力的进步和产业结构的升级，这不仅仅体现在技术层面和社会组织形态上，更表现为经济活动的空间拓展与重构。[④]"空间是一切生产和一切人类活动的要素。"[⑤]现代化经济建设必然要求发展空间拓展，通过对外开放打破传统的地域限制，实现优化资源配置、产业

---

① 周文：《经济学自主知识体系：中国特色社会主义政治经济学教程》，北京：商务印书馆，2023 年，第 369 页。

② 《读懂超 43 万亿元成绩单的含"新"量》，新华社，https://www.gov.cn/yaowen/liebiao/202501/content_6999082.htm。

③ 周文：《经济学自主知识体系：中国特色社会主义政治经济学教程》，北京：商务印书馆，2023 年，第 368 页。

④ 胡潇：《空间的社会逻辑——关于马克思恩格斯空间理论的思考》，《中国社会科学》，2013 年第 1 期。

⑤ 《马克思恩格斯文集》（第七卷），北京：人民出版社，2009 年，第 875 页。

转移、区域协同发展等，拓宽经济活动的物质边界。[①]以高水平对外开放拓展中国式现代化发展空间，为后发国家的现代化经济建设提供了借鉴。二是揭示经济全球化条件下开放经济的一般规律。通过对经济全球化正负效应的协调，强调创新的驱动力和扩大消费的牵引作用，中国式现代化以自身最大确定性抵御外部不确定性挑战，为深陷中等收入陷阱、难以摆脱传统增长模式"窠臼"的发展中国家探寻出新的发展道路，提供了解决对外开放中现实问题的思维方法。[②]

三、现代化的世界蓝图

（一）让世界更美好：现代化的中国故事

"哲学家们只是用不同的方式解释世界，问题在于改变世界"[③]，这一镌刻在马克思墓碑上的警句，可能是他卷帙浩繁的著述中影响最为深远、流传最为广泛的名言。在马克思看来，"世界"并非我们只能屈服、臣服，停留在理解和认同的"表象"，而是我们必须积极改造、创造的"对象"。毛泽东曾经这样说过："我们的工作将写在人类的历史上，它将表明：占人类

---

① 陈灏、刘志鹏、钟锦宸：《高水平金融开放助推中国式现代化的政治经济学阐释》，《海派经济学》，2024 年第 2 期。
② 周文：《经济学自主知识体系：中国特色社会主义政治经济学教程》，北京：商务印书馆，2023 年，第 370 页。
③《马克思恩格斯文集》（第一卷），北京：人民出版社，2009 年，第 502 页。

总数四分之一的中国人从此站立起来了。"①"我们正在做我们的前人从来没有做过的极其光荣伟大的事业……"②70 多年过去了，中国式现代化践行了"改变世界"的伟大使命，创造了"人类发展史上真正的奇迹"③，将为更多国家和人民开辟通往美好未来的道路。英国著名经济学家科斯在谈到中国奇迹时说："中国的奋斗，就是世界的奋斗。"④《时代》周刊曾发表一篇关于中国成就的评论：这是我们时代的伟大故事。它是我们所有人的故事，不仅仅属于中国。"说故事的人要能引起听众的高度兴趣通常总要使听众相信这故事与他们自己的生活息息相关，从而最后能引出某种教训。"⑤中国式现代化的成功既可以使西方反思自己的问题，也有助于推动西方国家自身的改革。

中国式现代化既是中国的又是世界的，既立足时代又引领时代，是一次人类为追求美好生活而进行的伟大探索。在中国共产党这一最高政治领导力量的带领下，中华优秀文化的力量、社会主义制度的力量、人民创造历史的力量，正汇聚成一股推动世界历史前进的磅礴伟力。从"中国应当对人类作出较大贡献"，到"中国始终是世界和平的建设者、全球发展的贡献者、国际秩序的维护者、公共产品的提供者，将继续以中国的新发

① 《毛泽东文集》（第五卷），北京：人民出版社，1996 年，第 343 页。

② 《毛泽东文集》（第六卷），北京：人民出版社，1999 年，第 350 页。

③ 《"这是人类发展史上真正的奇迹"——国际社会热议中国式现代化的世界意义》，《光明日报》，2022 年 10 月 20 日。

④ ［英］罗纳德·哈里·科斯、王宁：《变革中国：市场经济的中国之路》，徐尧、李哲民译，北京：中信出版社，2013 年，第 205 页。

⑤ ［德］韦伯：《民族国家与经济政策》，甘阳等译，北京：生活·读书·新知三联书店，1997 年，第 5 页。

展为世界提供新机遇"，中国式现代化始终将自身发展置于人类发展的大坐标系中，始终把自身命运与世界各国人民的命运紧密相连。新时代的中国，正续写着为世界作出"较大贡献"的新篇章。例如，提出共建"一带一路"[①]，10余年来，从理念转化为行动，从愿景转化为现实，已成为各国团结合作、共克时艰最富成果的平台，已成为展现中国式现代化发展成就，彰显中国式现代化道路时代价值最具代表性的平台。[②]共建"一带一路"既有助于本国经济发展，又有助于区域合作、共同发展，还有助于促进人文交流，增进互信和区域和平稳定。然而，共建"一带一路"深深触动了西方国家意识形态的敏感神经，引起西方的种种猜忌、指责甚至诬蔑。

一直以来，国际社会持怀疑态度者担心中国以共建"一带一路"为工具，以亚洲基础设施投资银行、丝路基金为手段称霸世界，推行新殖民主义。[③]事实上，资本主义剥削关系主要经由国际分工和全球价值链转变为发达国家对发展中国家的剥削关系，这加剧了世界的文明冲突。与其有天壤之别，"一带一

---

① 2013年9月和10月，习近平主席先后提出共建"丝绸之路经济带"和"21世纪海上丝绸之路"。在各方的共同努力下，共建"一带一路"从中国倡议走向国际实践，从理念转化为行动，从愿景转变为现实，取得实打实、沉甸甸的成就，成为深受欢迎的国际公共产品和国际合作平台。共建"一带一路"不仅给相关国家带来实实在在的利益，也为推进经济全球化健康发展、破解全球发展难题和完善全球治理体系作出积极贡献，开辟了人类共同实现现代化的新路径，推动构建人类命运共同体落地生根。

② 胡鞍钢、张新、张鹏龙等：《中国式现代化全面开放格局的发展历程、面临挑战及战略构想》，《国际税收》，2023年第9期。

③ 张燕生：《"一带一路"建设有利于世界和谐发展》，《中国经济周刊》，2014年第22期。

路"旨在提升沿线各国竞争力，改善互联互通条件，营造良好的经贸环境，以及参与公共问题治理，带动各国参与并融入国际分工。共建"一带一路"以政策沟通、设施联通、贸易畅通、资金融通、民心相通为主要内容，不是资本输出而是实现合作共赢，不仅有利于中国与发展中国家之间形成新的生产关系，而且可以更好地推动资源要素的全球化分工，促进全球治理结构的多元化。^①"我们追求的不是中国独善其身的现代化，而是期待同广大发展中国家在内的各国一道，共同实现现代化。"^②从理念引领上看，共建"一带一路"为人类合理解决生存、发展与共享等难题提供了切实路径，这既源于中国式现代化的初心，更源于广大发展中国家的愿景。"一带一路"探索出具有包容性的人类文明新形态^③，必将伴随着中国式现代化的发展，在经济、生态和全球治理层面解构并超越西方现代化。^④

目前，全球经济增长动能不足、发展失衡、经济治理滞后三大矛盾远没有得到解决。从实践成效上看，共建"一带一路"

① 周文：《经济学自主知识体系：中国特色社会主义政治经济学教程》，北京：商务印书馆，2023 年，第 282 页。

② 《习近平出席第三届"一带一路"国际合作高峰论坛开幕式并发表主旨演讲》，《人民日报》，2023 年 10 月 19 日。

③ 有趣的是，李希霍芬的学生瑞典探险家斯文·赫定，100 年前就曾预言中国会复兴丝绸之路："可以毫不夸张地说，这条交通干线（丝绸之路）是穿越整个旧世界的最长的路。从文化—历史的观点来看，这是联结地球上存在过的各民族和各大陆的最重要的纽带……中国政府如能使丝绸之路重新复苏，并使用现代交通手段，必将对人类有所贡献，同时也为自己树起一座丰碑。"参见［瑞典］斯文·赫定：《丝绸之路》，江红、李佩娟译，乌鲁木齐：新疆人民出版社，2013 年，第 206、210 页。

④ 陈健、闫金敏：《"一带一路"对西方现代化的超越与重构》，《郑州大学学报》（哲学社会科学版），2024 年第 1 期。

把中国式现代化建设的成果和动力带向世界[①]，是中国进一步开放市场的积极信号，展示了中国支持经济全球化健康发展的决心，为发展"开放型世界经济"提供了有力支撑。世界银行发布的《"一带一路"经济学：交通走廊的机遇与风险》报告显示：共建"一带一路"如果得到全面实施，可使 3200 万人摆脱中度贫困。[②]以互联互通为关键、共商共建共享为原则的共建"一带一路"，通过提高有效供给催生新的需求，实现世界经济的再平衡，这契合各国现代化发展的需要。[③]中国提出"一带一路"建设就是聚焦发展这个根本性问题，借此充分释放各国发展潜力，推动实现经济大融合、发展大联动、成果大共享；共建"一带一路"以开放为导向，着力解决经济增长和平衡问题，通过基础设施、贸易和投资将各经济体连接起来，更好地实现合作与对话。[④]从美好愿景一路落地生根，"一带一路"已在沿

---

① 皮坤乾：《为发展照亮前行的路——"中国式现代化的世界影响国际学术研讨会"综述》，《马克思主义研究》，2024 年第 11 期。

② 世界银行：《一带一路经济学：交通走廊的机遇与风险》，https://www.shihang.org/zh/topic/regional-integration/publication/belt-and-road-economics-opportunities-and-risks-of-transport-corridors。

③ 周文、肖玉飞：《论习近平经济思想的实践前景》，《求是学刊》，2024 年第 5 期。

④ "一带一路"对于助力陆海内外联动、东西双向互济的开放格局加快形成有重要意义，共建"一带一路"以"六廊六路多国多港"为基本架构，加快推进多层次、复合型基础设施网络建设，基本形成"陆海天网"四位一体的互联互通格局，为促进经贸和产能合作、加强文化交流和人员往来奠定了坚实基础。

线国家开花结果①，顺应时代发展要求和造福沿线各国人民，正成为中国为世界提供发展机遇、增添发展动力、共享发展成果的开放繁荣之路，诠释着世界现代化发展的中国担当。②

　　美国《全球策略信息》杂志社华盛顿分社社长威廉·琼斯认为："'一带一路'倡议在很大程度上打破了'零增长'的桎梏，而最让人兴奋的还是中国的发展。2021年，中国宣布在中国共产党成立100年之际消除了绝对贫困，为其他国家取信于本国人民树立了一个标杆。"③贫困问题一直是一个世界性难题，更是一个历史性的难题。研究、治理和摆脱贫困也一直是人类共同的历史使命。诺贝尔经济学奖获得者安格斯·迪顿曾在著作《逃离不平等：健康、财富及不平等的起源》中写道："不平等，是文明送给人类的'礼物'。"④世界现代化进程在不断解放和发展生产力、推动经济社会向前的同时，贫困的梦魇始终如影随形。⑤中国作为世界上曾经绝对贫困人口最多的国家，在中国共产党领导下，用40多年时间，让8亿多人顺利实现脱贫，

_____

① "一带一路"十周年时，中国已与152个国家、32个国际组织签署了200多份共建"一带一路"合作文件。中泰铁路、匈塞铁路、雅万高铁等一批旗舰项目建设取得重大进展。参见《数读共建"一带一路"十周年成绩单：政策沟通稳步推进》，人民网，http://world.people.com.cn/n1/2023/0907/c1002-40072685.html。

② 周文：《经济学自主知识体系：中国特色社会主义政治经济学教程》，北京：商务印书馆，2023年，第289页。

③ ［美］威廉·琼斯、孟庆波：《建党百年：中国共产党如何改变世界》，《国外社会科学》，2021年第3期。

④ ［美］安格斯·迪顿：《逃离不平等：健康、财富及不平等的起源》，崔传刚译，北京：中信出版社，2014年，第51页。

⑤ 周文：《告别千年贫困开启现代化新征程》，《经济导刊》，2020年第12期。

意味着困扰人类社会千百年的绝对贫困问题在中国得到了历史性解决。中国减贫实践的伟大成功，提前 10 年实现《联合国 2030 年可持续发展议程》减贫目标，是人类减贫史乃至人类发展史上的大事件，[①]不仅印证了具有中国特色的反贫困道路的正确性，更向世界充分展现了中国式现代化的强大生命力和旺盛活力，极大增强了更多发展中国家减贫的信心。

在经济学理论上，有一种错误认识，认为贫穷问题只有靠城市化才能彻底解决。自刘易斯于 1954 年在《劳动无限供给下的经济发展》中提出"二元经济"以来，通过扩大现代工业部门的规模来促进经济发展的理论一直深入人心。[②]在这一基础之上，普雷比什和辛格尔两位经济学家还提出了工、农业产品间的交换存在定价不合理，工业"剥削"农业的问题。这种"剪刀差"理论，一度被用来解释中国乡村贫困及城乡差距的成因。也有学者认为，现代工业的载体只能是城镇，中国要改变农村工业发展格局的出路就在城市化。[③]事实上，中国农村的贫困问题，不是一个简单的城市化问题，更不是一个新农村建设问题。中国的减贫经验突破了经济学理论误区，从中可以获得如下启示：其一，强有力的政治意愿和政府承诺是实现中国减贫的根本保证；其二，坚持以发展解决贫困、以减贫促进发展的理念是减贫取得成效的关键；其三，减贫需要政府提供相应的制度

---

① 中华人民共和国国务院新闻办公室：《人类减贫的中国实践》，北京：人民出版社，2021 年，第 2 页。

② Lewis W. Arthur, Economic Development with Unlimited Supplies of Labour, *Manchester School*, 1954,22(2),pp.139–191.

③ 郭书田等：《失衡的中国》，石家庄：河北人民出版社，1990 年，第 92 页。

和政策保障，综合性的发展政策和专门的减贫计划是减贫取得成效的根本保障；其四，减贫需要广泛动员社会力量，政府的意志、社会的关爱与贫困群众意愿相结合，从而确保了减贫项目与贫困人口的精准扶贫和精准脱贫效果。[①]

文一曾在其《伟大的中国工业革命："发展政治经济学"一般原理批判纲要》中写道："中国有近 20% 的世界人口，但只占有 6% 的世界淡水资源和 9% 的耕地，人均耕地不到美国的十分之一。没有任何国家和地区曾在这样的挑战下，单单通过互惠的国际贸易实现工业化和粮食自给，而不是重复西方工业强国当年的殖民主义、帝国主义、奴隶贩卖，以及对弱国发动血腥侵略战争的老路。"[②]中国是人类历史上第一个以和平共赢方式取得发展成功的国家，这和资本主义国家崛起后对外扩张和殖民给世界造成巨大浩劫的方式完全不同。因此，中国式现代化成功的背后，体现的是一种文明的力量。与世界上 200 多个国家和地区追求现代化相比，中华文明几千年来一脉相承、从未中断，中华文明具有独特的强大内聚力、延续性、包容性和开放性，有着更为丰富的历史资源和文化资源。这些内在的基因一旦与世界其他文化相互学习、借鉴、交流、融合，就会成为以中国式现代化全面推进强国建设、民族复兴伟业的不竭动力。近年来，西方社会总担心中国强大了会对世界构成威胁，这源于他们在传统西方文明范式下思考，源于西方现代化的历

---

① 周文：《中国道路：现代化与世界意义》，杭州：浙江大学出版社，2021年，第 199 页。

② 文一：《伟大的中国工业革命："发展政治经济学"一般原理批判纲要》，北京：清华大学出版社，2016 年，第 13 页。

史逻辑，完全没有顾及和观察中国式现代化成功的路径。[1]

　　100多年前，孙中山以《建国方略》畅想规划未来现代化中国的美好蓝图。今天，中国共产党带领中国人民励精图治，将其刻写在960多万平方千米的华夏大地上。2020年10月，正在广东考察的习近平走进汕头开埠文化陈列馆，在《建国方略》相关规划图前驻足凝视，不禁感慨："只有我们中国共产党人实现了。"[2]中国式现代化恰如宽广的高速公路，与西方现代化的拥挤、混乱不堪相比，它运送的货物和乘客都更多；中国式现代化又是一条迷人的能够通向未来的道路，它充满希望，正在吸引着世界的更多目光。马克思曾说："当世界其他一切地方好像静止的时候，中国和桌子开始跳起舞来，以激励别人。"[3]西方以为自己终结了历史，但人类历史将证明，他们做成的最伟大的一件事情就是：唤醒了中国。[4]究其实质，中国式现代化的伟大创举及其世界贡献，不是一件唐突的偶然事件，而是中国在历史长河中对近代以来落伍的反思与进取。从大历史观角度来理解，这是世界历史的大翻转，不但深刻改变了中国，也意味着新兴国家的话语权增大，让世界发展显得更具有公平性和合理性。正如政治思想家霍布森所言："历史不能被写成仅仅是属于某一群人的历史。文明是逐渐建立起来的，时而是这一部

---

① 周文：《中国道路：现代化与世界意义》，杭州：浙江大学出版社，2021年，第257页。

② 《"强国建设、民族复兴的唯一正确道路"——记以习近平同志为核心的党中央擘画以中国式现代化全面推进中华民族伟大复兴的宏伟蓝图》，《人民日报》，2023年2月10日。

③ 《马克思恩格斯文集》（第五卷），北京：人民出版社，2009年，第88页。

④ 韩毓海：《五百年来谁著史》，北京：中信出版社，2018年。

分人的贡献，时而是由于另外一部分人的贡献。"[①]

（二）飘摇之舟，知向谁边：现代化的太平洋时代

现代化的美好图景令人向往，但对于如何实现现代化这样一个世界性难题，许多发展中国家都无法发挥后发优势、摆脱低收入或中等收入陷阱，其中的关键原因是受困于国际政治经济旧秩序。西方主导的不公正的全球价值链体系，使得"一切发展生产的手段都转变为统治和剥削生产者的手段"[②]，造成了全球财富分配的高度不公，形成了显著的南北发展差距。现在，这一不平等的国际政治经济旧秩序导致的恶果已然显现，尽管发达国家占据着国际贸易体系的优势地位，却步入产业空心化、过度金融化与经济泡沫化的困境。劳动生产率停滞不前、经济增速低迷，持续衰弱的增长动能考验全球经济增长压力。全球经济治理赤字使得世界市场呈现出严重的无政府状态，贸易保护主义抬头、单边主义霸凌增多，全球经济秩序陷入失序混乱状态，广大发展中国家也仍然困囿于发展瓶颈。西方发达国家不仅毫不反思新自由主义全球化的弊端，反而将"资本时空修复机制失灵"[③]产生的矛盾嫁祸于人。美国更是以此肆无忌惮地大搞单边主义霸凌行径，带头破坏世界多边贸易体制，掀起逆全球化的"浊浪"，利用霸权阻断全球产业链供应链，蓄意破坏

---

① ［英］约翰·霍布森：《西方文明中的东方起源》，孙建党译，济南：山东画报出版社，2009年，第1页。

②《马克思恩格斯文集》（第五卷），北京：人民出版社，2009年，第743页。

③ ［意］乔瓦尼·阿里吉：《亚当·斯密在北京——21世纪的谱系》，路爱国、黄平等译，北京：社会科学文献出版社，2009年，第226页。

改善全球分工协作体系和国际经贸体系的尝试。①

 人类只有一个地球，当今人类社会"越来越成为你中有我、我中有你的命运共同体"②。面对世界现代化的困境，任何人无法独善其身，任何国家也无法置身事外。回顾资本主义近500年历史中，各类典型的发展问题被形容为：热那亚病、荷兰病、英国病，等等。③如今，以美国为首的西方发达国家患上的"现代化病"④，既是资本主义与生俱来的先天遗传病，又是流传甚广的常见流行病。可以将这种病症概括为三个方面：其一，治理现代化变为"混乱化"。一方面，"当今美国经济和政治领域实行的是赢者通吃规则"⑤，政治极化、政党之间丧失妥协意愿，使国家治理危机陷入无解状态。另一方面，将全球经济治理转为美国主导的"排他性"区域化治理，对区域外经济体则采取"零和博弈"甚至"负和博弈"。⑥其二，产业现代化变为"空心化"。美国产业空心化是资本流动、产业转移的"衍生品"，无论从资本主义制度因素，还是从制造业生产成本、劳动

① 周文：《构建人类命运共同体：推进新型经济全球化的中国方案》，《国家治理》，2024年第6期。

②《习近平著作选读》（第一卷），北京：人民出版社，2023年，第104页。

③ 王东：《中国何以成为21世纪创新型国家——中国特色公平正义创新之道》，《学术界》，2012年第7期。

④ 现在世界上一批现代化国家都是资本主义发达国家，许多关于后现代化的文献，实际上都在批判这些国家的"现代化病"。参见洪银兴：《中国式现代化新道路创造了人类文明新形态》，《理论与现代化》，2021年第6期。

⑤〔美〕雅各布·S.哈克、〔美〕保罗·皮尔森：《赢者通吃的政治：华盛顿如何使富人更富，对中产阶级却置之不理》，陈方仁译，上海：格致出版社，2015年，第231页。

⑥ 周文：《赶超：产业政策与强国之路》，天津：天津人民出版社，2023年，第240页。

力供给等现实条件，所谓"再工业化"短期内不可能实现。①其三，科技现代化变为"封闭化"。无论是特朗普政府"断链脱钩"，还是拜登政府"小院高墙"或"友岸外包"战略，都是为了维护全球霸权而加码技术封锁，大肆编织科技铁幕。②

21 世纪的第二个十年里，美国的全球霸权遭遇到来自中国在政治、经济、外交、科技等多方面的竞争压力，同时美国在国内的诸多制度性缺陷也进一步暴露。但是霸权国正在采取一系列的霸权护持行动，新兴崛起国③将面临越来越大的压力，未来的国际秩序将长期陷入一种相对动荡和不安的时期。④"全球化"概念首倡者之一、英国学者马丁·阿尔布劳指出："无疑，美国早已摒弃了克林顿时期的必胜信念，如今对世界经济的看法明显更具对抗性。"⑤作为发展中大国，中国成功推进和拓展了中国式现代化，取得举世瞩目的发展成就。中美差距缩小源于两国采取不同的现代化道路，中国的经济增长并未对美国产生负面影响。相反，中国的发展一直面临美国的无理打压。尤

---

① 朱东波、常卉颉：《产业空心化的马克思主义经济学研究》，《当代经济研究》，2020 年第 11 期。

② 周文、李吉良：《以进一步全面深化改革健全新型举国体制》，《改革》，2024 年第 9 期。

③ 成为崛起国需要具备怎样的条件？国际关系的新古典现实主义学派认为，国家的意愿、动机或属性至关重要。在他们看来，一个迅速崛起的国家需要挑战领导权的意愿。然而，意愿并非决定性因素。正如约翰·米尔斯海默所言："国家永远无法完全把握其他国家的意图。"崛起的关键不在于是否拥有挑战的意愿，一个国家会因其具备相应的能力被认定为崛起国。参见黄琪轩：《大国权力转移与技术变迁》，上海：上海三联书店，2024 年，第 39 页。

④ 李巍：《美国霸权及其秩序的未来》，《国际政治研究》，2023 年第 6 期。

⑤ ［英］马丁·阿尔布劳、余虹谕：《全球化的未来方向》，《全球化研究》，2024 年第 00 期。

其是美西方以"中国产能过剩论"为名，大行保护主义之实的霸权主义行径，将经贸科技问题政治化、工具化、武器化，势必不断给世界经济发展带来严重灾难。[①]实际上，自 2018 年中美贸易摩擦以来，中美"脱钩"的内涵与外延就在不断拓展。当前，随着特朗普第二任期的开始，特朗普政府将在修正拜登政府对华政策的基础上，以"赢得竞争"为施政目标，美国对华战略竞争态势也将更趋激烈和复杂多变。[②]

2025 年 1 月 20 日特朗普在美国总统第二任期就职演说中，宣称"美国的黄金时代即将开启""美国将重新获得其作为地球上最伟大、最强大、最受尊敬的国家的应有地位"。[③]可以看出，"特朗普 2.0"延续了他一贯的"美国优先政策"[④]，将使整个国家进一步向右转：政治上，党派之间的对立和敌意达到新高，政治极化现象加剧，民粹主义势头继续上升，带来更深层次的社会分裂；经济上，主张对内小政府和对外贸易保护主义，特别是通过加征关税、退出国际协议等，来保护美国经济利益。

---

① 程恩富、陈健：《评析美西方炒作的"中国产能过剩论"》，《政治经济学研究》，2024 年第 2 期。

② 中国社会科学院美国研究所专论写作组：《2024 年美国大选及其对美内政外交的影响》，《当代美国评论》，2024 年第 4 期。

③ 原文："the golden age of America begins right now" "America will reclaim its rightful place as the greatest, most powerful,most respected nation on earth". See:"The Inaugural Address", https://www.whitehouse.gov/remarks/2025/01/the-inaugural-address/.

④ "美国优先政策"最直接的表现有三点：第一是产业回流，美国斥资补助支持鼓励产业迁回美国；第二是高关税，美国通过关税壁垒限制外国的产业和商品进入美国，来保住美国的就业机会；第三是反移民，禁止非法外国移民来跟美国人抢工作机会。参见曹远征：《中国最重要的事是，不能总看美国的眼色行事》，https：//www.guancha.cn/Caoyuanzheng/2024_12_30_760576.shtml。

"美国优先政策"的问题在于，现代化既不是西方化，也不是美国化，更不可能美国化。现代化使美国强大，特朗普希望"让美国再次伟大（MAGA）"，固然是强调国家利益，但其实质还是"美国例外论"①的思想，是对现代化的狭隘理解。这让人想起，1845 年约翰·奥沙利文在《民主评论》上杜撰的警句："吾等尽取神赐之洲以纳年年倍增之万民自由发展之昭昭天命"②，"西进运动"开启了美国第一个"黄金时代"③——美洲大陆、"更远的西部"（指中国）、世界上的一切似乎都是美国

---

① "美国例外论"包含种族和文化优越的偏见，主张美国文化优于其他文化，认为其他文化或野蛮，或低劣、落后，甚至受到污染，而美国文化则被视为纯洁、代表人类未来的希望。通过美化美国历史，掩盖其中的阴暗面，将美国历史塑造成一部民主、自由、平等不断进步的壮丽史诗，忽视了美国与其他国家在许多方面的共性。

② 原文："our manifest destiny to overspread the continent allotted by Providence for the free development of our yearly multiplying millions." See: O'Sullivan J., Annexation, *The United States Magazine and Democratic Review*,1845,17(1),pp.5-10.

③ 美国历史上有四个所谓的"黄金时代"（The Gilded Age）（因马克·吐温于 1873 年出版的《镀金时代》而命名）：西进运动时期（19 世纪中期）；工业化黄金时代（19 世纪末至 20 世纪初）；战后繁荣时期（20 世纪 40 年代至 60 年代）；信息技术与科技创新黄金时代（20 世纪 90 年代至 2008 年）。

手中的玩物。①如今，"美国优先政策"将现代化等同于"美国化"，忽视了现代化的多元路径和全球合作的必要性，并试图将世界捆绑在"美国中心"的轨道，最终会使现代化走进"死胡同"。

无论是对于世界现代化前途，还是对于经济全球化命运来说，中美关系都是世界上最重要的双边关系。有学者认为"全球治理本质上就是中美关系"②，这种说法并不严谨，但是较好地反映了中美两国对世界格局举足轻重的作用。《华尔街日报》的专栏评论提到，特朗普认为世界不是一个由规则和制度维系着的"全球共同体"，而是"一个由主权国家、非政府角色以及企业共同参与、竞相争夺优势的斗兽场"。"罗马的执政官从来不会想要亲自踏入斗兽场，但特朗普却带领美国一头冲了进来。"③自特朗普上台以来，中国应对美国政策波动性与不确定

① 1846年，美国编造了一个缺乏说服力的借口，对墨西哥发动侵略战争。作为"美国例外论"的最初实践，这是一场漫长的被美国人"忘记的战争"，但是"美墨战争"对拉丁美洲人民而言，这场战争是美国武力扩张和干涉的开始。"我们要执行天命，是'昭昭天命'呼唤我们去占领墨西哥、南美洲、西印度群岛和加拿大。随后'中国的大门'向我们敞开，还有'傲慢自大的日本'，之后'共和国的雄鹰'，将飞过乌拉尔、喜马拉雅山脉甚至滑铁卢地区，最终'华盛顿的继任者坐上宇宙帝国的宝座'！"1850年美国人詹姆斯·德的这段话，与如今特朗普宣称"将扩张美国领土，把美国国旗插上新的地平线"（expands our territory... and carries our flag into new and beautiful horizons.）何其相似。参见［美］布鲁斯·卡明思：《海洋上的美国霸权：全球化背景下太平洋支配地位的形成》，胡敏杰、霍忆湄译，北京：新世界出版社，2023年。

② 金立群等：《全球治理何处去》，https：//www.cf40.org.cn/article/1/28862。

③ Maçães B.,(2014), Trump, Lenin and the world-revolutionary moment, https://www. newstatesman. com/comment/2024/12/trump-lenin-and-the-world-revolutionary-moment.

性的经验愈加丰富。早在奥巴马时期的"重返亚太"战略开始，中美之间的"跨太平洋竞争"就已经拉开帷幕。在接下来的数年里，面对奥巴马、特朗普和拜登政府的不同对华策略，中国的应对都游刃有余。[①]马克思、恩格斯曾预言："太平洋就会像大西洋在现代，地中海在古代和中世纪一样，起着伟大的世界水路交通线的作用。"[②]1905年，美国总统罗斯福就明确提出："我们未来的历史将更多地取决于我们在面临中国的太平洋上的地位。"[③]今天，我们已经见证世界历史上的"太平洋时代"的到来，而太平洋足够大，能够容纳中美两个大国。

中美联手推进现代化，坚持相互成就、共同繁荣，则将造福两国、惠及世界；反之，则将撕裂现代化，使世界陷入万劫不复的深渊。例如，中国式现代化强调"人与自然和谐共生"，倡导绿色发展，为共建清洁美丽的世界作出重要贡献。[④]中国推动的绿色技术革命在全球产生深远影响，非洲、南美洲等新兴市场国家广泛采用中国生产的太阳能电池板，但这也引发欧美对本国产业竞争力下降和就业流失的担忧。[⑤]为遏制中国新能源产业的快速崛起，美国不断强调中国在关键矿产和新能源供应

---

① 阎学通：《为什么中国不惧怕特朗普？》，https：//www.guancha.cn/YanXue-Tong/2024_12_25_760045.shtml.

②《马克思恩格斯全集》（第十九卷），北京：人民出版社，2006年，第152页。

③ Beal Howard K., *Theodore Roosevelt and the Rise of America to World Power*, New York: Collier Books, 1961, p.174.

④ 孔德生、董冰蕾：《中国式现代化道路生态特质的学理阐释》，《内蒙古社会科学》，2025年第1期。

⑤《王文对话哈罗德·詹姆斯：特朗普会带来第八次"崩溃"吗？》，https：//www.guancha.cn/HaroldJames/2025_01_10_761690_3.shtml。

链中的主导地位，并渲染所谓"威胁论"。[①]特朗普政府要退出《巴黎协定》，而中国在低碳议题上处于世界领先地位，"新三样"的快速发展正是有力证明。由此可见，中美若能在绿色发展领域携手合作，将更有利于全人类的现代化利益。面向世界现代化的未来，发展中美关系必须具有长远和战略眼光。"中美两个伟大的国家都在追逐各自的梦想，都致力于让人民过上更美好的生活。"[②]从中美两国老一辈领导人实现"跨越太平洋的握手"，到两国建交被称为"改变国际战略格局最引人注目的重大事件"，再到今日人们认为"要实现一个稳定的21世纪，中美必须携手合作"，中美积极互动向来被寄予厚望。[③]

随着全球治理体系和国际政治经济秩序加速变革，国际力量对比正发生着近代以来最具革命性的变化，这是自《威斯特伐利亚和约》签订后，前所未有的世界大变局。[④]当前，世界现代化面临的棘手难题在于，好的国际公共品供给不足，而坏的公共品持续增加。这一点在中外理论界形成了广泛共识。西方

---

① 姬强、孙晓蕾、马嫣然：《新时代中国能源安全体系构建》，《世界社会科学》，2024 年第 4 期。

② 《习近平同美国当选总统特朗普通电话》，《人民日报》，2025 年 1 月 18 日。

③ 钟声：《推动中美关系在新的起点上取得更大进展》，《人民日报》，2025 年 1 月 19 日。

④ 周文、肖玉飞：《论习近平经济思想的实践前景》，《求是学刊》，2024 年第 5 期。

学者所说的"霸权稳定论"和"金德尔伯格陷阱"[1]都强调，国际秩序的稳定需要充足的公共品，一旦缺失，国际秩序必然陷入危机。而提出"修昔底德陷阱"的格雷厄姆·艾利森也承认，"我们要了解21世纪的特殊背景下，中美两国在哪些方面可以进行合作"。那么国际公共品由谁来提供？主要还是依赖大国，小国则心有余而力不足。作为国际秩序的两大支柱，中美若无法合作，不仅好的公共品难以保障，联合国体系、世界贸易组织等都可能陷入全面瘫痪，坏的公共品问题也会进一步恶化。[2]全球化的动态要求全球治理体系相应变革，其核心特征是"霸权更迭"的终结，取而代之的是"竞争共存"的新秩序。简而言之，国际政治经济秩序的重构不是美国打败中国继续主宰，或中国取代美国成为霸主，而是向多极化发展，由多个主要大国相互竞争、相互支撑，共同维系"竞争共存"的世界秩序。[3]

《枪炮、病菌与钢铁》的作者戴蒙德认为，全球化挑战与对策间的关系可比作一场赛马：一匹是"破坏之马"，另一匹是

---

① "霸权稳定论"由查尔斯·金德尔伯格提出，并经罗伯特·吉尔平系统完善。金德尔伯格借用经济学的公共产品概念，认为国际关系中也存在公共产品，如自由开放的贸易体系、稳定的国际货币和和平的国际环境，这些都是维持国际秩序的基础。"金德尔伯格陷阱"由约瑟夫·奈提出，试图说明中国如果不愿承担美国无力负责的重要国际公共产品的供给，将使世界陷入领导力空缺、危机四伏的险境。

② 郑永年：《大汇合与大分流：大变局下的中国现代化》，杭州：浙江人民出版社，2023年。

③ 黄琪轩：《大国权力转移与技术变迁》，上海：上海三联书店，2024年，第134页。

"希望之马"，两匹马呈指数级加速，竞争愈加激烈。[1]面对"四大赤字"加重，原有的新自由主义全球化模式失灵、既有的全球治理结构失能，旧有的国际政治经济秩序失效与新科技革命的勃然兴起，人类社会正处于十字路口，是走向共同繁荣，还是走向悲惨世界？相应地，世界现代化进程也来到了合作与对抗、开放与保守、互利共赢与零和博弈的历史关头。法国汉学家葛兰言曾提出"中国智慧勿须上帝的观念"，这指出了塑造中国式现代化的重要精神底蕴。[2]"世界命运应该由各国共同掌握，国际规则应该由各国共同书写，全球事务应该由各国共同治理，发展成果应该由各国共同分享。"[3]在中国人看来，美好的国际秩序不是来自上苍的馈赠，也不是来自头脑中的幻想，而是由世界人民相互协商、共同创造的结果。共商、共建、共享，是新型全球化的治理观，反对一切霸权主义和强权政治是其题中应有之义。"中国古人讲'同舟共济'，现在国际社会则需要'同球共济'。"[4]中国式现代化的全面推进，正在让美好愿景成为现实，为建设一个共同发展的公正世界点亮希望之光。

---

① ［美］贾雷德·戴蒙德：《剧变：人类社会与国家危机的转折点》，北京：中信出版社，2022 年。

② 西方建立的秩序本质上是镶嵌结构，而非真正的融合。西方历史中从未出现过类似"华夏"式的"天下"体系，也未曾通过文化与种族的深度融合，形成庞大而有机的整体。尤其是在西方称霸世界的后期，更多表现为通过"力"争夺利益和抢占殖民地，而非以"和"为基础的合作。更甚者，西方殖民过程中常以"一神信仰"的排他性为幌子，大肆掠夺、奴役甚至屠杀，完全背离融合的理念。参见朱云汉：《全球化的裂解与再融合》，北京：中信出版社，2022 年。

③ 《习近平著作选读》（第一卷），北京：人民出版社，2023 年，第 564 页。

④ 《习近平会见出席中国国际友好大会暨中国人民对外友好协会成立 70 周年纪念活动外方嘉宾》，《人民日报》，2024 年 10 月 12 日。

（三）构建人类命运共同体

世界现代化的历史与经验每天都在更新，我们如何看待人类的未来？是否有可能时刻准备再出发、探寻终极的全球文明？[1]事实上，"世界史不是过去一直存在的；作为世界史的历史是结果"[2]。所谓"结果"，一方面，是生产力水平的不断提高、生产方式的不断完善；另一方面，是各地、各国、各民族的交往不断扩大。这意味着：世界历史既是从低级向高级的纵向演进过程，也是从分散到整体的横向融合过程。[3]"政治经济学本质上是一门历史的科学。"[4]马克思一生都密切关注世界历史发展和时代问题转换，晚年写作"人类学笔记"也是旨在完成《资本论》体系的"世界市场"构想，以进一步探讨在世界历史意义上实现共产主义的可能性。[5]随着生产力、生产方式演进到达新的水平，世界市场联系到达新的程度，世界历史的纵

---

① 葛兆光、陈恒、章清等：《如何呈现"从中国出发的全球史"（笔谈）》，《探索与争鸣》，2024 年第 11 期。

②《马克思恩格斯文集》（第八卷），北京：人民出版社，2009 年，第 34 页。

③ 钱乘旦主编：《新世界史纲要》，北京：北京大学出版社，第 3 页。

④《马克思恩格斯文集》（第九卷），北京：人民出版社，2009 年，第 153 页。

⑤ 马克思对世界历史的研究分为三个阶段：一是 1843—1845 年唯物史观创立时期。用世界历史的眼光和观点看待资本主义的产生、发展，分析资本主义社会的各种现象及其相互关系。二是 19 世纪 50 年代开始到 60 年代中期，《资本论》第一卷出版。这一时期，世界历史理论既是研究视野和方法，也是研究对象和实质内容，构成资本主义理论的一个有机组成部分。三是 19 世纪 70 年代到马克思逝世。"人类学笔记""历史学笔记"等蕴含的世界历史理论明确指向人类历史，是《资本论》的扩展，并非如劳伦斯·克拉德所说的放弃了《资本论》的研究和创作。参见贾向云：《马克思"人类学笔记"世界历史理论的三重逻辑》，《马克思主义与现实》，2023 年第 3 期。

横线相交织，前所未有地统一于现代化的世界蓝图——构建人类命运共同体。从长远来看，人类命运共同体在不断发展生产力的基础上追求全人类的共同利益和共享发展，最大限度地缩短了"抽象的或虚幻的共同体"与"真正的共同体"的时空距离，[①]既符合世界现代化的一般规律，也符合各国的根本利益，所以它能够有效解决经济全球化面临的最为重要的问题。[②]

人类文明发展至今，在每个世纪的关头，或者新世纪到来之际都有新的展望。21世纪已经过去20余年，世界未来的不确定性和人类面临的威胁都使人类文明陷入危险境地。按汤因比的理想，21世纪应该由不同于西方的价值观来引领——即遵循和平与善行的价值观。[③]20多年前，沃勒斯坦也大胆预言："中国人民将会在决定人类共同命运的历史进程中起重大作用。"[④]如今，他们的愿景正在变为现实。人类命运共同体理念将世界普遍交往作为人类社会发展的必然趋势，以"人类利益"为价值导向[⑤]，主张在社会主义能够取代资本主义之前的复杂、长期

---

① 严文波：《中国式现代化理论对深化人类社会发展规律认识的创新贡献》，《马克思主义研究》，2024年第8期。

② 吴忠民：《经济全球化中的矛盾风险对现代化的不利影响及应对》，《中共中央党校（国家行政学院）学报》，2024年第6期。

③ 顾明栋、陈晓明、张法等：《重写文明史：为何重写，如何重写？（笔谈）》，《四川大学学报》（哲学社会科学版），2023年第3期。

④ ［美］伊曼纽尔·沃勒斯坦：《现代世界体系（第一卷）：16世纪的资本主义农业与欧洲世界经济体的起源》，罗荣渠等译，北京：高等教育出版社，1998年，中文版序言。

⑤ 裴长洪、彭磊：《中国共产党和马克思主义政治经济学：纪念中国共产党成立一百周年》，《经济研究》，2021年第4期。

历史阶段，通过全人类的共同协作改造世界。[1]自 2013 年提出以来，这一理念已经发展成为思想宏阔、架构完备的科学体系，以建设"五个世界"为努力目标，以共商共建共享的全球治理为实现路径，以践行全人类共同价值为普遍遵循，以构建新型国际关系为基本支撑，以"三大全球倡议"为战略引领，以高质量共建"一带一路"为实践平台。[2]构建人类命运共同体的逻辑主线，就是从适应外部发展环境的深刻变化到积极参与和引领全球经济治理体系变革[3]，是对"面对复杂变化的世界，人类社会向何处去？"这一时代之问给出的中国答案。

"一切社会变迁和政治变革的终极原因，不应当到人们的头脑中，到人们对永恒的真理和正义的日益增进的认识中去寻找，而应当到生产方式和交换方式的变更中去寻找；不应当到有关时代的哲学中去寻找，而应当到有关时代的经济中去寻找。"[4]当前经济全球化的种种问题并不在于其本身，而在于新自由主义主导的资本主义全球化道路。资本主义全球化进程历经资本逻辑驱动的自在发展阶段与自为发展阶段，资本主义生产方式凭借经济全球化力量与金融化手段，以前所未有的广度与速度，到达资本空间与时间循环增殖的顶端，最终迎来自身的自我否

---

① 谢富胜：《中国道路的政治经济学》，北京：中国人民大学出版社，2023 年，第 74 页。

② 王毅：《举人类命运共同体光辉旗帜 实现中国特色大国外交更大作为》，《求是》，2025 年第 1 期。

③ 周文：《习近平经济思想的实践逻辑、理论逻辑与历史逻辑》，《马克思主义理论学科研究》，2022 年第 5 期。

④《马克思恩格斯文集》（第九卷），北京：人民出版社，2009 年，第 284 页。

定与终结。奠基于资本主义世界体系之上的全球上层建筑与全球生产关系，愈加难以适应全球经济基础与全球生产力的发展变化，全球社会生产力的解放发展，迫切需要破除原有的不公正、不合理的世界政治经济秩序。①历史发展、文明昌盛、人类进步，从来离不开思想的引领。马克思主义的共同体追寻是一个由内到外逐层建构的过程。在"六册计划"的理论大厦中，资本、土地和雇佣劳动三册主要指向国内经济，而国家、对外贸易和世界市场的顺序揭示出对于经济全球化一般性方案的设想。中国共产党深刻继承了马克思的上述构想，以构建人类命运共同体破解资本主义全球化难题，美好理念正在逐步落实为现实行动，人类命运共同体正在昭示人类发展进步的光明未来。②

人类命运共同体以"自转"推动世界市场"公转"的方向。当今世界人类经济交往比以往任何时候都更广泛、更深入，经济全球化的需求比以往任何时候都更强烈、更急切，世界市场也随着经济全球化的发展愈加紧密相连、不可分割。人类命运共同体是拓展世界市场空间、增强世界市场联系、推动世界市场向前发展的新理念。过去 5 个世纪西方主导的世界市场主要由外延式增长驱动，从新航路开辟至今的新自由主义全球化阶段，已经将世界市场的范围和边界拓展至全球每一个角落，传

---

① 周文：《人类命运共同体的政治经济学意蕴》，《马克思主义研究》，2021年第 4 期。

② 周文、李超：《中国共产党推进新型经济全球化的宏大视野、使命担当和核心理念》，《学术研究》，2022 年第 2 期。

统动力驱动的世界市场的增长空间日益缩小。①中国作为经济全球化的参与者，向世界贡献的不仅是发展机遇和发展红利，而且是发展理念和发展思维的更新。②人类命运共同体坚持开放式市场发展理念、包容性竞争发展理念、创新性动力发展理念与共赢式共享发展理念③，秉持正确义利观和发展智慧，超越新自由主义的"丛林竞争"、赢家通吃、零和博弈思维，推动全球市场从外延式增长转变为内涵式发展，以开放合作精神反对单边主义、保护主义，以创新赋能全球市场发展动力，以发展成果合作共赢取代发展利益独占独享的零和博弈思维，推动构建开放、包容、普惠、平衡、共赢的新型全球化。④

　　人类命运共同体以"共建"带来全球发展"共赢"的希望。推动构建人类命运共同体，本质上是全球共同的现代化。⑤"现代化道路上一个都不能少，一国都不能掉队。"⑥当前全球现代化发展不充分、布局不均衡、矛盾突出，多数发展中国家现代化进程缓慢停滞、现代化水平低下、现代化质量不高，许多国家困于新自由主义现代化方案的误导难以自拔，非洲国家更是

---

　　① 周文、冯文韬：《经济全球化新趋势与传统国际贸易理论的局限性——基于比较优势到竞争优势的政治经济学分析》，《经济学动态》，2021 年第 4 期。

　　② 周文：《国家何以兴衰：历史与世界视野中的中国道路》，北京：中国人民大学出版社，2021 年，第 379 页。

　　③ 周文：《人类命运共同体的政治经济学意蕴》，《马克思主义研究》，2021 年第 4 期。

　　④ 周文：《再论中国式现代化与人类文明新形态》，《求索》，2023 年第 5 期。

　　⑤ 周文：《中国道路：现代化与世界意义》，杭州：浙江大学出版社，2021 年，第 176 页。

　　⑥《习近平出席中非合作论坛北京峰会开幕式并发表主旨讲话》，《人民日报》，2024 年 9 月 6 日。

现代化的真空地带，长久徘徊于现代化的门槛之外。西方现代化富裕自己，贫困他人，是以"血债累累"的掠夺为基础的，也是"道义赤字"不断增加的进程。诺贝尔经济学奖得主阿马蒂亚·森在《四海为家》中指出，1600 年东印度公司成立时，英国的生产总值占全球 1.8%，印度占 22.5%。到英国统治印度巅峰时，这一比例几乎颠倒，印度沦为贫困与饥荒的象征。①与之不同，作为人类命运共同体理念生根落地的实践探索，"一带一路"提供了让沿线的所有发展中国家实现工业化和现代化的机遇②，正实实在在赋能"全球南方"现代化发展的包容性、普惠性和可持续性，让共同发展的阳光普照众多"被遗忘的角落"。③人类命运共同体的愿景就是助力世界各国的现代化，为世界未来共同发展、人类社会共同进步贡献中国智慧。④

人类命运共同体以"大道"谱写人类文明"大同"的篇章。漫长的人类历史诞生了丰富多彩的人类文明，世界不同文明相互碰撞融合，从来不是"一个色调、一个模式"⑤。然而，工业革命以来率先引领现代化潮流的西方资本主义文明，如今却将误导人类文明走向自我毁灭的深渊。西方现代化并不是整个人

---

① ［印度］阿马蒂亚·森：《四海为家》，刘建、张海燕译，北京：中国人民大学出版社，2024 年。
② 林毅夫：《中国"一带一路"倡议对世界的影响》，《探索与争鸣》，2018 年第 1 期。
③ 谢春涛：《为"全球南方"共同迈向现代化贡献中国智慧和力量》，《人民日报》，2024 年 12 月 26 日。
④ 周文：《再论中国式现代化与人类文明新形态》，《求索》，2023 年第 5 期。
⑤ 习近平：《深化文明交流互鉴 共建亚洲命运共同体——在亚洲文明对话大会开幕式上的主旨演讲》，北京：人民出版社，2019 年，第 6 页。

类社会必须效仿的必经道路，西方文化价值也不是自诩代表优越文明的"普世价值"，西方文明更不是人类文明的普遍和唯一理想形式。①中国式现代化是近代以来非西方、非资本主义大国成功探索出的独立自主和平发展的现代化道路，破除了西方自由民主政治制度和自由市场经济模式、西方自由"普世价值"企图一统天下的自我优越论神话，打破了西方资本主义文明对其他文明的排斥与宰制。文明新形态并不是"飞来峰"，中国式现代化蕴含的独特世界观、价值观、历史观、文明观、民主观、生态观等及其伟大实践，从不同角度、不同方面赋予人类文明以新的内涵，给原有文明以新的改造和提升。②中国式现代化正不断推进世界经济繁荣稳定、人类共同繁荣发展的现代化新征程，人类命运共同体正开启破除资本主义文明压迫、人类多样文明交流互鉴、人类文明形态百花齐放的新篇章。③

破碎的器皿通常会被丢弃，但自 500 年前起，瓷器可以通过一套独特工艺被修复。匠人们并不试图将破碎的器皿伪装成完好无损，而是让其不完美以含蓄的方式展现。我们也生活在一个破碎的世界。然而，这不应让我们失去信心，而应激励我们积极创造更美好的未来。④"推动构建人类命运共同体"是实现中国式现代化的题中应有之义，也是把破碎的世界重新黏合

---

① 周文：《国家何以兴衰：历史与世界视野中的中国道路》，北京：中国人民大学出版社，2021 年，第 317 页。

② 辛鸣：《中国式现代化的中国逻辑》，《中国社会科学报》，2023 年 2 月 13 日。

③ 周文：《再论中国式现代化与人类文明新形态》，《求索》，2023 年第 5 期。

④ ［英］戈登·布朗等：《长期危机：重塑全球经济之路》，余江、傅雨、蒋琢译，北京：中信出版社，2024 年，第 252 页。

到一起的努力。基辛格在《世界秩序》一书中写道："评判每一代人时，要看他们是否正视了人类社会最宏大和最重要的问题。"①中国式现代化理论体系是为人类谋进步、为世界谋大同的思想，这一理论始终关注人类现代化面临的普遍问题。②"我们究竟需要什么样的现代化？怎样才能实现现代化？"③中国式现代化以一个个务实的中国主张、中国方案、中国行动，诠释着命运与共、同球共济精神，铭刻下为人类谋进步、为世界谋大同的勇毅担当，是对"人类现代化之问"的最好解答。在未来，中国将一贯秉承和平发展理念，为全球后发国家提供和平稳定的外部条件，帮助后发国家融入世界经济新格局、改变落后现状，并将与世界各国一道，携手推进公平合理、开放共赢、人民至上、多元包容、生态友好、和平安全的现代化。

世界潮流，浩浩荡荡。习近平在纪念马克思诞辰 200 周年大会上的讲话中指出："马克思、恩格斯高度肯定中华文明对人类文明进步的贡献，科学预见了'中国社会主义'的出现，甚至为他们心中的新中国取了靓丽的名字——'中华共和国。'"④这里提到的预见，是马克思、恩格斯于 19 世纪 50 年代作出的："当我们欧洲的反动分子不久的将来在亚洲逃难，到达万里长

①［美］亨利·基辛格：《世界秩序》，胡利平译，北京：中信出版社，2015 年。

② 辛向阳：《中国式现代化的世界意义》，《世界社会主义研究》，2024 年第 11 期。

③ 习近平：《携手同行现代化之路——在中国共产党与世界政党高层对话会上的主旨讲话》，北京：人民出版社，2023 年，第 2 页。

④ 习近平：《在纪念马克思诞辰 200 周年大会上的讲话》，《人民日报》，2018 年 5 月 5 日。

城……他们说不定就会看见上面写着：中华共和国。自由、平等、博爱。"过不了多少年，我们就会亲眼看到世界上最古老的帝国的垂死挣扎，看到整个亚洲新纪元的曙光。"①当时，在许多人看来，中国革命和欧洲革命是遥隔万里、互不相干的"两极"。马克思和恩格斯却以高瞻远瞩的眼光，用"两极相连"说明了中国必将对世界现代文明进步产生深远影响并作出卓越贡献。②从世界社会主义发展进程来看，中国式现代化的强国逻辑包含了"'中国—世界''世界怎么了、我们怎么办'"的天下思维和天下观，具有世界观和方法论意义。③"我们将以中国式现代化推动人类整体进步，以中国新发展为世界带来新机遇，为动荡的世界提供更多稳定性和确定性。"④可以预见，随着中国全面建成社会主义现代化强国，届时，世界人民将看到新的地平线上面写着："人类命运共同体。天下大同、四海一家。"

小结

　　人猿相揖别。只几个石头磨过，小儿时节。铜铁炉中翻火焰，为问何时猜得？不过几千寒热。很久很久以前，

---

　　①《马克思恩格斯文集》（第二卷），北京：人民出版社，2009 年，第628 页。

　　② 中共中央马克思恩格斯列宁斯大林著作编译局编译：《马克思恩格斯论中国》，北京：人民出版社，2015 年，第12 页。

　　③ 王浦劬主编：《现代国家建设研究》，北京：北京大学出版社，2024 年，第93 页。

　　④《习近平会见联合国秘书长古特雷斯》，《人民日报》，2022 年 11 月 17 日。

也许是在非洲大陆，首次亮相的人类不过是一种弱小、数量稀少、似乎毫无防卫能力的生物，初生的人类置身于一个竞争激烈的竞技场，似乎未来一片渺茫。[1]原始社会是人类进化历程中最漫长的历史阶段，也是人类的黎明时期。在绵延数百万年[2]的岁月里，原始人类的相互交往与合作能力波浪式地得到加强，伴随着"能动改造自然"的技术创造，人类得以散布到地区表面更广袤的地区。[3]文明之光最初出现时，是在无边的黑暗中点亮蜡烛，烛光所及，只照亮周边一小块，其光影孤独，这支烛的光亮很容易熄灭。在相隔不远现文明的光亮，彼此之间相互辉映，此生彼长，文明才能够延续并成长，不同文明生长点的地域里连续之间的彼此交往、相互支持成为远古文明延续下来的必要条件。交往也为文明扩散提供了可能，文明由点到面，由片到圈，在分散到整体的逐步深化中形成了马克思、恩格斯所说的"世界历史"。[4]

"世界史要勾画的，是长卷的江河万里图，而非团团宫扇上的工笔花鸟。"[5]现代化是人类文明的一次深刻再造，

---

① ［美］斯塔夫里阿诺斯：《全球通史：从史前到21世纪》（下册），王皖强译，刘北成审校，北京：北京大学出版社，2024年，第665页。

② ［美］大卫·赖克：《人类起源的故事：我们是谁，我们从哪里来》，叶凯雄、胡正飞译，杭州：浙江人民出版社，2019年。

③ ［美］约翰·R.麦克尼尔、［美］威廉·H.麦克尼尔：《麦克尼尔全球史：从史前到21世纪的人类网络》，王晋新等译，北京：北京大学出版社，2017年，第30页。

④ 钱乘旦：《文明的生成、延续与现代化转型》，《求是》，2024年第24期。

⑤ 吴于廑：《吴于廑学术论著自选集》，北京：首都师范大学出版社，1995年，第577页。

走向现代化 200 余年的征途好似倏忽之间，却又是人类历史万里江山图卷中最重要的一段。马克思在《〈政治经济学批判〉序言》中把包括资本主义在内的全部历史称为"人类社会的史前时期"。与人类学的文明概念相比，"史前时期"显然是转喻意义上的前文明概念，这反而彰显出马克思文明观的真实意蕴。[①] "不论风吹雨打，人类总是要向前走的。"[②] 历史雄辩地证明，科学社会主义在 21 世纪的中国焕发出新的蓬勃生机，中国式现代化的伟大成就和世界贡献已经写在人类的史册上，中国式现代化的今天正在中国共产党领导的亿万人民手中创造。展望未来，世界之变、时代之变、历史之变无论如何加速演进，和平与发展的挑战无论如何艰巨严峻，都无法阻挡我们前行的脚步。一切早已开始，一切远未结束。以中国式现代化推动构建人类命运共同体、创造人类文明新形态，同世界各国一道共绘携手实现现代化的壮丽画卷，并不断谱写世界社会主义的崭新篇章，必将揭开真正人类历史的序幕。

[①] 张梧：《马克思文明观的人学意蕴》，《中国社会科学报》，2022 年 7 月 29 日。

[②]《习近平谈治国理政》（第四卷），北京：外文出版社，2022 年，第 483 页。

MODERNIZE
结　语 ▬▬▬▬▬

　　当人类文明即将迈入 21 世纪的第三个十年，现代化进程已不再是简单的工业指标堆砌或技术参数的线性增长。这场跨越三个世纪的全球性变革正呈现出前所未有的复杂图景：数字孪生重构着城市肌理，量子计算叩击着认知边界，气候危机倒逼着发展逻辑，而文明对话的紧迫性从未如此凸显。

　　在历史长河中，工业化浪潮曾以摧枯拉朽之势重塑世界格局，将人类社会从农耕文明推进到机械时代。而今，我们站在新的文明交汇点——传统与现代不再是非此即彼的二元对立，可持续性发展理念正重新定义进步的内涵。中国的现代化道路尤其展现出独特的东方智慧：在 5G 基站覆盖 98% 城镇的同时，良渚古城的数字复原工程正在解码 5000 多年前的文明密码；新能源汽车产业领跑全球之际，《千里江山图》的沉浸式展览正架起跨越时空的美学对话。

　　在这场深刻的变革浪潮中，科技革命带来的不仅是生产力的跃升，更催生了社会组织形态的范式转移。区块链技术正在重塑信任机制，人工智能伦理引发哲学层面的深度思考，元宇宙概念挑战着传统空间认知。但现代化进程的本质始终指向人的全面发展——当基因编辑技术突破生命科学的边界，我们更需要守护人性的温度；当算法推荐构建信息茧房，我们愈发呼唤文明的多样性。

现代化从来不是单向度的冲刺，而是不同文明在历史长河中的接力探索。正如青铜器时代华夏先民铸造礼器时注入的秩序追求，正在量子计算机芯片的晶格结构中延续；威尼斯商人发明的复式记账法，经由区块链技术获得新生。站在传统与未来的交汇点，我们比任何时候都更需要理解：真正的现代化不是技术替代人类的进程，而是文明不断自我更新的能力。

需要清醒认识到，现代化进程永远伴随着阵痛与挑战。全球产业链的重构带来发展权博弈，数字鸿沟加剧着社会分化，后疫情时代的秩序重建考验着人类智慧。但正如大运河沟通南北水系滋养华夏文明，今天的我们更需要构建连接传统与现代、平衡发展与保护的制度创新。

谨以本书献给所有在现代化道路上探索前行的实践者与思考者。当我们以更开放的姿态拥抱变革，以更谦卑的心态守护文明根脉时，或许能在奔涌向前的时代浪潮中，找到属于这个星球的可持续发展答案。

MODERNIZE
主要参考文献 ▬

一、经典文献

1.《马克思恩格斯文集》（第一——十卷），北京：人民出版社，2009 年。

2.《马克思恩格斯论中国》，北京：人民出版社，2015 年。

3.《列宁全集》（第三十一、三十四、三十八、三十九、四十、四十二、四十三卷），北京：人民出版社，2017 年。

4.《毛泽东选集》（第二、四卷），北京：人民出版社，1991 年。

5.《毛泽东文集》（第六、七、八卷），北京：人民出版社，1999 年。

6.《毛泽东年谱（一九四九——一九七六）》（第二卷），北京：中央文献出版社，2013 年。

7.《邓小平文选》（第二卷），北京：人民出版社，1994 年。

8.《邓小平文选》（第三卷），北京：人民出版社，1993 年。

9.《邓小平年谱（一九七五——一九九七）》（上、下卷），北京：中央文献出版社，2004年。

10.《习近平著作选读》（第一、二卷），北京：人民出版社，2023年。

11.《习近平谈治国理政》（第二卷），北京：外文出版社，2017年。

12.《习近平谈治国理政》（第三卷），北京：外文出版社，2020年。

13.《习近平谈治国理政》（第四卷），北京：外文出版社，2022年。

14.习近平：《论把握新发展阶段、贯彻新发展理念、构建新发展格局》，北京：中央文献出版社，2021年。

15.习近平：《高举中国特色社会主义伟大旗帜 为全面建设社会主义现代化国家而团结奋斗——在中国共产党第二十次全国代表大会上的报告》，北京：人民出版社，2022年。

16.习近平：《在文化传承发展座谈会上的讲话》，北京：人民出版社，2023年。

17.习近平：《携手同行现代化之路——在中国共产党与世界政党高层对话会上的主旨讲话》，北京：人民出版社，2023年。

18.《中共中央关于党的百年奋斗重大成就和历史经验的决议》，北京：人民出版社，2021年。

19.《中共中央关于进一步全面深化改革 推进中国式现代化的决定》，北京：人民出版社，2024年。

20.中共中央宣传部、国家发展和改革委员会编：《习近平经济思想学习纲要》，北京：人民出版社、学习出版社，2022 年。

21. 中共中央党史和文献研究院：《中国共产党的一百年》（第一、二、三、四册），北京：中共党史出版社，2022 年。

22. 中共中央文献研究室编：《习近平关于社会主义经济建设论述摘编》，北京：中央文献出版社，2017 年。

23. 中共中央党史和文献研究院编：《习近平关于中国式现代化论述摘编》，北京：中央文献出版社，2023 年。

二、中文专著

1. 《新中国经济简史》编写组：《新中国经济简史》，北京：经济科学出版社，2024 年。

2. 《中国经济改革简史》编写组：《中国经济改革简史》，北京：经济科学出版社，2023 年。

3. 陈岱孙：《从古典经济学派到马克思——若干主要学说发展论略》，北京：商务印书馆，2017 年。

4. 当代中国研究所：《中国式现代化简史》，北京：当代中国出版社，2023 年。

5. 范金民：《明清江南商业的发展》，南京：南京大学出版社，1998 年。

6. 高德步：《西方世界的衰落》，北京：中国人民大学出版社，2016 年。

7. 顾海良主编：《中国特色社会主义政治经济学史纲》，北京：高等教育出版社，2019 年。

8. 何传启主编：《中国现代化报告 2020——世界现代化的度量衡》，北京：北京大学出版社，2020 年。

9. 谢丰斋：《欧洲文明进程·市场经济卷》，北京：商务印书馆，2024 年。

10. 胡鞍钢：《中国政治经济史论（1949—1976）》，北京：清华大学出版社，2007 年。

11. 胡寄窗：《中国经济思想史》，上海：上海人民出版社，1962 年。

12. 贾根良等：《新李斯特经济学在中国》，北京：中国人民大学出版社，2015 年。

13. 蒋廷黻：《中国近代史》，北京：中华书局，2016 年。

14. 金观涛、刘青峰：《中国现代思想的起源：超稳定结构与中国政治文化的演变》，北京：法律出版社，2011 年。

15. 金耀基：《中国现代化的终极愿景》，上海：上海人民出版社，2013 年。

16. 鞠建东：《大国竞争与世界秩序重构》，北京：北京大学出版社，2024 年。

17. 李伯重：《火枪与账簿：早期经济全球化时代的中国与东亚世界》，北京：生活·读书·新知三联书店，2017 年。

18. 李怀印：《中国的现代化：1850 年以来的历史轨迹》，桂林：广西师范大学出版社，2025 年。

19. 李泽厚：《中国古代思想史论》，北京：人民出版社，1985 年。

20. 厉以宁：《资本主义的起源：比较经济史研究》，北京：

商务印书馆，2003年。

21. 林毅夫：《解读中国经济》，北京：北京大学出版社，2014年。

22. 林毅夫等：《读懂中国式现代化：科学内涵与发展路径》，北京：中信出版社，2023年。

23. 刘国光：《中国经济体制改革的方向问题》，北京：社会科学文献出版社，2015年。

24. 梅俊杰：《自由贸易的神话：英美富强之道考辨》，北京：新华出版社，2014年。

25. 裴长洪：《中国开放型经济学》，北京：中国社会科学出版社，2022年。

26. 全汉昇：《明清经济史讲稿》，桂林：广西师范大学出版社，2024年。

27. 桑兵：《新文化运动的兴起》，成都：四川人民出版社，2024年。

28. 沈汉：《资本主义国家制度的兴起》，北京：商务印书馆，2023年，第27页。

29. 沈湘平：《中国式现代化的传统文化根基》，南京：江苏人民出版社，2024年。

30. 隋福民：《新经济史革命：计量学派与新制度学派》，桂林：广西师范大学出版社，2024年。

31. 孙大权：《术语革命：近代经济学主要术语的形成》，北京：社会科学文献出版社，2023年。

32. 王浦劬主编：《现代国家建设研究》，北京：北京大学出版社，2024年。

33. 王伟光：《国际金融垄断资本主义论》，北京：人民出版社，2022 年。

34. 文一：《科学革命的密码——枪炮、战争与西方崛起之谜》，上海：东方出版中心，2021 年。

35. 吴承明：《经济史理论与实证：吴承明文集》，杭州：浙江大学出版社，2012 年。

36. 吴于廑：《世界历史》，北京：中国大百科全书出版社，2010 年。

37. 夏东元：《洋务运动史》，上海：华东师范大学出版社，2010 年。

38. 萧冬连：《筚路维艰：中国社会主义路径的五次选择》，北京：社会科学文献出版社，2014 年。

39. 谢富胜：《中国道路的政治经济学》，北京：中国人民大学出版社，2023 年。

40. 许纪霖：《家国天下：现代中国的个人、国家与世界认同》，上海：上海人民出版社，2016 年。

41. 许倬云：《天下格局：文明转换关口的世界》，长沙：岳麓书社，2024 年。

42. 杨国强：《衰世与西法：晚清中国的旧邦新命和社会脱榫》，桂林：广西师范大学出版社，2020 年。

43. 杨虎涛：《国家发展的道路》，北京：社会科学文献出版社，2024 年。

44. 杨英杰：《中国式现代化道路创造人类文明新形态》，北京：人民日报出版社，2023 年。

45. 姚开建、杨玉生、顾海良：《新编经济思想史（第二卷）：古典政治经济学的产生》，北京：经济科学出版社，2016 年。

46. 叶成城、唐世平：《突破：欧洲的现代化起源：1492—1848》，北京：中国社会科学出版社，2024 年。

47. 尹俊：《经济学理论与中国式现代化：重读厉以宁》，北京：社会科学文献出版社，2022 年。

48. 余斌：《经济学的真相：宏观经济学批判》，北京：人民邮电出版社，2010 年。

49. 张培刚：《农业与工业化》，北京：商务印书馆，2019 年。

50. 张卓元、房汉廷、程锦锥：《中国经济体制改革 40 年》，北京：经济管理出版社，2019 年。

51. 周文、何雨晴等：《共同富裕：历史渊源与实现路径》，上海：复旦大学出版社，2024 年。

52. 周文、司婧雯、何雨晴：《繁荣与富强：大国治理的政治经济学》，上海：复旦大学出版社，2022 年。

53. 周文、杨正源：《曙光：新质生产力改变世界》，天津：天津人民出版社，2024 年。

54. 周文：《赶超：产业政策与强国之路》，天津：天津人民出版社，2023 年。

55. 周文：《国家何以兴衰：历史与世界视野中的中国道路》，北京：中国人民大学出版社，2021 年。

56. 周文：《经济学中国时代》，上海：上海人民出版社，2019 年。

57. 周文：《经济学自主知识体系：中国特色社会主义政治

经济学教程》，北京：商务印书馆，2023 年。

58. 周文：《强国经济学：中国理论与当代政治经济学》，北京：中信出版社，2023 年。

59. 周文：《中国道路：现代化与世界意义》，杭州：浙江大学出版社，2021 年。

60. 周文：《中国特色社会主义政治经济学与经济学中国时代》，济南：济南出版社，2019 年。

三、外文译著

1. ［澳］布雷特·鲍登：《文明的帝国：帝国观念的演化》，杜富祥、季澄、王程译，北京：社会科学文献出版社，2020 年。

2. ［澳］杰弗里·C.冈恩：《全球化的黎明：亚洲大航海时代》，孔昱译，北京：中国科学技术出版社，2024 年。

3. ［澳］琳达·维斯、［英］约翰·M.霍布森：《国家与经济发展：一个比较历史性的分析》，北京：吉林出版集团有限责任公司，2009 年。

4. ［德］奥斯瓦尔德·斯宾格勒：《西方的没落》，吴琼译，上海：上海三联书店，2006 年。

5. ［德］弗里德里希·李斯特：《政治经济学的国民体系》，陈万煦译，北京：商务印书馆，2017 年。

6. ［德］贡德·弗兰克：《白银资本：重视经济全球化中的东方》，刘北成译，成都：四川人民出版社，2017 年。

7. ［德］古斯塔夫·冯·施穆勒：《重商主义制度及其历史意义》，严鹏译注，上海：东方出版中心，2023 年。

8. ［德］马克斯·韦伯：《民族国家与经济政策》，甘阳等译，北京：生活·读书·新知三联书店，1997 年。

9. ［德］威廉·罗雪尔：《历史方法的国民经济学讲义大纲》，朱绍文译，北京：商务印书馆，1981 年。

10. ［德］沃尔夫冈·施特克：《资本主义将如何终结》，贾拥民译，北京：中国人民大学出版社，2021 年。

11. ［法］费尔南·布罗代尔：《十五至十八世纪的物质文明、经济和资本主义》（第 2 卷），顾良、施康强译，北京：商务印书馆，2017 年。

12. ［法］托马斯·皮凯蒂：《21 世纪资本论》，巴曙松译，北京：中信出版社，2014 年。

13. ［荷］B.曼德维尔：《蜜蜂的寓言：或私人的恶行，公共的利益》，肖聿译，北京：商务印书馆，2016 年。

14. ［荷］皮尔·弗里斯：《从北京回望曼彻斯特：英国、工业革命和中国》，苗婧译，杭州：浙江大学出版社，2009 年。

15. ［荷］扬·卢滕·范·赞登：《通往工业革命的漫长道路：全球视野下的欧洲经济，1000—1800 年》，隋福民译，杭州：浙江大学出版社，2016 年。

16. ［加拿大］玛格丽特·麦克米伦：《历史的运用与滥用》，孙唯瀚译，桂林：广西师范大学出版社，2021 年。

17. ［加拿大］瓦茨拉夫·斯米尔：《增长：从细菌到帝国》，李竹译，北京：民主与建设出版社，2024 年。

18. ［美］S.R.爱泼斯坦：《自由与增长：1300—1750 年欧

洲国家与市场的兴起》，宋丙涛、彭凯翔译，北京：商务印书馆，2011年。

19.［美］W.W.罗斯托：《这一切是怎么开始的：现代经济的起源》，黄其祥、纪坚博译，北京：商务印书馆，2014年。

20.［美］埃里克·S.赖纳特：《富国为什么富穷国为什么穷》，杨虎涛等译，北京：中国人民大学出版社，2013年，第10页。

21.［美］查尔斯·蒂利：《强制、资本和欧洲国家：公元990—1992年》，魏洪钟译，上海：上海人民出版社，2012年。

22.［美］戴维·S.兰德斯：《国富国穷》，门洪华等译，北京：新华出版社，2010年。

23.［美］丹尼·罗德里克：《一种经济学，多种药方：全球化、制度建设和经济增长》，张军扩、侯永志等译，北京：中信出版社，2016年。

24.［美］丹尼尔·贝尔：《后工业社会的来临》，高铦等译，南昌：江西人民出版社，2018年。

25.［美］丹尼尔·耶金：《制高点：重建现代世界的政府与市场之争》，段宏等译，北京：外文出版社，2000年。

26.［美］道格拉斯·多德：《资本主义及其经济学：一种批判的历史》，熊婴译，南京：江苏人民出版社，2013年。

27.［美］道格拉斯·诺斯、［美］罗伯特·托马斯：《西方世界的兴起》，厉以平、蔡磊译，北京：华夏出版社，2015年。

28.［美］弗朗西斯·福山：《政治秩序的起源：从前人类时代到法国大革命》，郭大力等译，桂林：广西师范大学出版社，2014年。

29. ［美］杰克·戈德斯通：《为什么是欧洲？世界史视角下的西方崛起（1500—1850）》，关永强、纪坚博译，北京：商务印书馆，2014年。

30. ［美］杰里·H.本特利主编：《牛津世界历史研究指南》，陈恒等译，上海：上海三联书店，2024年。

31. ［美］柯文：《在中国发现历史：中国中心观在美国的兴起》，林同奇译，北京：社会科学文献出版社，2017年。

32. ［美］兰德尔·柯林斯、［美］沃勒斯坦等：《资本主义还有未来吗》，徐曦白译，北京：社会科学文献出版社，2014年。

33. ［美］理查德·沃尔夫、［美］斯蒂芬·雷斯尼克：《相互竞争的经济理论：新古典主义、凯恩斯主义和马克思主义》，孙来斌等译，北京：社会科学文献出版社，2015年。

34. ［美］罗伯特·L.海尔布罗纳：《几位著名经济思想家的生平、时代和思想》，蔡受百译，北京：商务印书馆，1994年。

35. ［美］罗伯特·M.索洛：《经济增长因素分析》，史清琪等选译，北京：商务印书馆，2003年。

36. ［美］迈克尔·波特：《国家竞争优势》，李明轩等译，北京：中信出版社，2012年。

37. ［美］迈克尔·赫德森：《国际贸易与金融经济学：国际经济中有关分化与趋同问题的理论史》，丁为民、张同龙译，北京：中央编译出版社，2014年。

38. ［美］彭慕兰：《大分流：中国、欧洲与现代世界经济的形成》，黄中宪译，北京：北京日报出版社，2021年。

39.〔美〕史景迁：《追寻现代中国》，温洽溢译，成都：四川人民出版社，2019年。

40.〔美〕斯蒂芬·哈尔西：《追寻富强：现代中国国家的建构，1850—1949》，赵莹译，北京：中信出版社，2018年。

41.〔美〕斯蒂格利茨：《自由市场的坠落》，李俊青、杨玲玲等译，北京：机械工业出版社，2011年。

42.〔美〕斯塔夫里阿诺斯：《全球通史：从史前到21世纪》（上、下册），王皖强译，刘北成审校，北京：北京大学出版社，2024年。

43.〔美〕斯文·贝克特：《棉花帝国：一部资本主义全球史》，徐轶杰等译，北京：民主与建设出版社，2019年。

44.〔美〕王国斌：《转变的中国：历史变迁与欧洲经验的局限》，李伯重等译，南京：江苏人民出版社，2010年。

45.〔美〕威廉·伊斯特利：《经济增长的迷雾：经济学家的发展政策为何失败》，姜世明译，北京：中信出版社，2016年。

46.〔美〕西蒙·库兹涅茨：《各国的经济增长》，常勋译，石景云校，北京：商务印书馆，2017年。

47.〔美〕雅各布·索尔：《自由市场之梦：从古罗马到20世纪，一个观念的历史》，胡萌琦译，北京：中信出版社，2024年。

48.〔美〕亚历山大·格申克龙：《经济落后的历史透视》，张凤林译，北京：商务印书馆，2012年。

49.〔美〕伊恩·莫里斯：《西方将主宰多久：东方为什么会落后，西方为什么能崛起》，钱峰译，北京：中信出版社，

2014 年。

50.〔美〕伊莱·库克：《为进步定价：美国经济指标演变简史》，魏陆、罗楠译，上海：格致出版社，2023 年。

51.〔美〕约瑟夫·R. 斯特雷耶：《现代国家的起源》，华佳、王夏、宗常福译，上海：格致出版社，2023 年。

52.〔美〕约瑟夫·列文森：《儒教中国及其现代命运》，郑大华、任菁译，北京：中国社会科学出版社，2000 年。

53.〔美〕约瑟夫·熊彼特：《经济发展理论对于利润、资本、信贷、利息和经济周期的考察》，何畏、易家详等译，北京：商务印书馆，2009 年。

54.〔美〕詹姆斯·W. 汤普逊：《中世纪晚期欧洲经济社会史》，徐家玲译，北京：商务印书馆，2017 年。

55.〔日〕宫崎市定：《东洋的近世》，刘俊文主编：《日本学者研究中国史论著选译》（第一卷），北京：中华书局，1992 年。

56.〔日〕沟口雄三：《作为方法的中国》，孙军悦译，北京：生活·读书·新知三联书店，2011 年。

57.〔瑞典〕冈纳·缪尔达尔：《亚洲的戏剧：南亚国家贫困问题研究》，方福前译，北京：商务印书馆，2017 年。

58.〔匈牙利〕雅诺什·科尔奈：《社会主义体制：共产主义政治经济学》，张安译，北京：中央编译出版社，2007 年。

59.〔意〕卡洛·M. 奇波拉：《工业革命前的欧洲社会与经济》，苏世军译，北京：社会科学文献出版社，2020 年。

60.〔英〕B.R. 米切尔：《帕尔格雷夫世界历史统计》（欧洲卷），贺力平译，北京：经济科学出版社，2002 年。

61．［英］M.M.波斯坦编：《剑桥欧洲经济史（第五卷）：近代早期的欧洲经济组织》，王春法译，北京：经济科学出版社，2004年。

62．［英］阿诺德·汤因比：《历史研究：上卷》，郭小凌等译，上海：上海人民出版社，2016年。

63．［英］艾瑞克·霍布斯鲍姆：《工业与帝国——英国的现代化历程》，梅俊杰译，北京：中央编译出版社，2016年。

64．［英］安格斯·麦迪森：《世界经济千年统计》，伍晓鹰、施发启译，北京大学出版社，2009年。

65．［英］邓肯·韦尔登：《英国经济史：200年的繁荣与衰退》：曾敏之译，北京：中国科学技术出版社，2023年。

66．［英］哈罗德·詹姆斯：《七次崩溃：下一次大规模全球化何时到来》，祁长保译，北京：中译出版社，2024年。

67．［英］卡尔·波兰尼：《巨变：当代政治与经济的起源》，黄树民译，北京：社会科学文献出版社，2013年。

68．［英］卡萝塔·佩蕾丝：《技术革命与金融资本：泡沫与黄金时代的动力学》，田方萌译，北京：中国人民大学出版社，2007年。

69．［英］凯恩斯：《就业、利息和货币通论》，高鸿业译，北京：商务印书馆，1999年。

70．［英］罗伯特·C.艾伦：《全球经济史》，陆赟译，南京：译林出版社，2015年。

71．［英］罗杰·奥斯本：《钢铁、蒸汽与资本工业革命的起源》，曹磊译，北京：电子工业出版社，2016年。

72．［英］罗纳德·哈里·科斯、王宁：《变革中国：市场经济的中国之路》，徐尧、李哲民译，北京：中信出版社，2013 年。

73. 〔英〕马克·布劳格：《经济理论的回顾》，姚开建译校，北京：中国人民大学出版社，2018 年。

74. 〔英〕尼尔·弗格森：《西方的衰落》，米拉译，北京：中信出版社，2013 年。

75. 〔英〕佩里·安德森：《绝对主义国家的系谱》，刘北成、龚晓庄译，上海：上海人民出版社，2001 年。

76. 〔英〕威廉·阿瑟·刘易斯：《二元经济论》，施炜、谢兵、苏玉宏译，北京：北京经济学院出版社，1989 年。

77. 〔英〕威廉·配第：《政治算术》，陈冬野译，北京：商务印书馆，2014 年。

78. 〔英〕伊懋可：《中国的历史之路：基于社会和经济的阐释》，王湘云、李伯重、张天虹、陈怡行译，杭州：浙江大学出版社，2023 年。

79. 〔英〕张夏准：《富国陷阱：发达国家为何踢开梯子》，蔡佳译，北京：社会科学文献出版社，2020 年。

四、报刊文章

1. 习近平：《不断开拓当代中国马克思主义政治经济学新境界》，《求是》，2021 年第 16 期。

2. 习近平：《发展新质生产力是推动高质量发展的内在要求和重要着力点》，《求是》，2024 年第 11 期。

3. 习近平：《以中国式现代化全面推进强国建设、民族复兴伟业》，《求是》，2025 年第 1 期。

4. 习近平：《进一步全面深化改革中的几个重大理论和实践问题》，《求是》，2025 年第 2 期。

5. 程霖、陈旭东、张申：《从传统到现代：近代以来中国经济思想的变迁路径》，《经济思想史学刊》，2023 年第 1 期。

6. 戴木才：《论世界现代化运动的复杂性》，《马克思主义研究》，2024 年第 7 期。

7. 邓久根、贾根良：《英国因何丧失了第二次工业革命的领先地位?》，《经济社会体制比较》，2015 年第 4 期。

8. 高德步：《从"照着讲"到"接着讲"到"自己讲"：中国经济学的历史发展与当代人文构建》，《经济纵横》，2024 年第 12 期。

9. 葛兆光、陈恒、章清等：《如何呈现"从中国出发的全球史"（笔谈）》，《探索与争鸣》，2024 年第 11 期。

10. 顾海良：《20 世纪 30 年代"中国现代化"问题论争及其思想史意义》，《经济思想史学刊》，2023 年第 2 期。

11. 顾海良：《现代化经济体系与中国式现代化的系统集成》，《马克思主义与现实》，2024 年第 6 期。

12. 顾明栋、陈晓明、张法等：《重写文明史：为何重写，如何重写？（笔谈）》，《四川大学学报》（哲学社会科学版），2023 年第 3 期。

13. 郭卫东：《中国近代历史演进"三段式"表述的再思考》，《历史档案》，2022 年第 4 期。

14. 何青翰：《从"第一个结合"到"第二个结合"——以

"秩序重建"为中心的观察》，《开放时代》，2024年第2期。

15. 何中华：《文明的历史含义及其当代启示》，《中国社会科学》，2023年第6期。

16. 洪银兴：《中国共产党百年经济思想述评》，《东南学术》，2021年第3期。

17. 胡鞍钢、张泽邦、周绍杰；《中国式现代化的整体性推进与区域性差异——历史进程回顾与2035年展望》，《社会科学辑刊》，2024年第6期。

18. 黄启臣：《清代前期海外贸易的发展》，《历史研究》，1986年第4期。

19. 贾根良、徐尚：《经济学怎样成了一门"数学科学"——经济思想史的一种简要考察》，《南开学报》（哲学社会科学版），2005年第5期。

20. 贾根良、张志：《为什么教科书中有关重商主义的流行看法是错误的》，《经济理论与经济管理》，2017年第11期。

21. 姜宏：《理解"资本主义"：马克思、松巴特、韦伯相关理论之比较》，《经济思想史学刊》，2024年第2期。

22. 蒋永穆、李想、唐永：《中国式现代化评价指标体系的构建》，《改革》，2022年第12期。

23. 兰洋：《重思马克思思想中的"斯密阶段"——从"自然秩序"到"资本逻辑"》，《教学与研究》，2021年第10期。

24. 李康、邓宏图：《财政危机、国家能力建设与晚清工业化转型》，《探索与争鸣》，2024年第8期。

25. 林毅夫：《本土化、规范化、国际化——庆祝〈经济研究〉创刊40周年》，《经济研究》，1995年第10期。

26. 刘伟：《中国式现代化的本质特征与内在逻辑》，《中国人民大学学报》，2023 年第 1 期。

27. 刘晓君、张迪：《全球化视野下英国工业革命再审视》，《自然辩证法研究》，2022 年第 2 期。

28. 鲁品越：《中国式现代化：破解当代现代化世界难题的中国方案》，《马克思主义研究》，2024 年第 1 期。

29. 罗平汉：《改革开放与中国式现代化》，《历史研究》，2023 年第 6 期。

30. 吕昭：《衰落论、转型论与危机应对论："中世纪晚期危机"解释模式的嬗变》，《世界历史》，2023 年第 4 期。

31. 马昀、卫兴华：《用唯物史观科学把握生产力的历史作用》，《中国社会科学》，2013 年第 11 期。

32. 梅俊杰：《论重商主义在荷兰率先崛起中的作用》，《社会科学》，2023 年第 4 期。

33. 邱海平：《对新时代中国经济学定位的思考》，《经济纵横》，2018 年第 1 期。

34. 任剑涛：《现代化的两种方案及其得失》，《四川师范大学学报》（社会科学版），2024 年第 3 期。

35. 沈汉：《洞察资本主义经济形态成长的一扇窗口——论工商业经济组织的历史》，《世界历史》，2013 年第 4 期。

36. 徐浩：《欧洲文明的现代转型——以转型、大分流与小分流的争论为中心》，《天津社会科学》，2024 年第 1 期。

37. 许纪霖：《从自身的历史脉络理解中国现代化》，《近代史研究》，2023 年第 1 期。

38. 许耀桐：《先驱者的呼唤：早期社会主义的现代化理念

探寻》，《科学社会主义》，2024 年第 1 期。

39. 杨虎涛、徐慧敏：《第三次工业革命有何不同?》，《学习与探索》，2013 年第 11 期。

40. 于沛：《马克思"世界历史"理论与十九世纪》，《史学理论研究》，2019 年第 3 期。

41. 张亚光、毕悦：《中国式现代化的百年探索与实践经验》，《管理世界》，2023 年第 1 期。

42. 周文、白佶：《中国式现代化与经济学自主知识体系：根本遵循与理论再造》，《社会科学》，2024 年第 7 期。

43. 周文、方茜：《中国特色社会主义拓展了发展中国家走向现代化的途径》，《求是》，2018 年第 6 期。

44. 周文、何雨晴：《新质生产力：中国式现代化的新动能与新路径》，《财经问题研究》，2024 年第 4 期。

45. 周文、李吉良：《国家竞争优势与中国式现代化》，《东南学术》，2024 年第 3 期。

46. 周文、李吉良：《中国式现代化的公有制经济逻辑论纲》，《福建论坛》（人文社会科学版），2024 年第 3 期。

47. 周文、施炫伶：《中国式现代化与人类文明新形态》，《广东社会科学》，2023 年第 1 期。

48. 周文、施炫伶：《中国式现代化与数字经济发展》，《财经问题研究》，2023 年第 6 期。

49. 周文、司婧雯：《中国式现代化与宏观经济治理》，《当代经济研究》，2023 年第 9 期。

50. 周文、司婧雯：《中国自主的经济学知识体系：渊源、新议题与新方向》，《河北经贸大学学报》，2023 年第 2 期。

51. 周文、唐教成：《西方现代化的问题呈现与中国式现代化的创新发展》，《中国高校社会科学》，2023 年第 6 期。

52. 周文、肖玉飞：《中国式现代化道路的独特内涵、鲜明特征与世界意义》，《马克思主义与现实》，2022 年第 5 期。

53. 周文、许凌云：《论新质生产力：内涵特征与重要着力点》，《改革》，2023 年第 10 期。

54. 周文、杨正源：《中国式现代化与西方现代化：基于比较视角的政治经济学考察》，《学习与探索》，2023 年第 11 期。

55. 周文、张奕涵：《中国式现代化与现代化产业体系》，《上海经济研究》，2024 年第 4 期。

56. 周文：《新型工业化与新质生产力》，《国家现代化建设研究》，2024 年第 2 期。

57. 周文：《再论中国式现代化与人类文明新形态》，《求索》，2023 年第 5 期。

MODERNIZE
后 记 ━━━━━

　　现代化是一个国家竞逐富强的目标，现代化研究是学者研究的热门和重要选题，一直备受关注。过去，现代化研究主要集中于从历史和哲学角度阐释。记得最早的是 20 世纪 80 年代四川人民出版社出版的"走向未来丛书"及上海译文出版社的"现代化译丛"，这两套丛书曾经风靡整个大学校园，开一时之风，引发现代化的研究和读书热潮，受到当时大学生们的追捧。现在来看，那时关于现代化主题的研究和理解还是比较粗糙和简单化，因为主要是介绍西方现代化与西方现代化的理论。

　　随着中国式现代化的成功开辟，世界越来越关注中国。中国式现代化开创现代化新图景，打破了现代化等于工业化、现代化就是西方化的"迷思"。近年来现代化研究正在成为热点，如何更好地研究现代化和推出更有穿透力的现代化理论著作，是我们一直致力研究现代化的主题。一是如何更好地阐释现代化不是西方化，不是简单地讲述，而是从历史角度阐释好这个问题。二是对于打破西方化"迷思"，西方现代化被遮蔽了什么，如何被美化，真相是什么。只有全面透彻揭示，才能更好地推进中国式现代化。这些问题也成为我们研究的重点。

本书从现代化的由来、概念内涵讨论入手，考察了现代化与西方的兴起，工业革命带来生产力的巨大飞跃和现代财富的增加，与此同时也推动现代经济学诞生。本书的宗旨就是探索现代化的兴起、发展与问题，以及中国式现代化何以成功。正如罗斯托的发问，这一切是如何开始的？本书最大的特点是以历史视野考察现代化。透过本书，我们可以更清晰地看到西方现代化刻意淡化或主观遮蔽的东西，让更多人看到西方化"迷思"是如何形成的。

由于世界现代化进程是从西方资本主义国家开始的，当今世界的发达国家也主要是欧美国家和深受西方文明影响的资本主义国家。这就给人们一种错觉，似乎现代化就是西方化，西方文明就是现代文明。在过去很长一段时间里，不少人在讲到现代化和西方化时，就是将二者完全等同起来的。这种认识是不正确的。西方现代化被粉饰和包装，用文明进行打包和美化，从而形成文明与野蛮两分法。

从文化角度来看，过去很长时间，韦伯的《新教伦理与资本主义精神》、托尼的《宗教与资本主义》、桑巴特的《犹太人与资本主义》和《奢侈与资本主义》，对中国学者影响较大。但是他们的现代化文化观都从"西方中心论"去看待现代化，不仅是局限问题，更是视角问题。按照韦伯的命题，基督教是理性文化，而中国传统文化是非理性文化，所有非西方文化不但不利于推进现代化，反而成为现代化的阻力和障碍。因此，近代以来总是认为中国传统文化与现代化格格不入，现代化需要对中国传统文化进行再改造，否则很难实现现代化。所谓的现代化文化就是西方文化，从而对儒家文化持全盘批判和否定态度，进而崇尚韦伯命题的新教伦理。

现在回头再审视新文化运动，我们可以更清晰地认识到新文化运动的问题。早期新文化运动的倡导者首先是全盘否定中国传统文化和儒家思想，将一切中国文化视为落后的，甚至将一些优秀的民族文化遗产也视为封建文化而加以否定，这在一定程度上对文化传承起到了消极作用；其次是对西方文化的盲目崇拜，新文化运动将一切西方文化视为进步，甚至有过于崇洋媚外的倾向，不利于培养文化自信。事实上，现代化的工业化和文明，都有各国自己的国情，中华优秀传统文化也是中国式现代化的根脉。离开了这点，中国式现代化不可能成功，也会失去成长的土壤。

最后要感谢天津人民出版社的支持。从 2023 年开始，我们在天津人民出版社先后出版《赶超：产业政策与强国之路》《曙光：新质生产力改变世界》，以及现在呈现的《征途：走向现代化》一书，从而完整构成"强国建设三部曲"，这三本书的责任编辑都是武建臣。没有武建臣编辑和出版社的支持，不可能有"强国建设三部曲"。这与我主创的"中国道路三部曲"《国家何以兴衰：历史与世界视野中的中国道路》《中国道路：现代化与世界意义》《全球化新叙事：中国道路与中国经验》，构成一个系列和体系，形成很好的呼应，从中可以感受到身为学者的使命和责任，这就是将学术研究始终写在祖国大地上。

周　文

2025 年 2 月 17 日